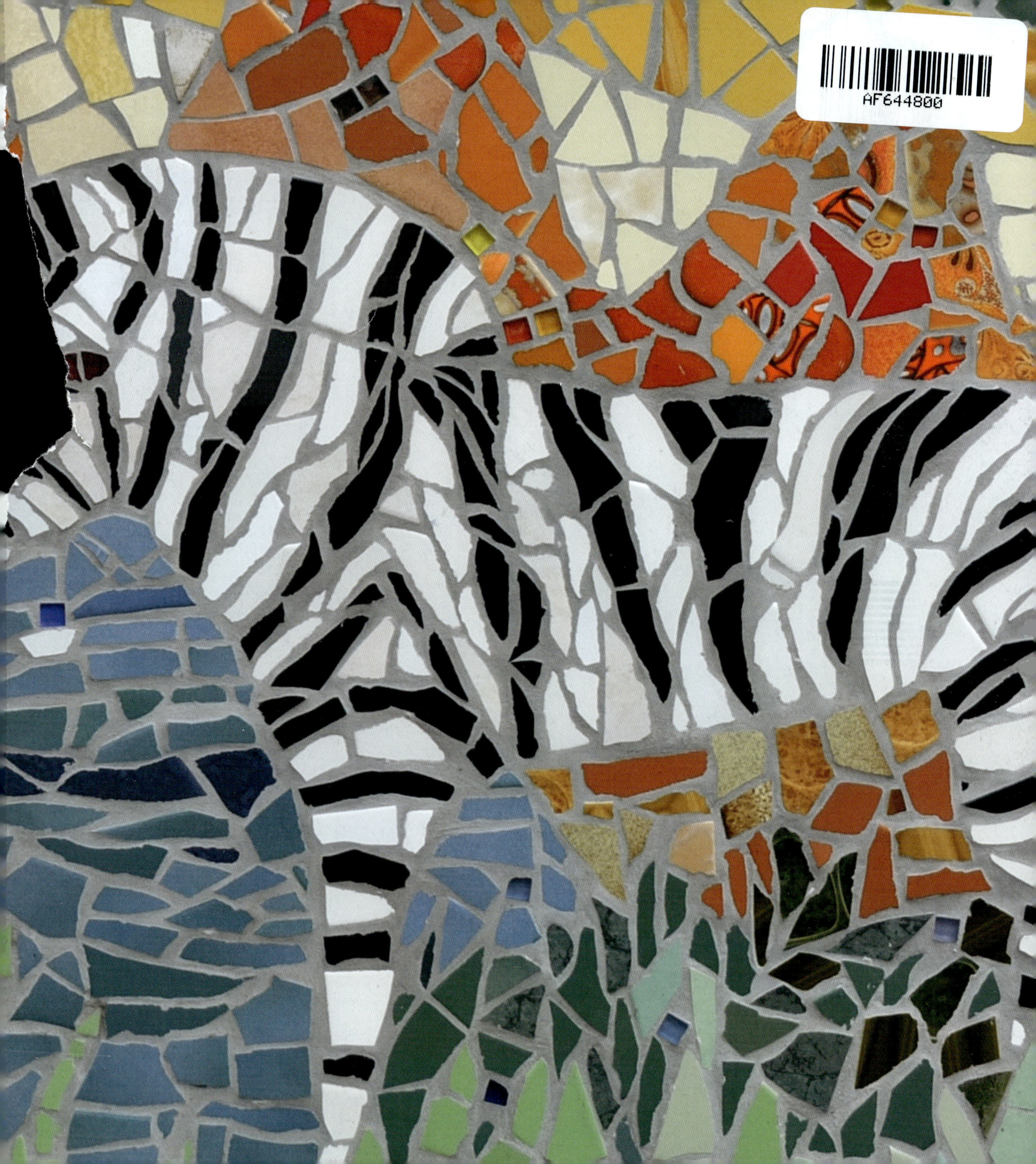

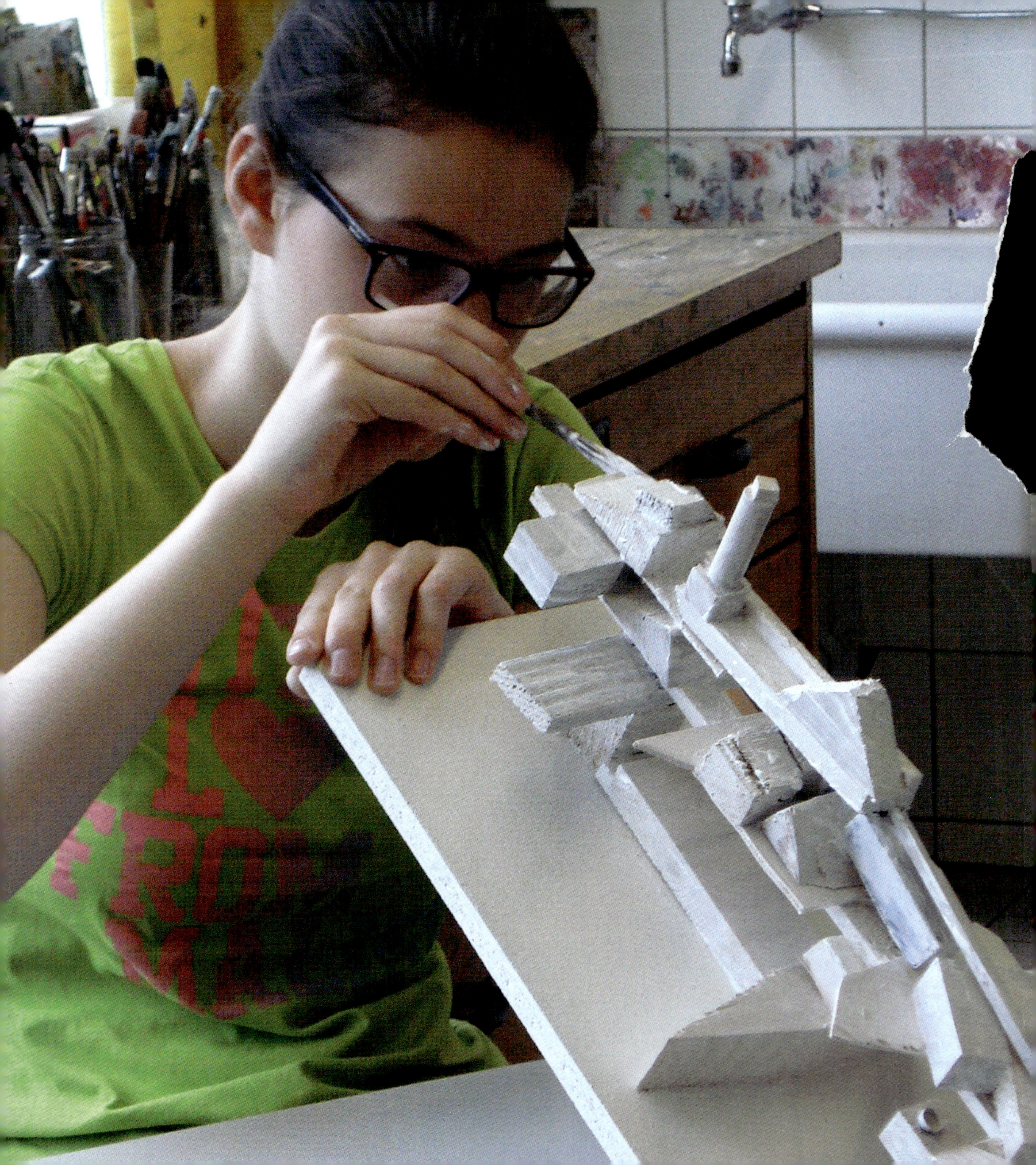

Katrin Regelski

WERKSTATT SKULPTUR

Gestalten mit Ton, Stein, Gips, Papier, Metall und Holz

Haupt Verlag

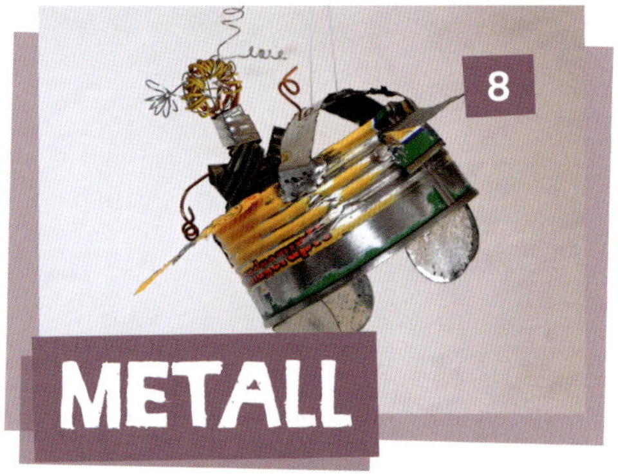
8
METALL

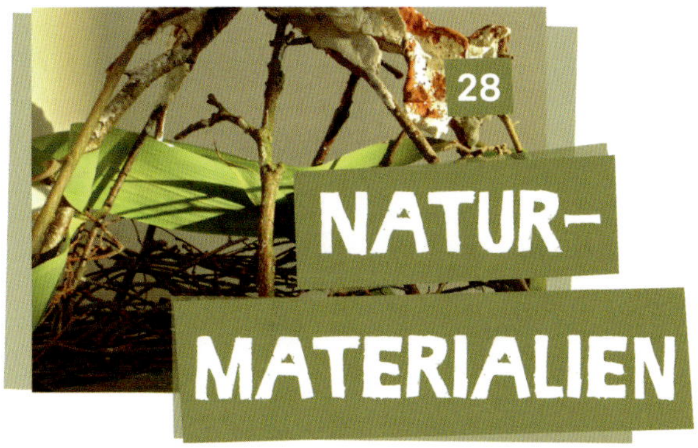
28
NATUR-
MATERIALIEN

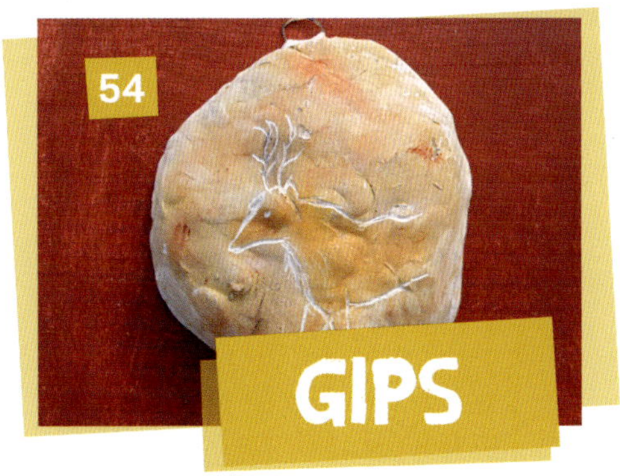
54
GIPS

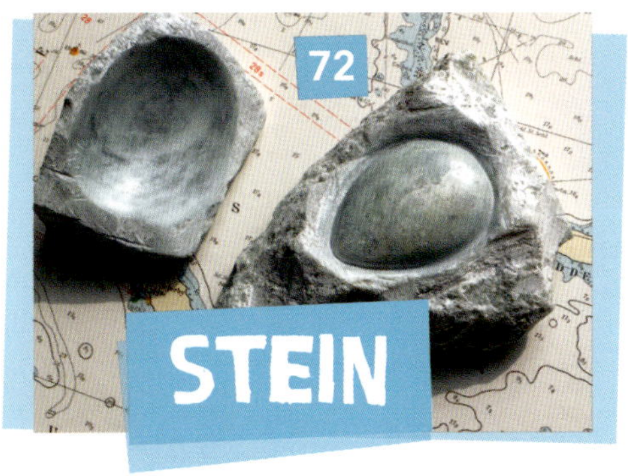
72
STEIN

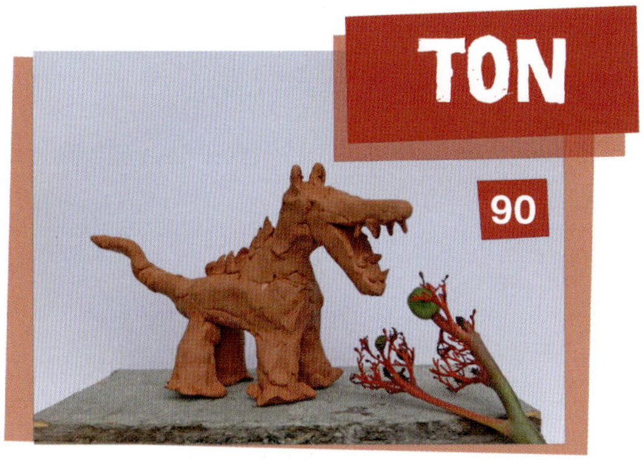
TON
90

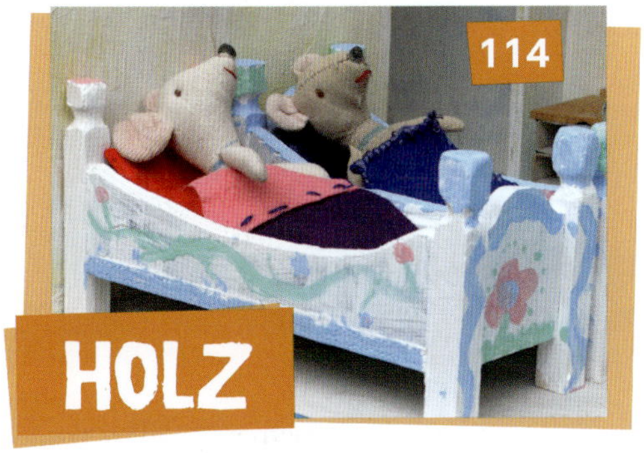
114
HOLZ

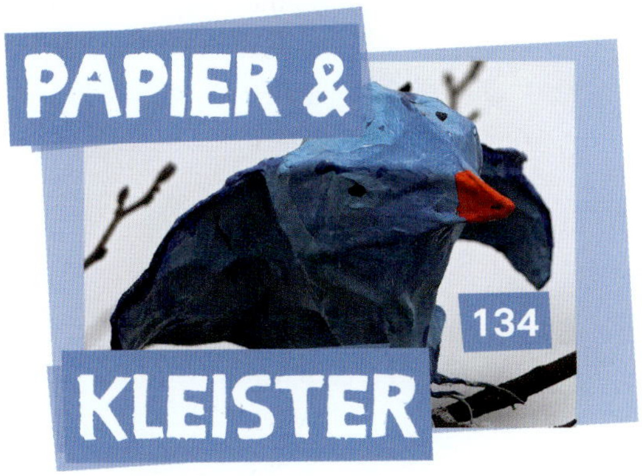
PAPIER &
134
KLEISTER

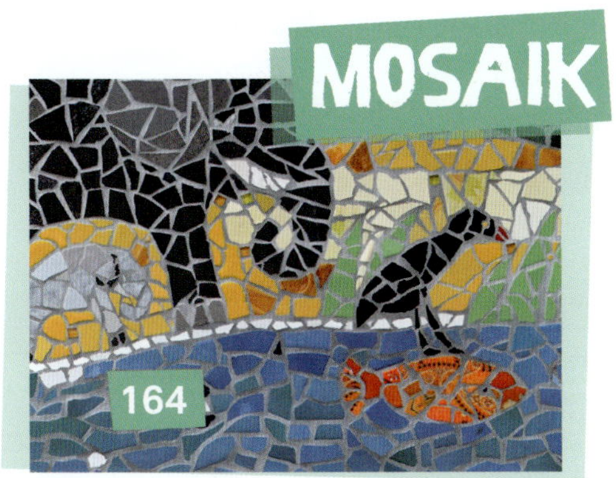
MOSAIK
164

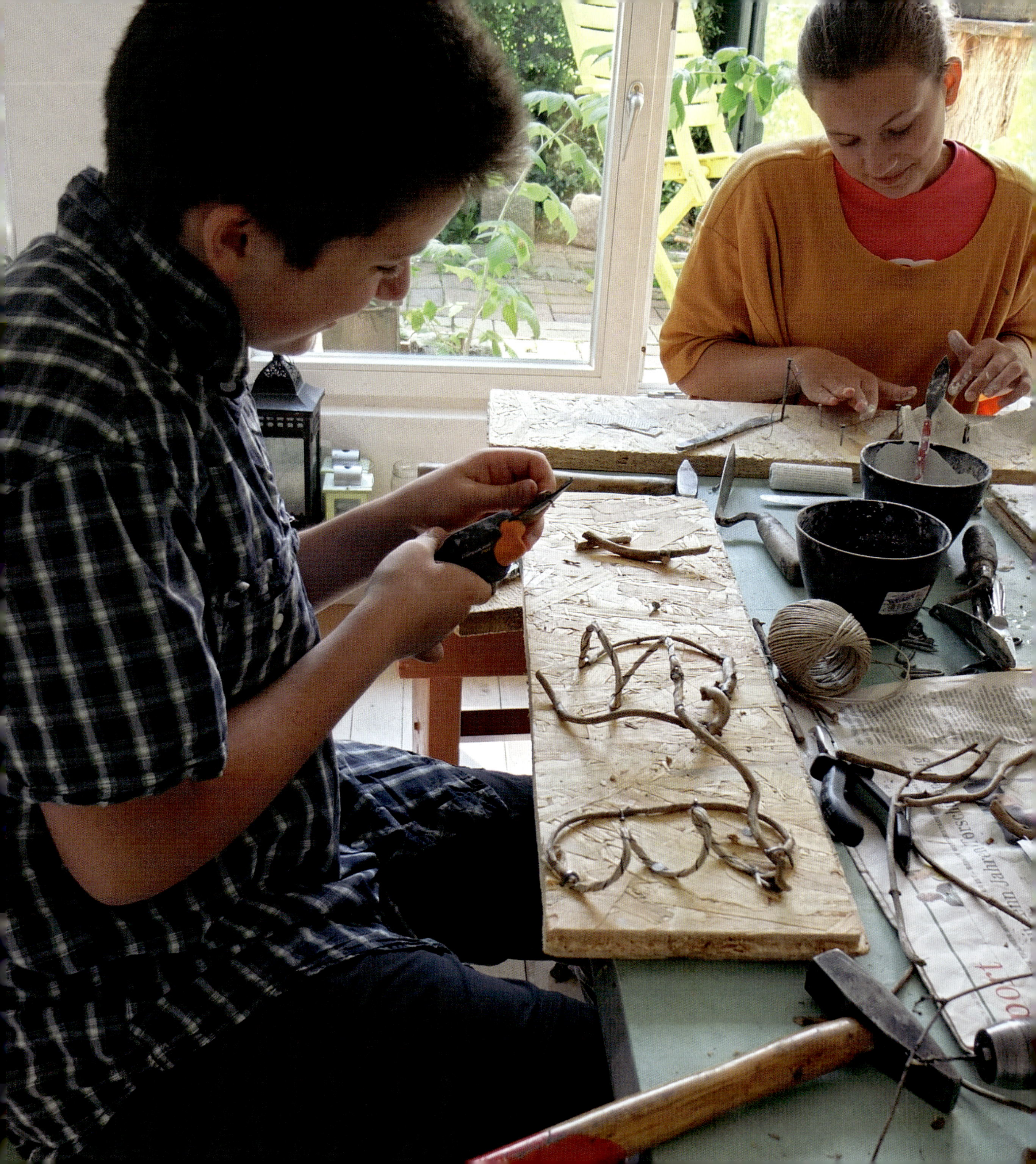

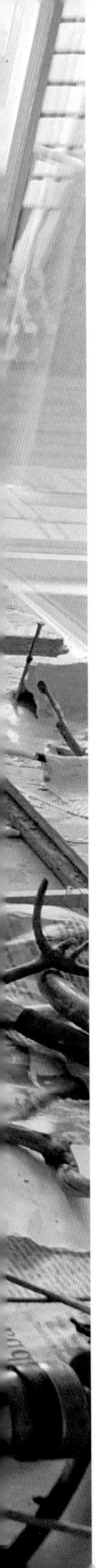

WILLKOMMEN

Künstlern und Werken mit Material macht viele Menschen glücklich.

In diesem Buch gibt es jede Menge Ideen und viele verschiedene Werkstoffe zu entdecken: Einige Materialien findest du am Wegesrand, andere müssen gekauft werden.

Jedes Kapitel zeigt einfache und gut umzusetzende Projekte. Der Umgang mit den verschiedenen Werkstoffen und Werkzeugen wird genau erklärt, wobei sich die am Kapitelbeginn angegebenen Materialien immer auf das ganze Kapitel beziehen. Vieles kann durch bereits Vorhandenes ersetzt werden – und ein bisschen Improvisieren gehört im Leben dazu. Am besten alles ausprobieren!

Durch das Arbeiten und Experimentieren findest du eigene Wege, sodass etwas Neues, etwas ganz anderes entstehen kann.

WIE FÜHLT SICH DAS AN?

Plastisches Gestalten hat mit Sinnlichkeit und Fühlen zu tun. Unsere ständig beanspruchten zwei „Hauptsinne", das Sehen und das Hören, dürfen in die zweite Reihe treten.

Wichtig ist, immer materialgerecht zu arbeiten. Dafür muss dem Werkstoff, seinem Charakter und seinen Eigenheiten nachgespürt werden. Sich dem Material zuzuwenden und es zu durchdringen, ist ein aufmerksamer Prozess. Dazu gehört auch, Respekt vor gewachsenem Material zu entwickeln.

Ein Stein zum Beispiel ist Millionen von Jahren alt, ein großer Laubbaum ist aus einem Samen gewachsen, als noch Kutschen durch unsere Straßen ratterten. Der Stein oder das Holz verdienen einen stillen Moment, um sich mit ihm bekannt zu machen, bevor es mit dem Bearbeiten losgeht.

Große Bildhauer wie Michelangelo brauchten Tage, um für ihr Vorhaben den richtigen Stein auszusuchen: Endlos lange betrachteten die Künstler das Material, bevor sie die Form sahen, die sie dann – laut Michelangelo – „nur aus dem Stein befreien" mussten.

Und nun: Ab in die Werkstatt!

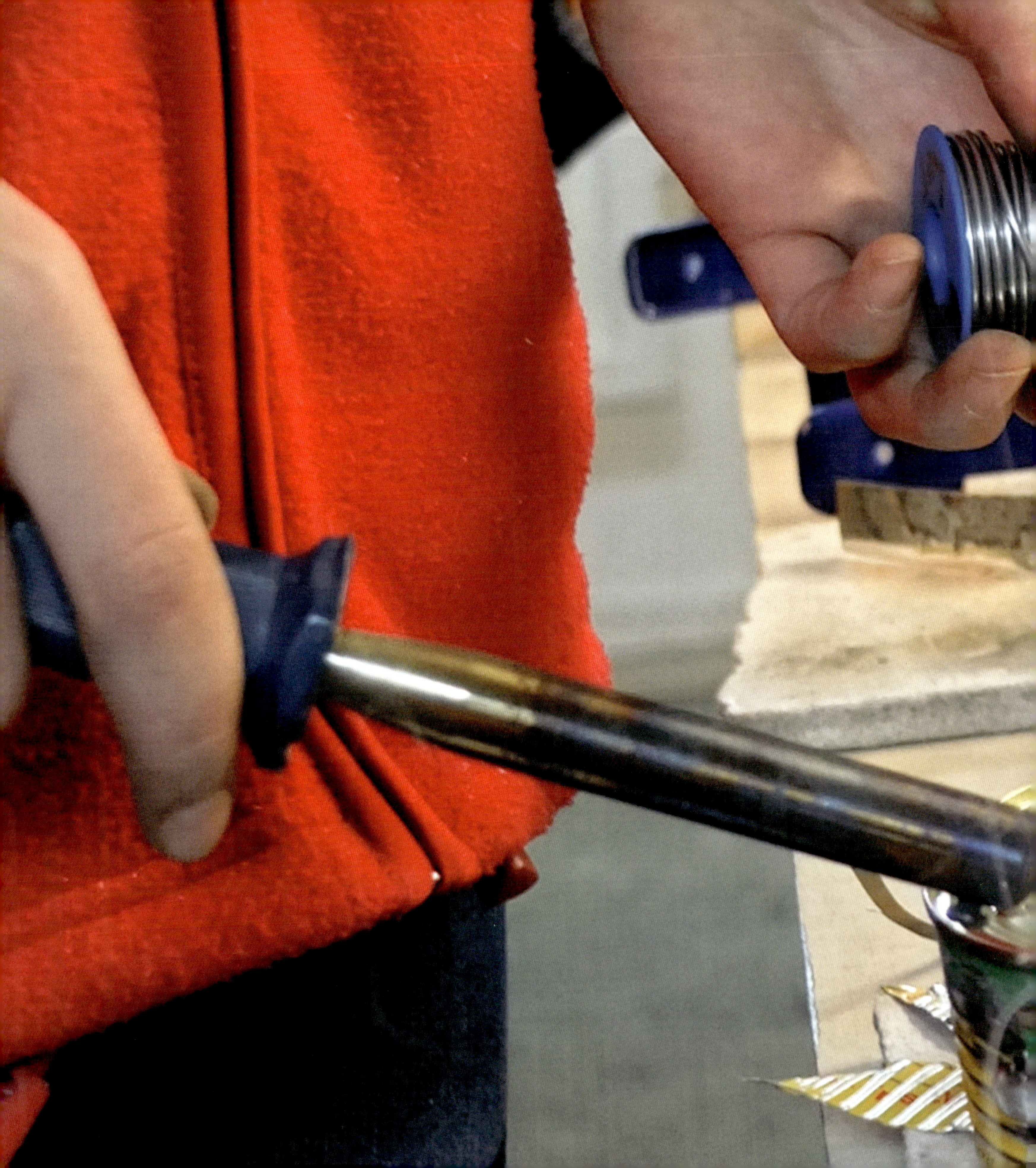

METALL

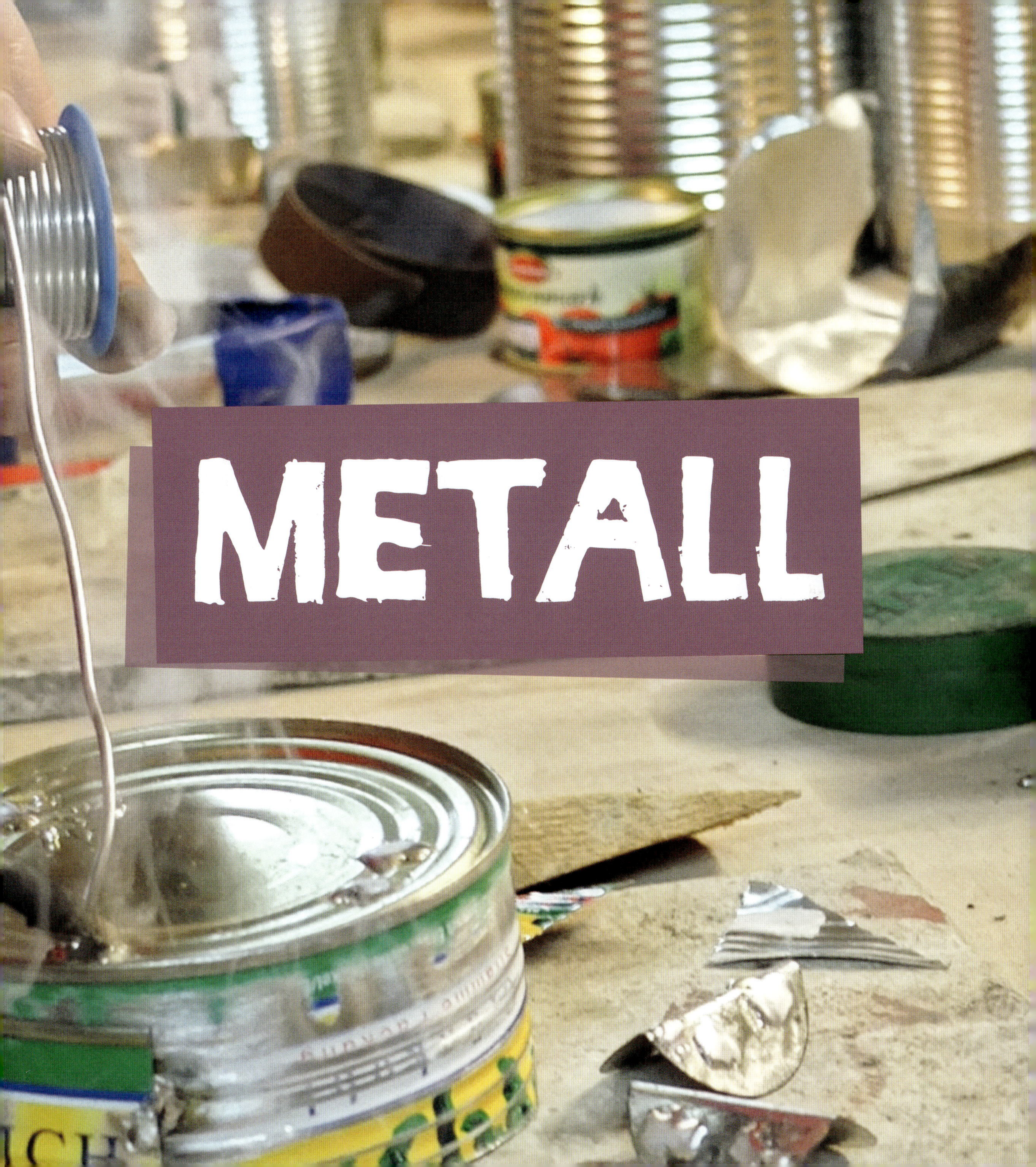

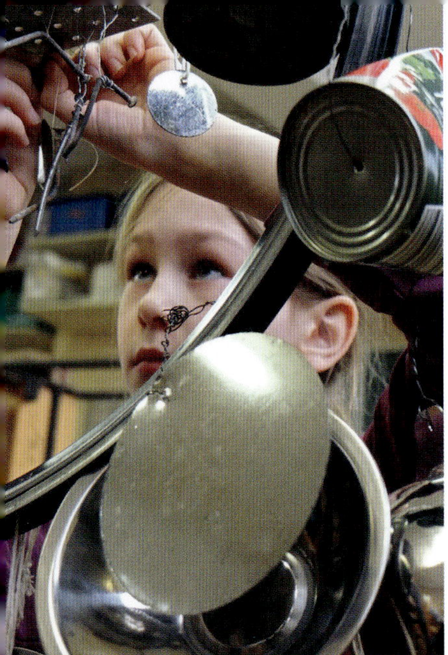

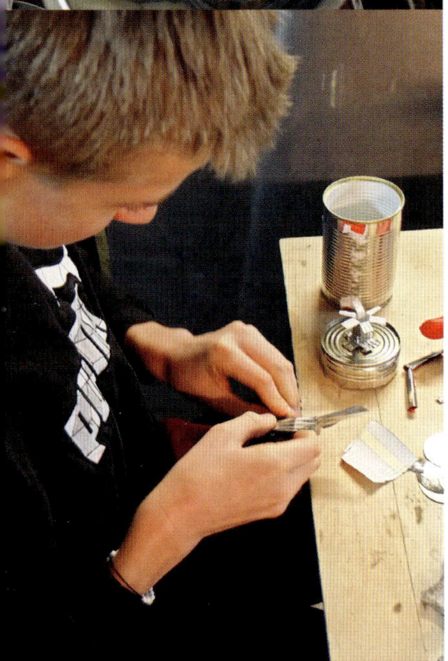

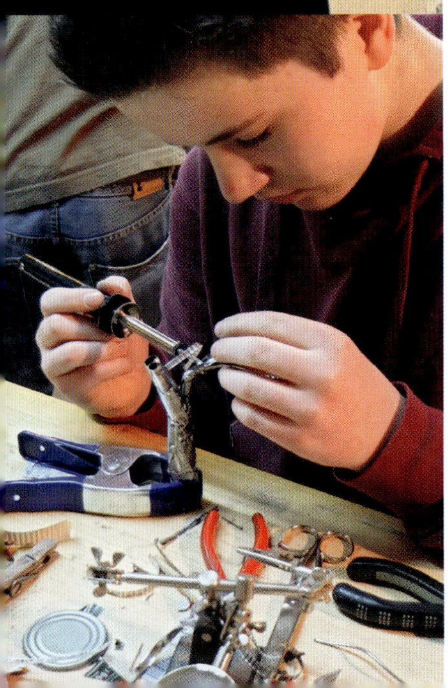

METALL

Wenn wir unsere Metall-Such-Brille aufsetzen, finden wir interessante Stücke am Wegesrand: platt gefahrene Dosen, alte Federn, rostige Teile aus Eisen ...

Sie erzählen von Vergänglichkeit und erinnern uns daran, wie die Zeit weiterläuft und die Dinge mit Patina überzieht.

Solche Reste sind die richtigen Zutaten für eine Schrott-Skulptur. Wir können sie mithilfe von Draht, Maschinenschrauben und Muttern neu zusammensetzen: Das Arbeiten mit Metall ohne Profi-Ausrüstung geht nämlich besser, als du denkst.

Metall kann auch wunderbar klingen – und jedes Klang-Objekt ist ein Experiment wert.

DIE ARBEITEN SEHEN SEHR ORIGINELL AUS – IRGENDWO ZWISCHEN TOMATENDOSE UND RAUMSCHIFF

Zu Beginn des Kapitels wird das Löten von Weißblech erklärt. Das ist ein verzinntes, dünn gewalztes Stahlblech, das du von Lebensmittel- und Getränkedosen kennst. Die Blechteile werden erwärmt und mit Lötzinn verbunden. Dafür brauchst du einen Lötkolben, den man günstig im Fachhandel oder im Baumarkt kaufen kann.

Am Ende dieses Kapitels stellen wir Metallfolie vor: So dünn sie auch sein mag, hat sie dennoch alle Eigenschaften von Metall und ist eben nicht nur einfaches Goldpapier. Du kannst sie gut beidseitig prägen und kleine reliefartige Objekte, Anhänger oder Amulette herstellen.

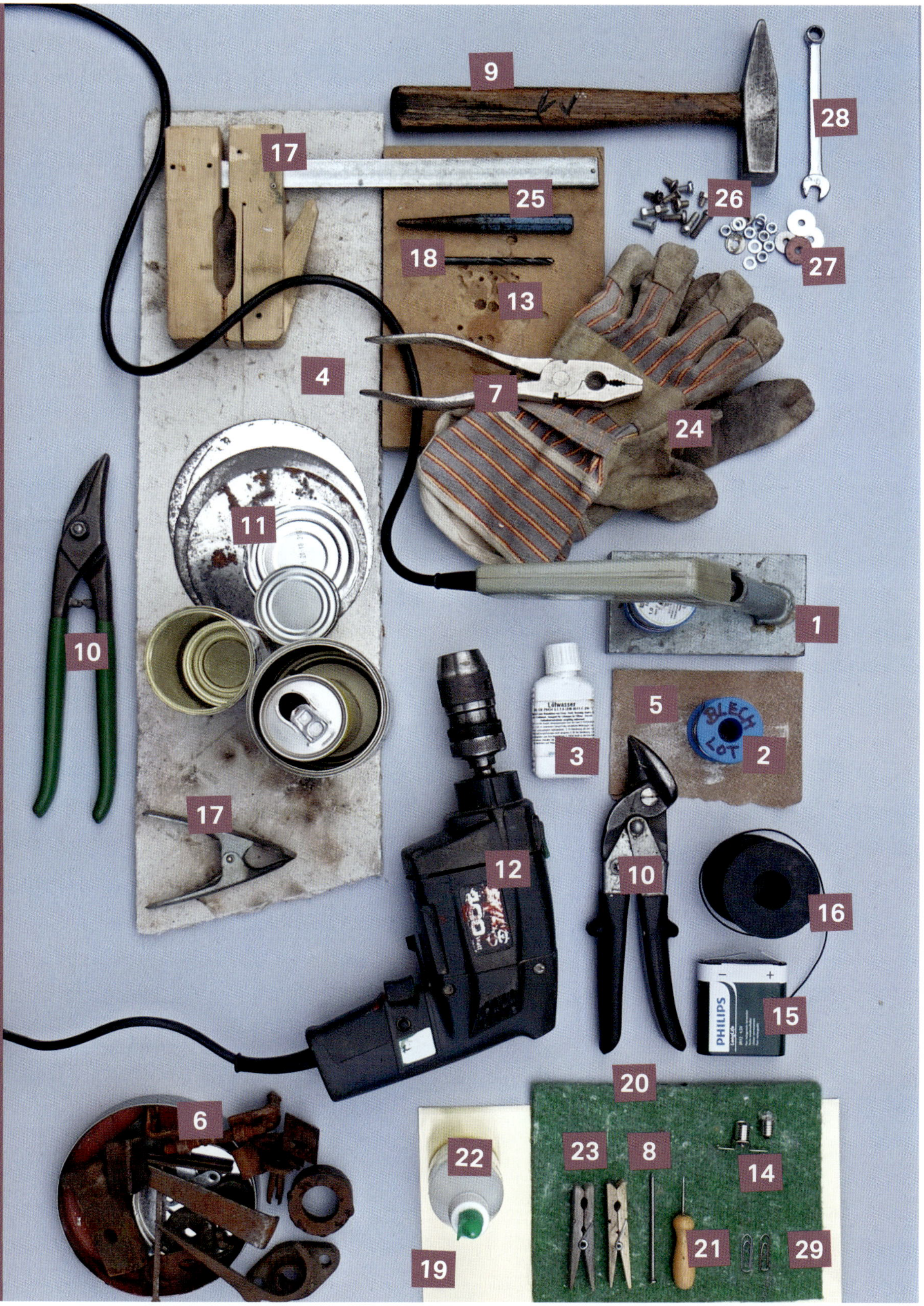

MATERIALIEN

1 LÖTKOLBEN
2 LÖTZINN
3 LÖTWASSER
4 FEUERFESTE UNTERLAGE
5 SCHLEIFPAPIER
6 SCHROTT
7 KOMBIZANGE
8 GROSSER NAGEL
9 HAMMER
10 BLECHSCHEREN
11 WEISSBLECH
12 BOHRMASCHINE besser: Ständerbohrmaschine, ohne Bild
13 UNTERLAGE zum Bohren und Löcherstanzen
14 E10-GLÜHLÄMPCHEN, 3,5 V, Fassung
15 FLACHBATTERIE, 4,5 V
16 LITZE
17 LEIMZWINGEN
18 BOHRER
19 METALLFOLIE
20 PRICKFILZ
21 PRICKNADEL
22 FLÜSSIGKLEBER
23 WÄSCHEKLAMMERN
24 ARBEITSHANDSCHUHE
25 KÖRNER
26 MASCHINENSCHRAUBEN/MUTTERN
27 UNTERLEGSCHEIBEN
28 SCHRAUBENSCHLÜSSEL
29 BÜROKLAMMERN

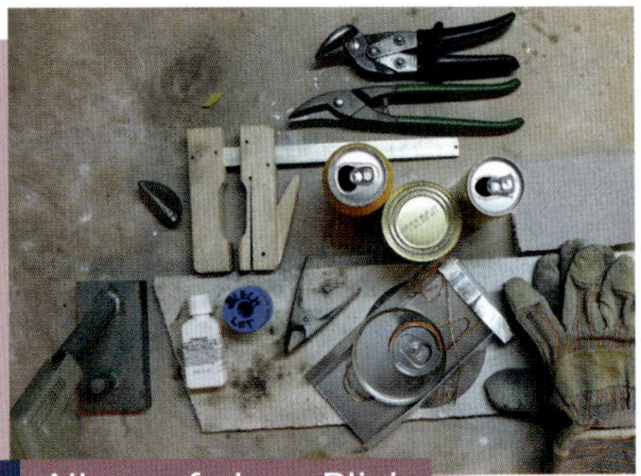

1. Alles auf einen Blick

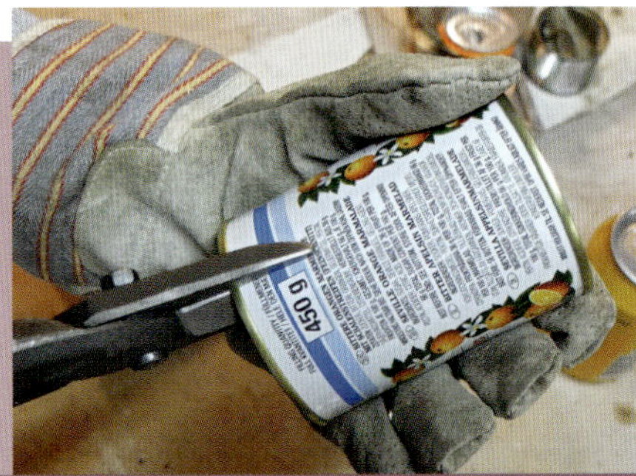

2. Schneiden nur mit Arbeitshandschuhen

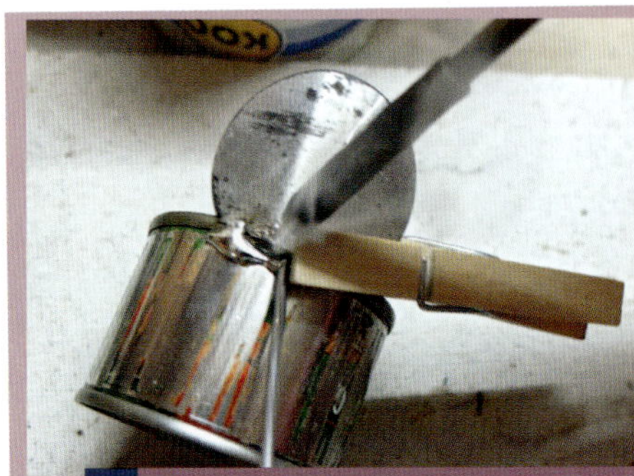

3. Das Lötzinn aufschmelzen

"DAS KREATIVE DING"

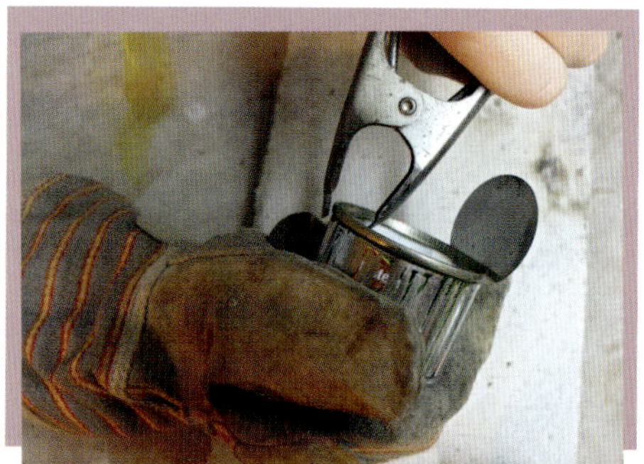

4. Handschuhe schützen auch vor Hitze

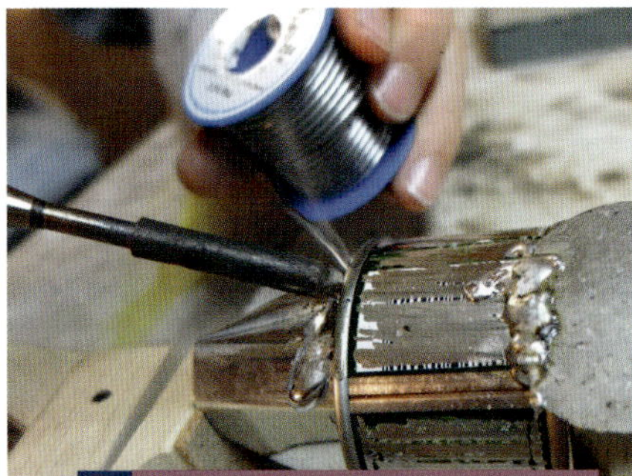

5. Den Trichter anlöten …

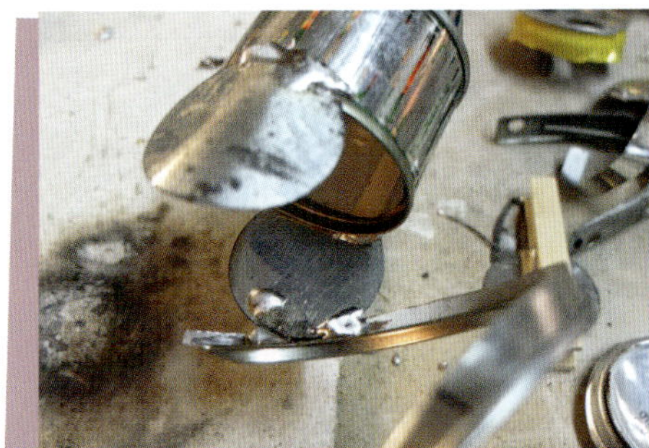

6. … und das Objekt befestigen

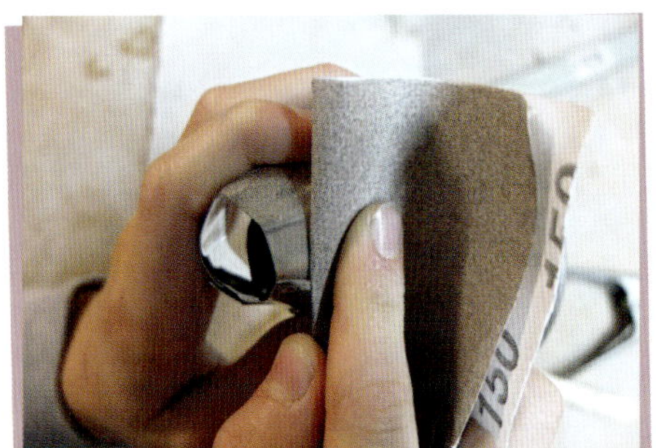

7. Das Blech bei Bedarf anschleifen

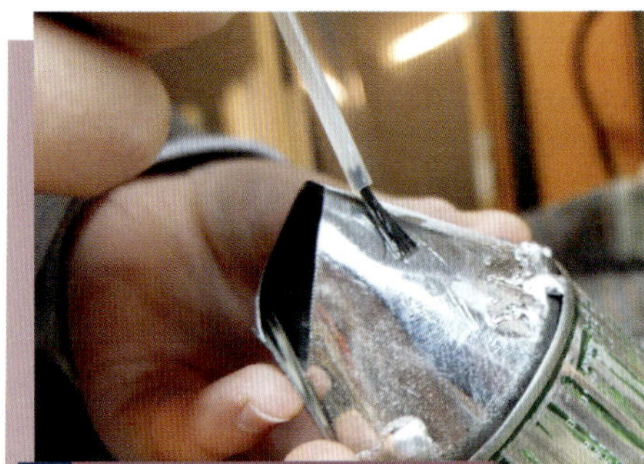

8. Lötwasser aufpinseln

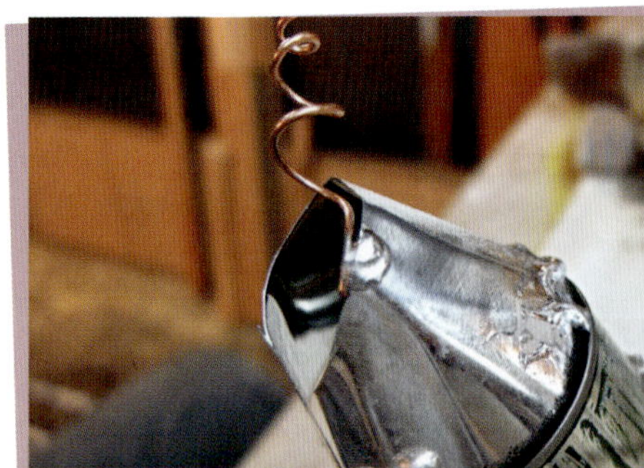

9. Kupferdraht anlöten

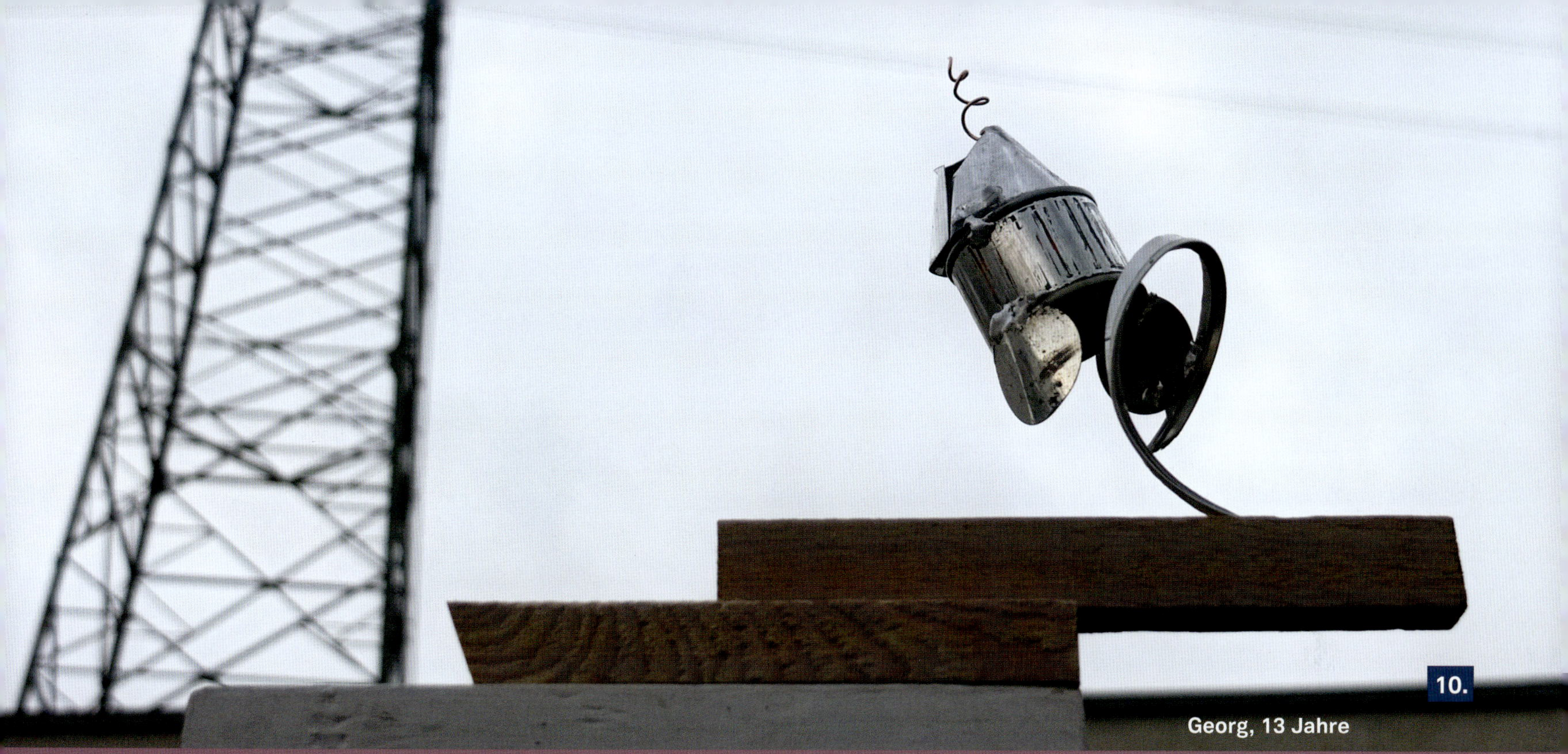

10.

Georg, 13 Jahre

Löten macht viel Spaß – und eine alte Konservendose in eine Skulptur zu verwandeln, ist ein besonderer Augenblick. Du brauchst einen Lötkolben mit 80 Watt Leistung. Achtung, heiß! Denn Metall passt sich schnell der Umgebungstemperatur an. So wie im Winter das Treppengeländer eiskalt ist, wird Metall beim Löten sehr warm: Also nicht die Finger verbrennen! Gearbeitet wird auf einer nicht brennbaren Unterlage, zum Beispiel auf einem Stück Rigips oder einer Steinplatte. Der Raum sollte dabei gut belüftet sein.

1. Diese Dinge brauchst du! Eine Klammer oder Zwinge aus Holz verwenden, damit die Wärme nicht abgeleitet wird.

2. Vorsicht mit scharfkantigen Metallstücken, beim Zuschnitt Arbeitshandschuhe tragen. Dünnes Weißblech mit der Bastelschere schneiden. Eine Blechschere immer präzise ansetzen, weil sie sich leicht verkantet und dann das Blech zur Seite knickt, ohne es zu schneiden.

3. Das Blech mit dem Lötkolben erwärmen, dann das Lötzinn hinzugeben. Es schmilzt auf den beiden zu verbindenden Blechen auf.

4. Das Werkstück mit Arbeitshandschuhen anfassen, um sich nicht die Finger zu verbrennen.

5. Hier wird der Trichter angelötet ...

6. ... und hier das Objekt an einem nach dem Abschneiden spiralförmig gewundenen Pfirsichdosen-Rand befestigt.

7. Manche Bleche nehmen das Lötzinn wegen der Oberflächenbehandlung schlecht an. In diesem Fall das Blech mit Schleifpapier oder einer Feile anschleifen.

8. Anschließend Lötwasser aufpinseln, dann geht's besser. Oder erst die zu verbindenden Bleche verzinnen, anschließend aufeinanderlegen, von hinten erwärmen und zusammenschmelzen.

9. Kupferdraht ist gut zu löten: Erst Lötzinn aufschmelzen, dann das Dosenblech erhitzen und unter erneuter Zugabe von Lötzinn mit dem Kupferdraht verbinden.

10. Mit Sockel: Spitzenklasse!

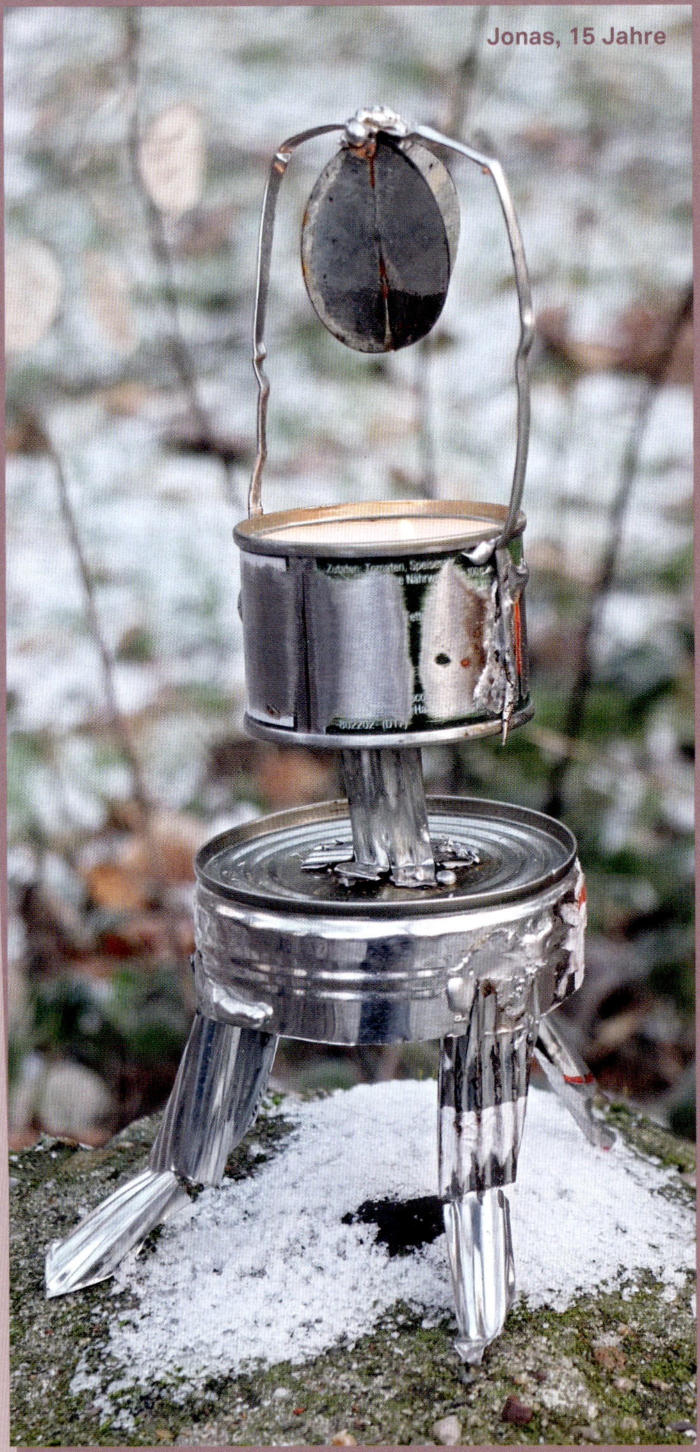

Jonas, 15 Jahre

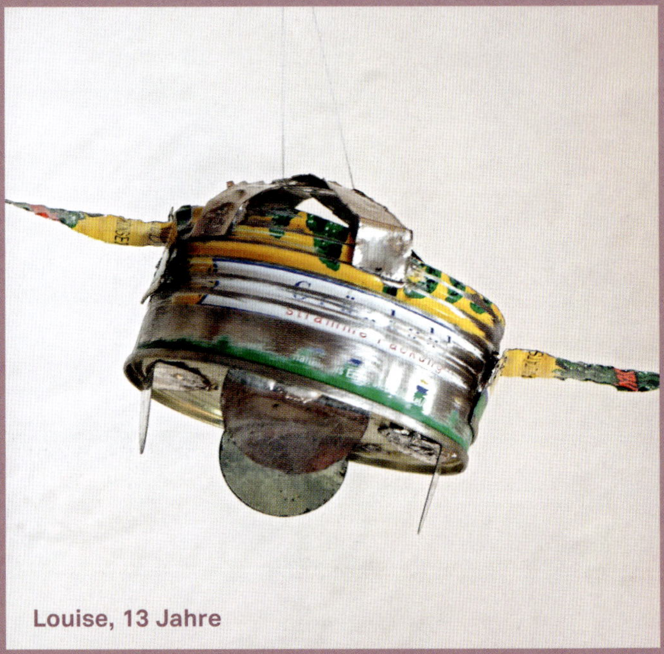

Louise, 13 Jahre

TOMATENMARK- ODER GRÜNKOHLDOSE?

Die ursprüngliche Funktion wiederzuerkennen, macht den Witz aus.

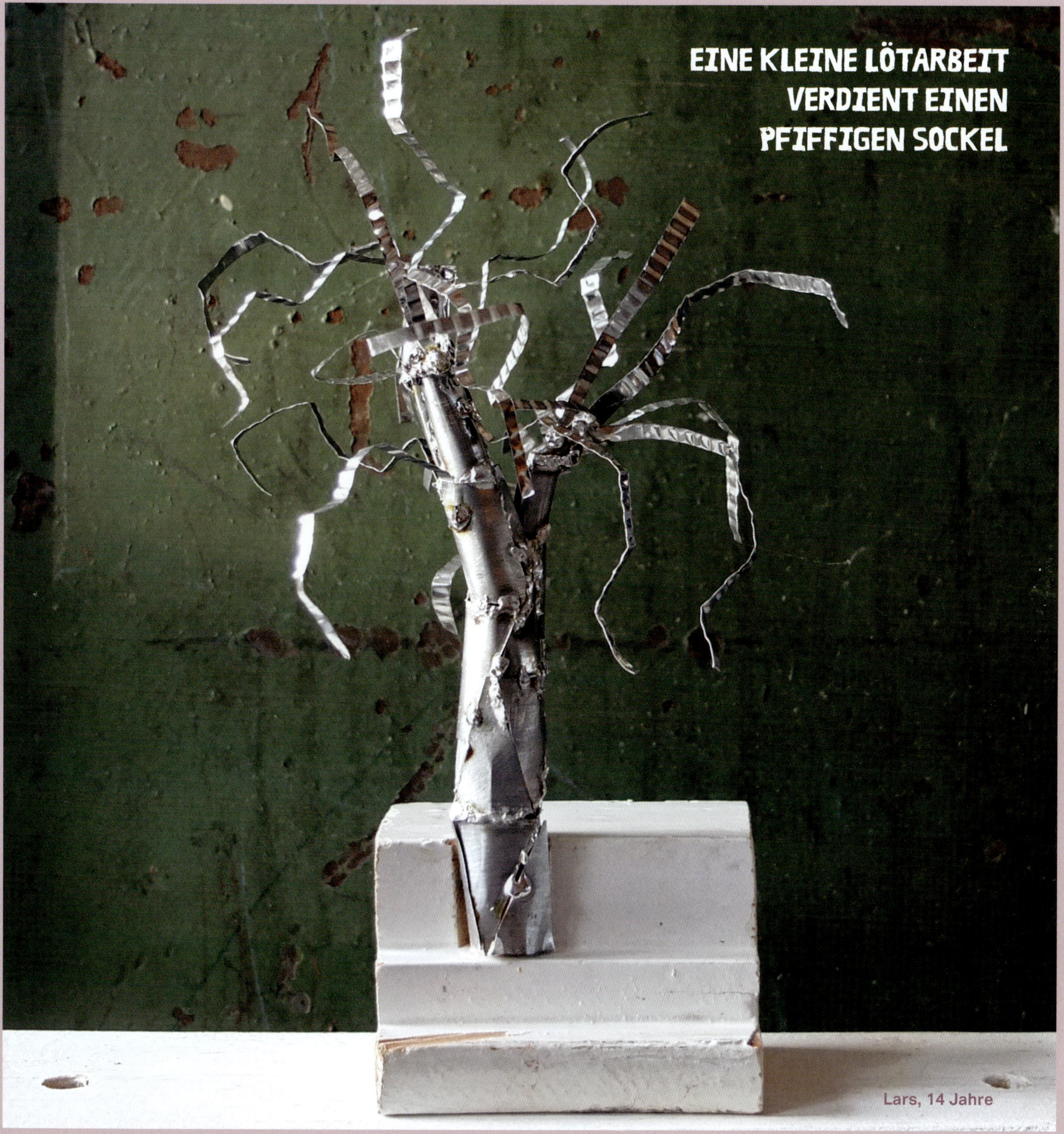
EINE KLEINE LÖTARBEIT
VERDIENT EINEN
PFIFFIGEN SOCKEL
Lars, 14 Jahre

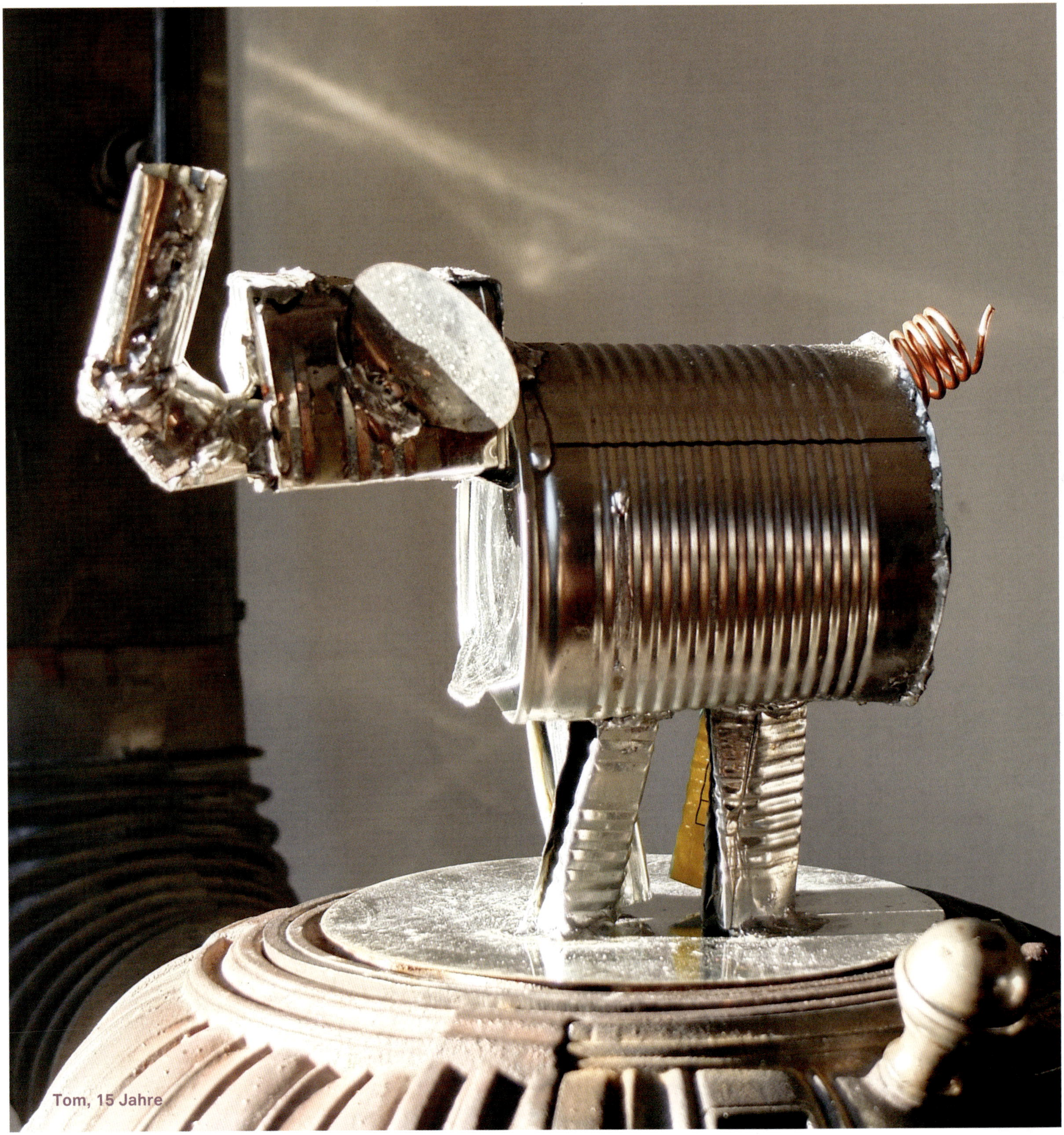

Tom, 15 Jahre

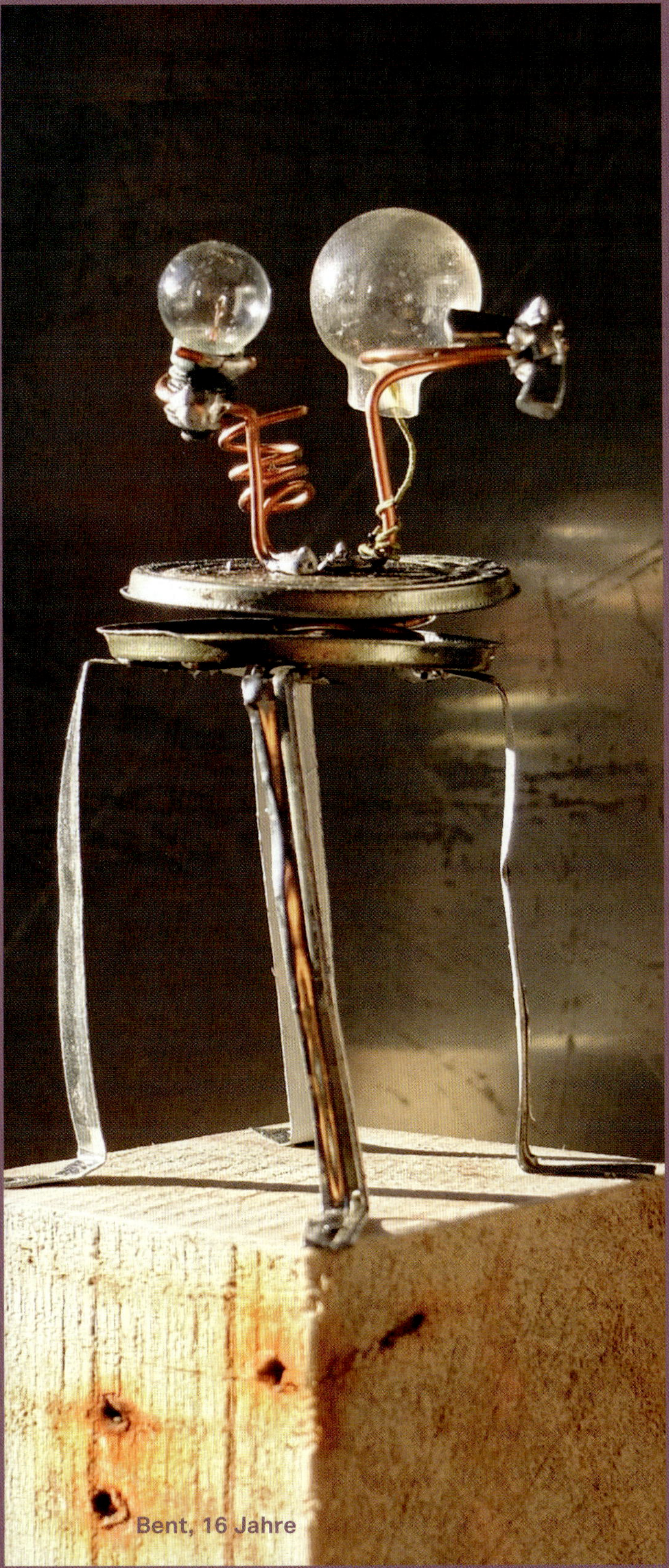
Bent, 16 Jahre

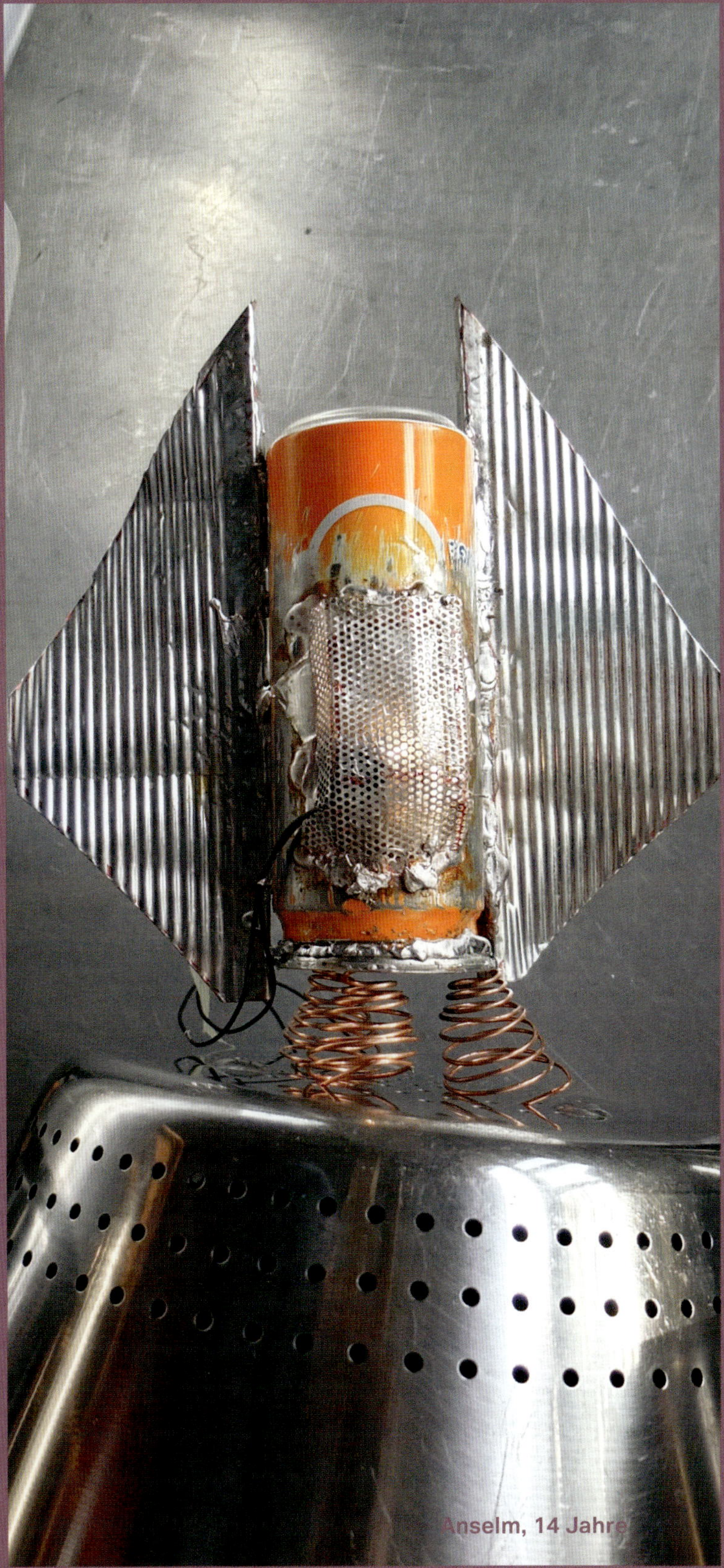
Anselm, 14 Jahre

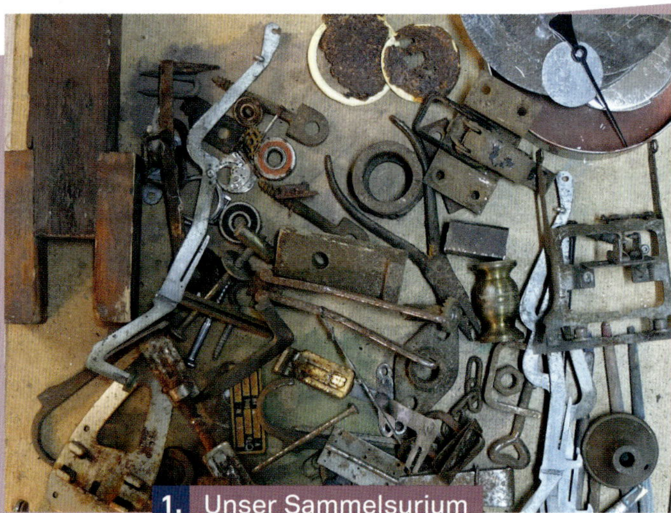

1. Unser Sammelsurium

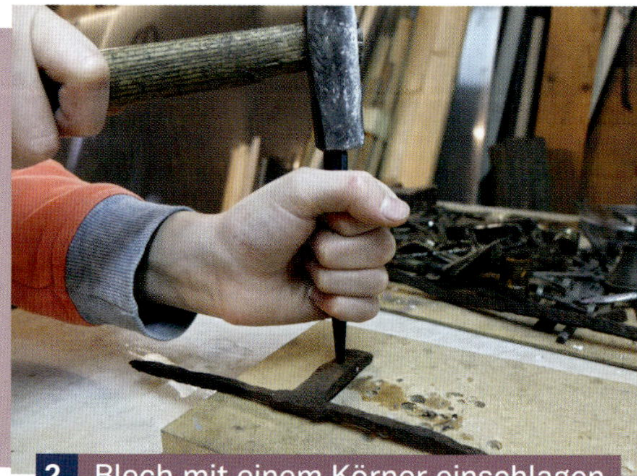

2. Blech mit einem Körner einschlagen

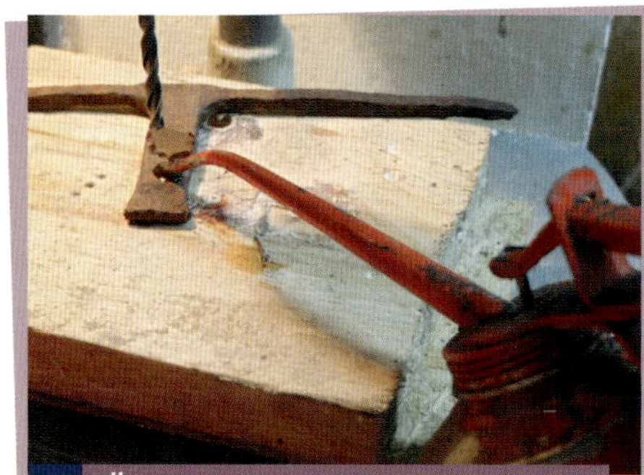

3. Öl auf die Bohrstelle geben

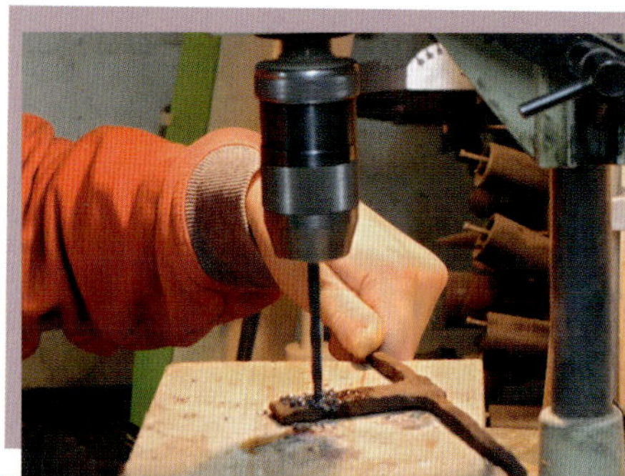

4. Bohrmaschine langsam laufen lassen

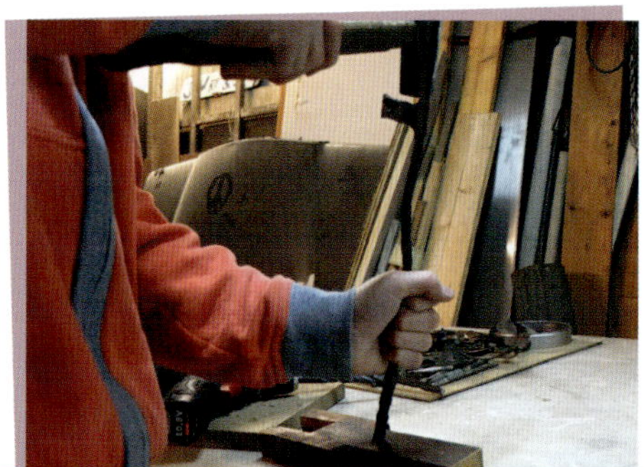

5. Teil in einen Holzsockel schlagen

IM SCHROTT GIBT'S VIELE SCHÄTZE ZU ENTDECKEN

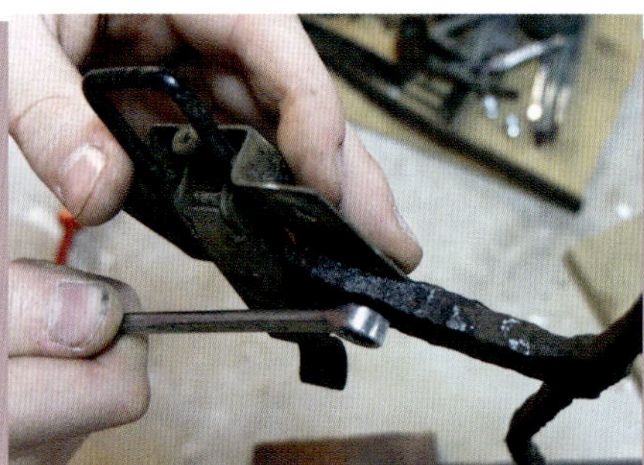

6. Mit Schrauben zusammenfügen

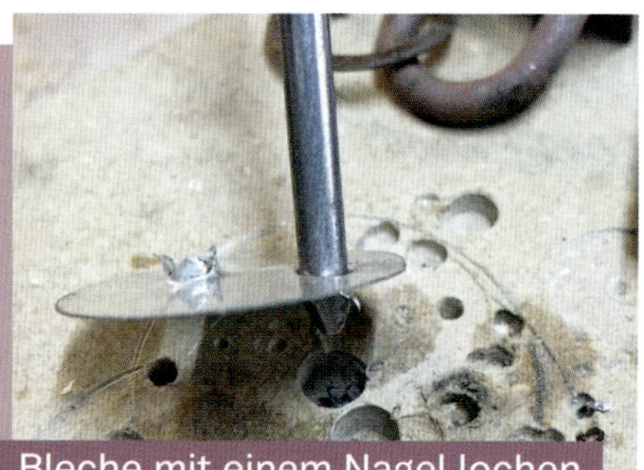

7. Bleche mit einem Nagel lochen

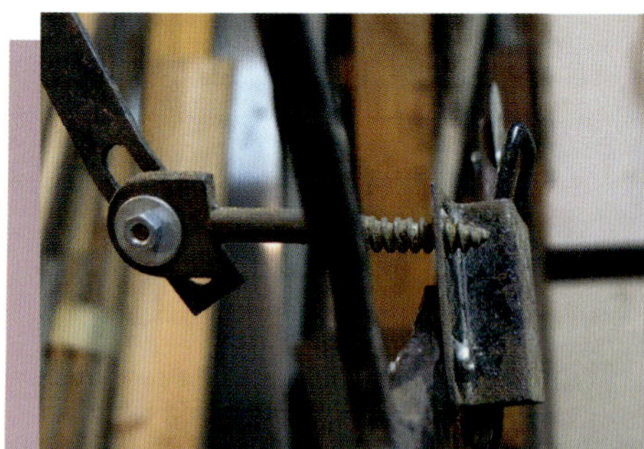

8. Scheiben als Montagehelfer

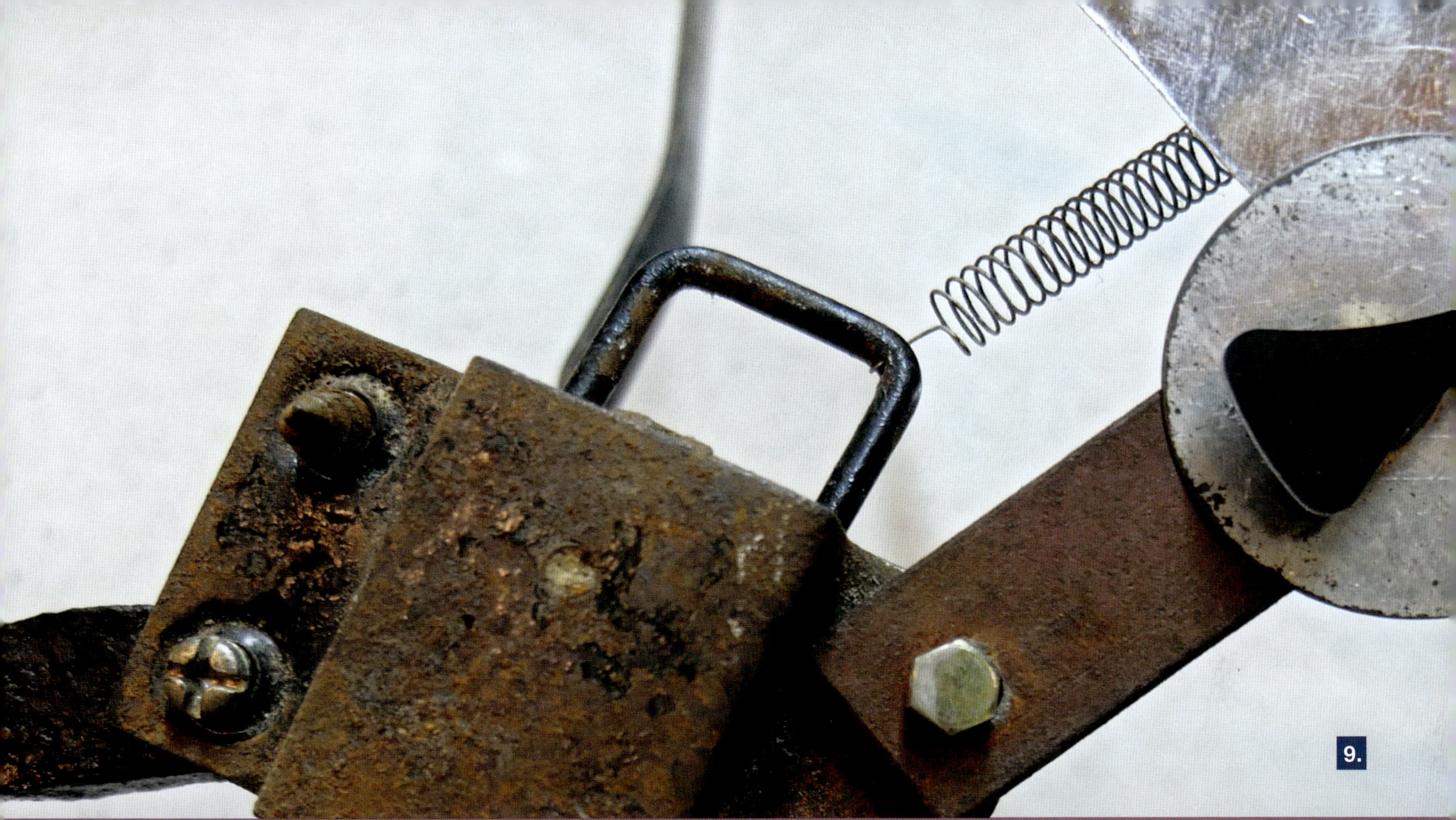

9.

Aus Schrott wird eine Skulptur konstruiert. Suche dir schöne Fundstücke aus Metall. Du kannst auch in einem Fahrradladen oder metallverarbeitenden Betrieb nach Resten fragen. Bei uns hat alles gut zusammengepasst: Am besten, du benutzt ein paar Teile, die bereits Löcher haben, und Teile mit einem Gewinde, oder die auf einer Seite spitz zulaufen. Dann ist die Montage leichter.

1. Das ist unser Sammelsurium.

2. An dieses rostige Eisen soll alles montiert werden. Dafür braucht es ein Loch. Dieses möglichst mit einer Ständerbohrmaschine bohren. Das Blech zunächst mit einem Körner einschlagen, damit der Bohrer nicht verläuft.

3. Einen Tropfen Öl auf die Bohrstelle geben.

4. Die Bohrmaschine sollte langsam laufen. Achtung! Die linke Hand nicht zu dicht neben dem Bohrer platzieren. Wenn das Metallstück nicht so gut zu greifen ist wie hier, muss es eingespannt werden. Rotierende Metallteile sind gefährlich, lass dir eventuell helfen! Manche Metallstücke sind gehärtet oder aus einer sehr harten Legierung. Dann am besten ein anderes Stück auswählen.

5. Das Teil in einen Holzsockel schlagen, in den vorher ein Loch gebohrt wurde. Jetzt steht schon mal alles.

6. Mithilfe von Maschinenschrauben und Muttern das Ganze zu einem festen Gebilde zusammenfügen.

7. Dünne Bleche lassen sich mit einem Nagel lochen: Das Blech auf einer Holzunterlage über ein Loch legen und mit ein paar kräftigen Schlägen perforieren.

8. Unterlegscheiben und vorhandene Gewinde helfen bei der Montage.

9. Du kannst zum Beispiel auch Verbindungen mit Draht herstellen. Metallfedern sind ebenfalls praktisch.

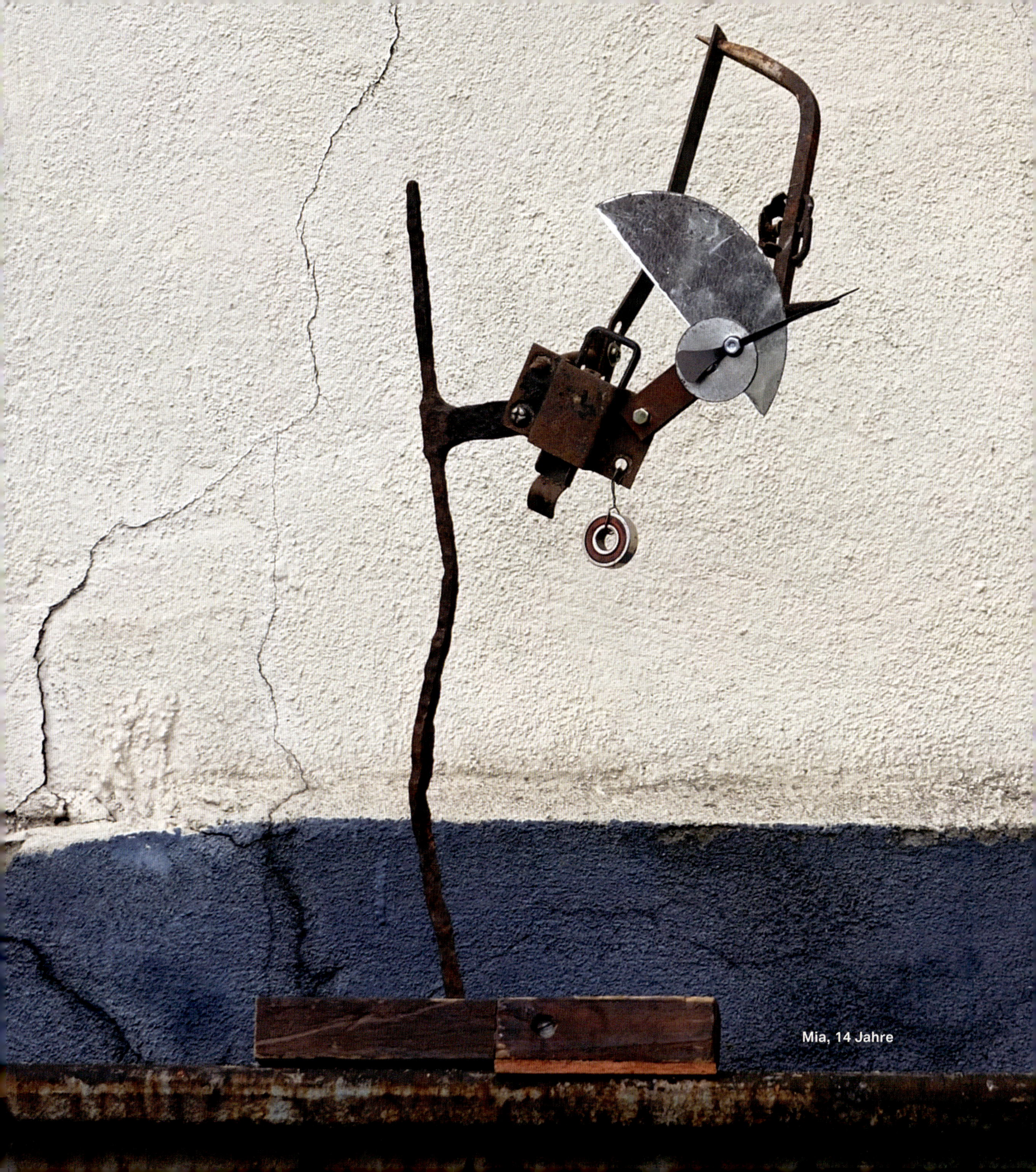

Mia, 14 Jahre

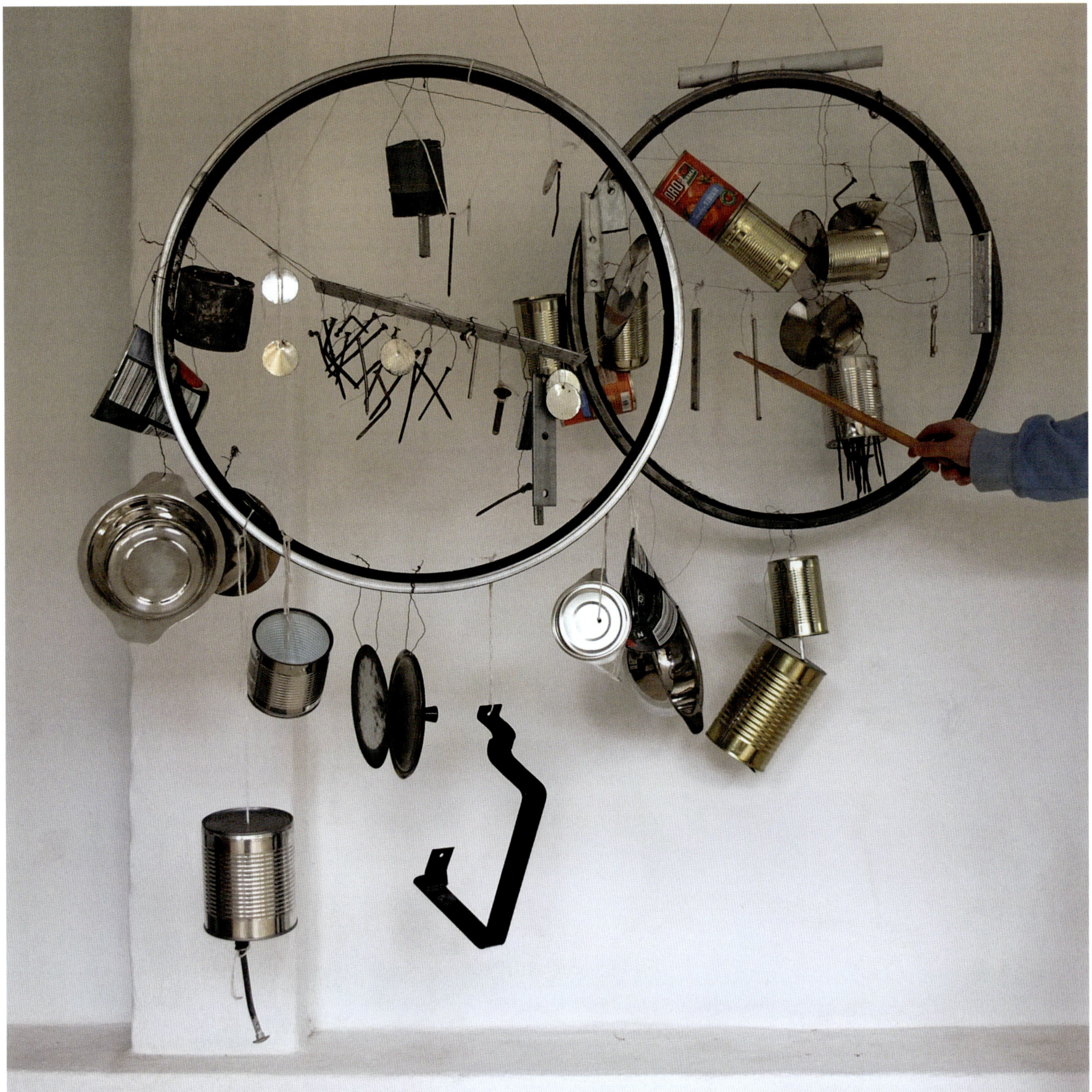

Gemeinschaftsarbeit 3./4. Klasse, in Zusammenarbeit mit Valérie Damm

KLANG-SKULPTUR

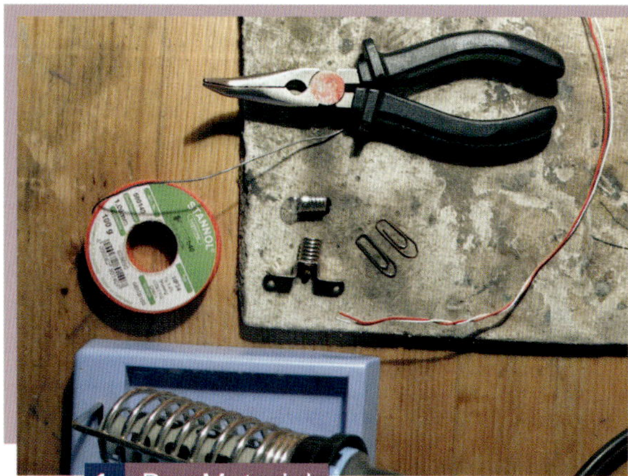

1. Das Material

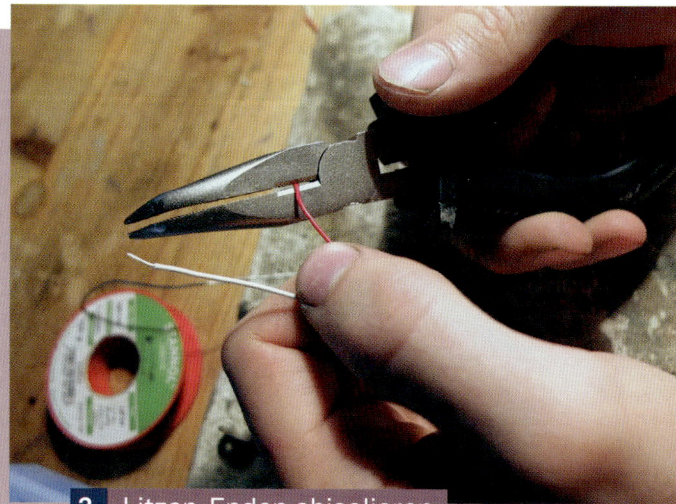

2. Litzen-Enden abisolieren

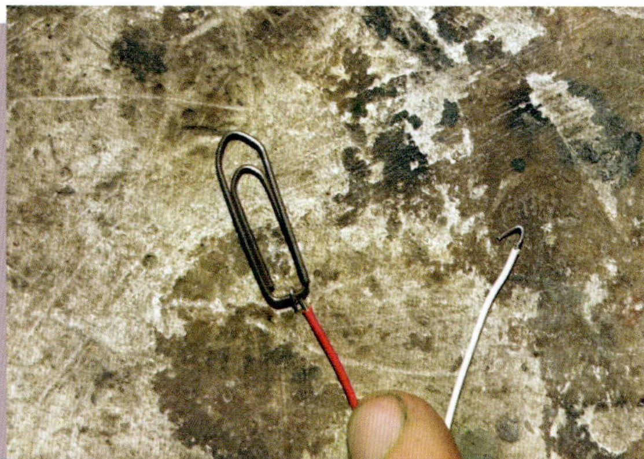

3. Ein Ende um die Büroklammern biegen, …

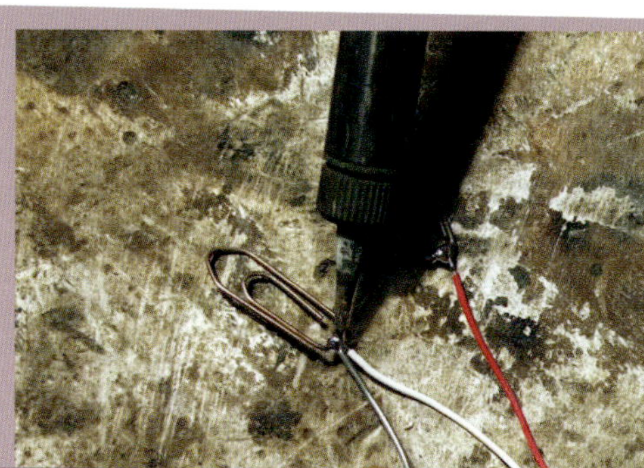

4. … dann Litzen und Büroklammern verlöten

EIN LÄMPCHEN ANZULÖTEN, IST NICHT SCHWER

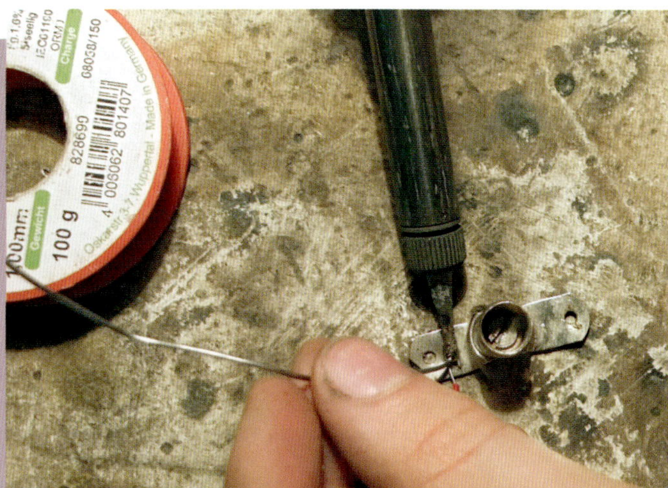

5. Die anderen Enden an die Seite der Fassung …

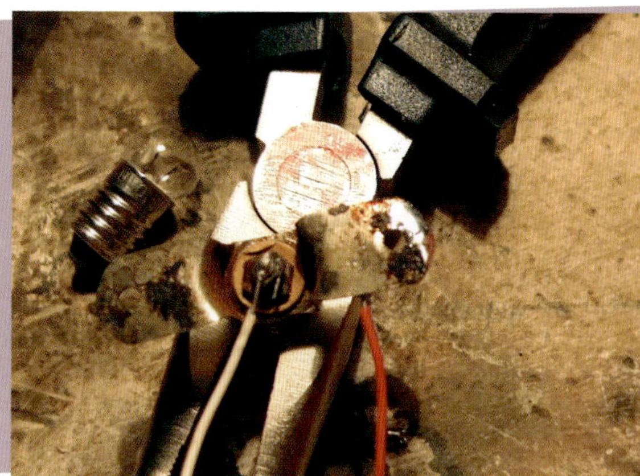

6. … und an die Unterseite der Fassung löten

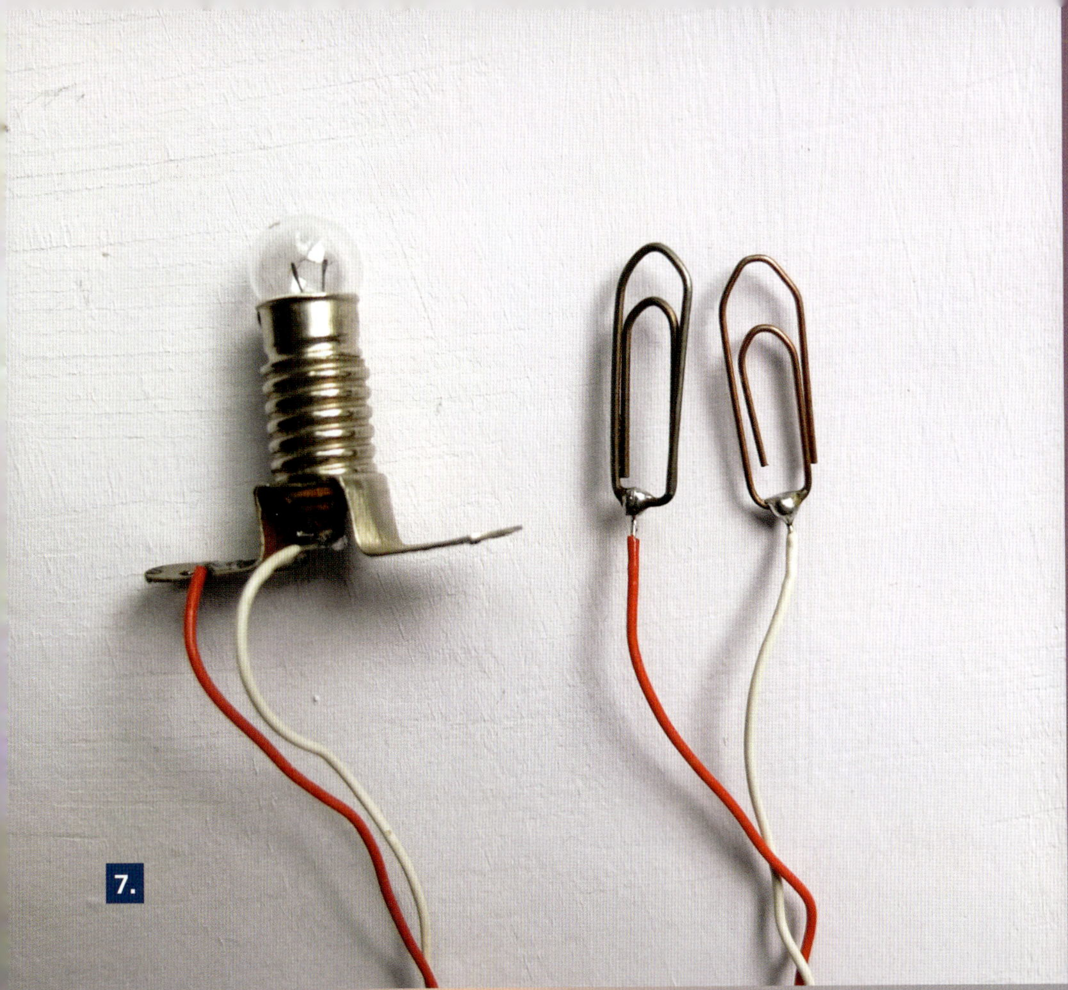

7.

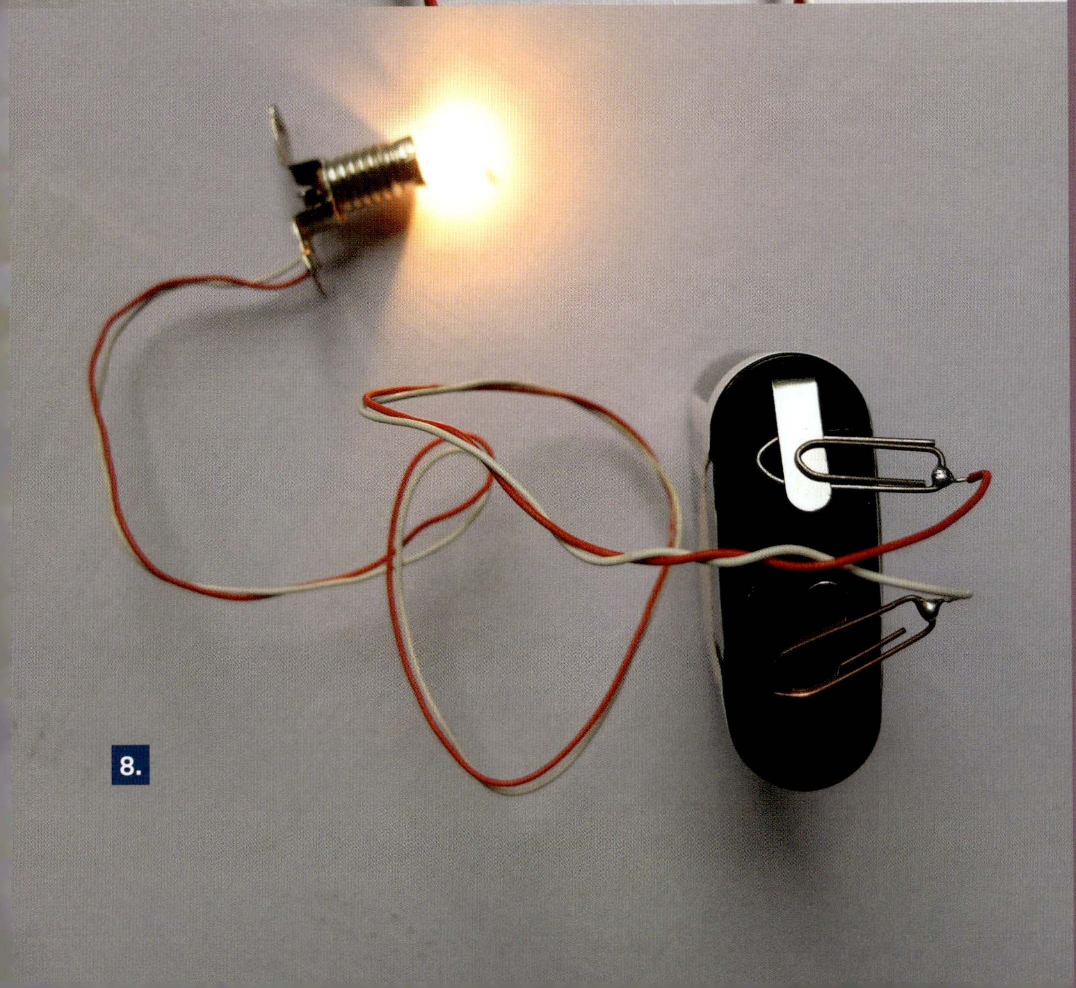

8.

1. Du brauchst: E10-Glühlämpchen für 3,5 Volt und Fassung, Litze, zwei Büroklammern, Lötzinn, Lötkolben, feuerfeste Unterlage, Kombizange und zusätzlich eine 4,5-Volt-Flachbatterie.

2. Zwei Litzen- oder Telefondrahtstücke vorbereiten, indem an allen vier Enden die Isolierung der Leitungen entfernt wird. Das nennt man „abisolieren“. Dazu eine Zange oder ein Messer verwenden.

3. An jeweils ein Ende eine Büroklammer anlöten: Das Ende um die Büroklammer biegen, ...

4. ... dann mit dem Lötkolben Litze und Büroklammer gleichzeitig erwärmen. Lötzinn zugeben und verlöten.

5. Das andere Ende der ersten Litze an die Seite der Fassung löten, ...

6. ... das andere Ende der zweiten Litze an die Unterseite der Fassung löten. Etwas Übung braucht man zum Löten. Eine „dritte Hand“ in Form einer Halteklammer (hier einer Zange) oder die eines Freundes kann hilfreich sein.

7. Die fertigen Teile ...

8. ... mit dem Batterieblock verbinden. Lichtlein, brenn!

ÜBRIGENS

Bei der Wandleuchte im Kapitel *Holz* (Seite 125) ist hinter der Sperrholzplatte ebenfalls eine Glühlampe mit Flachbatterie angebracht.

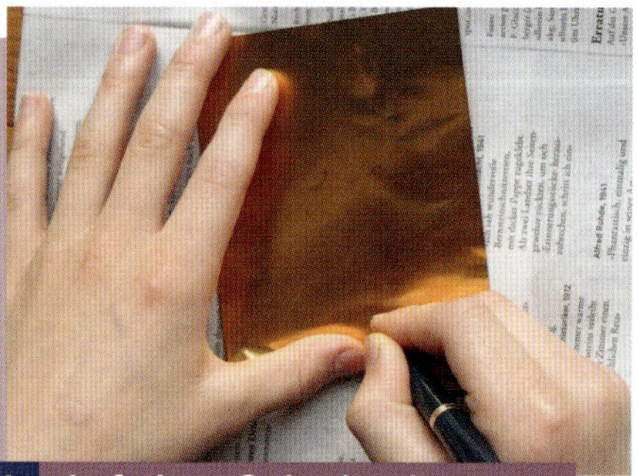

1. Auf einer Seite beginnen …

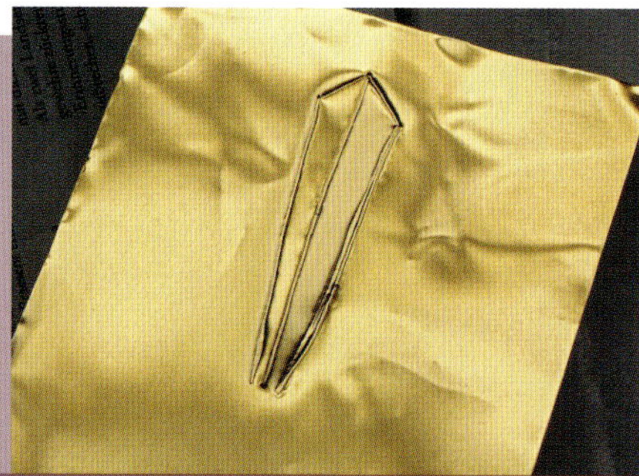

2. … und das Blatt hin- und herwenden

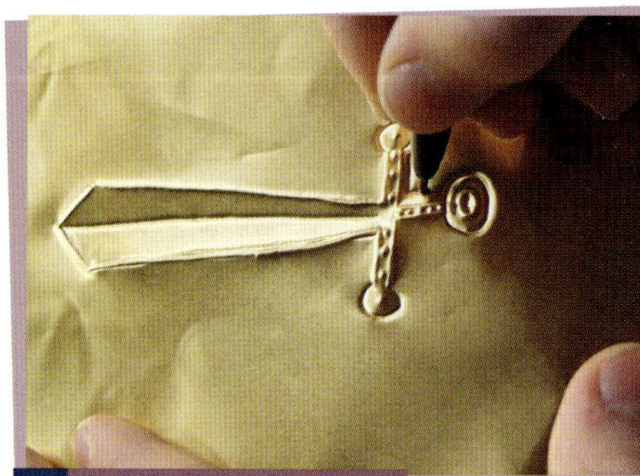

3. Hier ein Schwert

WIR PRÄGEN EIN RELIEF

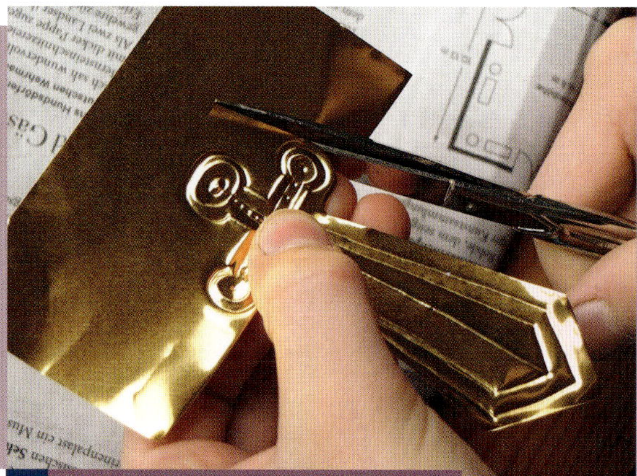

4. Die Form ausschneiden, …

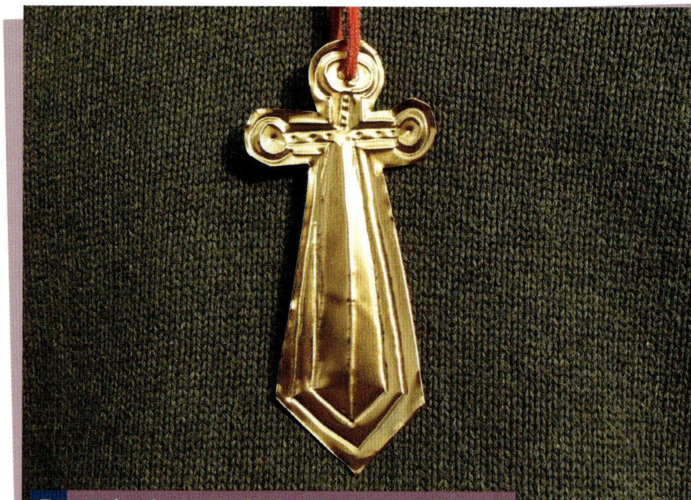

5. … lochen und ein Band anbringen

Mit Metallfolie (auch als Präge- oder Drückfolie im Handel erhältlich) kannst du kleine Reliefobjekte herstellen. Dies ist kein übliches Goldpapier, sondern eine Folie aus Aluminium.

1. Mit einem alten Kugelschreiber, der keine Tinte mehr hat, kannst du gut prägen. Als weiche Unterlage eignet sich zum Beispiel eine gefaltete Zeitung. Du beginnst auf der einen Seite …

2. … und wendest das Blatt hin und her. Durch das Prägen von beiden Seiten entstehen nach oben und unten gewölbte Flächen: ein Relief.

3. Dies wird ein Anhänger in Schwert-Form.

4. Die Form knappkantig ausschneiden, …

5. … lochen, ein Band hindurchziehen – und fertig ist das Ritter-Amulett!

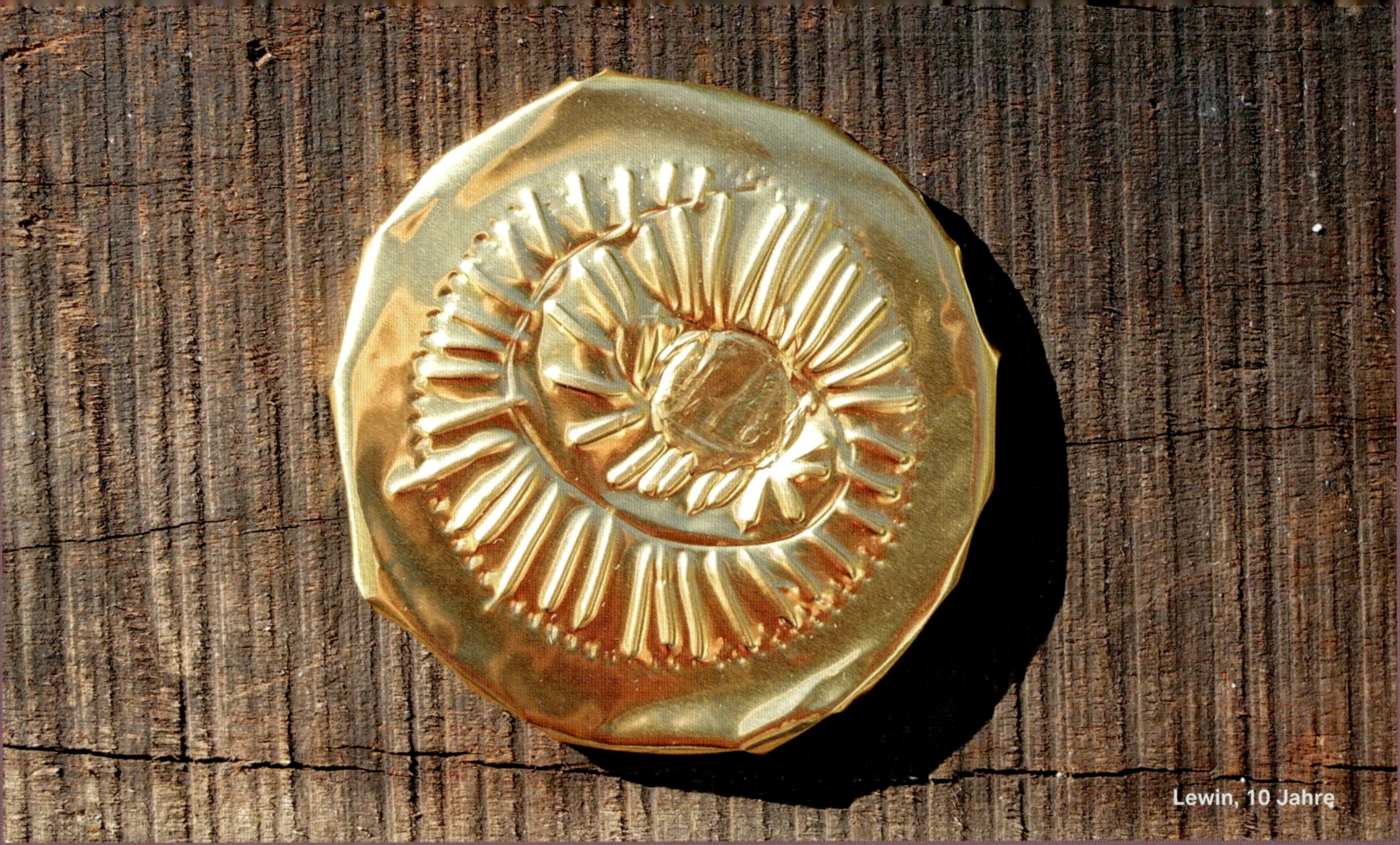

Lewin, 10 Jahre

GEHEIME ZEICHEN

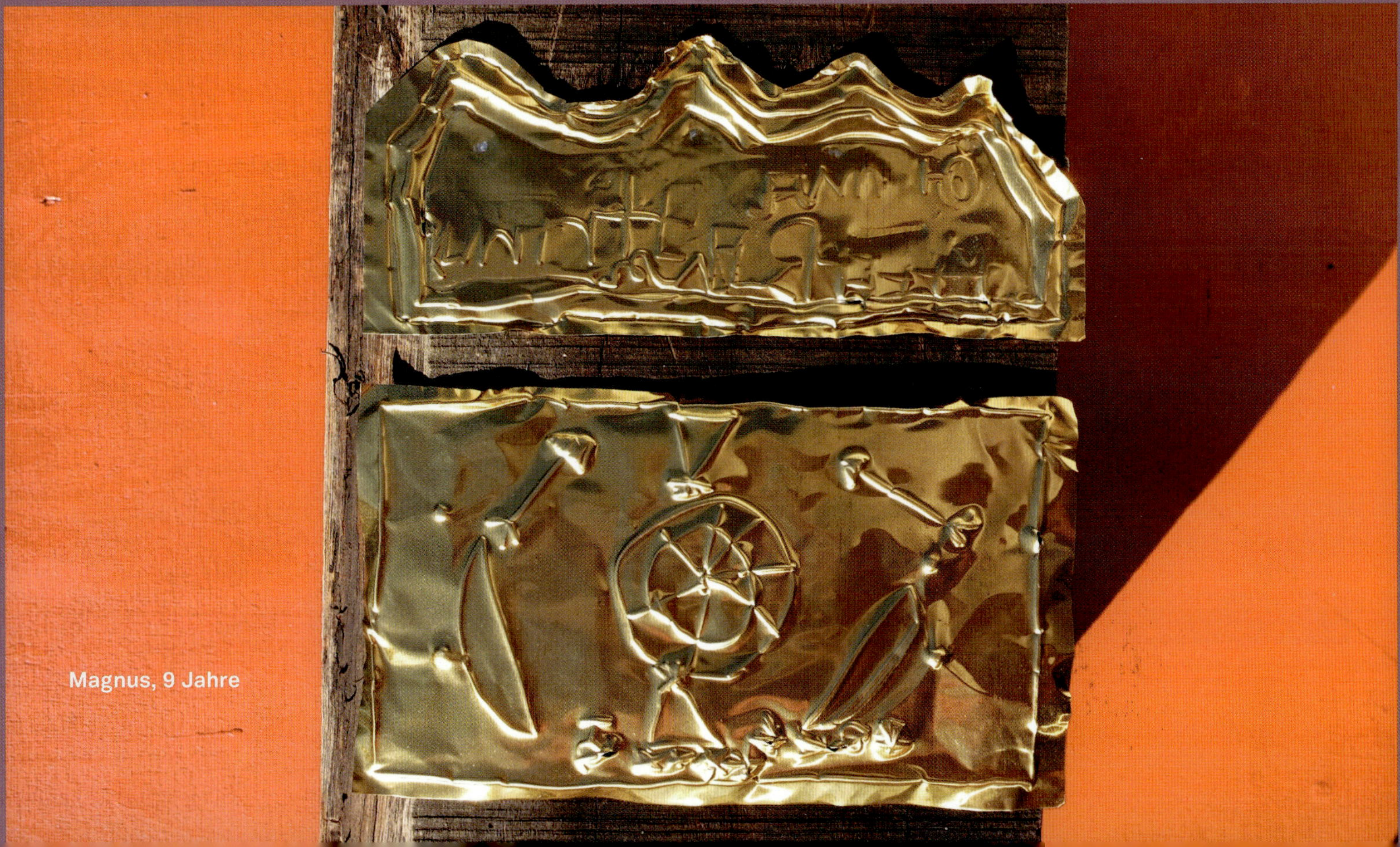

Magnus, 9 Jahre

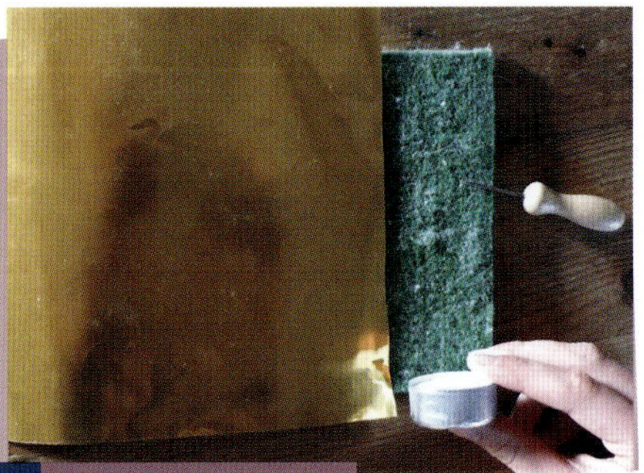

1. Die Materialien

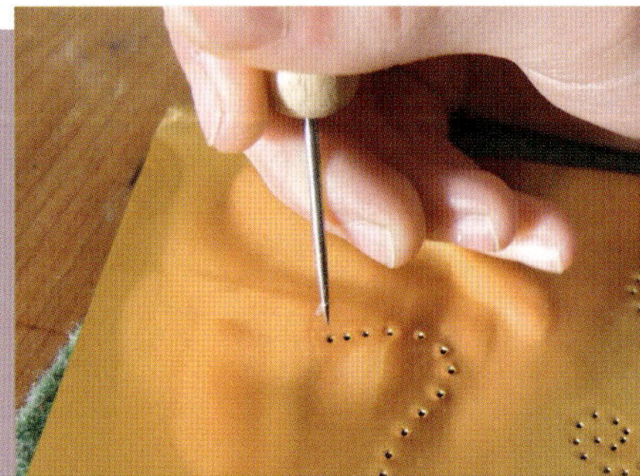

2. Mit der Pricknadel Löcher stechen

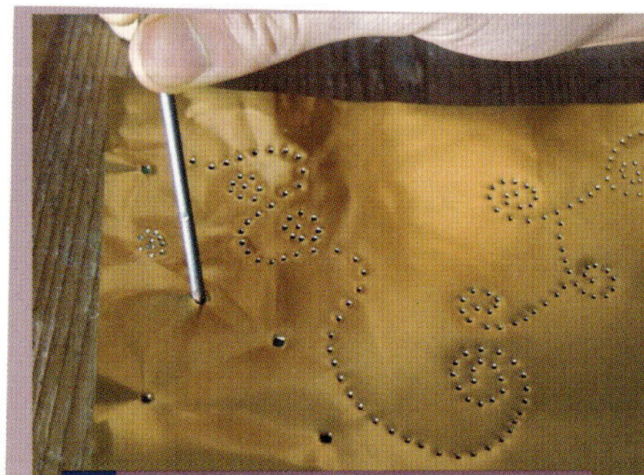

3. Die Lochgröße variieren

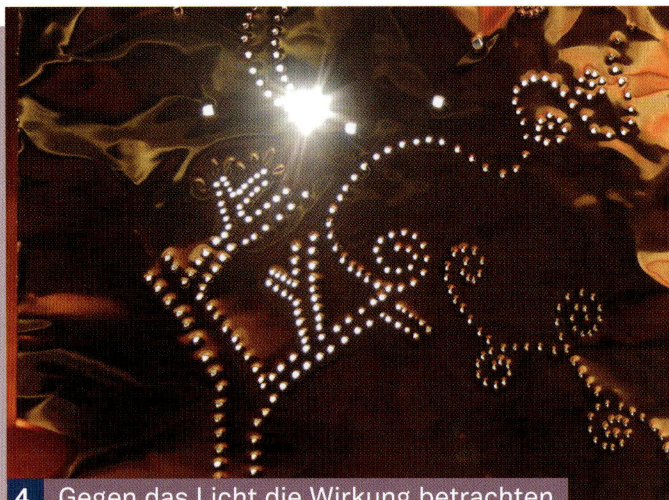

4. Gegen das Licht die Wirkung betrachten

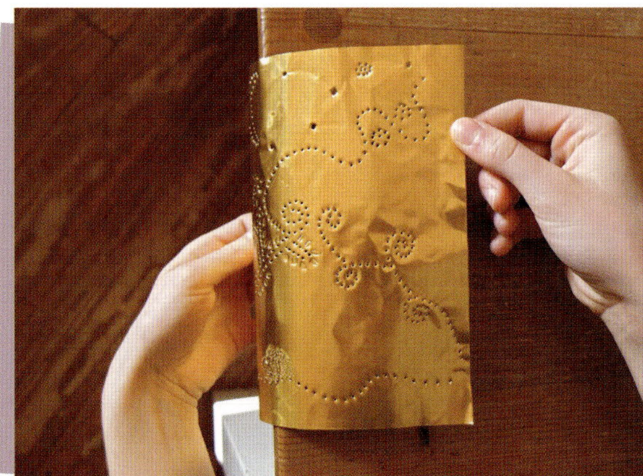

5. Folie über die Tischkante ziehen

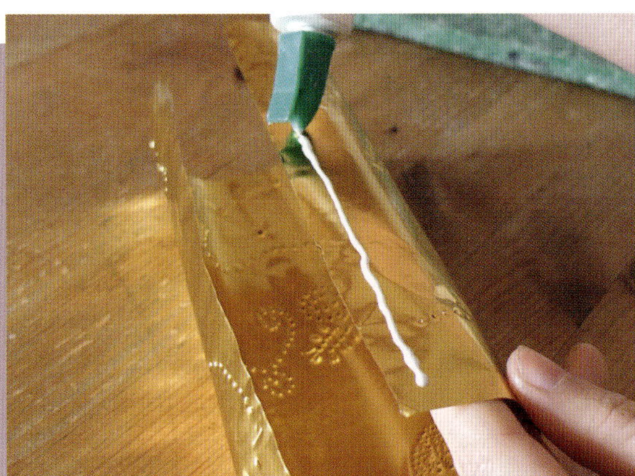

6. Kante mit Flüssigkleber einstreichen …

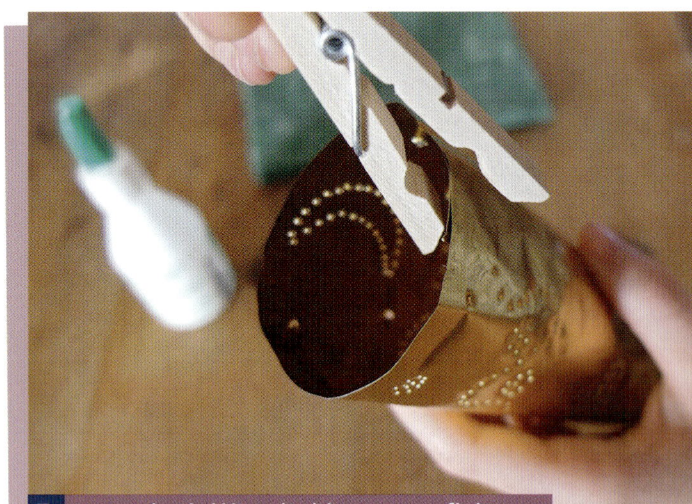

7. … und mit Wäscheklammern fixieren

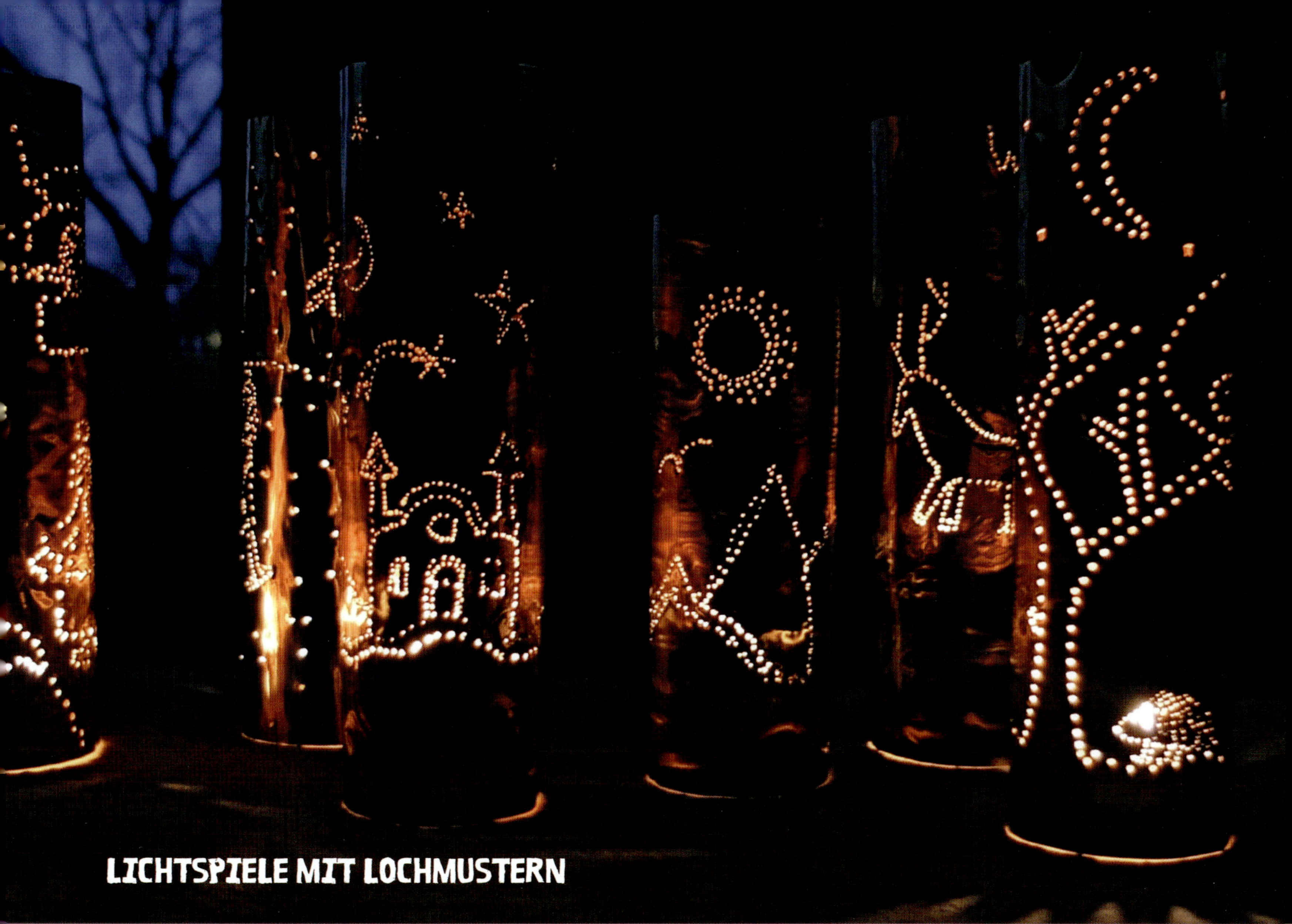

LICHTSPIELE MIT LOCHMUSTERN

Sehr stimmungsvolle Lichter entstehen aus geprickelter Metallfolie.

1. Du brauchst ein Stück Metallfolie im Format 18 x 18 cm und eine weiche Unterlage aus Stoff, Filz oder Wellpappe. Da später in die Leuchtröhre ein Teelicht gestellt wird, den unteren Rand nicht bearbeiten.

2. Mit der Pricknadel geht's los.

3. Um die Lochgröße zu variieren, kannst du auch einen Nagel für einen besonders großen Lichtpunkt oder eine Nähnadel für einen kleinen benutzen.

4. Ab und zu die Folie gegen das Licht halten, damit du die Wirkung sehen kannst.

5. Folie über die Tischkante ziehen. So entsteht die runde Form, die wir brauchen.

6. Kante mit Flüssigkleber einstreichen ...

7. ... und mit Wäscheklammern fixieren. Die Mitte muss nach einigen Minuten erneut angedrückt werden.

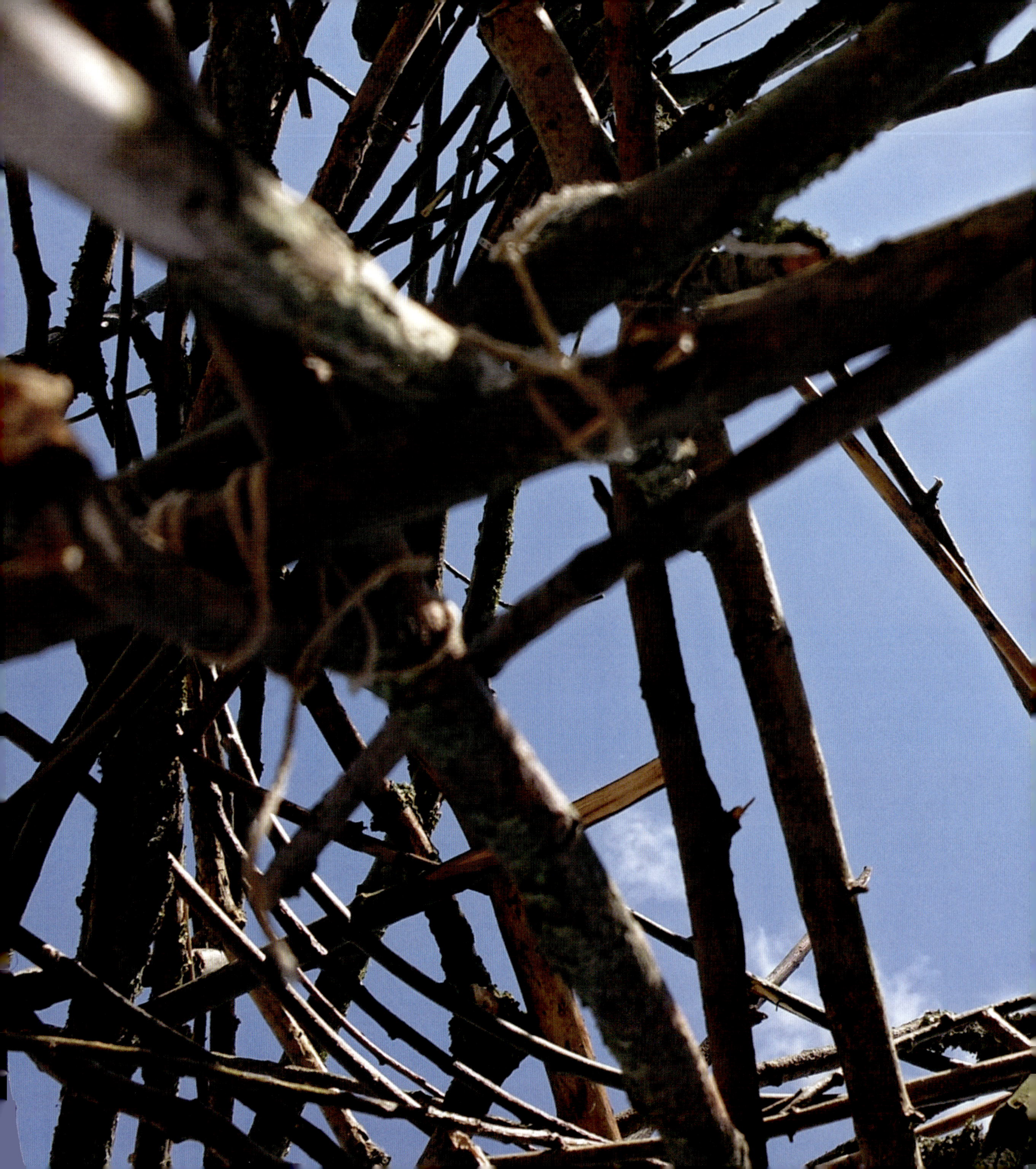

NATUR-MATERIALIEN

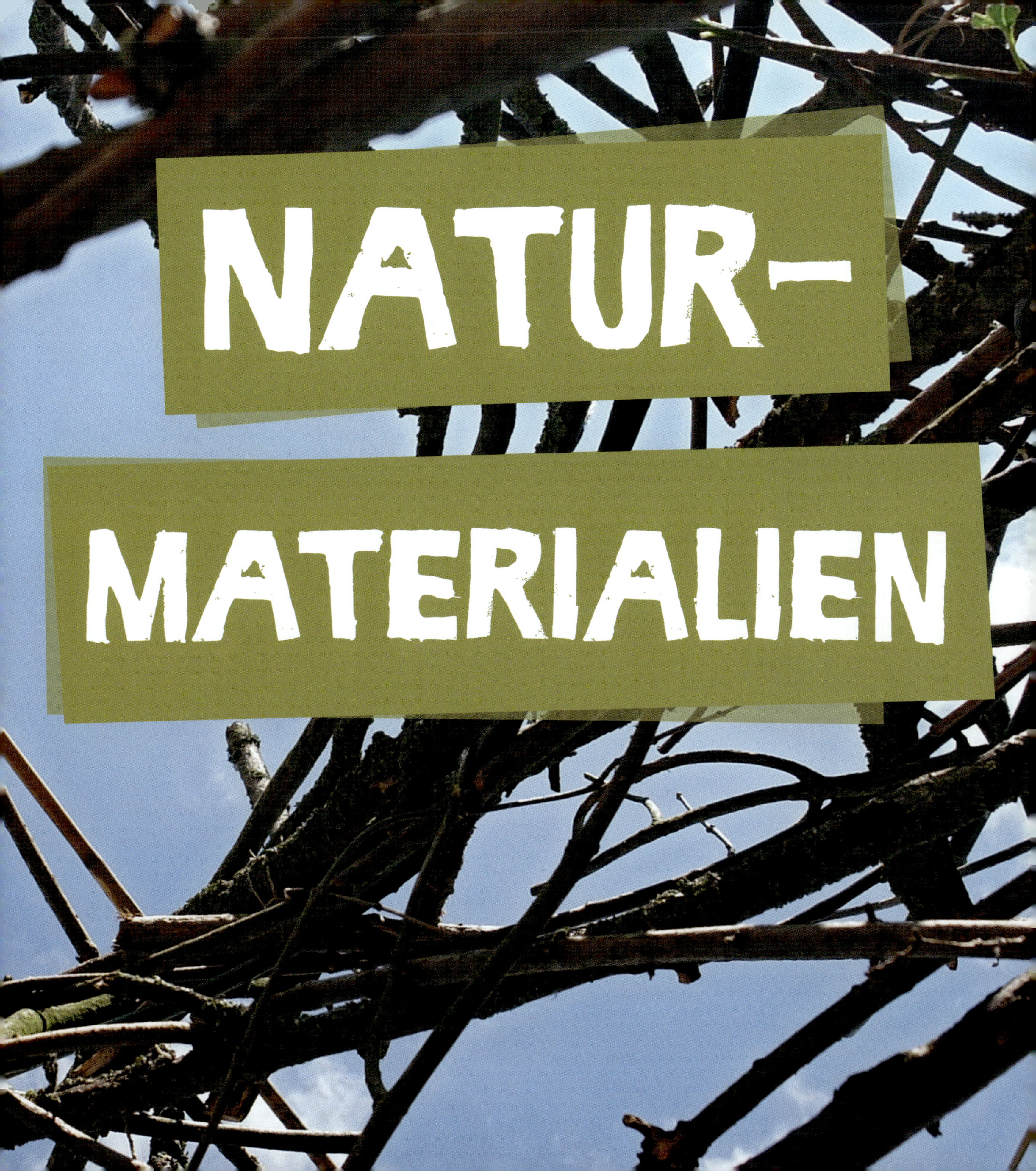

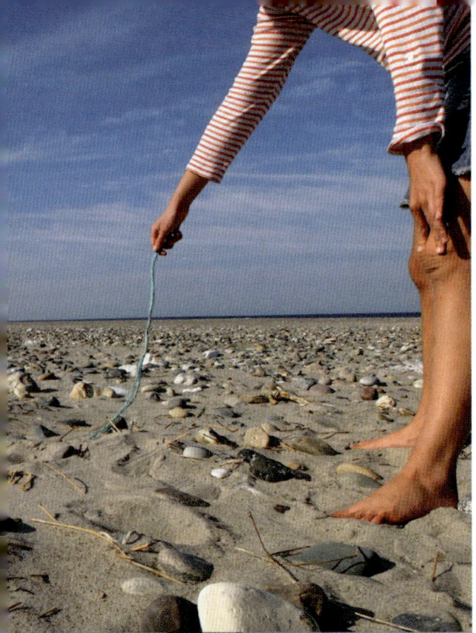

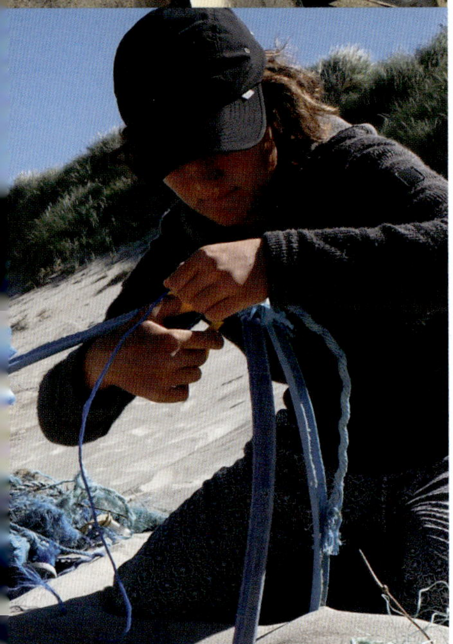

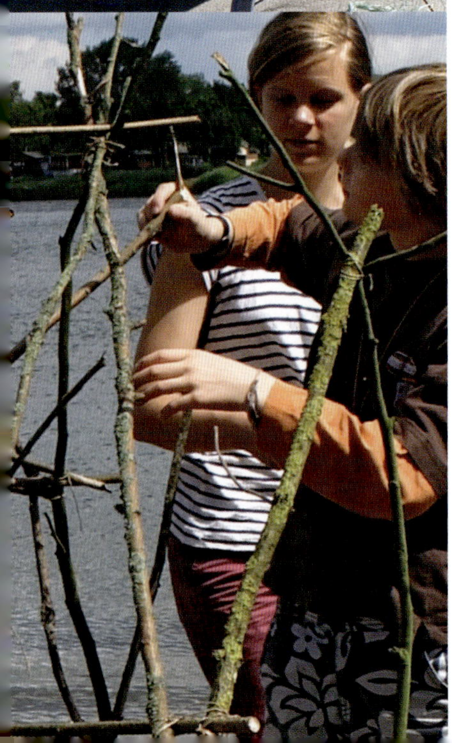

NATUR-MATERIALIEN

Wenn wir unser Material draußen selbst sammeln, entsteht ein ganz anderer Gestaltungsprozess, als wenn wir es in einem Laden kaufen.

Wir gehen nach draußen und spüren die Stimmung – das Wetter, die Jahreszeit und das Licht. Gerüche und Geräusche umgeben uns, Vögel, Insekten und Würmer, wachsende Pflanzen neben abgestorbenem Laub und Holz ...

Ist dieser Stock schon zu morsch? Entscheide ich mich für glatten Bambus oder für uriges Eichengeäst? Beim Auswählen der Hölzer, der Kiefernnadeln oder des Mooses nimmt eine Idee bereits Gestalt an.

GEWACHSENE WERKSTOFFE HABEN EINEN EIGENEN CHARAKTER – SIE SIND LEBENDIG IN IHRER FORM UND OBERFLÄCHE

Bei Ast- und Stockprojekten schöpfen wir aus dem Vollen – Material finden wir überall dort, wo Bäume wachsen. Flugs lassen sich aus Ästen Fantasiehütten oder das lang ersehnte Baumhaus bauen.

Raumbezogene Arbeiten in Feld, Wald und Wiese, am Strand oder auf dem Schulgelände sind tolle Gemeinschaftsprojekte. Mit etwas Zeit und Gespür untersuchen wir die Gegebenheiten des Ortes und entwickeln unser Vorhaben.

Übrigens: Einige zeitgenössische Künstler wie zum Beispiel Andy Goldsworthy verbringen ihr Leben damit, vergängliche Installationen in der Natur zu schaffen.
Deshalb: Knipskiste nicht vergessen!

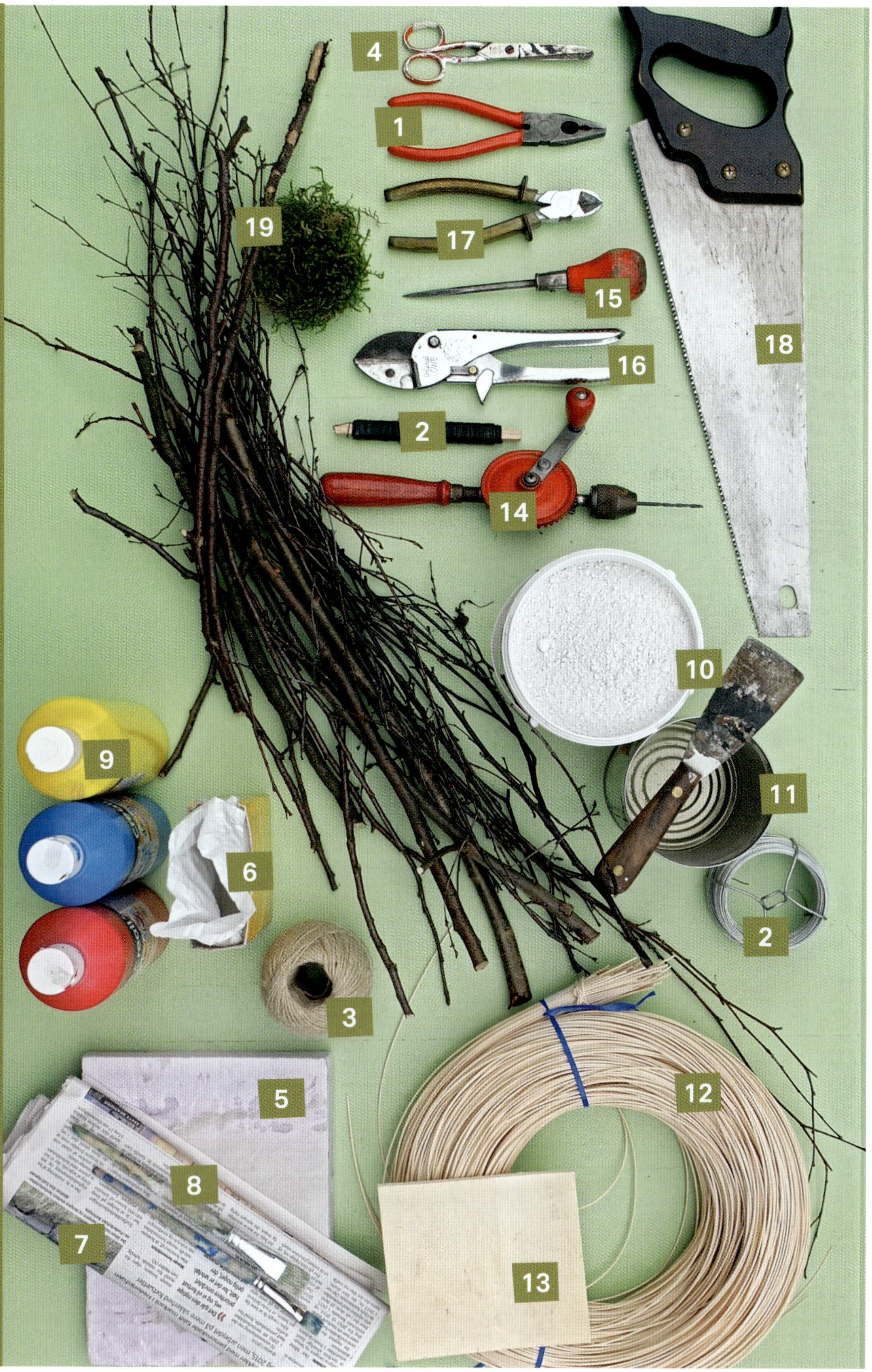

MATERIALIEN

1 KOMBIZANGE

2 BLUMENBINDEDRAHT

3 SCHNUR

4 SCHERE

5 STYRODUR, 2 cm

6 KLEISTER

7 ZEITUNGSPAPIER

8 PINSEL

9 TEMPERAFARBEN

10 GIPS, SPACHTEL

11 BLECHDOSE

12 PEDDIGROHR, 2 mm

13 SPERRHOLZ, 4 mm

14 HANDBOHRMASCHINE mit Bohrer, 3 mm

15 VORSTECHER oder großer Nagel

16 GARTENSCHERE

17 SEITENSCHNEIDER

18 SÄGE Fuchsschwanz

19 NATURMATERIALIEN

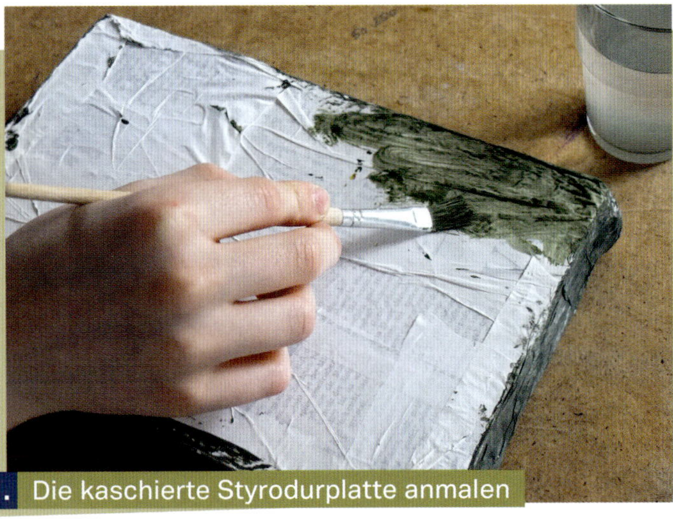

1. Die kaschierte Styrodurplatte anmalen

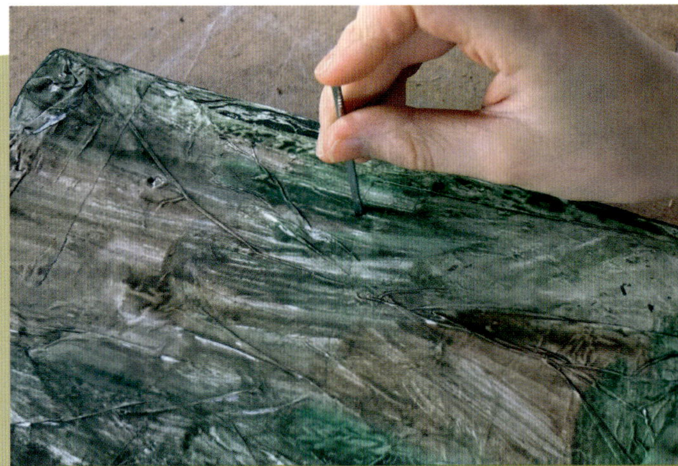

2. In die Styrodurplatte Löcher für die Stöckchen stechen

DURCH DEN EINGANG KOMMT MAN VON AUSSEN NACH INNEN

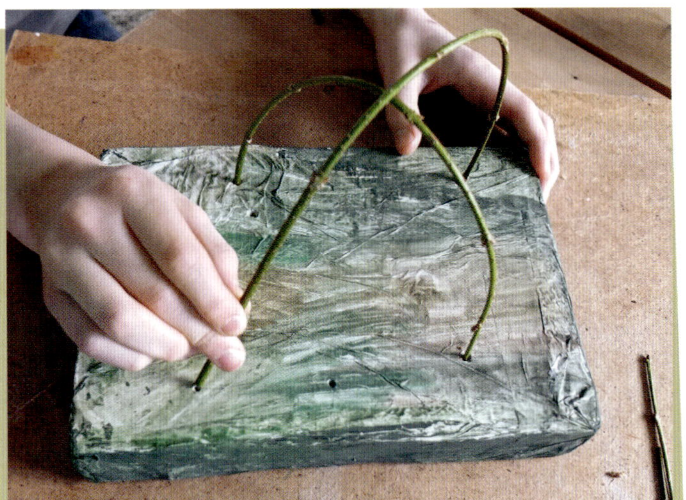

3. Die Stöckchen über Kreuz ...

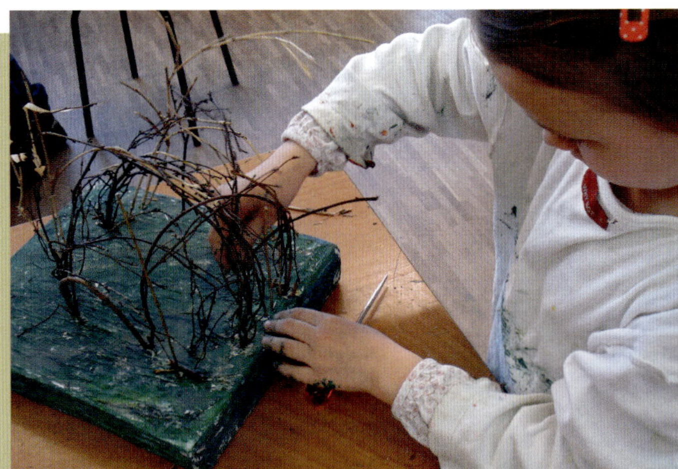

4. ... oder als umlaufende Bögen in die Löcher stecken

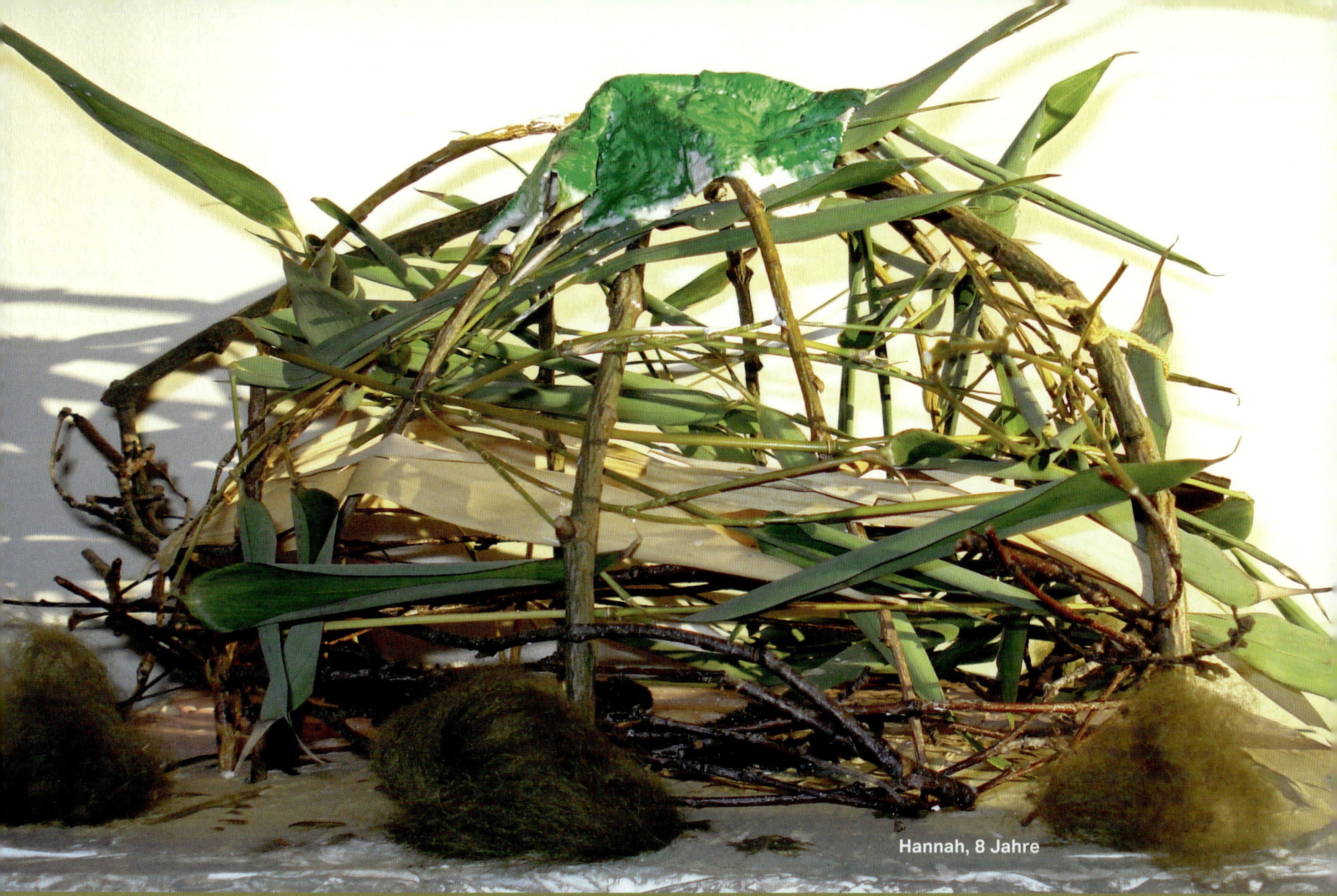

Hannah, 8 Jahre

Eine charmante und sehr einfache Hütte aus Reisern und Stöckchen baust du auf einer Grundplatte aus Styrodur. Dieses Material hat zwar nichts mit Natur zu tun, ist aber sehr praktisch.
So musst du dich nicht abmühen, deine Hütte zum Stehen zu bringen, sondern kannst dich auf die Konstruktion und Gestaltung konzentrieren.

1. Mit einem scharfen Messer oder Cutter eine ungefähr 20 x 20 cm große und mindestens 2 cm starke Styrodurplatte zuschneiden – das macht am besten ein Erwachsener. Mit Kleister und Zeitungspapier kaschieren (mehr dazu im Kapitel *Papier & Kleister*, Seite 134). Anschließend mit Tempera- oder Wasserfarbe verschiedene Grüntöne mischen und die Platte anmalen.

2. Die Löcher für die Befestigung der Stöckchen mit einem großen Nagel oder Dorn kreisförmig in die Platte stechen.

3. Die dünnen Stöckchen mit der Gartenschere zuschneiden und kreuzweise in die Löcher stecken. Es entsteht ein stabiles Gerippe, über dem die Wände geflochten und aufgebaut werden können. Blätter und Reisig lassen sich so ohne Klebstoff oder Schnur einfach einweben. Moos oder Märchenwolle machen den Innenraum wohnlich.

4. Hier steckt Hannah ihre Birkenreiser nicht über Kreuz, sondern als umlaufende Bögen – das geht natürlich auch.

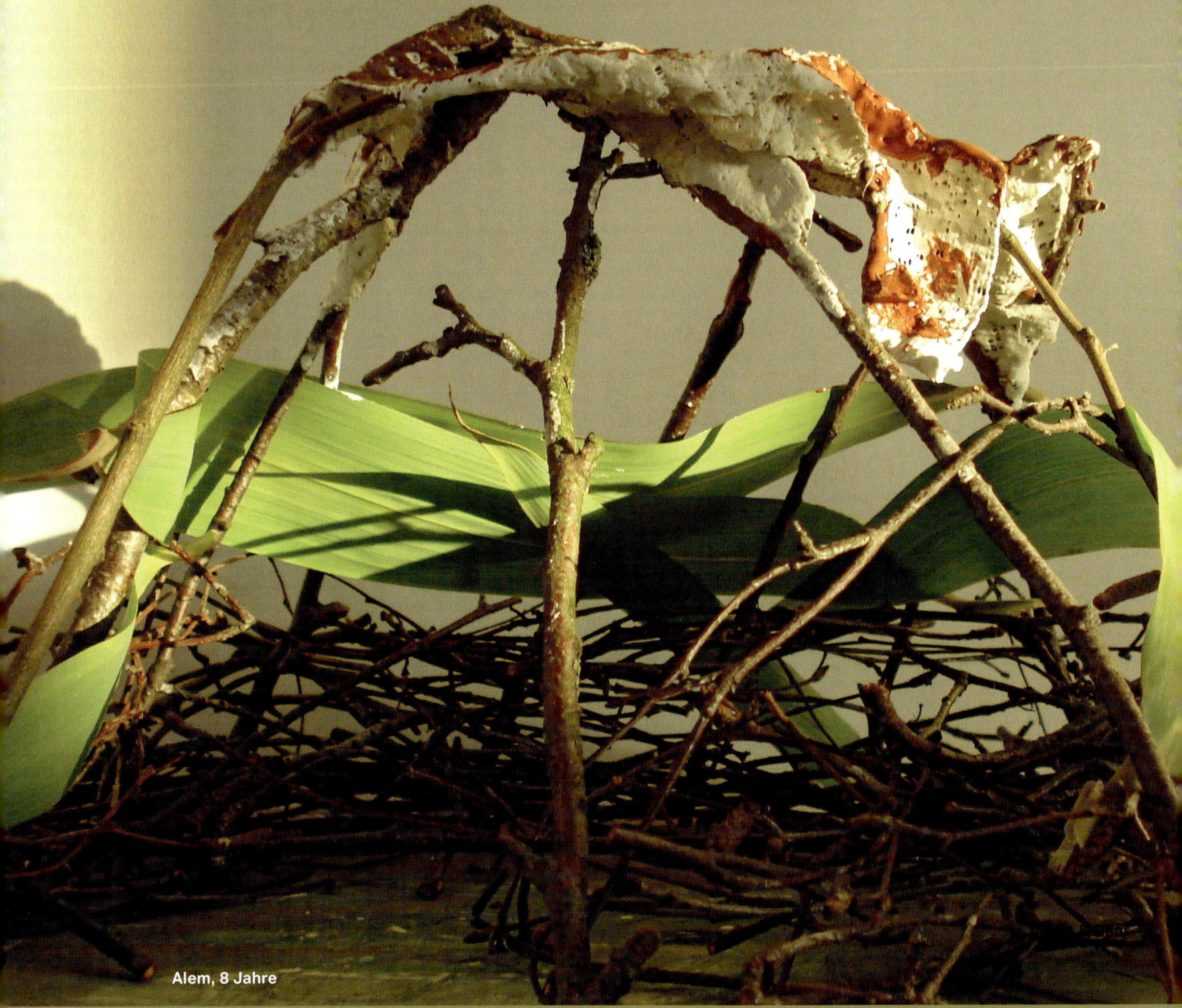

Alem, 8 Jahre

INNEN UND AUSSEN

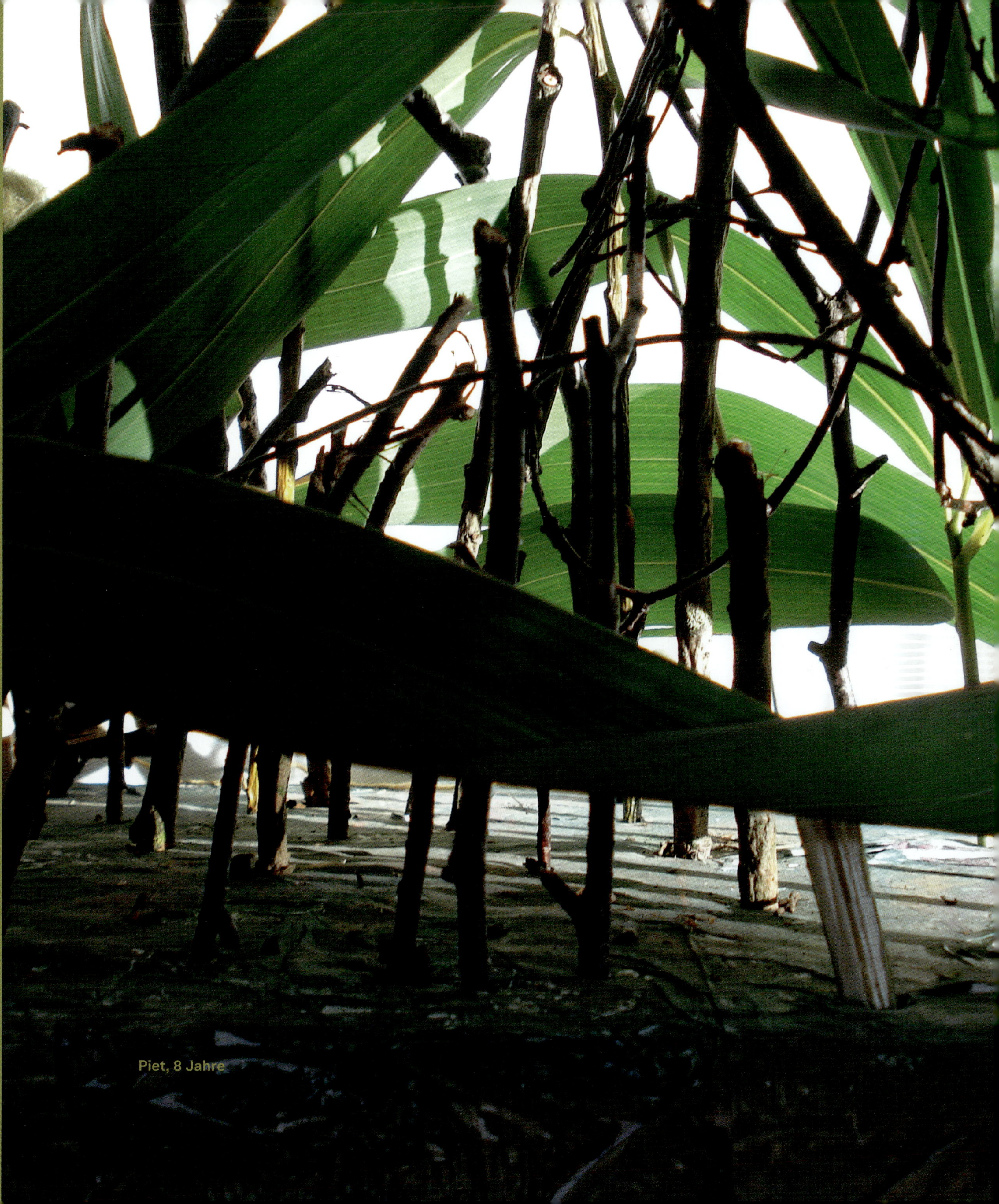

Piet, 8 Jahre

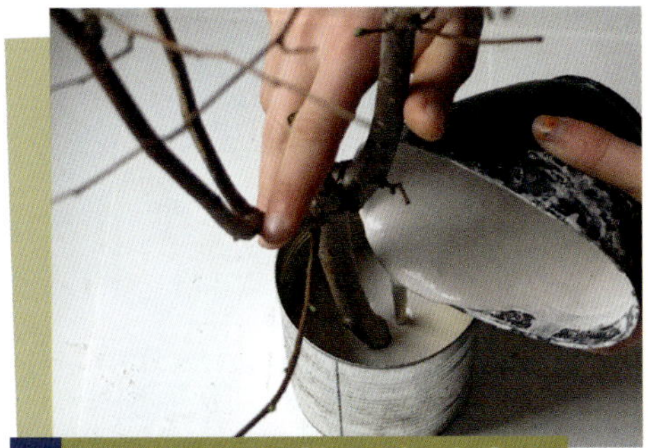

1. Den Ast mit Gips eingießen

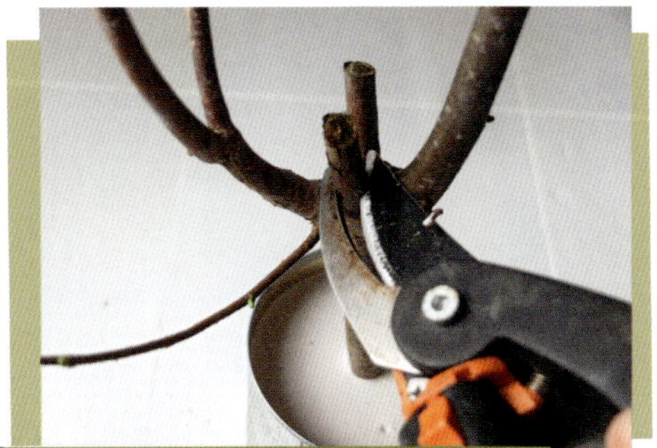

2. Störende Äste wegschneiden

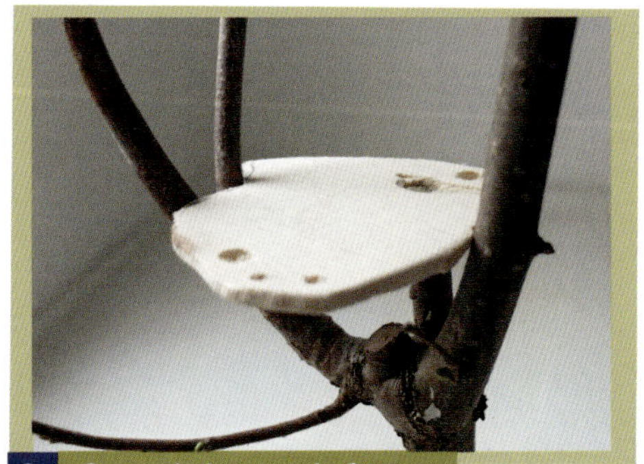

3. Grundplatte einfügen

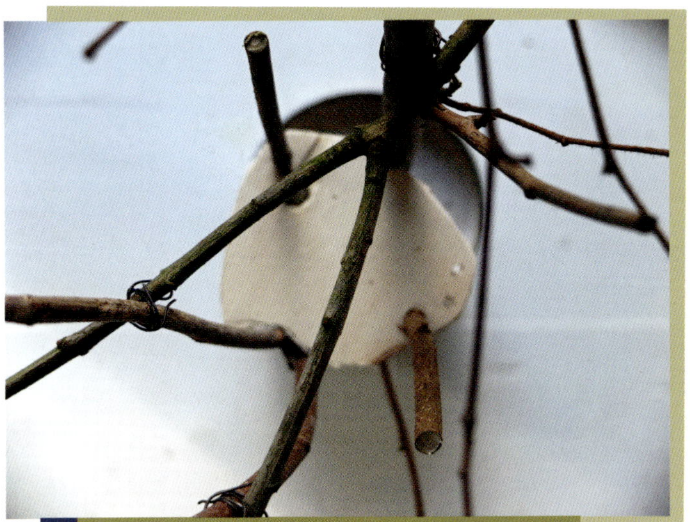

4. Astgabeln für Dach und Wände nutzen

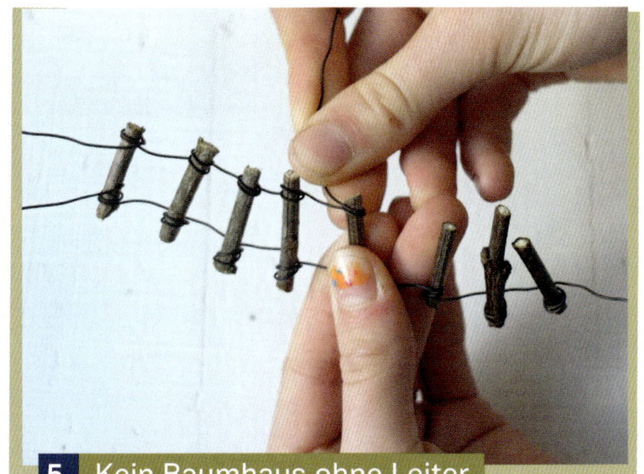

5. Kein Baumhaus ohne Leiter

MINI-BAUMHÄUSER FÜR ZU HAUSE

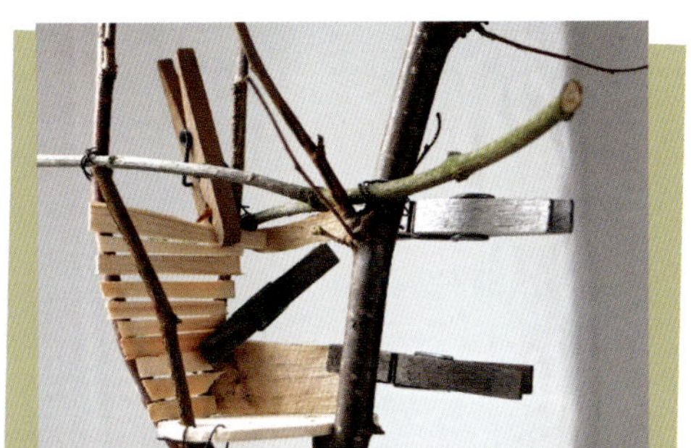

6. Beim Kleben helfen Wäscheklammern

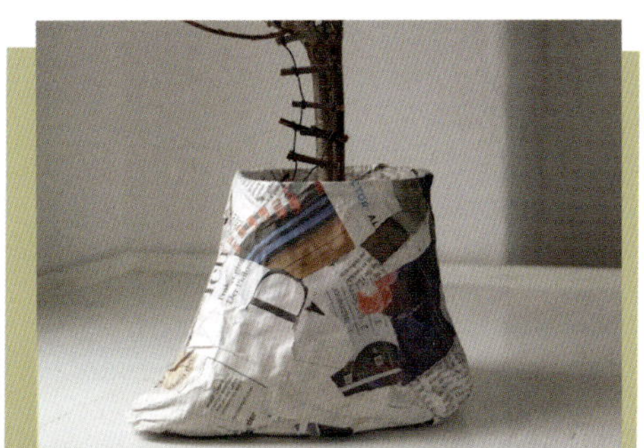

7. Den Fuß verkleiden, …

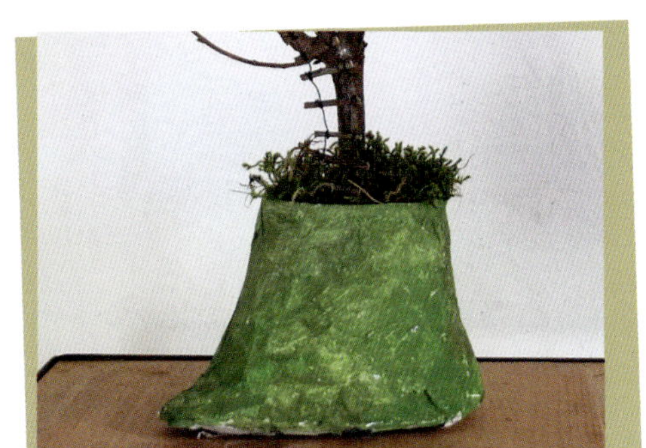

8. … anmalen und Moos ergänzen

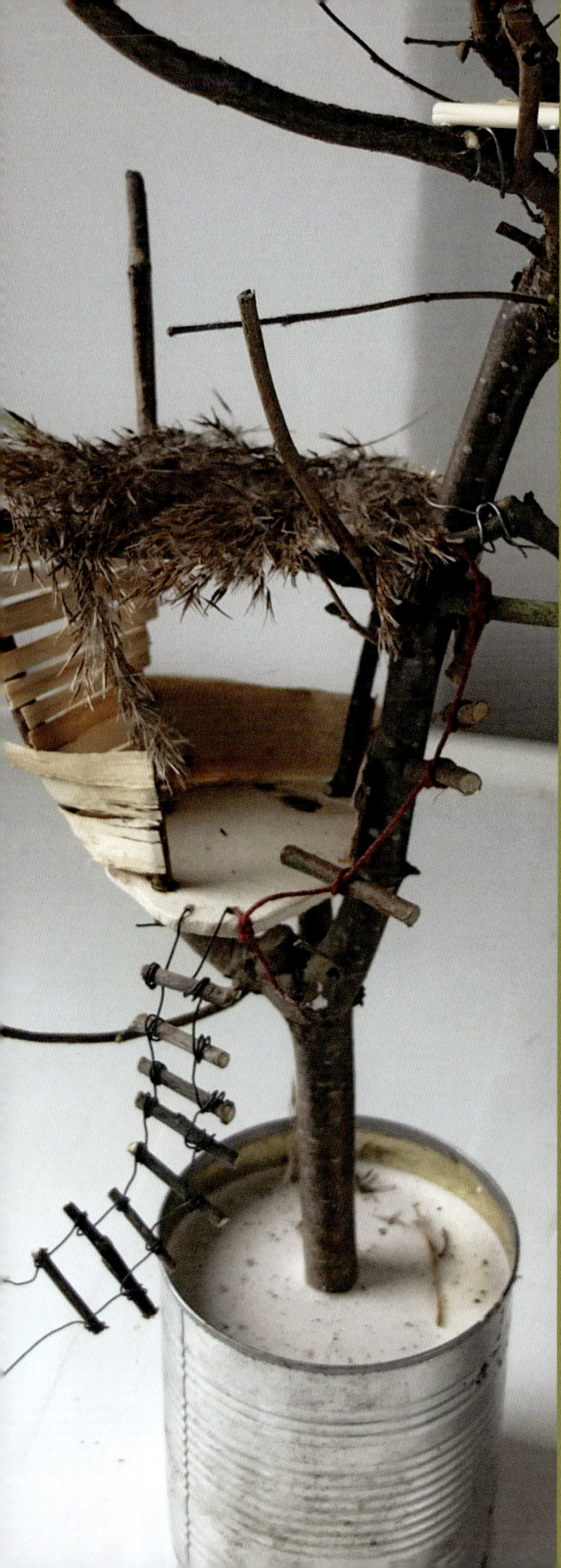

Das schönste Haus heißt Baumhaus. Doch leider haben nur die wenigsten von uns die Gelegenheit, ein Baumhaus zu bauen. Also fertigen wir uns ein Mini-Exemplar.

Zuerst brauchst du einen geeigneten Ast. Optimale Baumhaus-Äste findest du in gepflegten Hecken: Durch das regelmäßige Schneiden bilden diese Hölzer im oberen Bereich zahlreiche Verästelungen und Seitentriebe aus. Die Aufbauten kannst du mit Schnur, Draht, Sperrholz, Naturhölzern, Schilf oder auch aus Pappe, Papier und Stoff basteln. Auf jeden Fall soll es sehr gemütlich werden: Für Sonnentage gibt's Schaukel und Hängematte und für graues Wetter eine lauschige Ecke, in der man sitzen und den Regentropfen zuhören kann.

1. Ast mit Gips in eine Dose eingießen (mehr dazu im Kapitel *Gips*, Seite 54). Den Zweig bis zum Abbinden anlehnen, zum Beispiel in einer Zimmerecke. So rutscht er im weichen Gips nicht weg.

2. Zu viel Erschütterung durch Sägen oder Bohren sollte am eingegossenen Baum vermieden werden, damit er sich durch die Wackelei nicht lockert. Ein gutes Werkzeug für unsere Zwecke ist darum eine Gartenschere. Den einen Zweig schneidest du weg, ...

3. ... sodass an dem anderen Zweig die Grundplatte befestigt werden kann. Eventuell eine Papierschablone anfertigen, damit die Grundplatte später gut sitzt. Zusätzliche Löcher zur Befestigung von weiteren Zweigen und der Strickleiter vor der Montage vorsichtig bohren.

4. Astgabeln eignen sich gut, um Dach- oder Wandflächen anzulegen. Du kannst mit Draht, Zwirn oder Schnur arbeiten.

5. Für Leitern und Dächer kleine Zweige mit Draht verknüpfen.

6. Reet oder Bambus können mit der Bastelschere geschnitten werden. Wenn Schilfblätter vorher getrocknet und gepresst wurden, haftet der Leim besser. Birkenrinde und die Holzfasern, die direkt unter der Rinde wachsen (das sogenannte Kambium), lassen sich ebenfalls gut schneiden, biegen und kleben.

7. Nun die Dose mit Zeitungspapier, Draht und Kleister verkleiden (mehr dazu im Kapitel *Papier & Kleister*, Seite 134).

8. Anmalen und den Gips mit Moos abdecken – fertig!

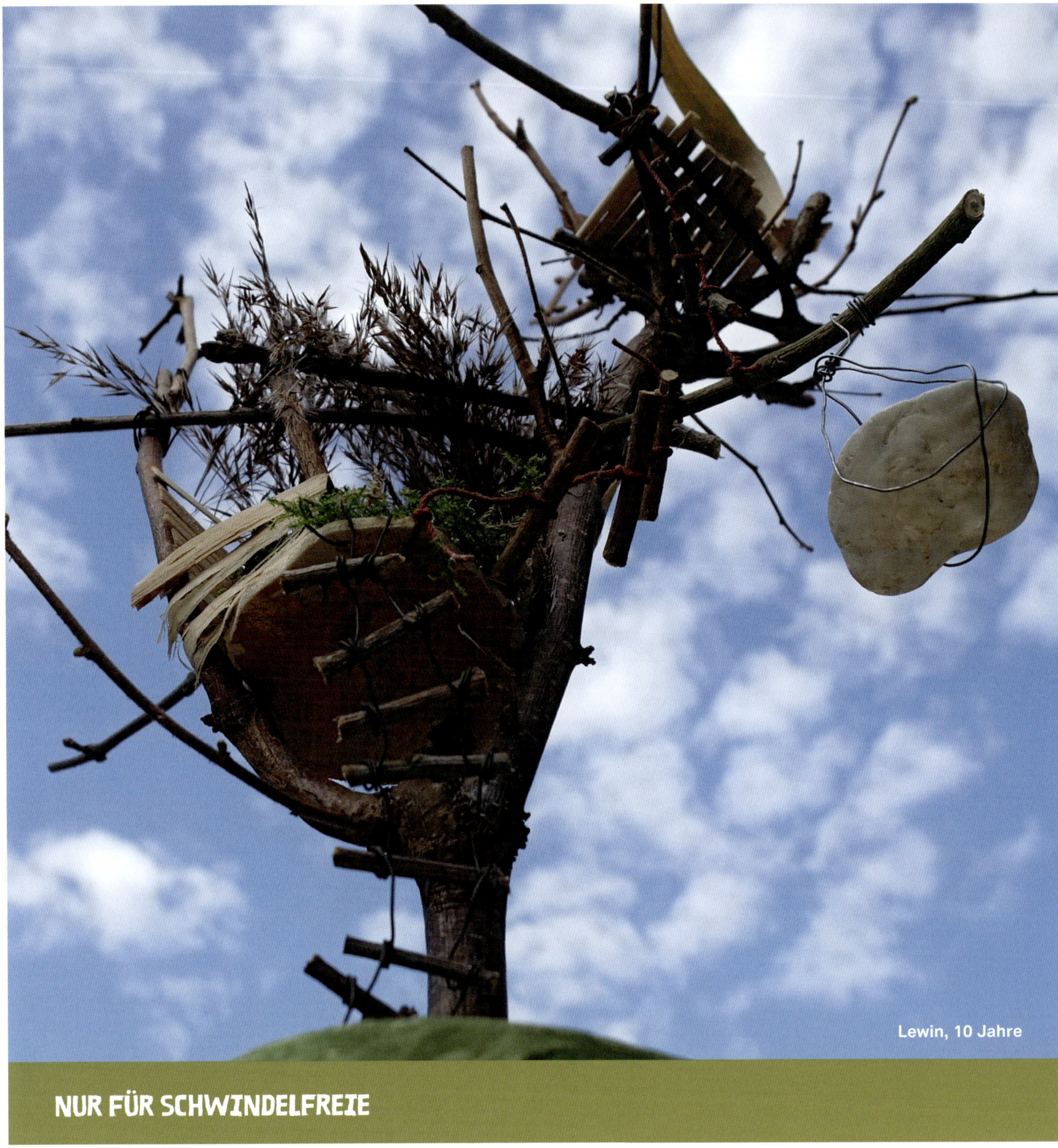

Lewin, 10 Jahre

NUR FÜR SCHWINDELFREIE

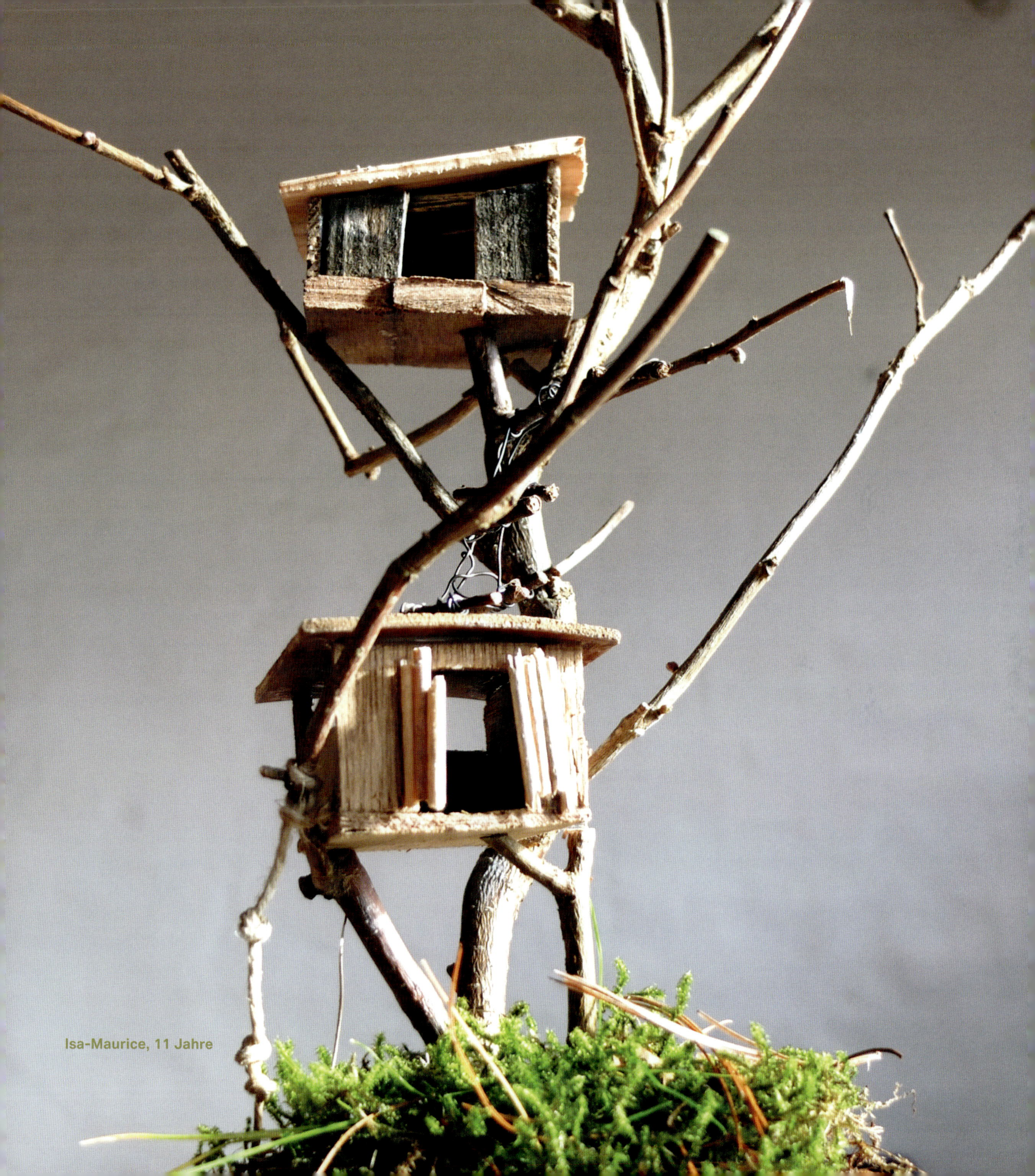

Isa-Maurice, 11 Jahre

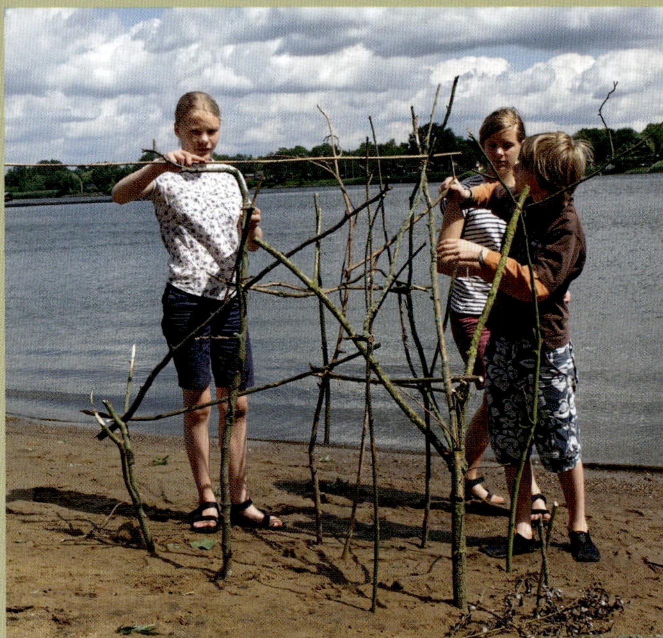

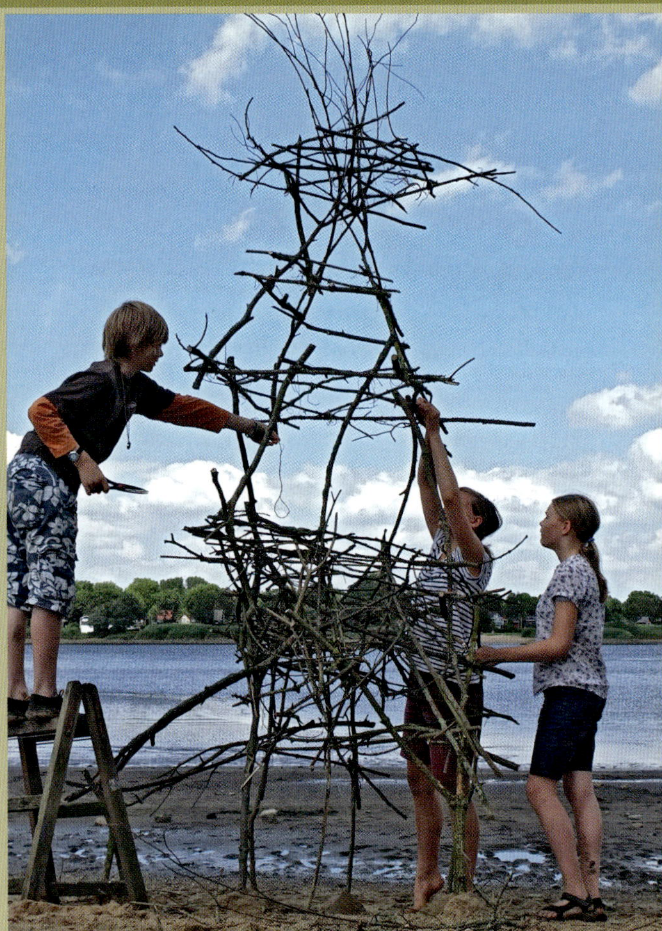

Bei ablaufendem Wasser kommen wir an die Elbe. Am Ufer wachsen viele Weiden und im Unterholz finden wir tote Zweige, die uns für unser Gemeinschaftsprojekt brauchbar erscheinen. Am Strand wird das Material ausgelegt und nach Größe sortiert.

Nun geht's los. Ein paar stabile Äste werden in den Sand gesteckt und zunächst per Schnur miteinander verbunden. Schnell ist eine Arbeitshöhe erreicht, in der wir ohne Leiter nicht weiterkommen. Also beschließen wir, zwei Teile herzustellen, die später zusammengefügt werden sollen.

Wir besitzen nur eine Rolle Paketband und lassen unser Gebilde einfach wachsen. Schritt für Schritt wird entschieden, wie es weitergehen soll. Das Band wird knapp, aber auch durch das Einflechten von Ästen lässt sich eine gute Stabilität erreichen. Im mittleren Teil werden nun Zweige eingewoben, sodass hier die Schnur wieder gelöst und an anderer Stelle eingesetzt werden kann. Sorgsam prüfen wir jedes Hölzchen auf Form, Stärke und Biegsamkeit.

Schließlich werden die Spitze und das Unterteil aufeinandergesetzt und miteinander verbunden. Es ist 16:00 Uhr und Ebbe.

Warten, beobachten, hier noch ein Hölzchen einfügen, da noch etwas kürzer schneiden. Langsam kommt die Flut. Das Licht wird weicher. Nach zwei Stunden steht der erste Ast im Fluss. Alles hält gut zusammen, auch als das Wasser bis zur Mitte des Geflechts gestiegen ist. Die Sonne geht unter, der Fluss steigt, das Wasser färbt sich blauviolett und die ersten Sterne leuchten am Himmel. Unser Gebilde steht als schwarze Silhouette in der Nacht.

Fünf Tage später haben wir starken Wind – und am nächsten Morgen ist alles spurlos verschwunden.

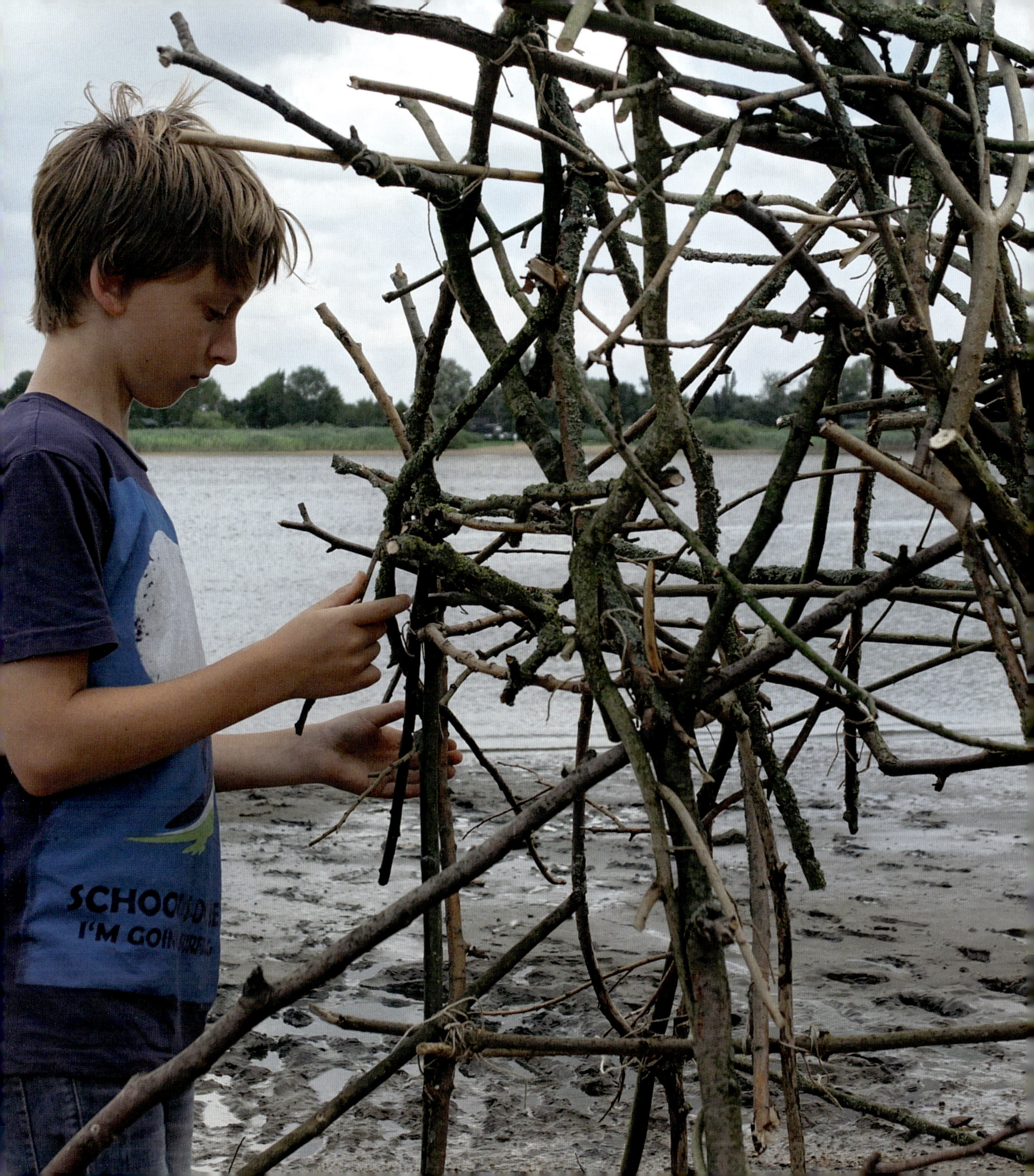

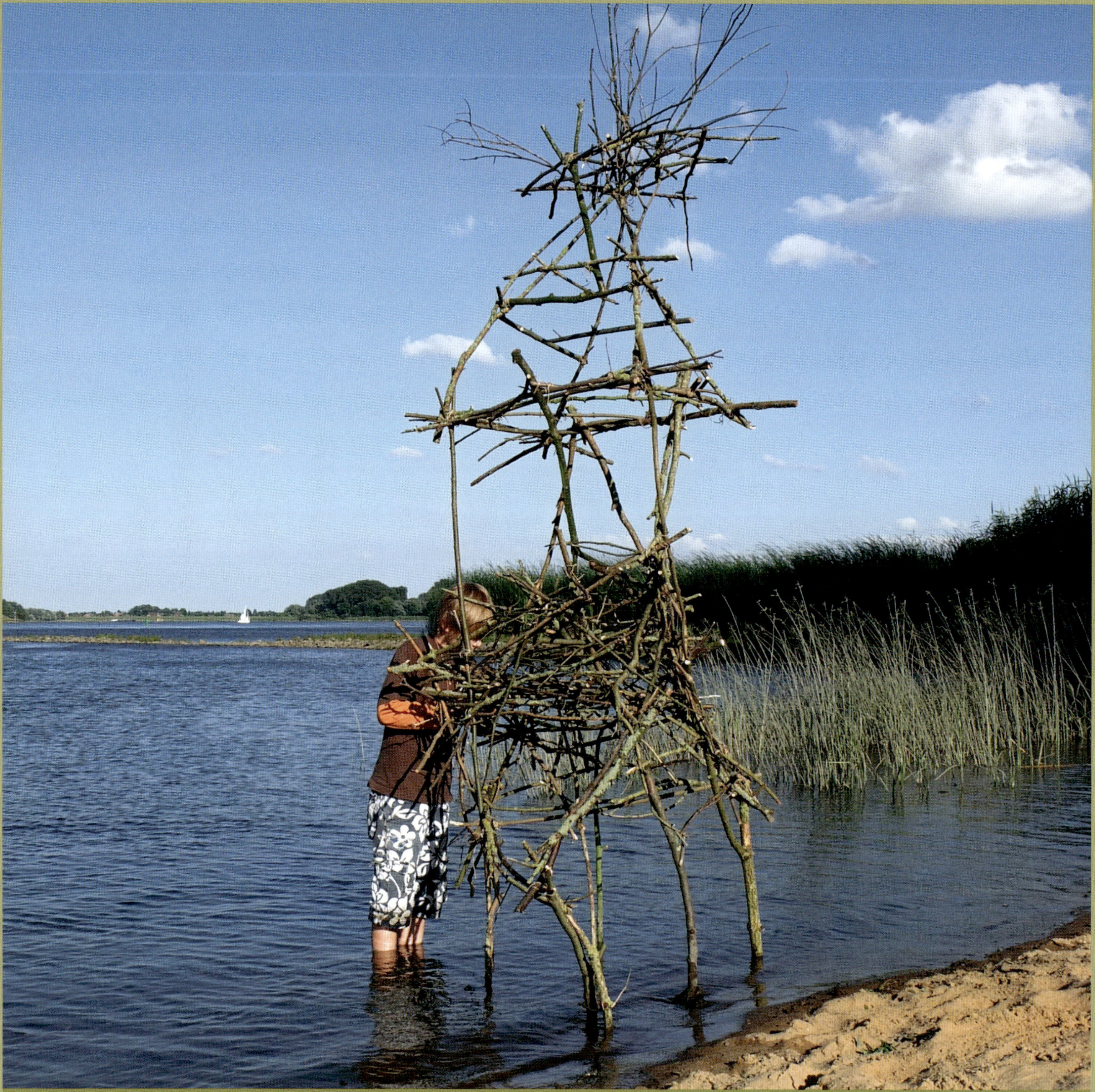

BAUARBEITEN IM ELBESTROM

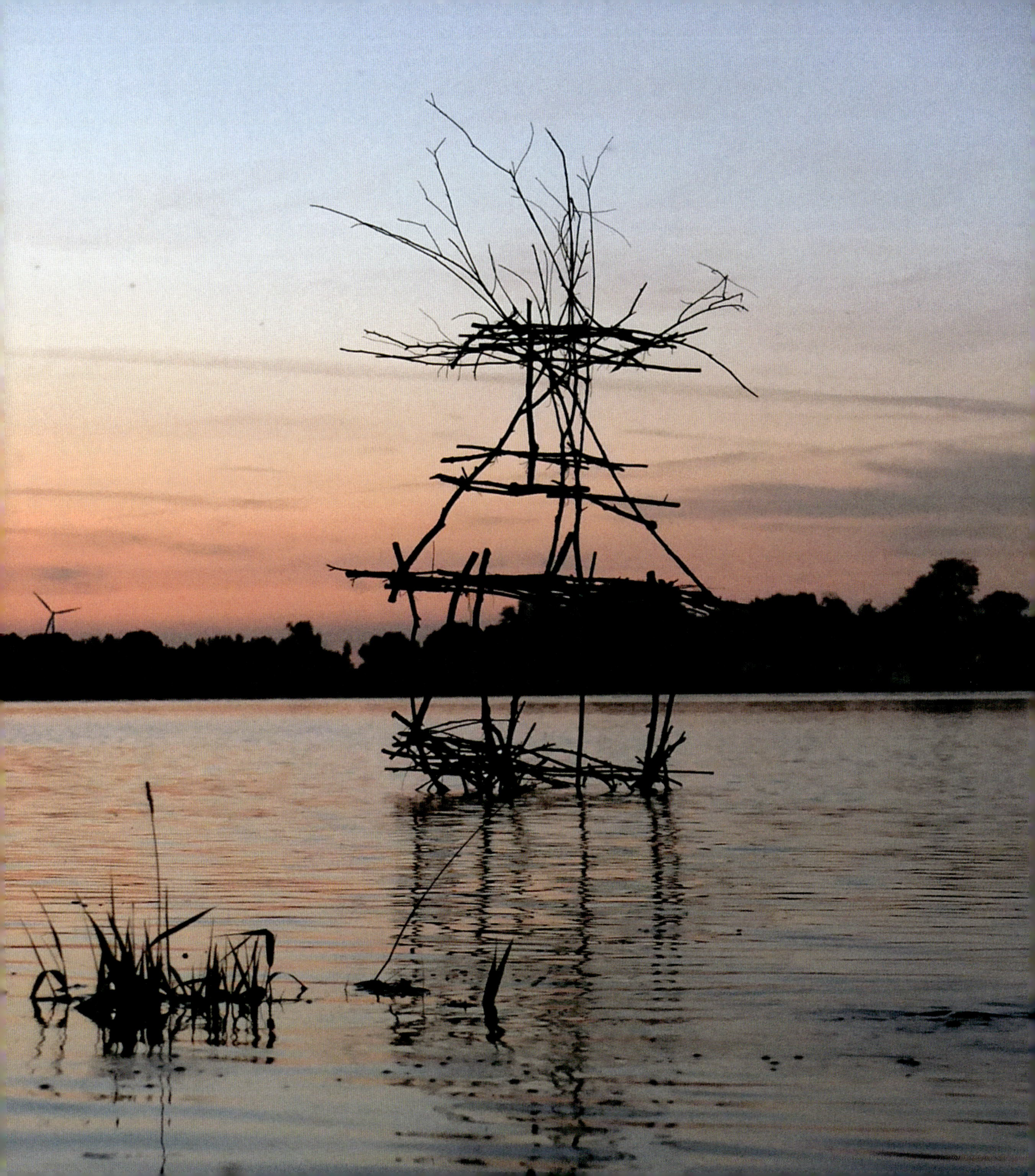

Dieses verwobene Geäst entstand im Rahmen einer Lehrerfortbildung, lässt sich aber auch gut mit einer Schülergruppe konstruieren.

Zuerst wird die Form festgelegt: Ein enormes, trichterförmiges Gewebe aus Ästen soll geknüpft und so angelegt werden, dass es sich wie ein Strudel durch das Treppenhaus nach unten windet.

Wenn uns das Konzept bereits zu Beginn klar ist, lässt es sich schnell und zielgerichtet arbeiten. Wir können in Kleingruppen Einzelteile bauen und anschließend zum großen Ganzen zusammenfügen.

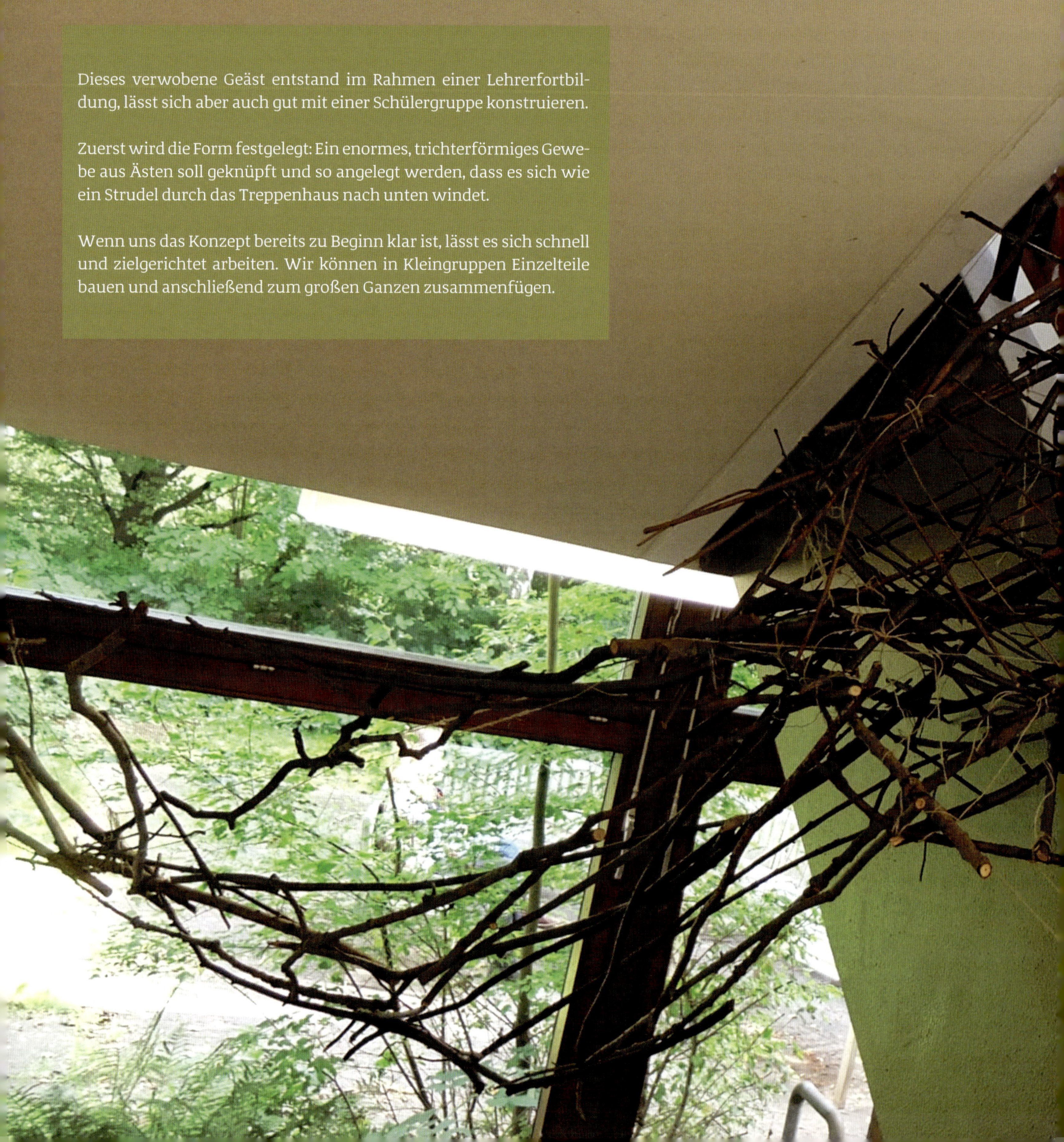

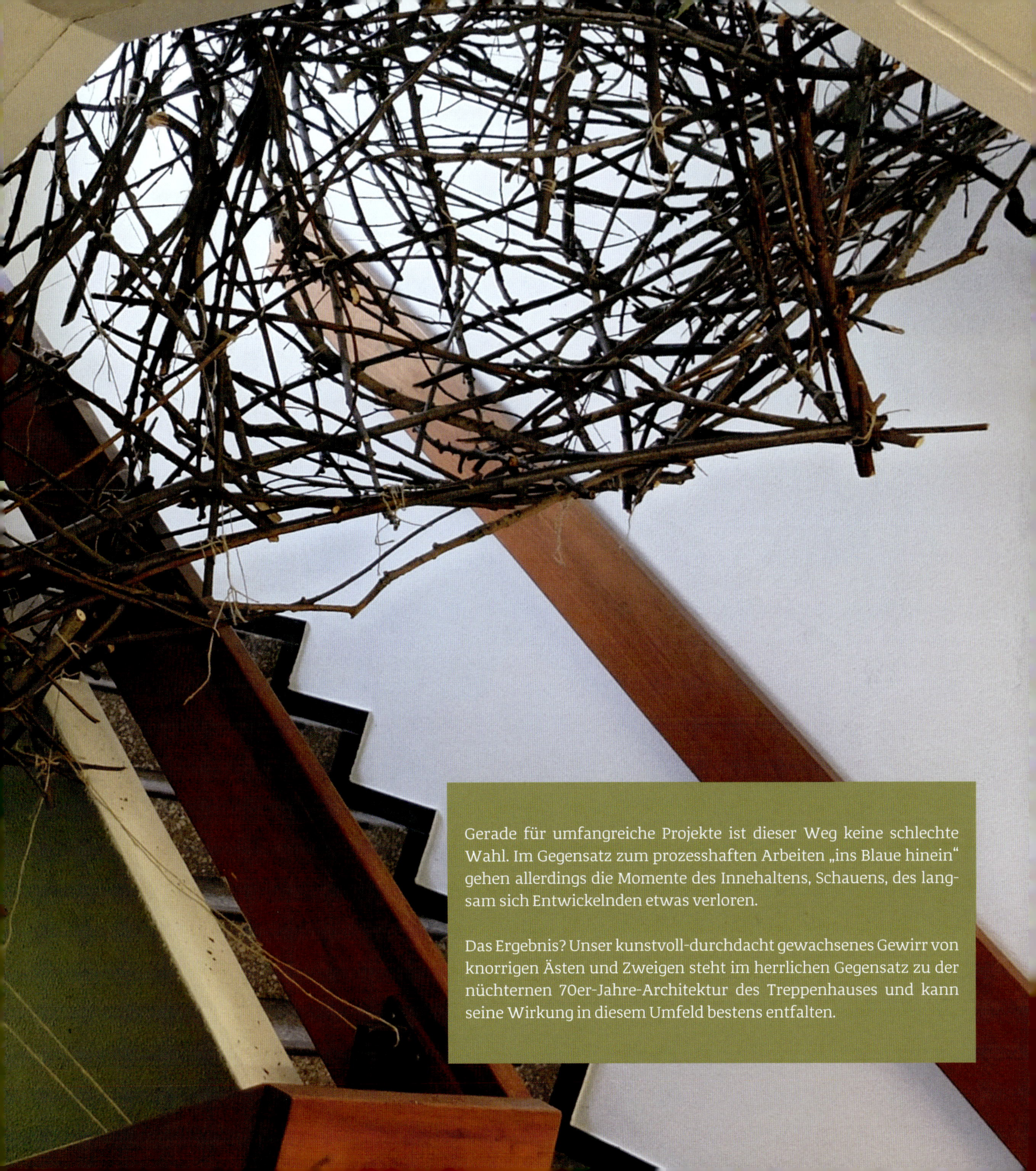

Gerade für umfangreiche Projekte ist dieser Weg keine schlechte Wahl. Im Gegensatz zum prozesshaften Arbeiten „ins Blaue hinein“ gehen allerdings die Momente des Innehaltens, Schauens, des langsam sich Entwickelnden etwas verloren.

Das Ergebnis? Unser kunstvoll-durchdacht gewachsenes Gewirr von knorrigen Ästen und Zweigen steht im herrlichen Gegensatz zu der nüchternen 70er-Jahre-Architektur des Treppenhauses und kann seine Wirkung in diesem Umfeld bestens entfalten.

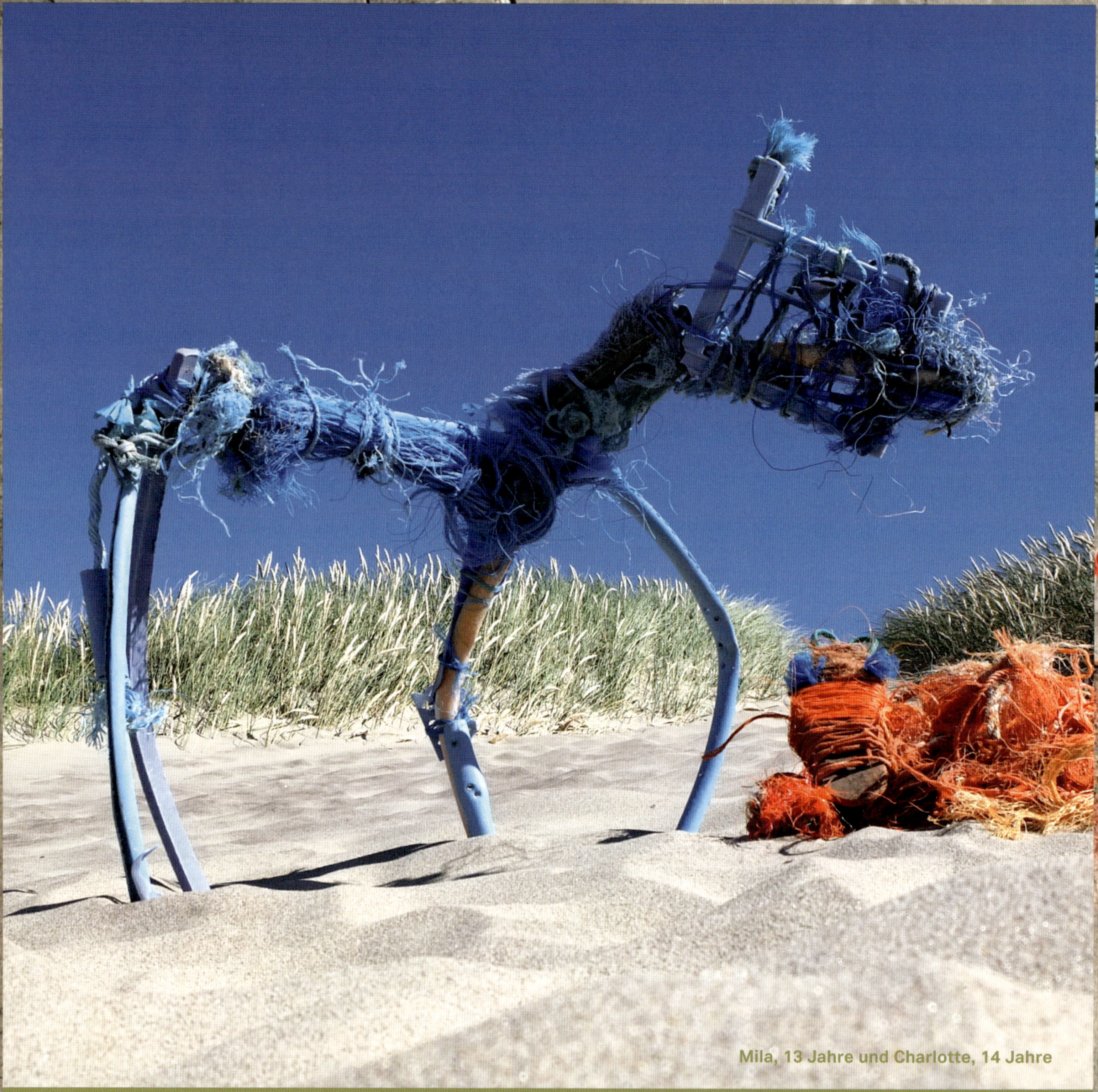

Mila, 13 Jahre und Charlotte, 14 Jahre

UNSER „BLAUER REITER“

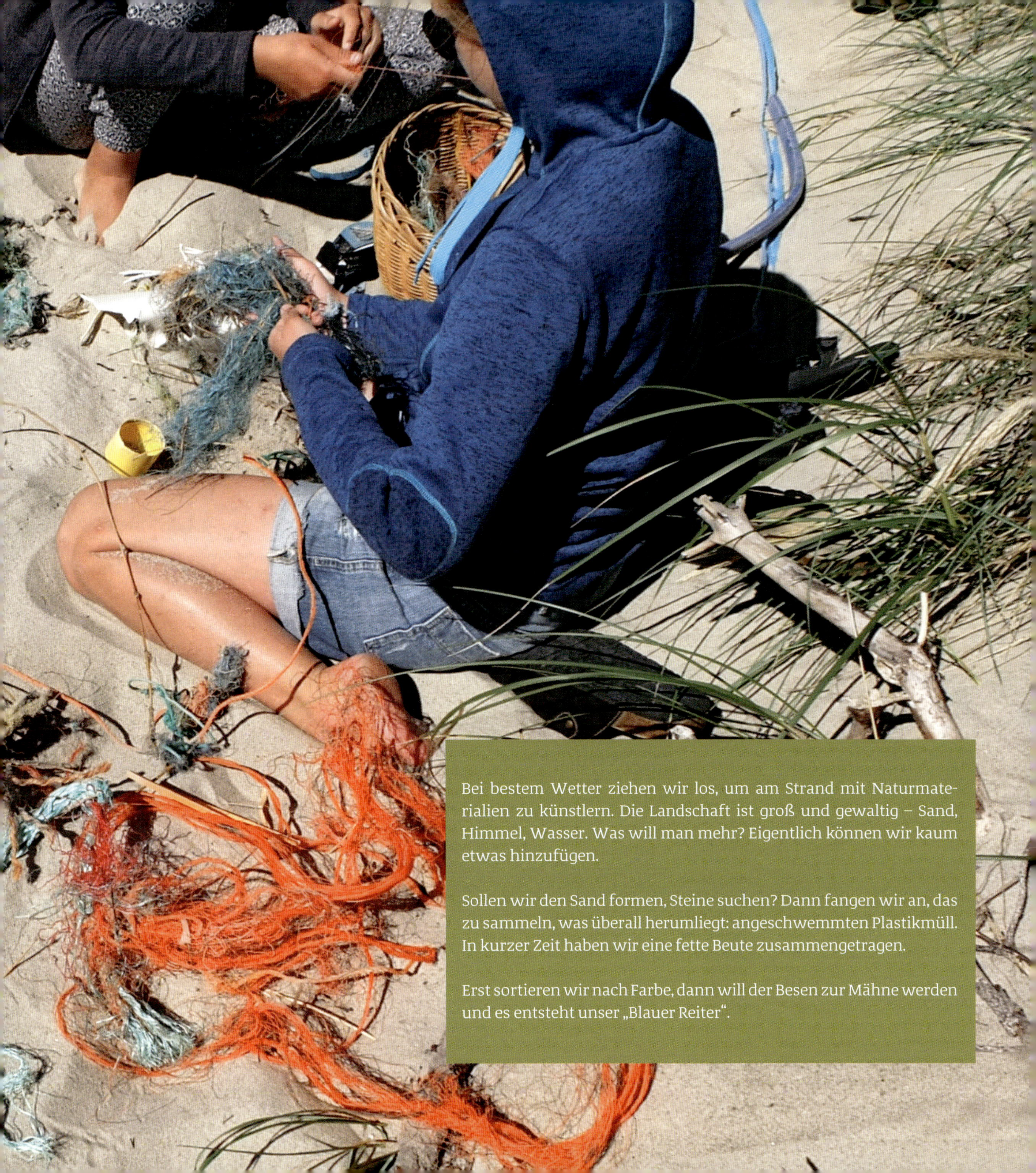

Bei bestem Wetter ziehen wir los, um am Strand mit Naturmaterialien zu künstlern. Die Landschaft ist groß und gewaltig – Sand, Himmel, Wasser. Was will man mehr? Eigentlich können wir kaum etwas hinzufügen.

Sollen wir den Sand formen, Steine suchen? Dann fangen wir an, das zu sammeln, was überall herumliegt: angeschwemmten Plastikmüll. In kurzer Zeit haben wir eine fette Beute zusammengetragen.

Erst sortieren wir nach Farbe, dann will der Besen zur Mähne werden und es entsteht unser „Blauer Reiter".

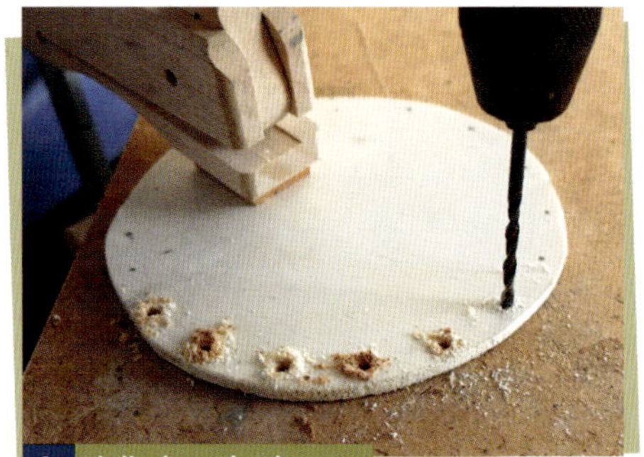

1. Löcher bohren

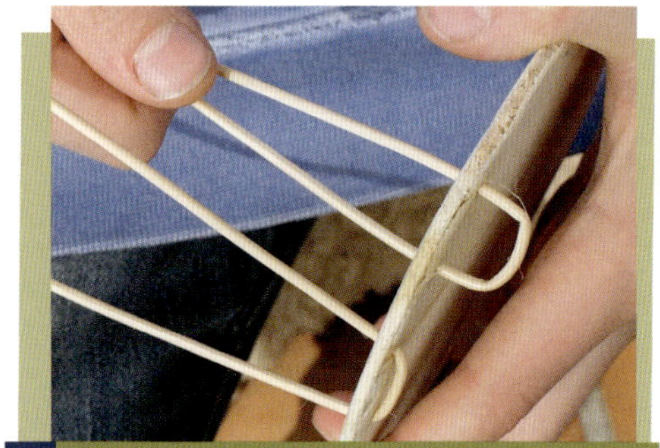

2. Staken durch zwei Löcher ziehen

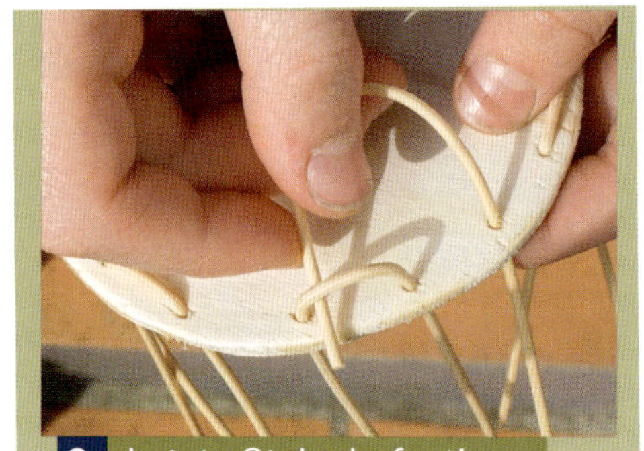

3. Letzte Stake befestigen

FLECHTEN IST EIN URALTES HANDWERK

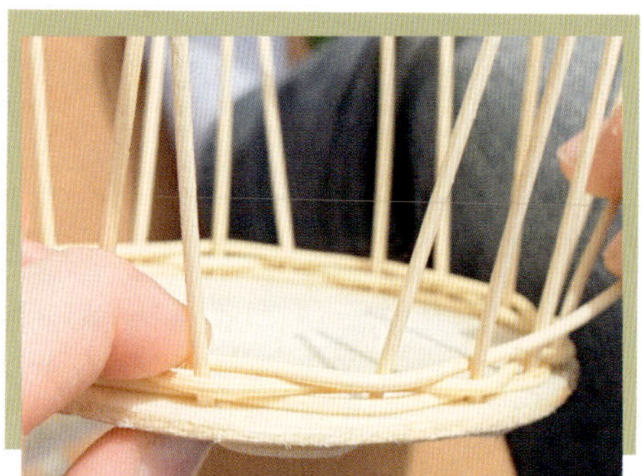

4. Peddigrohr in Staken einflechten

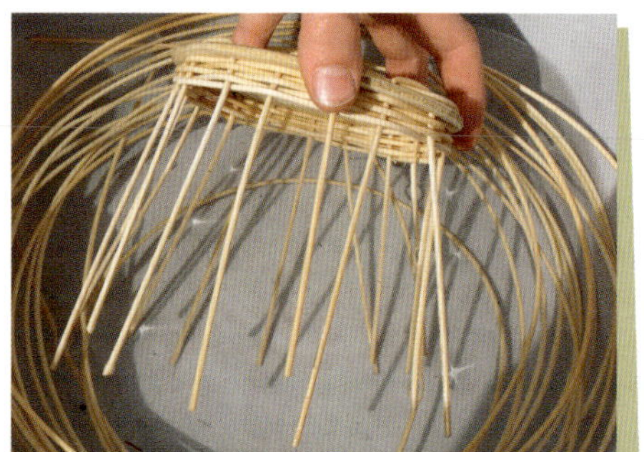

5. Staken zwischendurch einweichen

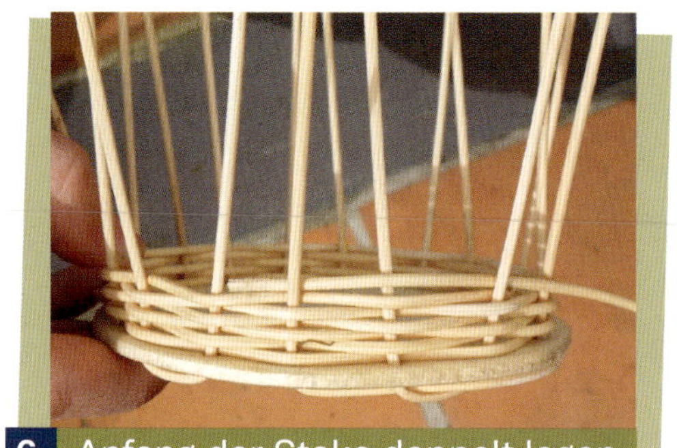

6. Anfang der Stake doppelt legen

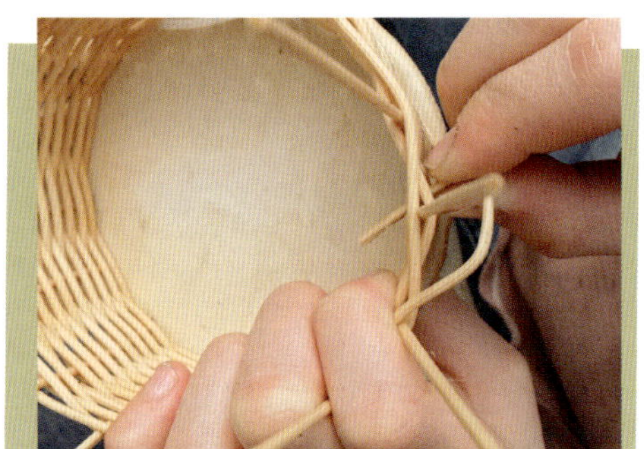

7. Ende nach innen ziehen …

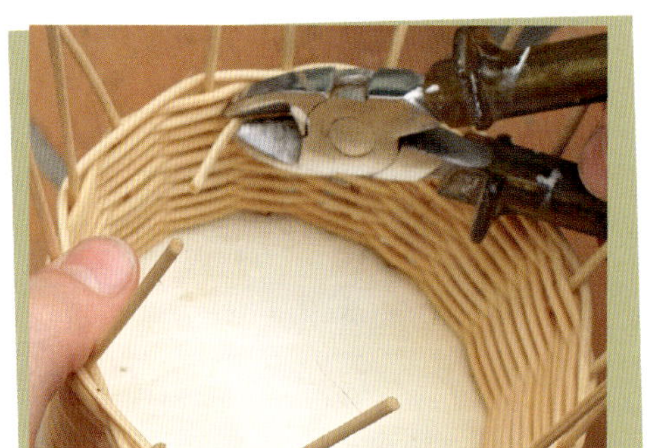

8. … und schräg abknipsen

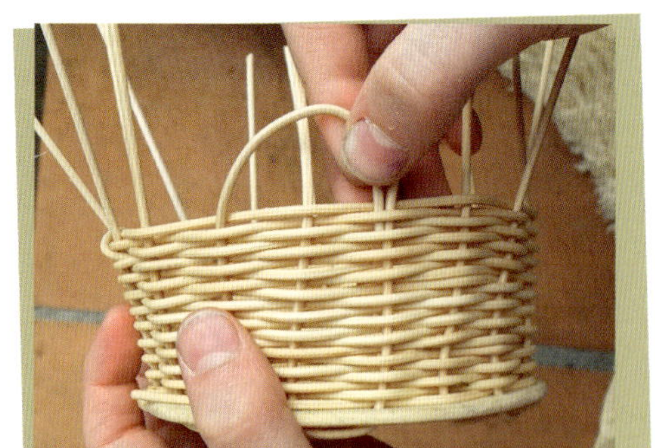

9. Zum Schluss Staken einstecken

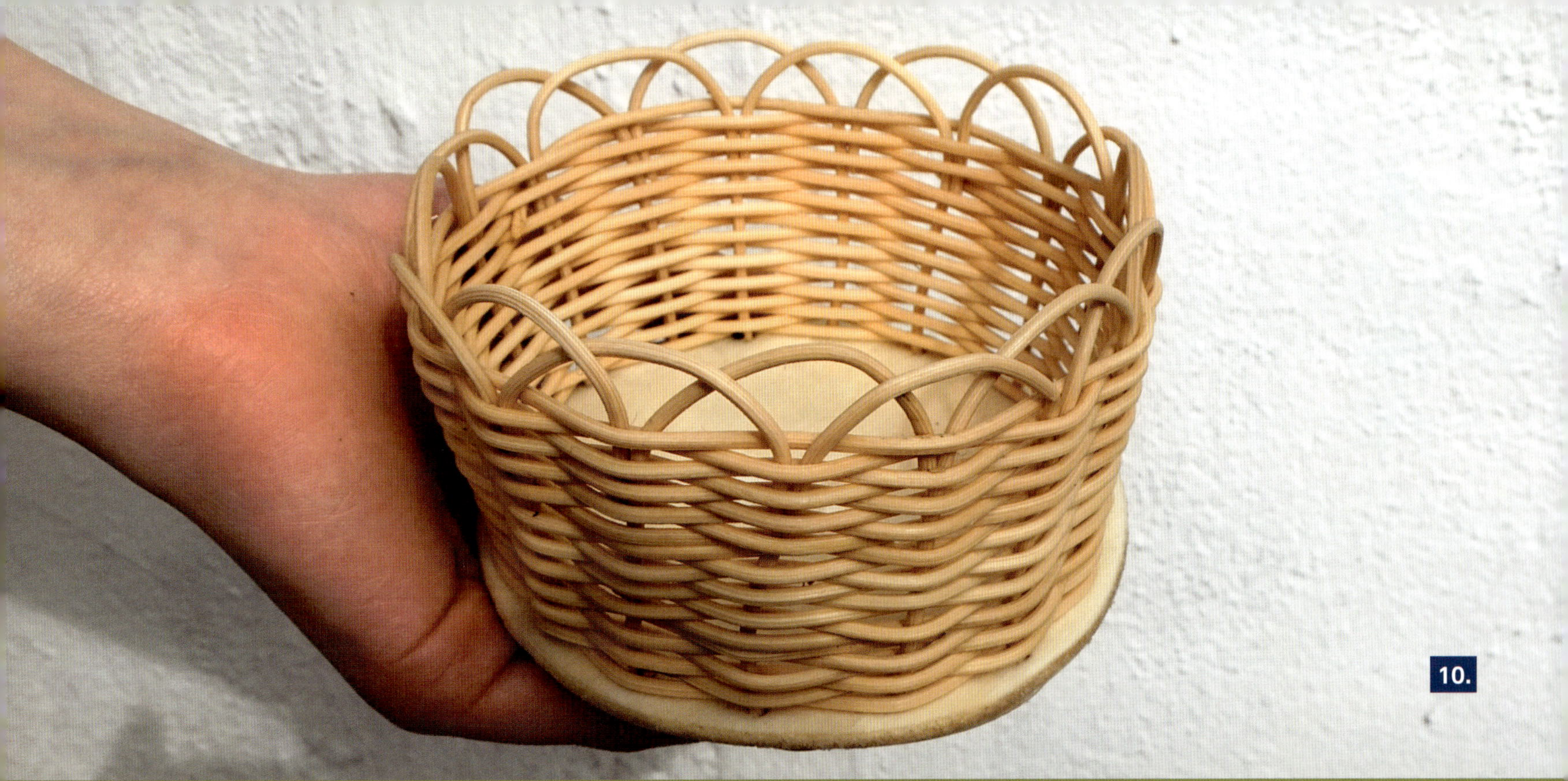

10.

Natürlich gibt es viele verschiedene Möglichkeiten, einen Korb herzustellen. Bei unserer Einsteiger-Methode besteht der Boden der Einfachheit halber aus einer mit Löchern versehenen Sperrholzplatte.
Peddigrohr ist nach kurzem Einweichen bereits sehr elastisch und lässt sich gut verarbeiten. Mit etwas Übung kannst du dich an einen geflochtenen Boden wagen – oder auf die etwas schwieriger zu flechtenden Weidenruten umsteigen.

1. Eine Grundplatte aus 4 mm starkem Sperrholz zum Beispiel mit der Laubsäge aussägen. Wir beginnen mit einer Scheibe von ca. 14 cm Durchmesser. In gleichmäßigem Abstand von ca. 15 bis 20 mm Löcher anzeichnen und bohren. Achtung! Die Anzahl der Löcher muss ungerade sein.

2. Peddigrohr kurz in einer Wasserschale einweichen – schon nach wenigen Minuten ist es gebrauchsfertig. Zuerst die sogenannten Staken u-förmig durch jeweils zwei nebeneinanderliegende Löcher ziehen.

3. Die letzte Stake wird befestigt, indem man sie am Boden durch eine vorhandene Schlaufen zieht.

4. Nun beginnt das Flechten: Mit der linken Hand das Peddigrohr an den Boden drücken und mit der rechten Hand einflechten.

5. Damit die Staken nicht brechen, zwischendurch alles immer wieder einweichen – möglichst, ohne die Holzplatte dabei nass zu machen.

6. Für ein neues Stück Peddigrohr den Anfang über drei bis vier Staken doppelt legen.

7. Am Schluss das Ende nach innen ziehen …

8. … und mit dem Seitenschneider schräg abknipsen.

9. Staken gleichmäßig kürzen und jeweils an der übernächsten Stake bogenförmig einstecken.

10. In der letzten Runde die restlichen Staken ebenso befestigen.

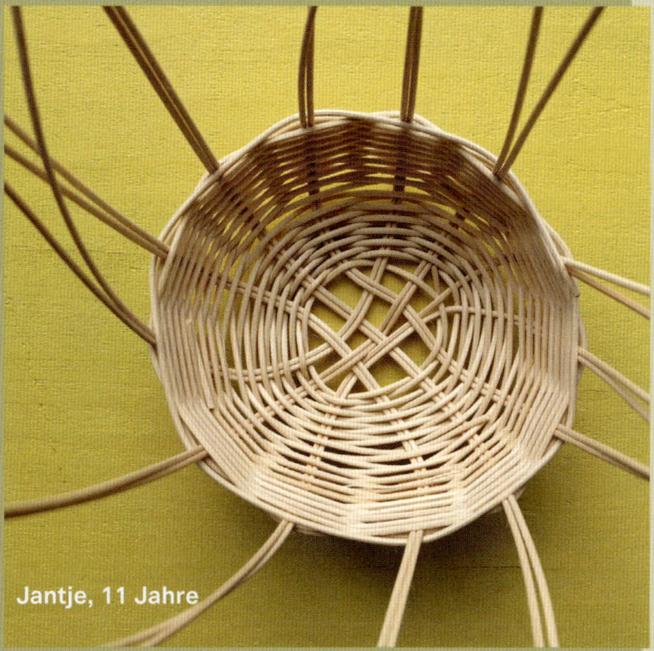

Jantje, 11 Jahre

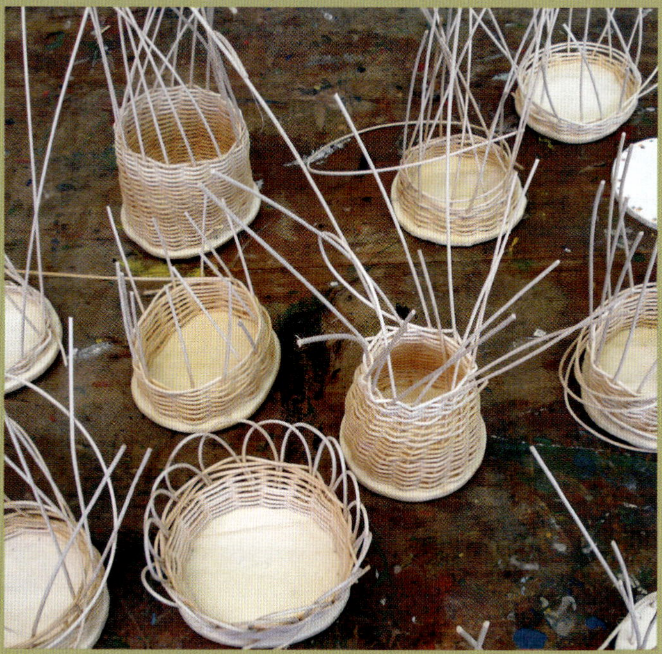

OBEN LINKS KANN MAN GUT ERKENNEN, WIE DER BODEN GEFLOCHTEN WIRD

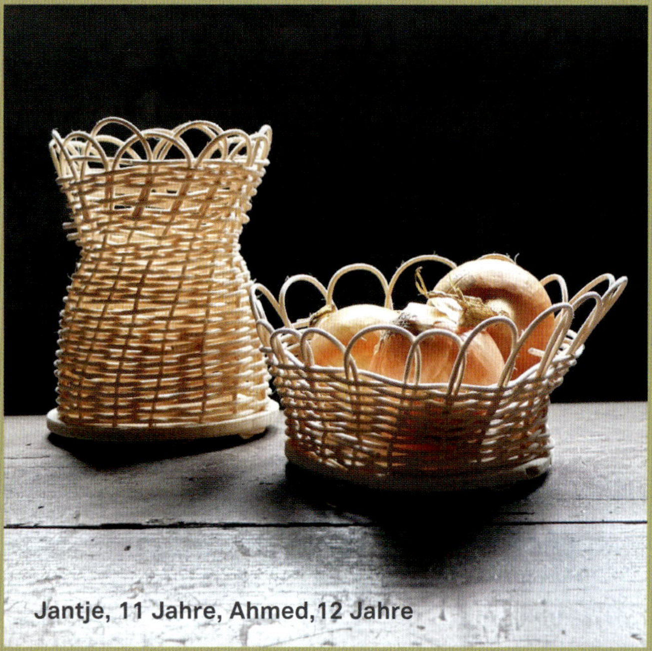

Jantje, 11 Jahre, Ahmed,12 Jahre

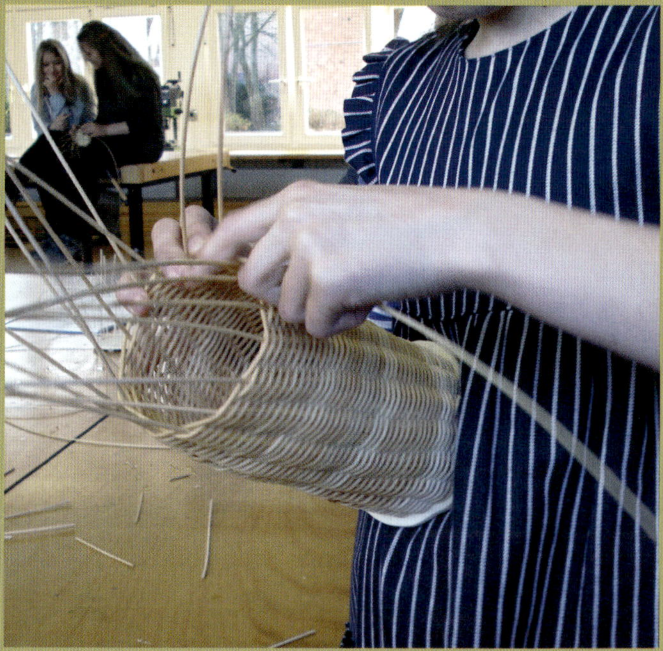

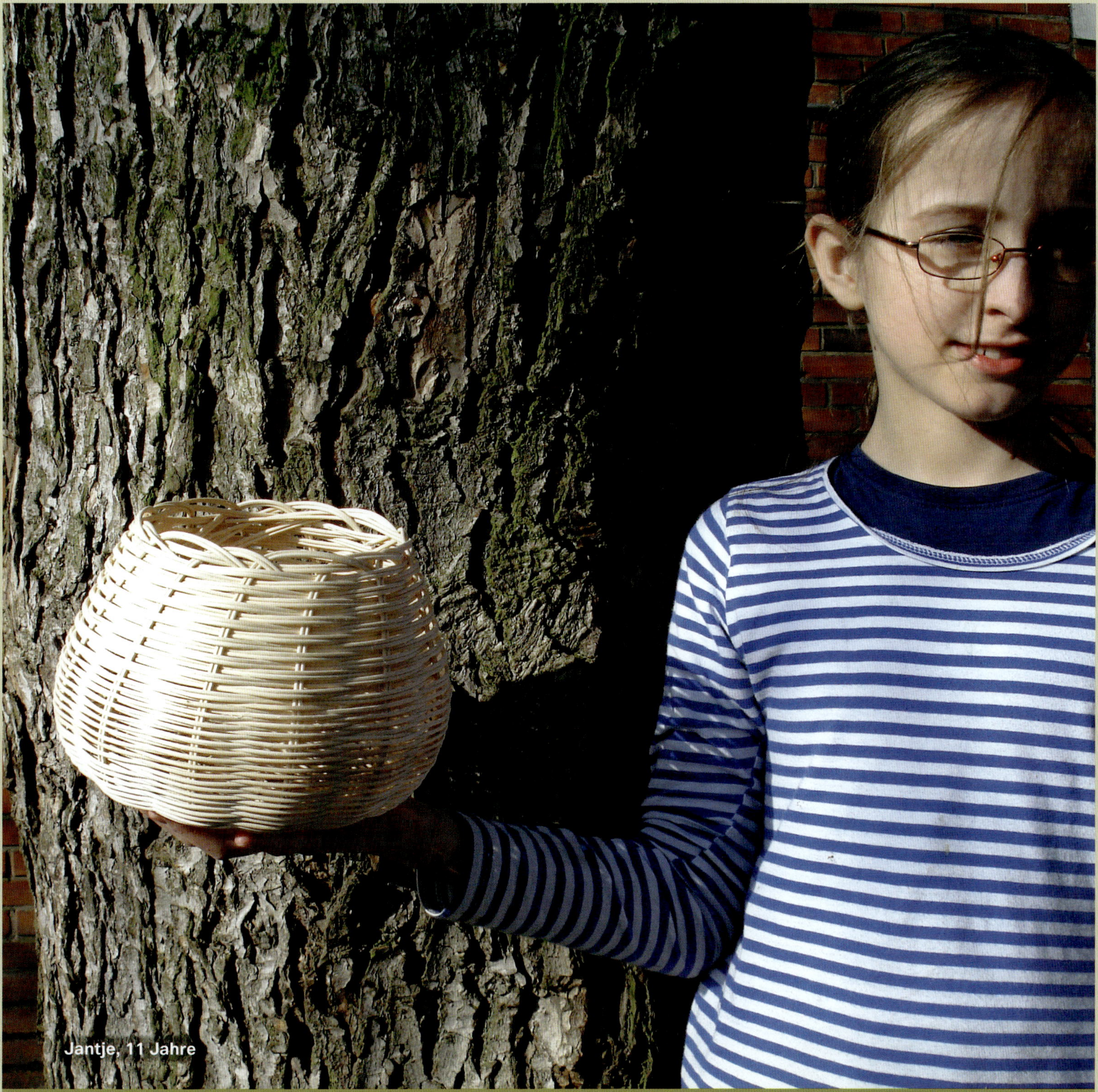

Jantje, 11 Jahre

JEDER KORB WIRD ANDERS

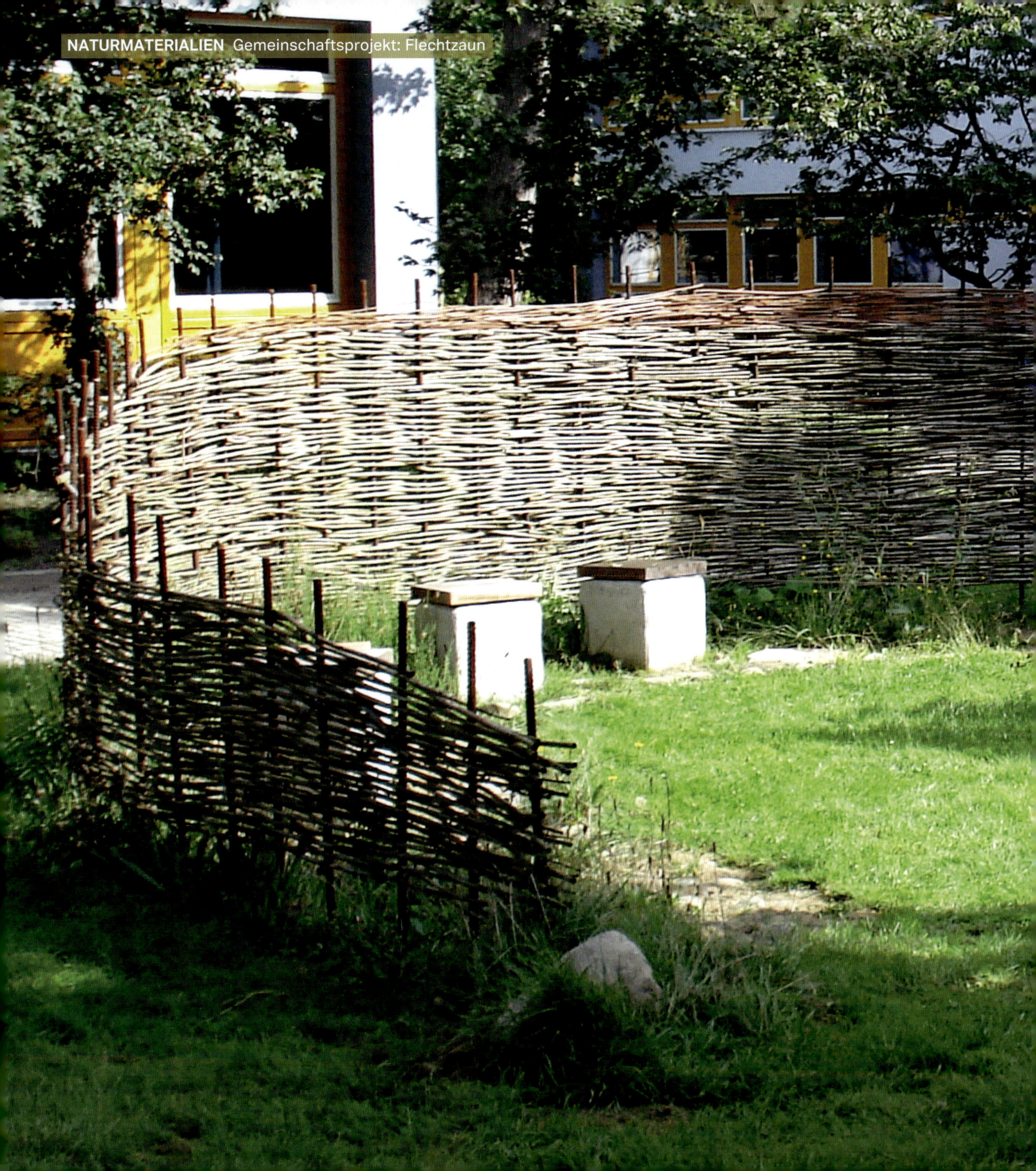

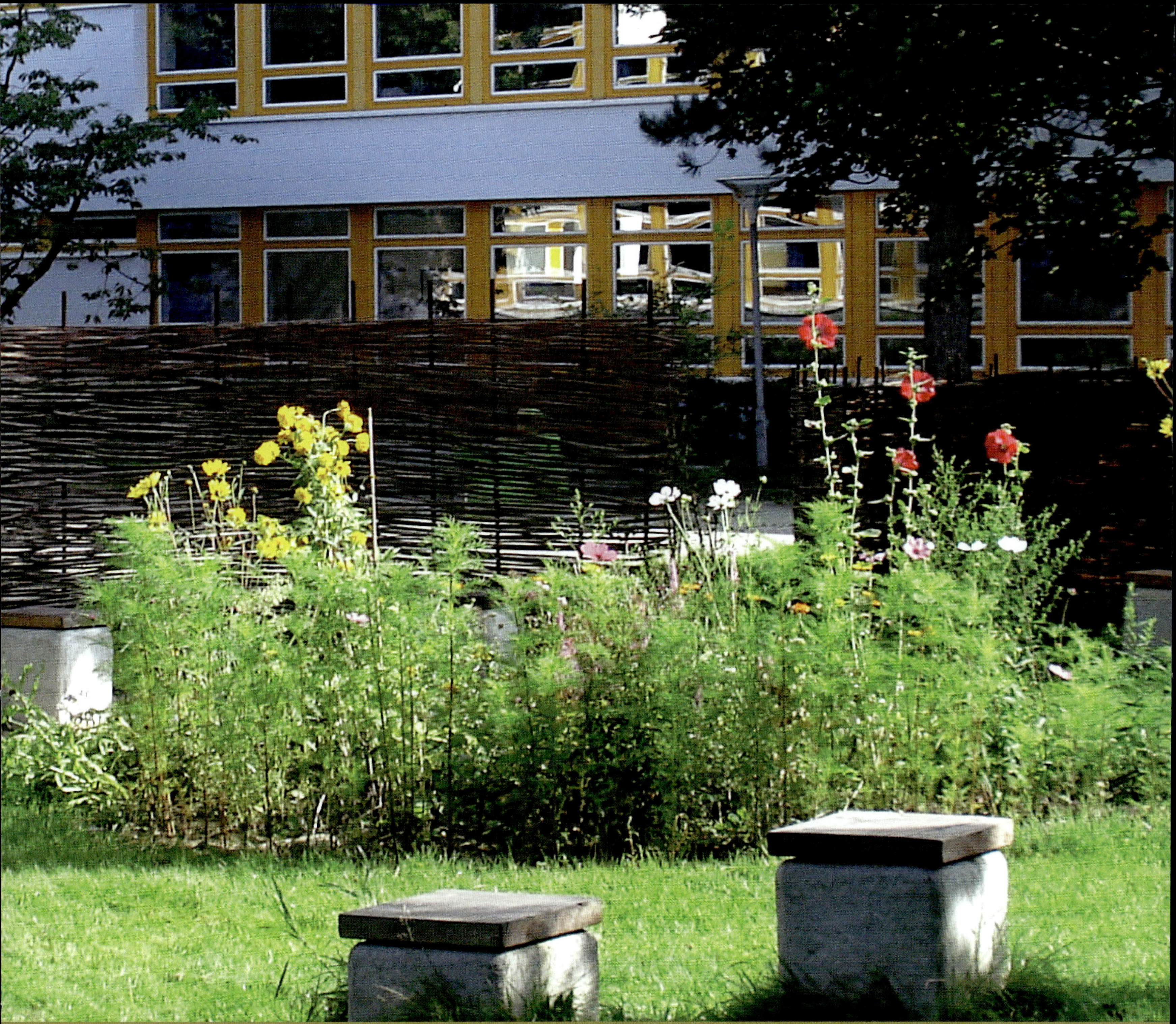

EIN GEFLECHT AUS WEIDENRUTEN SCHAFFT EINEN WINDGESCHÜTZTEN UND GEMÜTLICHEN ORT

Diese schöne Gartenecke wurde mit Schülerinnen und Schülern eines Hamburger Gymnasiums gestaltet. Die Staken bestehen aus 14 mm dicken Moniereisen und wurden mit dem Vorschlaghammer ungefähr 80 cm tief in den Boden geschlagen, damit alles stabil steht. Das Projekt entstand in Zusammenarbeit mit Gunnar Schröder.

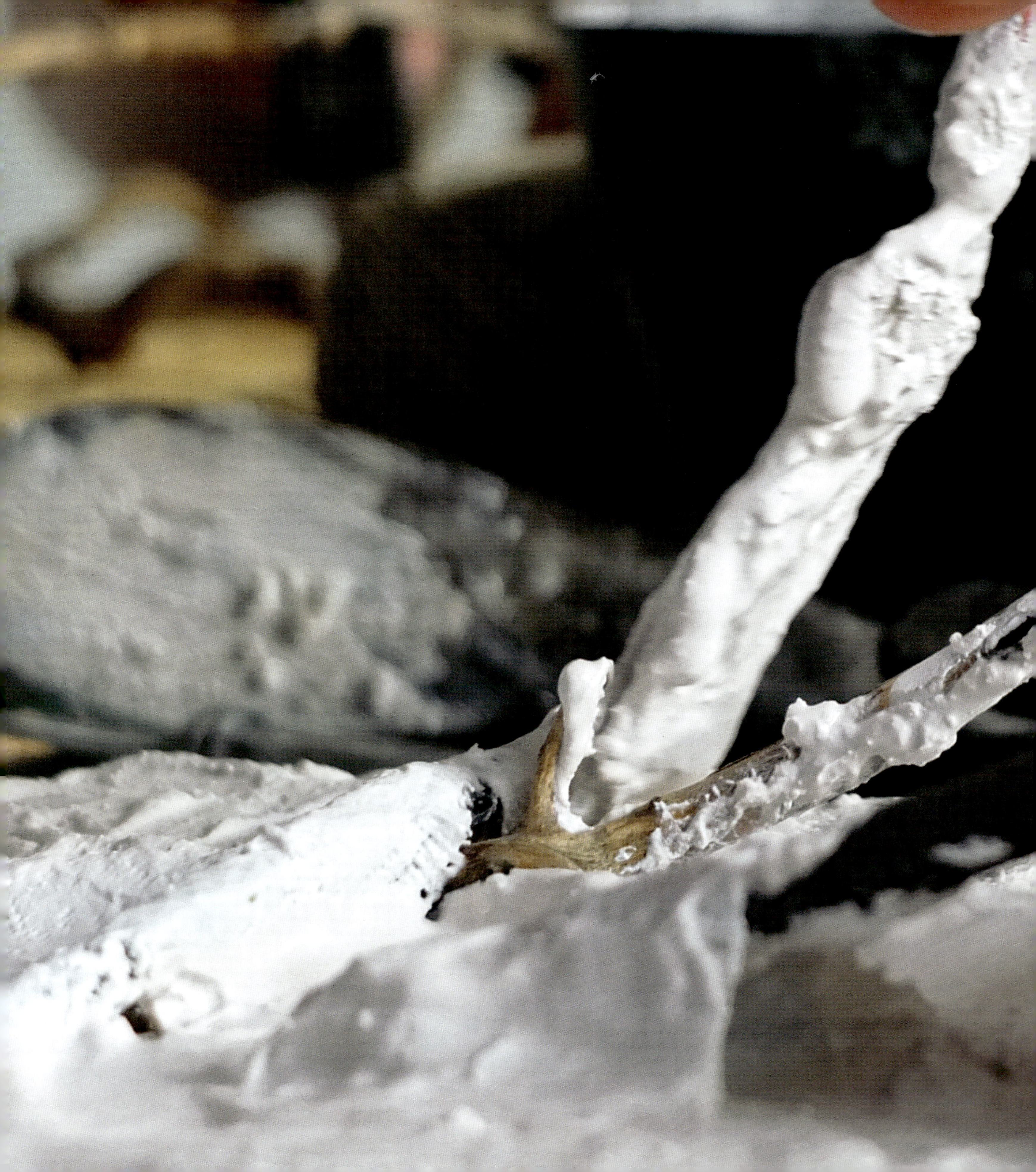

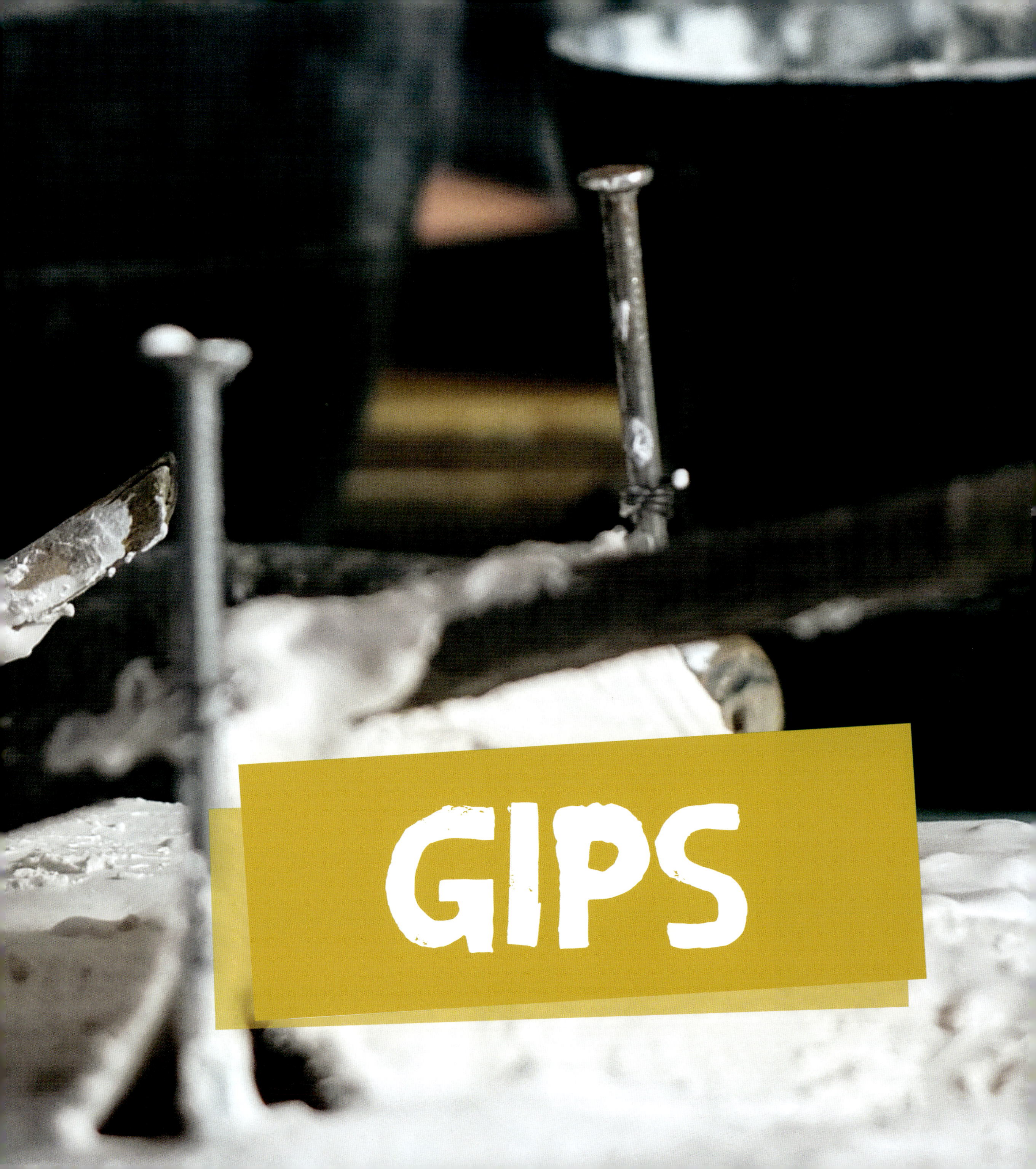

GIPS

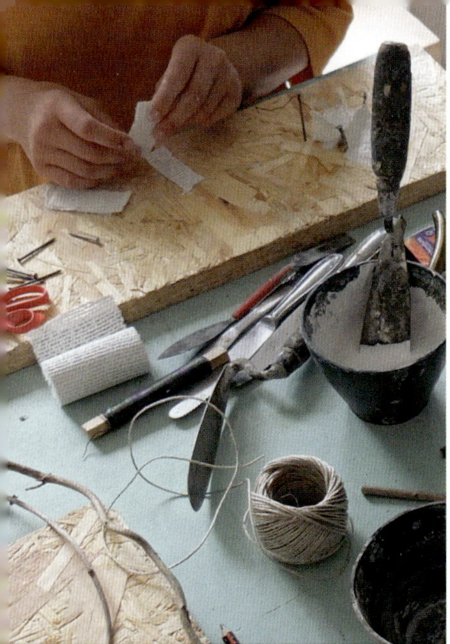

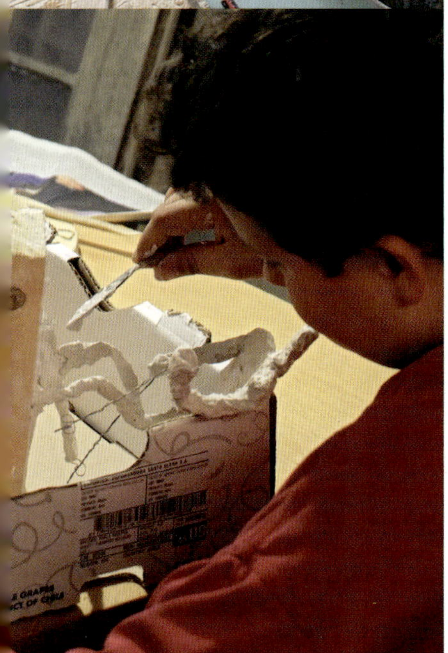

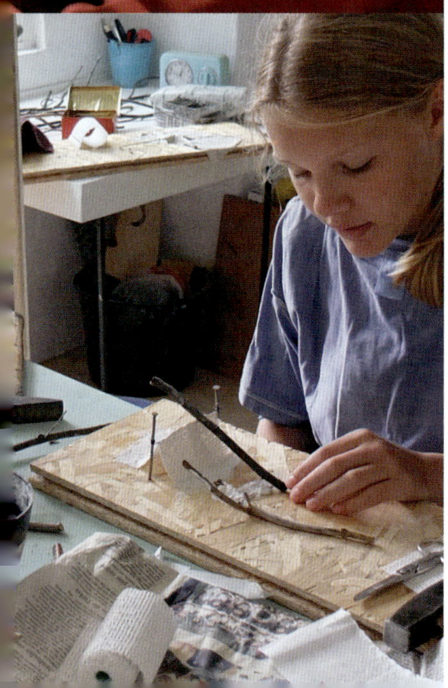

GIPS

Spachtelmasse für Wandlöcher, ein Gipsbein oder alte Statuen im Museum – was ist eigentlich Gips?

In der Natur kommt er als Stein vor. Dieser wird bei hoher Temperatur gebrannt und anschließend fein gemahlen. So erhalten wir ihn pulverisiert im Handel.

Wenn wir Gips mit Wasser anrühren, entsteht ein geschmeidiger Brei, den man 10 bis 20 Minuten lang verarbeiten kann, bevor er abbindet. Dann ist wieder Gipsstein entstanden, der sich raspeln, schleifen und bemalen lässt. Für den Außenraum eignen sich Gipsskulpturen nicht, da sie nicht wasserfest sind.

GIPS KANN ZUM FREIEN MODELLIEREN UND ZUM ABGIESSEN BENUTZT WERDEN

In diesem Kapitel zeigen wir eine einfache Abgusstechnik in Ton. Außerdem verwenden wir das Material zum freien Aufbauen und Gestalten eines Reliefs und als Gipsbinde.

Gipsbinden sind besonders geeignet für alle möglichen Kombinationen mit Draht oder auch als Verbinder für Äste, Bambus oder Zweige. Sie sind einfach zu handhaben, aber leider verhältnismäßig teuer. Das Anrühren entfällt hier. Denn Gipsbinden sind gebrauchsfertig, nachdem man sie kurz in Wasser getaucht hat.

Bei Gips in Pulverform wird zwischen Stuck- und Modellgips unterschieden. Der Modellgips bindet langsamer ab, sodass mehr Zeit zum Verarbeiten bleibt. Er ist nicht überall erhältlich und wird nach dem Trocknen weiß. Stuckgips bleibt grau, ist aber wesentlich preisgünstiger. Je nach Projekt und Anlass ist zu entscheiden, welche Sorte sich besser eignet.

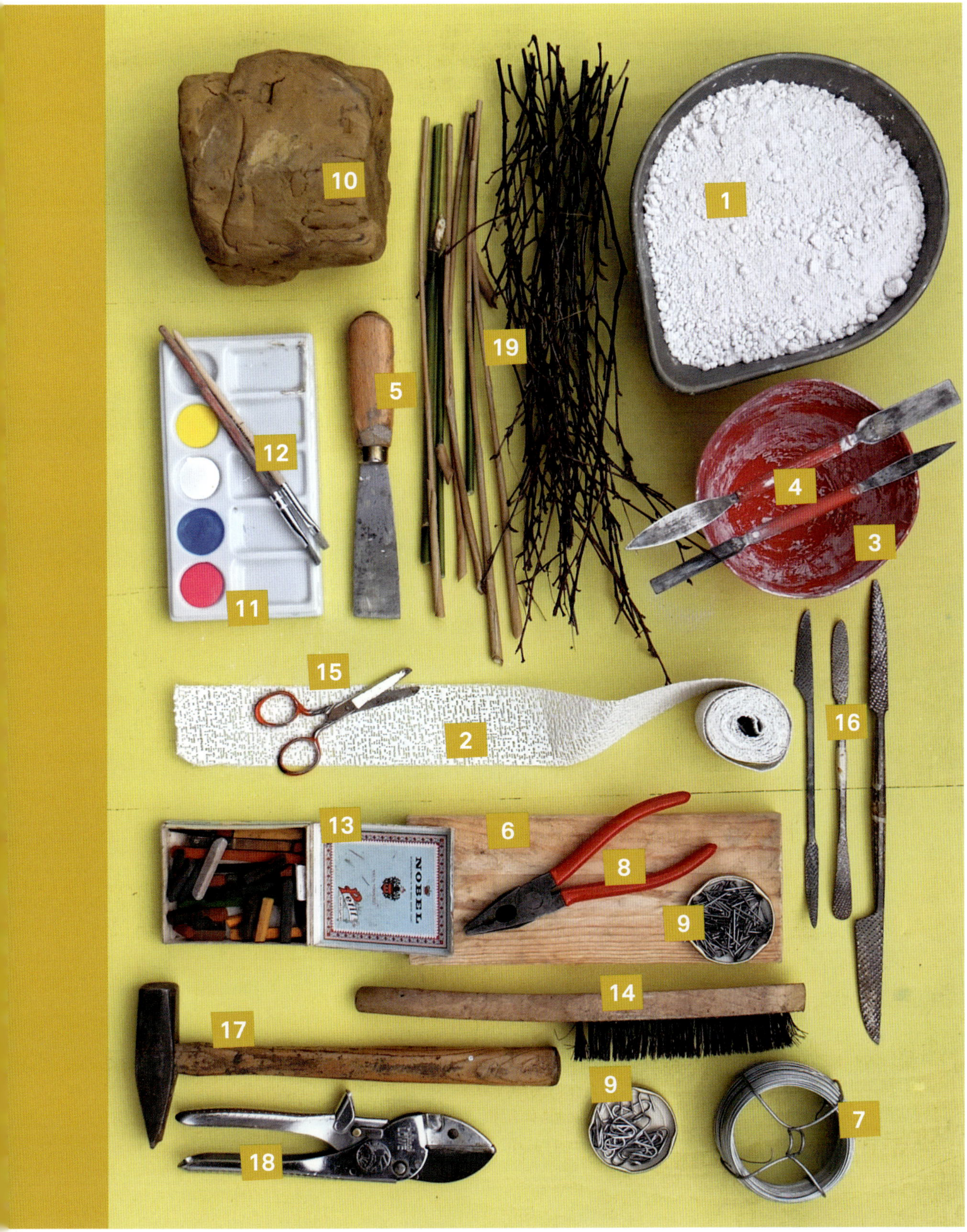

MATERIALIEN

1 GIPS

2 GIPSBINDE

3 FLEXIBLER GUMMIBECHER

4 STUCKATEUR-SPACHTEL

5 SPACHTEL

6 GRUNDBRETT, ca. 16 mm

7 DRAHT, 1 mm

8 KOMBIZANGE

9 NÄGEL, KRAMPEN

10 TON ODER KNETE

11 TEMPERAFARBE

12 PINSEL

13 RÖTEL- ODER PITTKREIDEN

14 DRAHTBÜRSTE

15 ALTE SCHERE

16 RIFFELRASPELN

17 HAMMER

18 GARTENSCHERE

19 ZWEIGE & SCHILF

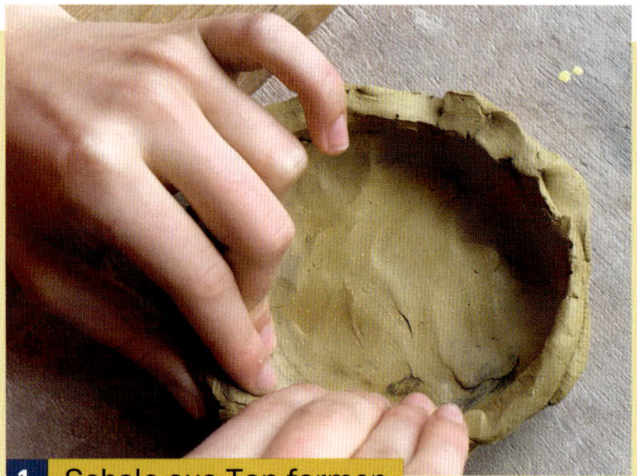

1. Schale aus Ton formen

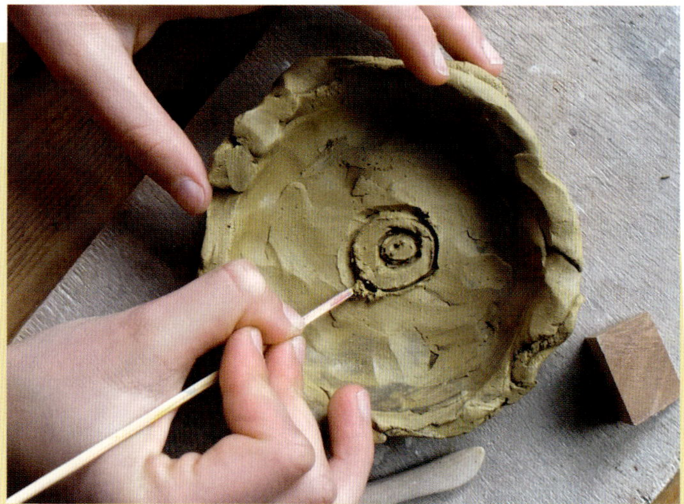

2. Motiv mit spitzem Holz einritzen

EINE ABGUSSSCHALE AUS ROTEM TON SORGT FÜR SCHÖNE PATINA

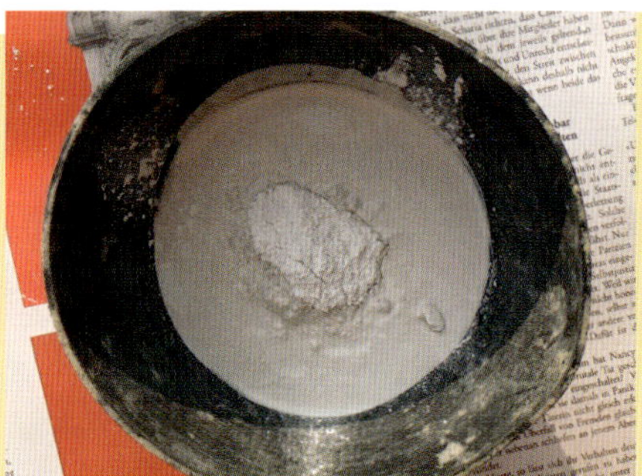

3. Gips im Gipsbecher anrühren

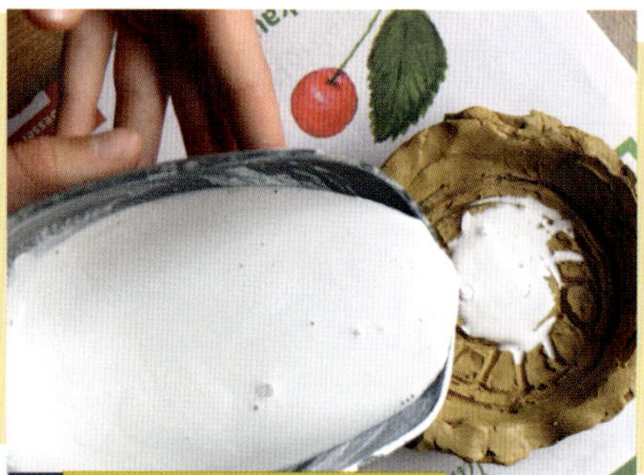

4. In die Form gießen

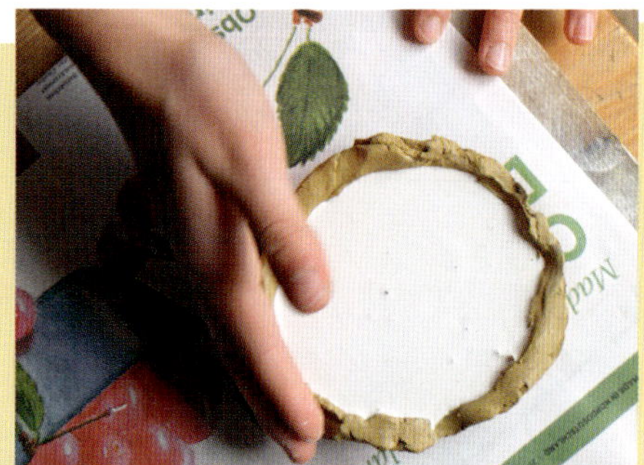

5. Leicht gegen den Rand klopfen

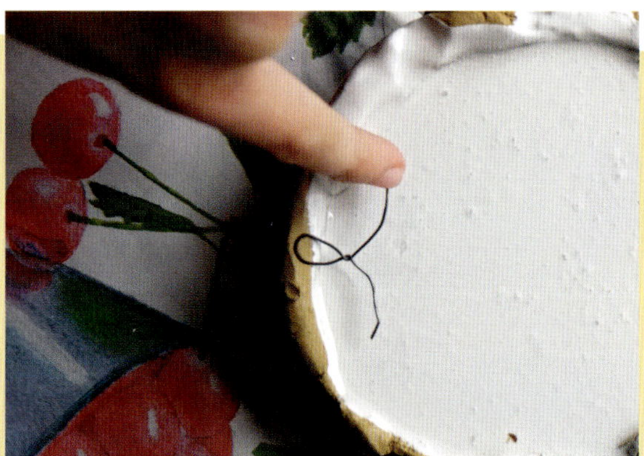

6. Aufhängungen in den Tonrand klemmen

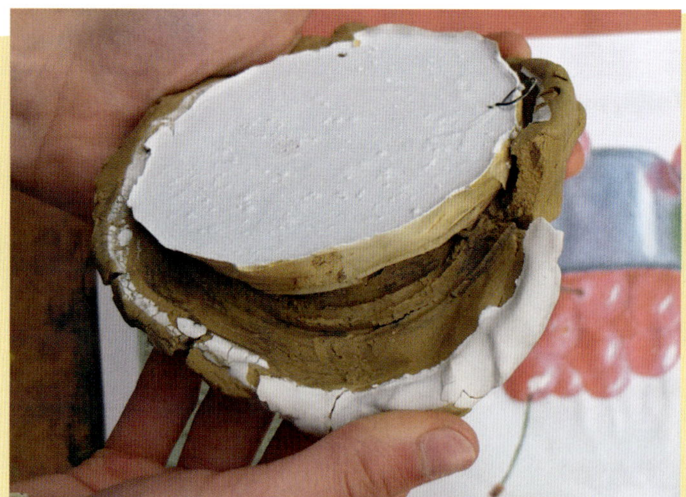

7. Den Ton sachte vom Gips abziehen

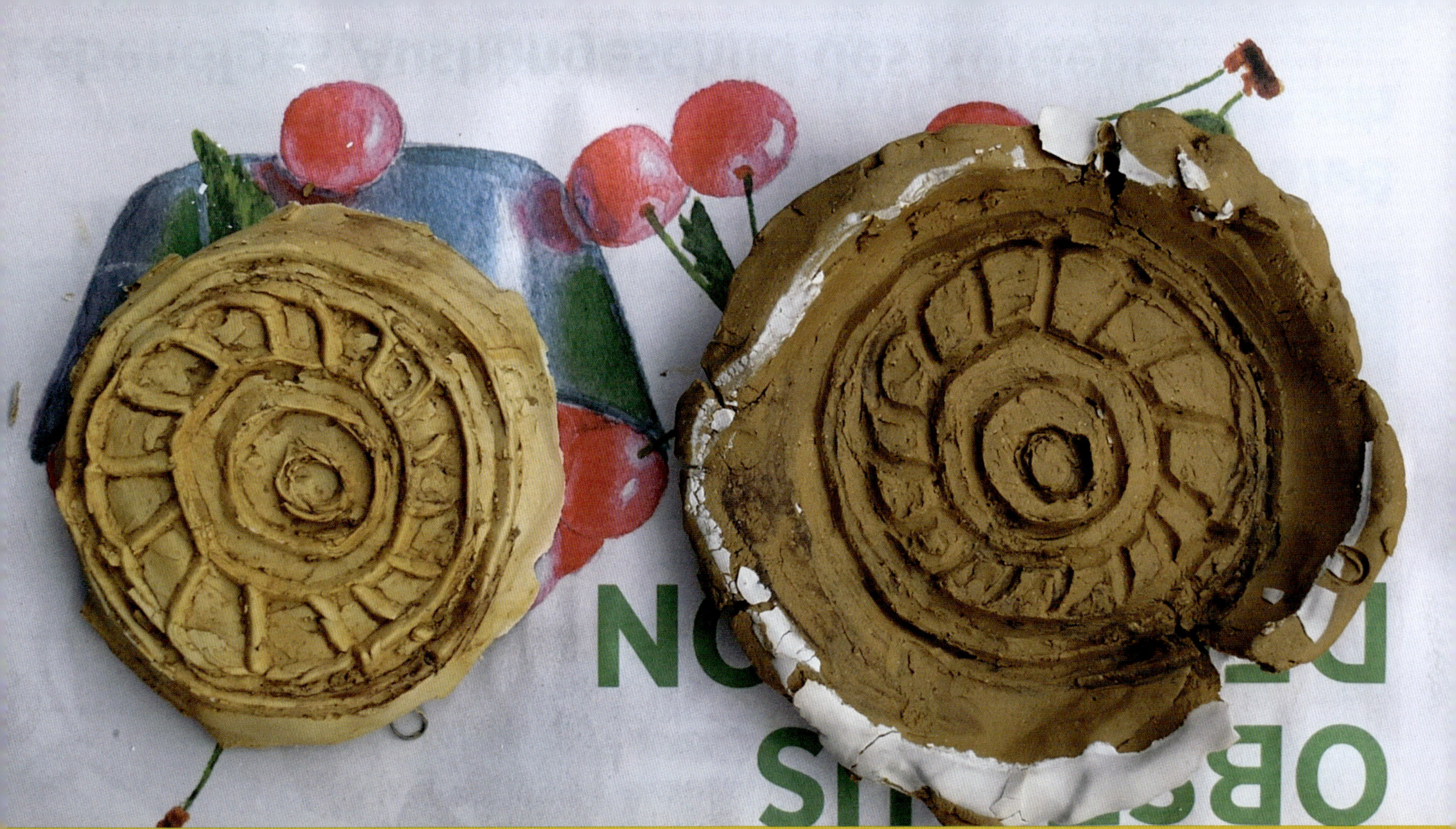

1. Eine kleine Schale mit planem Boden aus Ton (oder falls nicht vorhanden aus Knete) formen. Der Rand sollte ca. 2 cm hoch sein. Wenn die Form größer als eine Hand wird, sollte eine sogenannte Armierung (zum Beispiel ein Stück von einem Apfelsinennetz) mit eingegossen werden. Das sorgt für Stabilität.

2. Das Motiv mit einem spitzen Holz oder Bleistift einritzen und eindrücken. Du kannst dabei verschiedene Strukturen ausprobieren. Nun den entstandenen Grat etwas abflachen, die Furchen ein wenig verbreitern und nach oben öffnen, damit der Gips gut in die Form laufen kann.

3. Den Gips anrühren. Dazu füllst du den Gipsbecher zu einem Drittel mit Wasser und streust den Gips vorsichtig ein. Die Lösung ist gesättigt, wenn in der Mitte des Wassers ein kleiner Berg Gips stehen bleibt.

4. Kurz warten, dann umrühren und in die Form gießen.

5. Leicht gegen den Rand klopfen, damit sich der Gips durch die Erschütterung bis unten in die eingezeichneten Rillen setzen kann. Dabei steigen kleine Blasen auf: Die eingeschlossene Luft entweicht.

6. Für eine Aufhängung klemmst du einen rund gebogenen Draht mit der Schlaufe in den Tonrand und lässt die Drahtenden im Gips verschwinden.

Warten, bis der Gips hart wird – das dauert ungefähr eine dreiviertel Stunde. Beim Abbinden entsteht Wärme.

7. Nun wird der noch weiche Ton (Achtung! Das funktioniert nicht mehr, wenn der Ton hart geworden ist!) sachte zur Seite gebogen und vom Gips abgezogen.

Wir verwenden roten Ton, das gibt dem Abguss eine schöne Patina. Es kann noch bis zu 24 Stunden dauern, bis der Gips vollständig ausgehärtet ist. Der untere Rand lässt sich dann vorsichtig abschleifen.

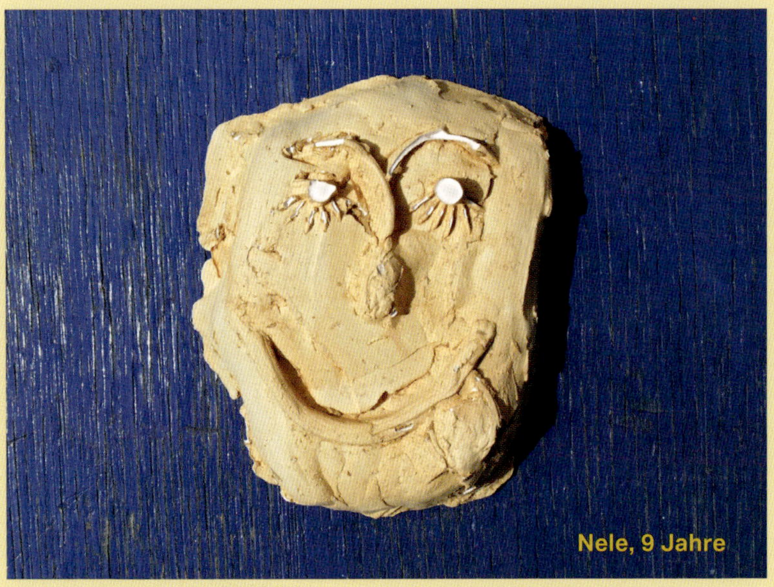
Nele, 9 Jahre

GIPSSTEMPEL

Gipsabdrücke kannst du auch als Stempel für keramische Arbeiten wie Becher, Teller und Fliesen benutzen (siehe Kapitel *Ton*, Seite 90). Dazu muss der Stempel erst so lange in ein Stück Probeton gedrückt werden, bis keine Gipskrümel mehr abfallen. Denn Gipsspuren im Ton verursachen „Kalkspatzen“: Solcherart verunreinigter Ton springt nach dem Brennen entzwei.

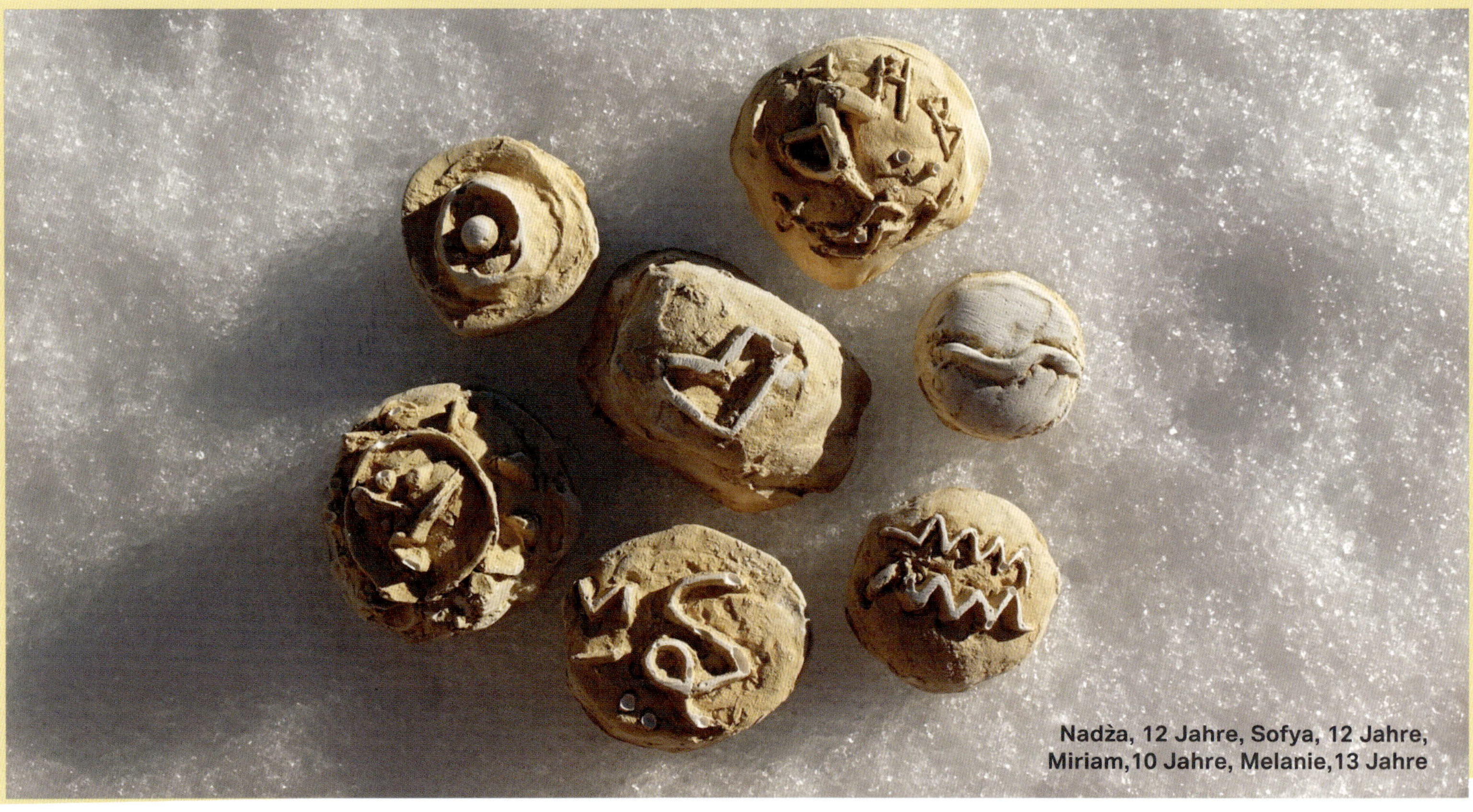
Nadża, 12 Jahre, Sofya, 12 Jahre, Miriam,10 Jahre, Melanie,13 Jahre

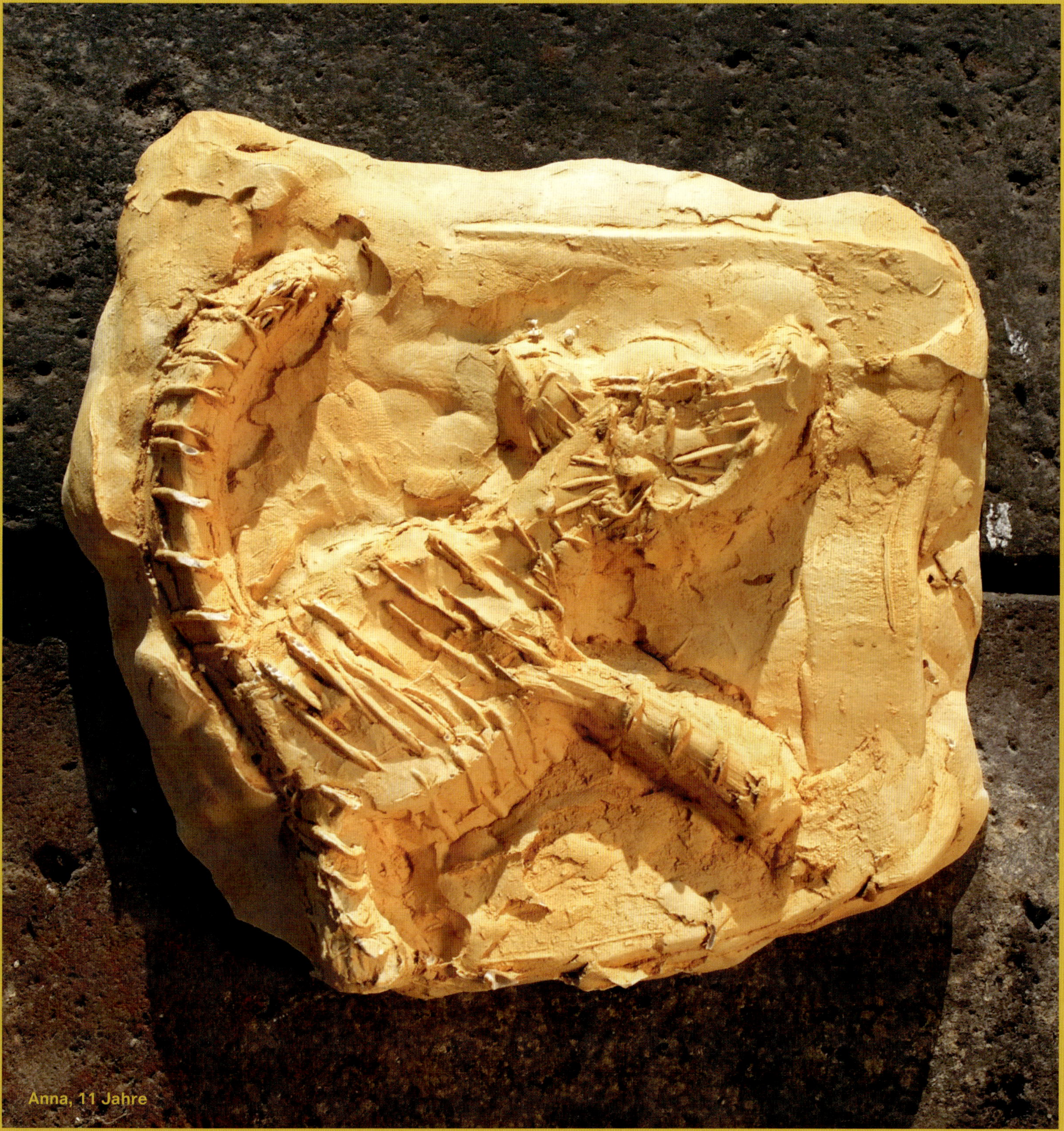

Anna, 11 Jahre

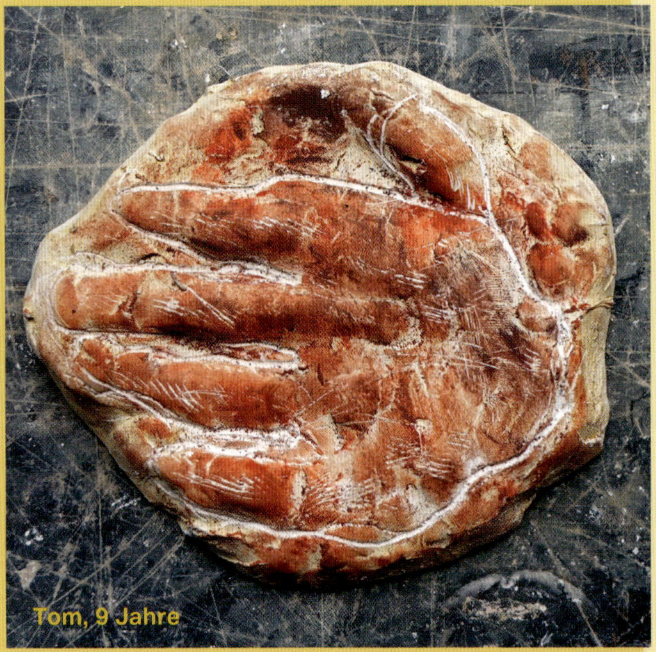
Tom, 9 Jahre

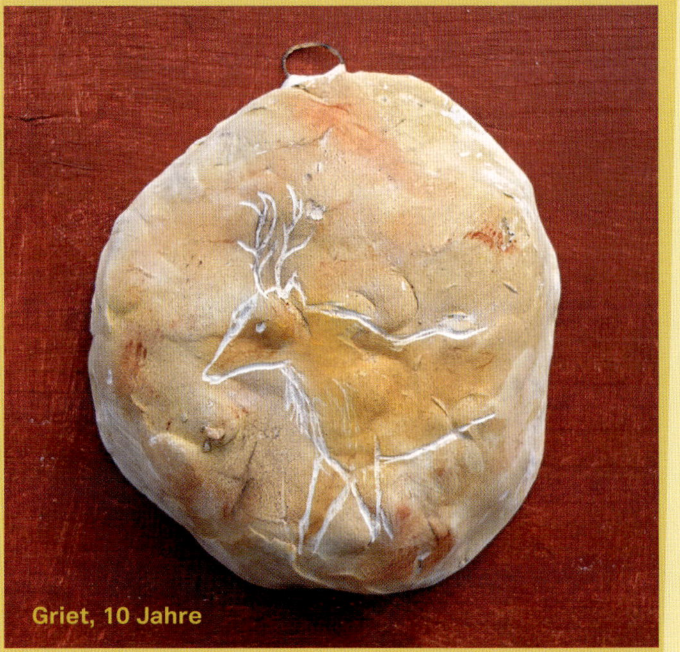
Griet, 10 Jahre

HIER WURDE EINE KLEINE TONSCHALE OHNE MOTIV AUSGEGOSSEN …

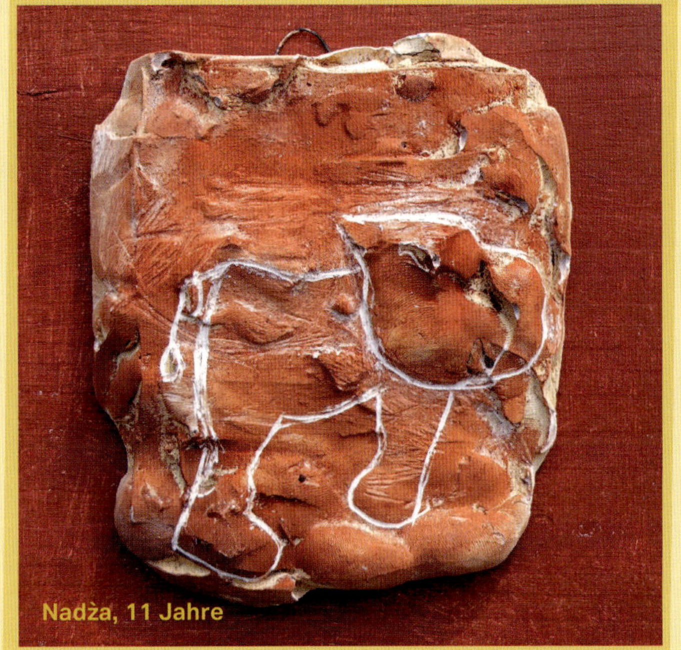
Nadža, 11 Jahre

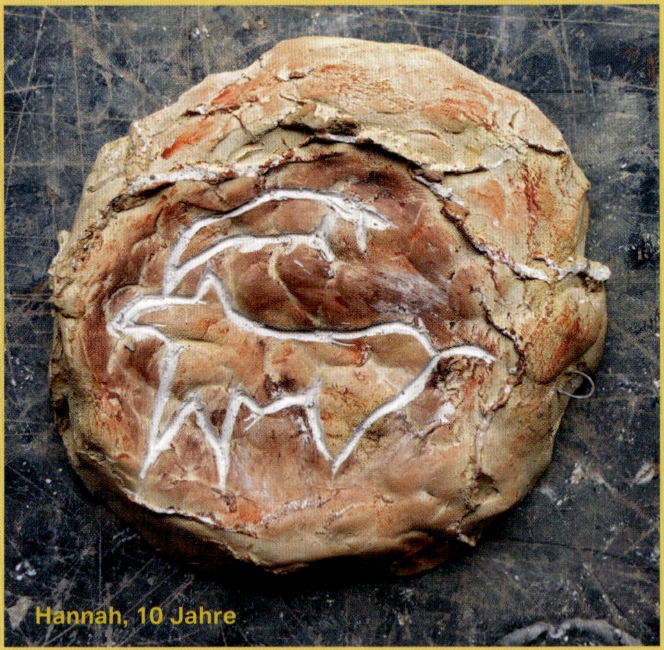
Hannah, 10 Jahre

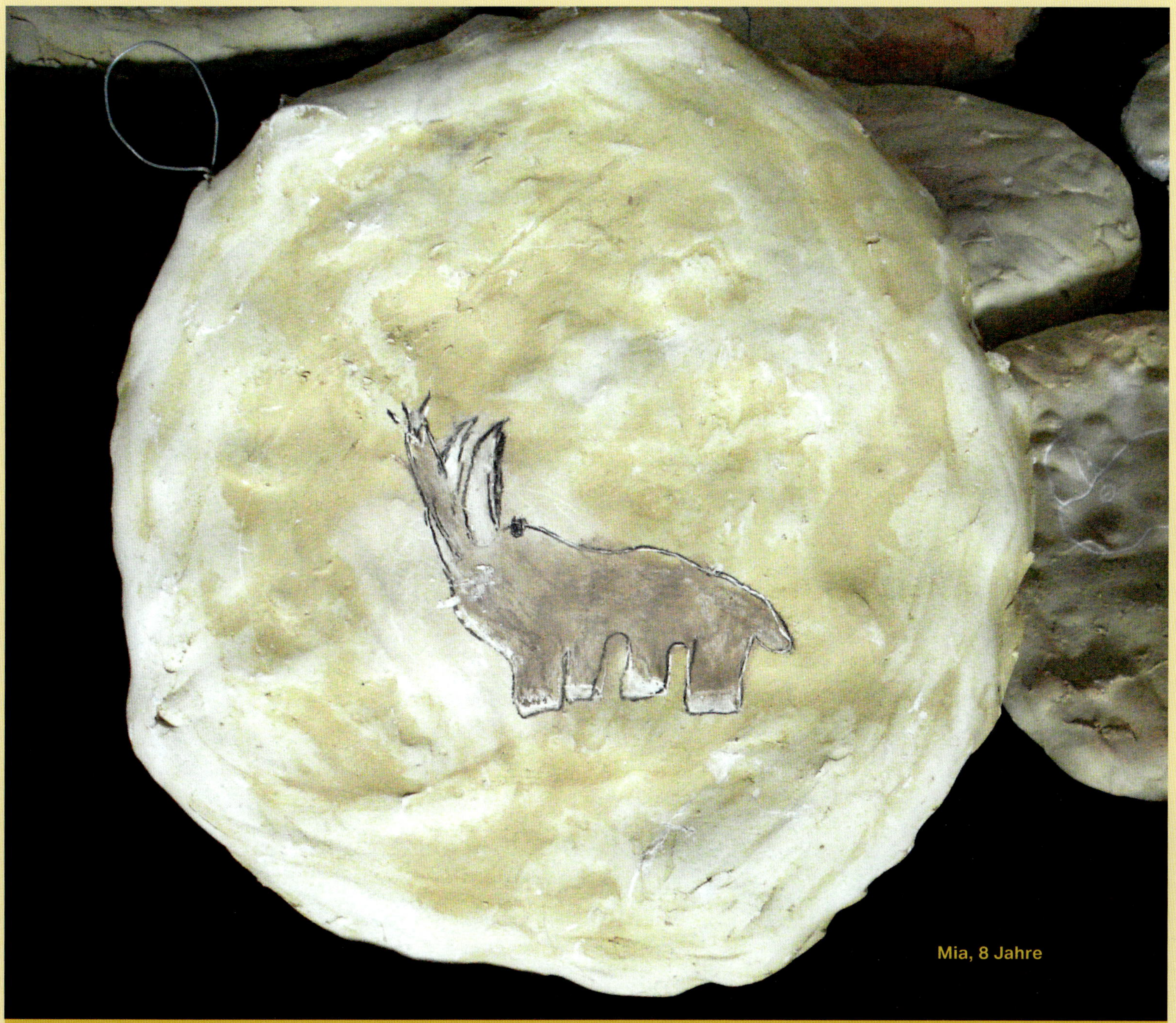

Mia, 8 Jahre

… UND EIN STÜCK STEINZEITHÖHLEN-FELSENWAND ENTSTEHT

Die Zeichnungen wurden mit einem Nagel in den vollständig abgebundenen Gips eingekratzt. Mit Rötelkreiden kannst du Farbakzente setzen.

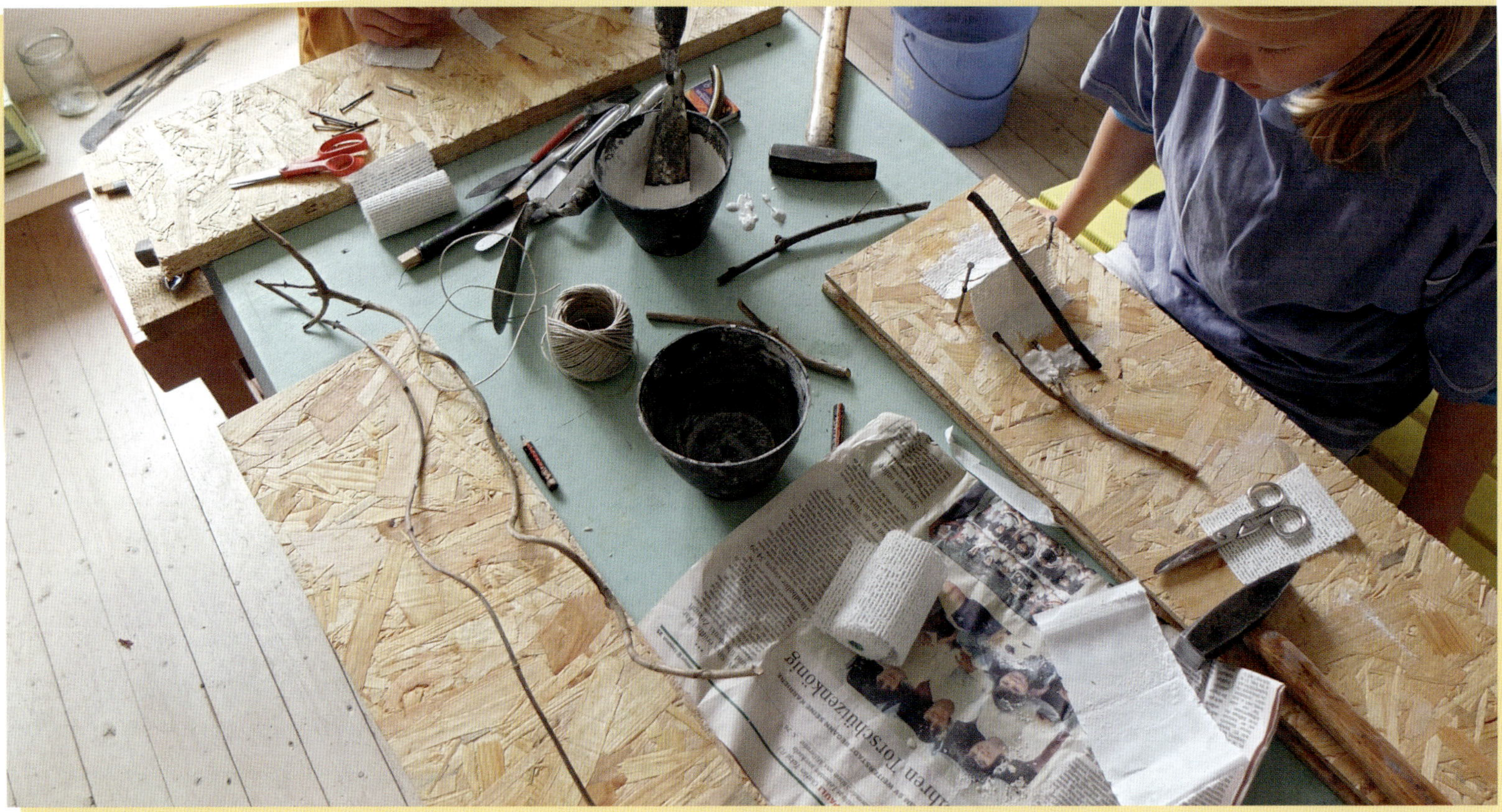

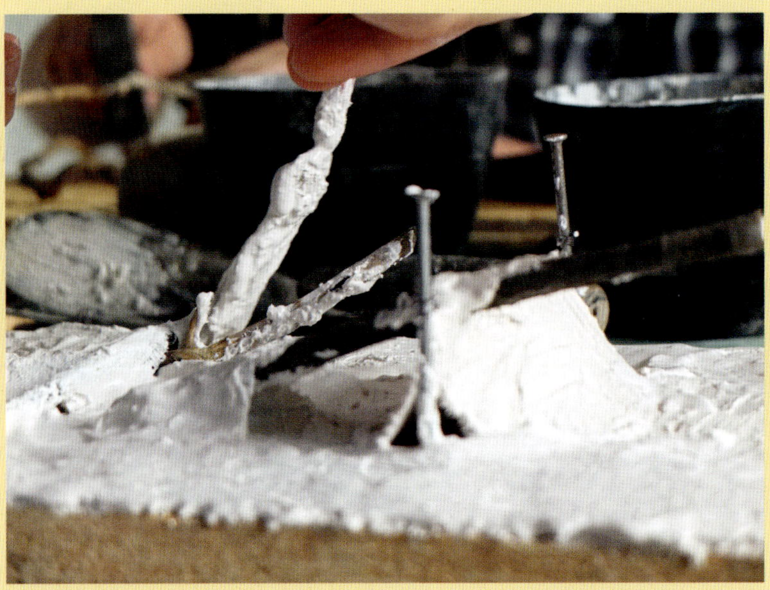

Auf einer Grundplatte aus Holz entstehen abstrakte Reliefs: Wir arbeiten mit angerührtem Gips, Fundstücken, Nägeln, Draht und Gipsbinden. Immer wieder neue Schichten werden übereinandergelegt. Die Komposition entwickelt sich im Arbeitsprozess – spielerisch wird mit dem Entstandenen weitergearbeitet.

ABSTRAKTE RELIEFS: DAS SIND DREIDIMENSIONALE BILDER

Trägt man frischen Gips auf bereits erhärtetes Material, sollte die alte Schicht etwas angefeuchtet werden, um den Abbindungsprozess nicht zu verändern. Denn die bereits trockene Gipsschicht würde dem neu aufgebrachten Gips allzu schnell das Wasser entziehen.

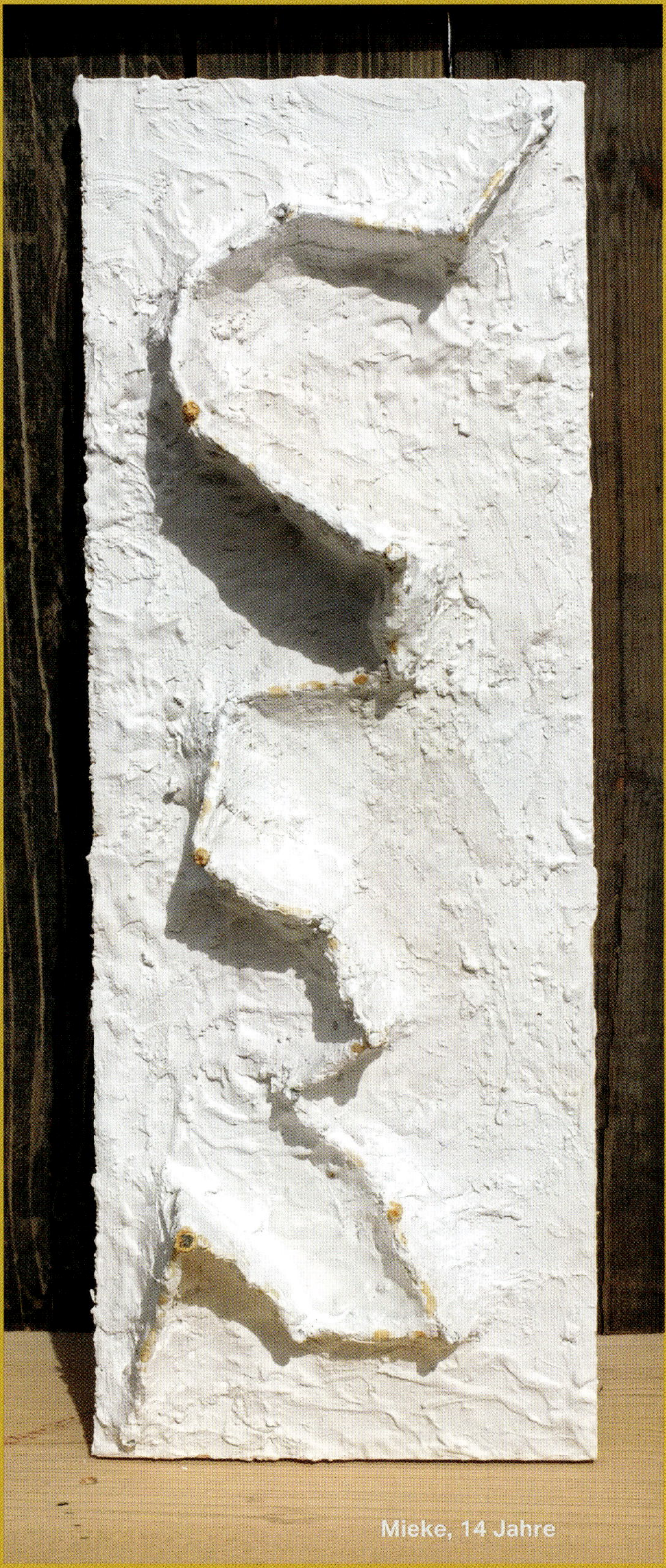

Mieke, 14 Jahre

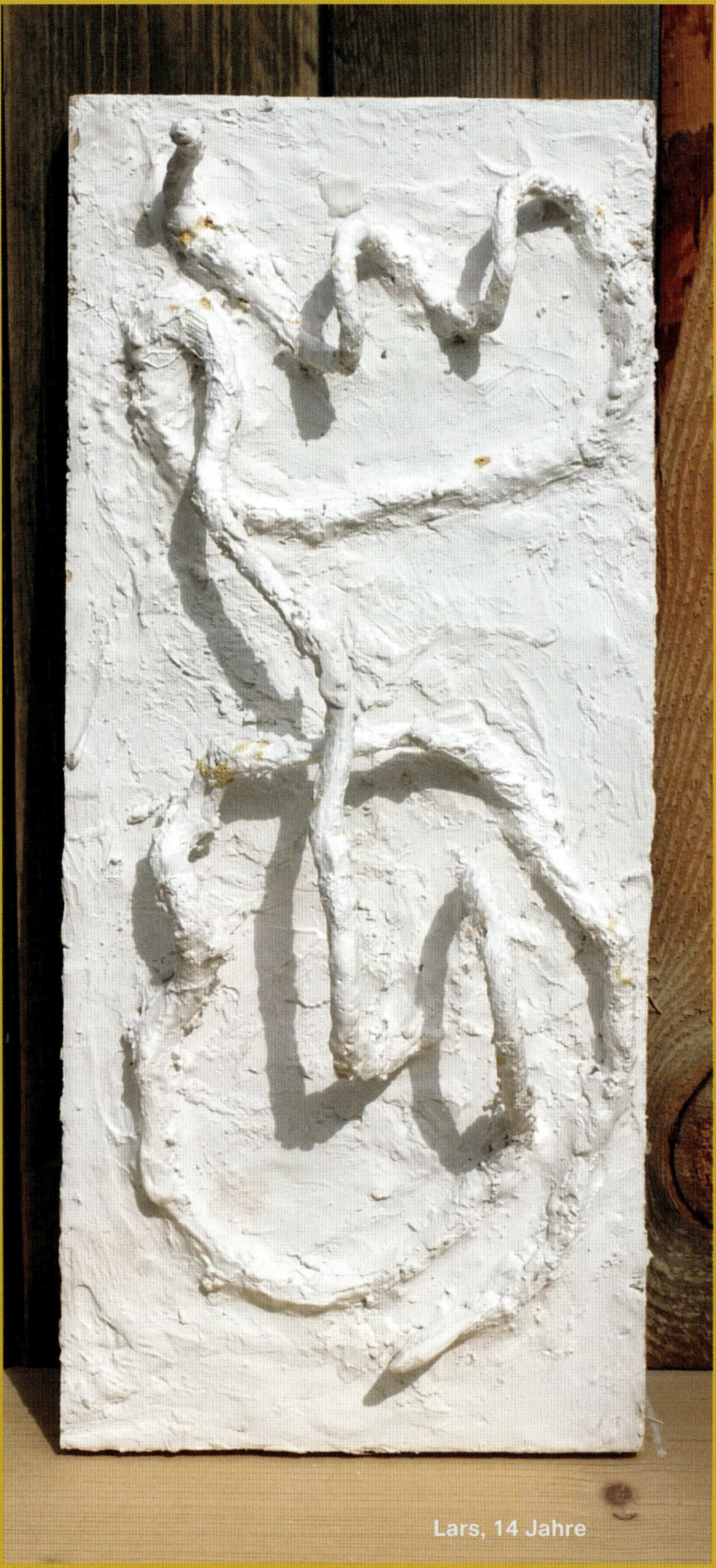

Lars, 14 Jahre

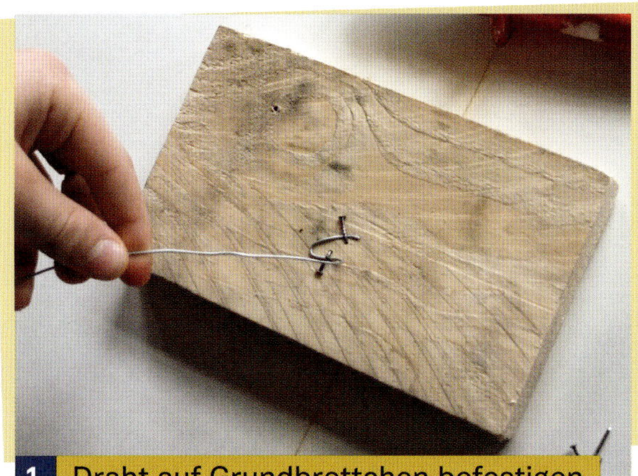

1. Draht auf Grundbrettchen befestigen

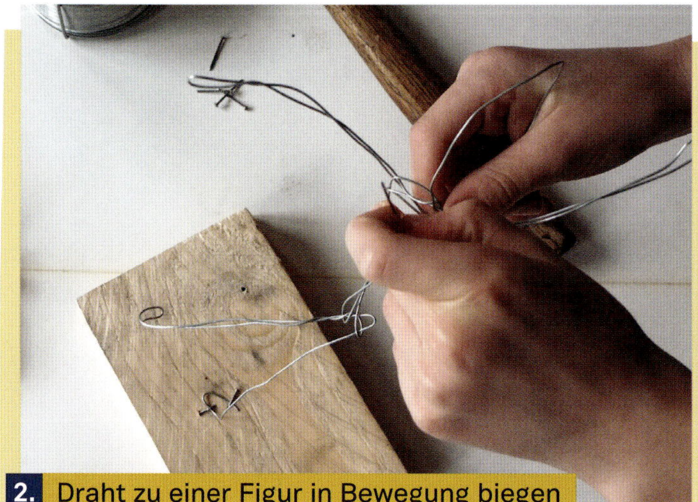

2. Draht zu einer Figur in Bewegung biegen

AUS DRAHT UND GIPSBINDEN ENTSTEHEN DYNAMISCHE FIGUREN

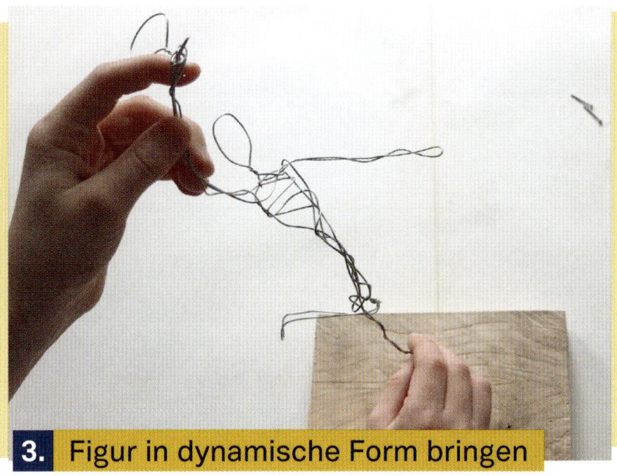

3. Figur in dynamische Form bringen

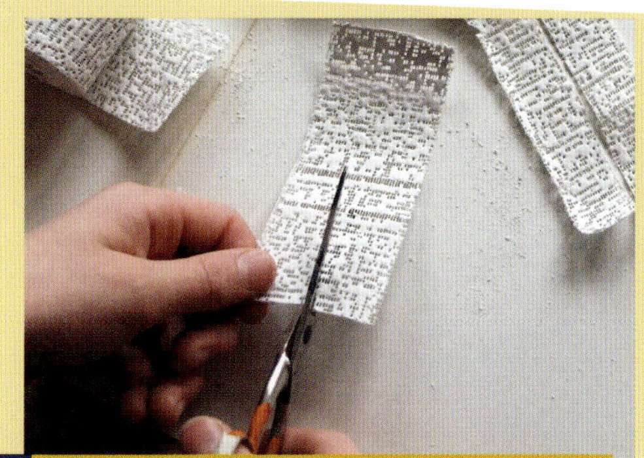

4. Gipsbinden in Streifen schneiden

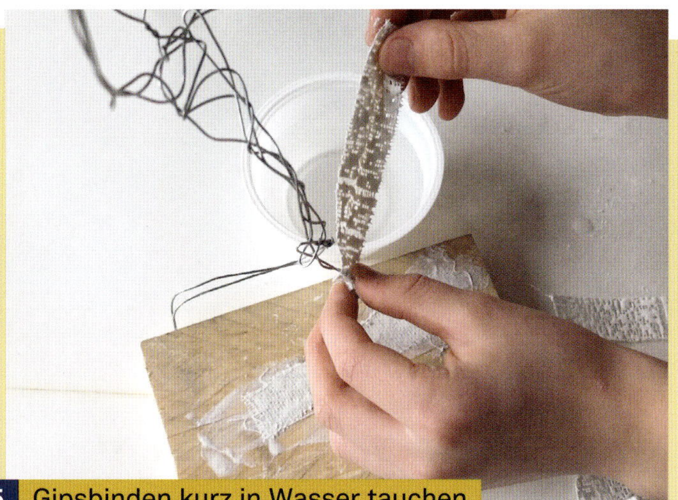

5. Gipsbinden kurz in Wasser tauchen

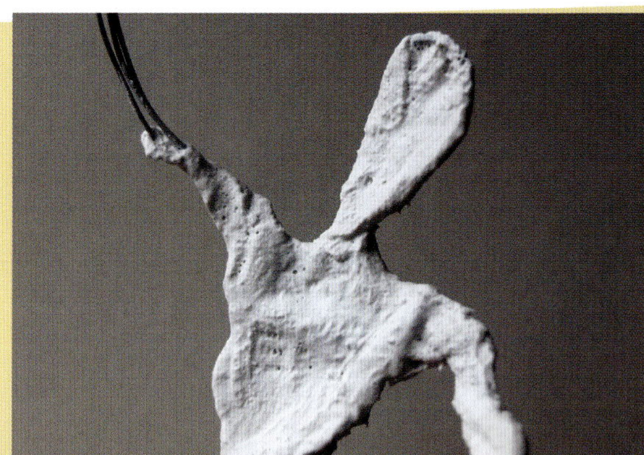

6. Unterschiedliche Strukturen verwenden

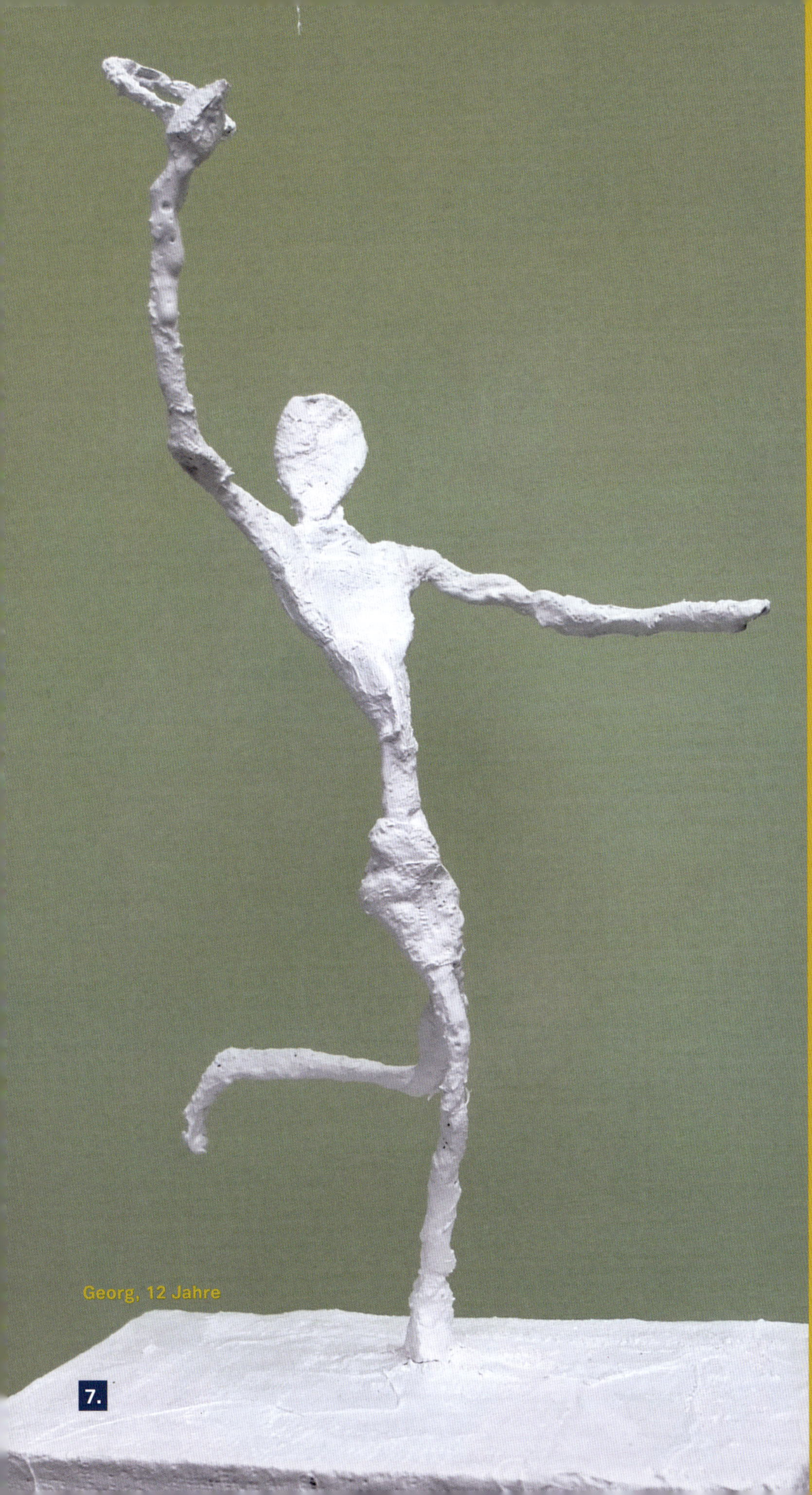

Georg, 12 Jahre

7.

1. Ein etwa 80 cm langes Stück Draht (1 mm stark) auf einem Grundbrettchen (ca. 16 mm stark) befestigen. Am besten einen kleinen Bogen formen, der mit zwei umgeschlagenen Nägeln oder Krampen fixiert wird.

2. Nun den Draht zu einer Figur in Bewegung biegen. Die Gliedmaßen und der Körper können dabei doppelt umwickelt werden. So entsteht mehr Stabilität. Darauf achten, dass die Arme und Beine lang genug und der Kopf nicht zu groß werden.

3. Die fertige Figur in eine dynamische Form biegen.

4. Gipsbinden mit einer alten Schere in ca. 3 cm schmale und 10 cm lange Stücke schneiden.

5. Die Gipsbinden werden nun kurz in ein Schälchen mit Wasser getaucht und dann um den Draht gewickelt. Den weichen Gips zügig glatt streichen.

6. Unterschiedliche Strukturen machen die Oberfläche lebendig.

7. Auch der Sockel wird mit Gipsbinden überarbeitet.

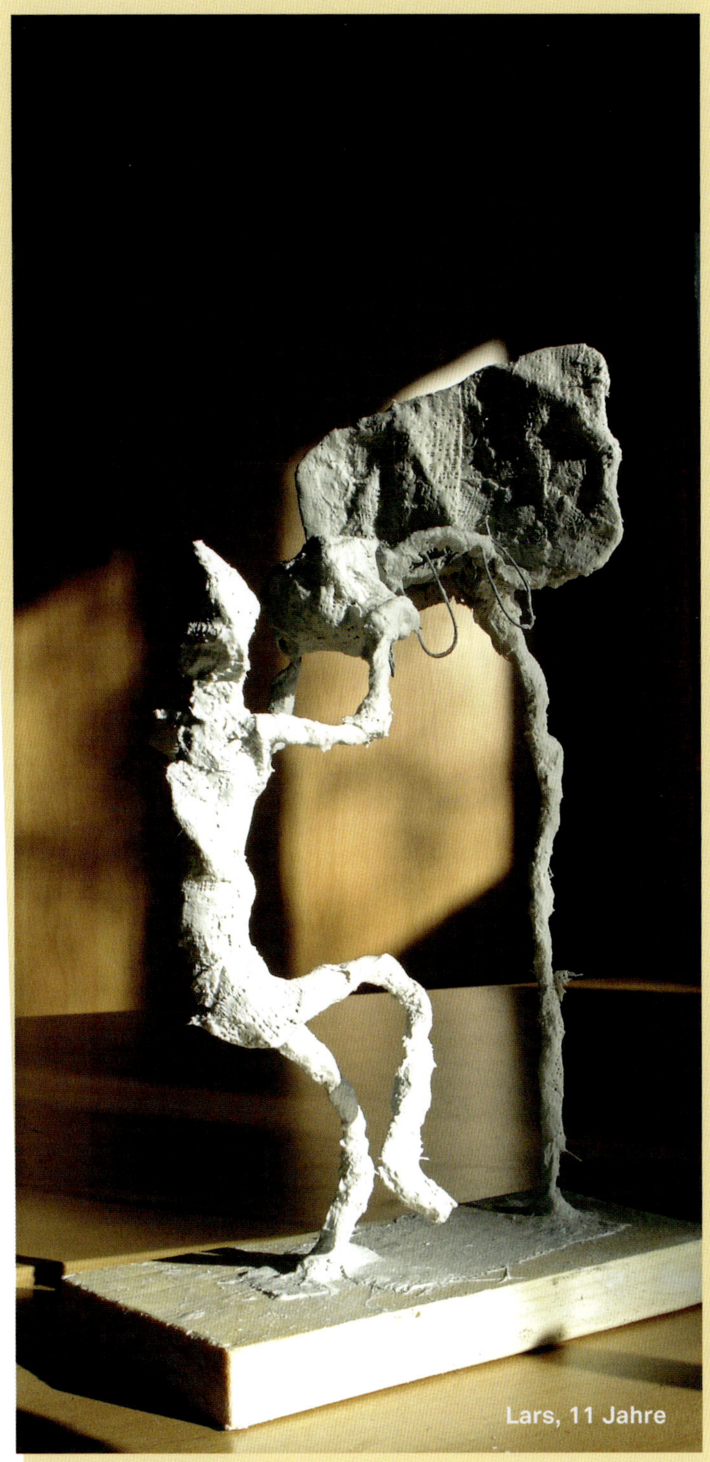
Lars, 11 Jahre

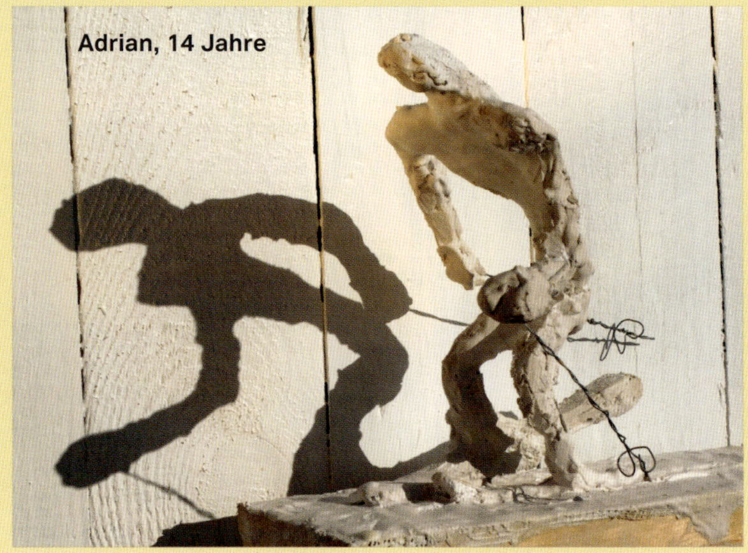
Adrian, 14 Jahre

Mit Gipsbinden überarbeiteter Draht ist eine bewährte Materialkombination, um einfach und stabil in die Höhe und in den Raum zu konstruieren. Bei unserem Thema „Sportler“ können Bewegung, Dynamik und Leichtigkeit bestens umgesetzt werden.

Zum Anmalen benutzen wir Temperafarben in den drei Grundfarben: Magenta (Rot), Cyan (Blau) und Primärgelb, außerdem Weiß. Damit lassen sich lebendige Farbtöne mischen.

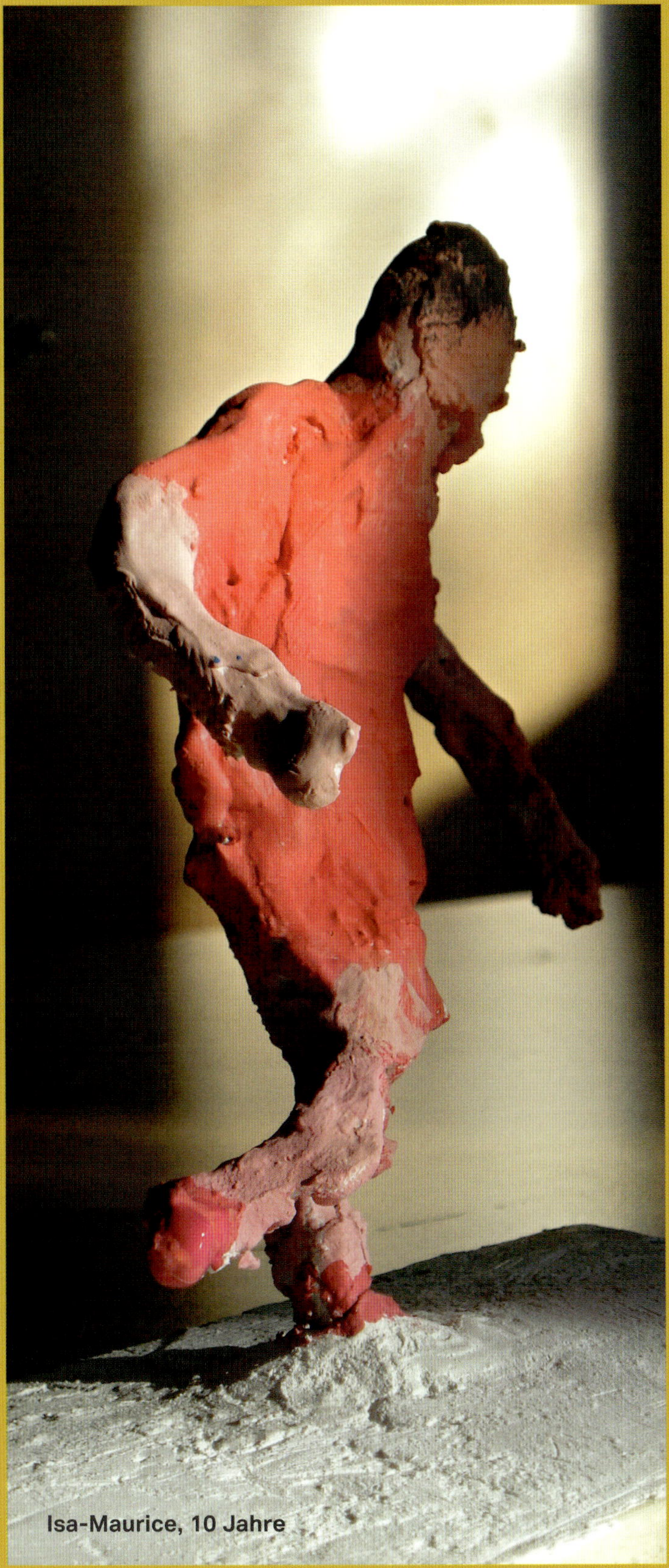

Isa-Maurice, 10 Jahre

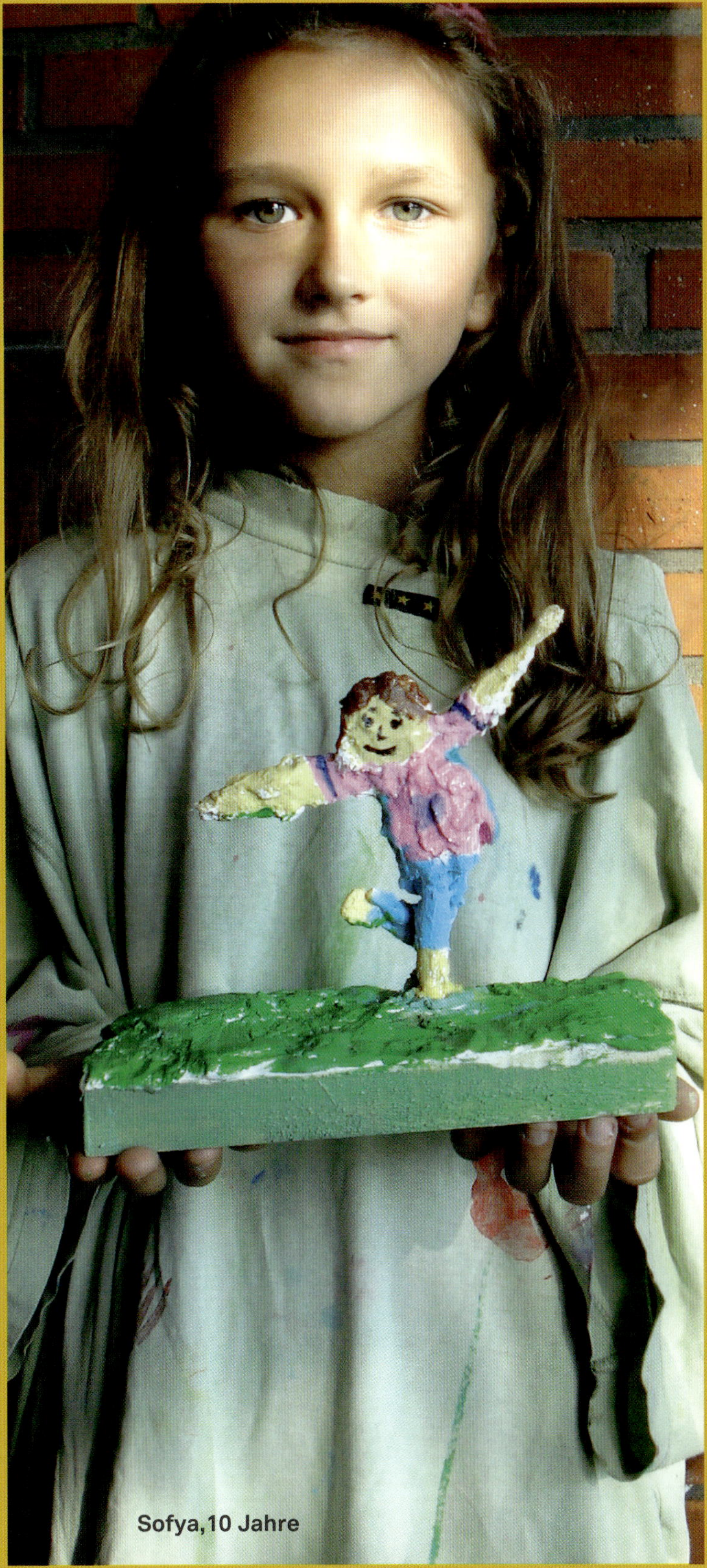

Sofya,10 Jahre

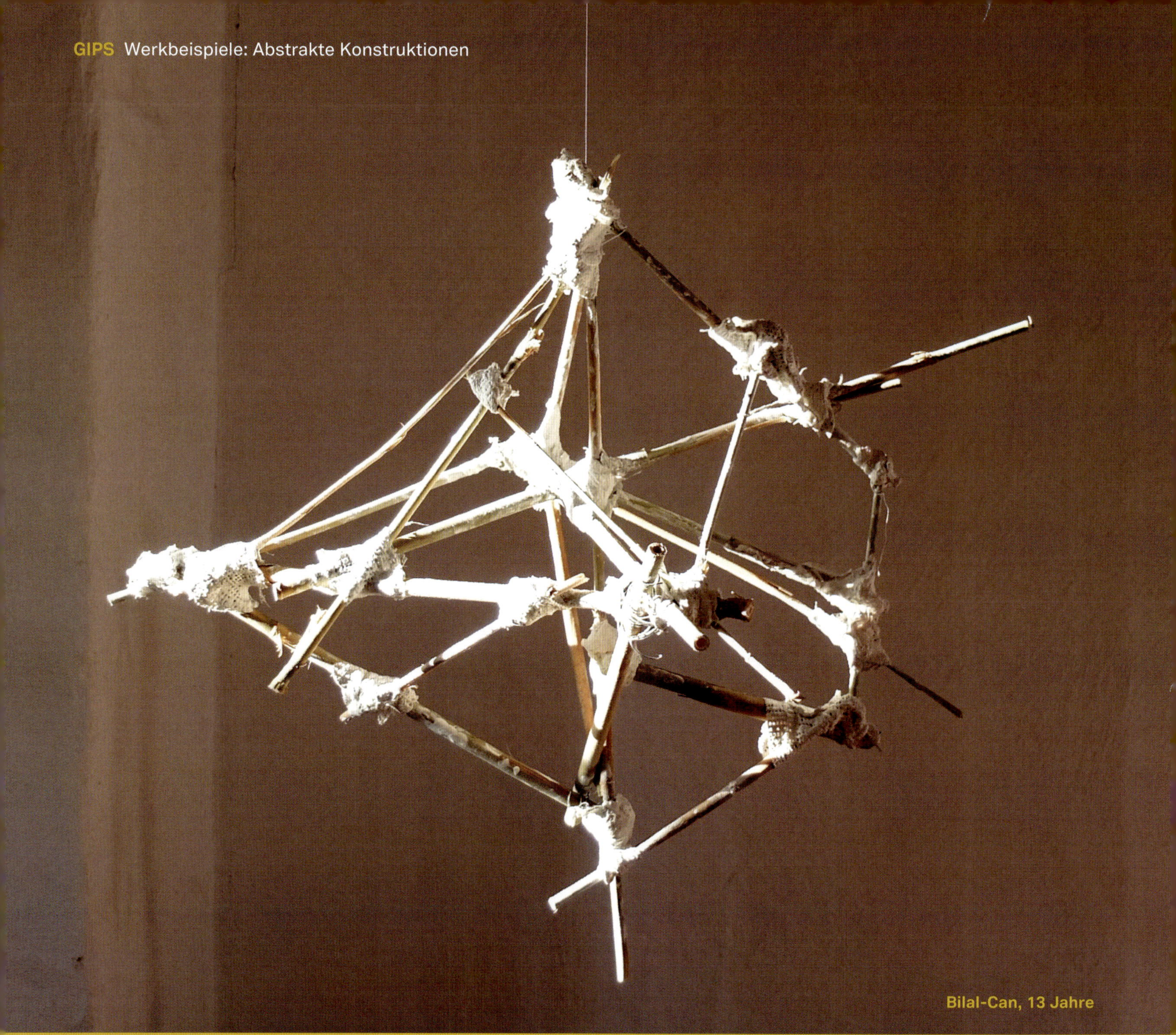

Bilal-Can, 13 Jahre

ABSTRAKTE KONSTRUKTIONEN AUS GIPSBINDEN & ÄSTEN

Abstrakte Gebilde können sehr gut mit Gipsbinden verbunden werden. So vermeidest du Knotenansammlungen oder Drahtknubbel. Im Handumdrehen erhältst du eine gut aussehende Verbindung, welche die Gesamtform nicht unterbricht oder mit ihr konkurriert. Sowohl der Zwischenraum der Äste als auch die Linie der ganzen Figur kommen gut zur Geltung.

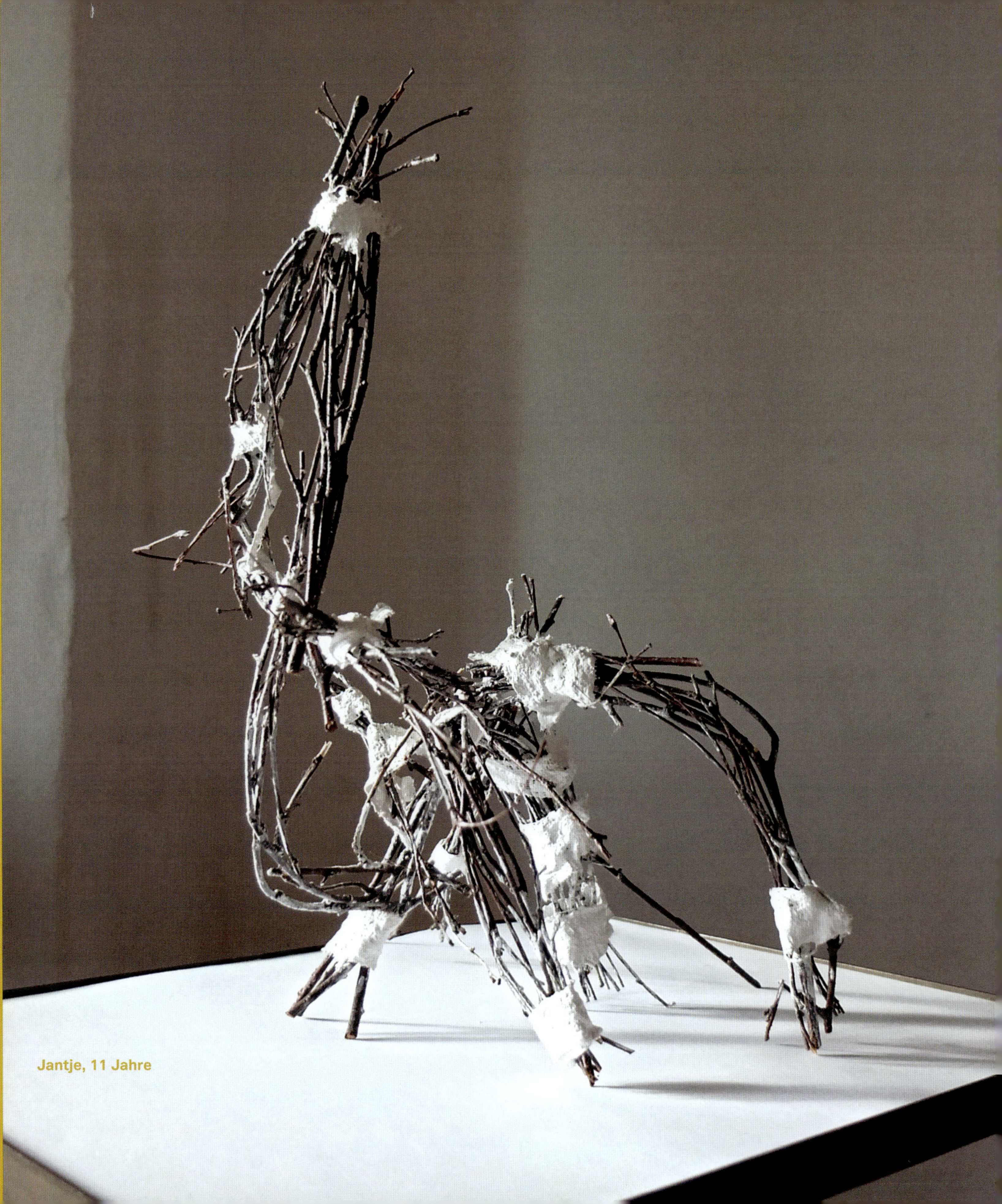

Jantje, 11 Jahre

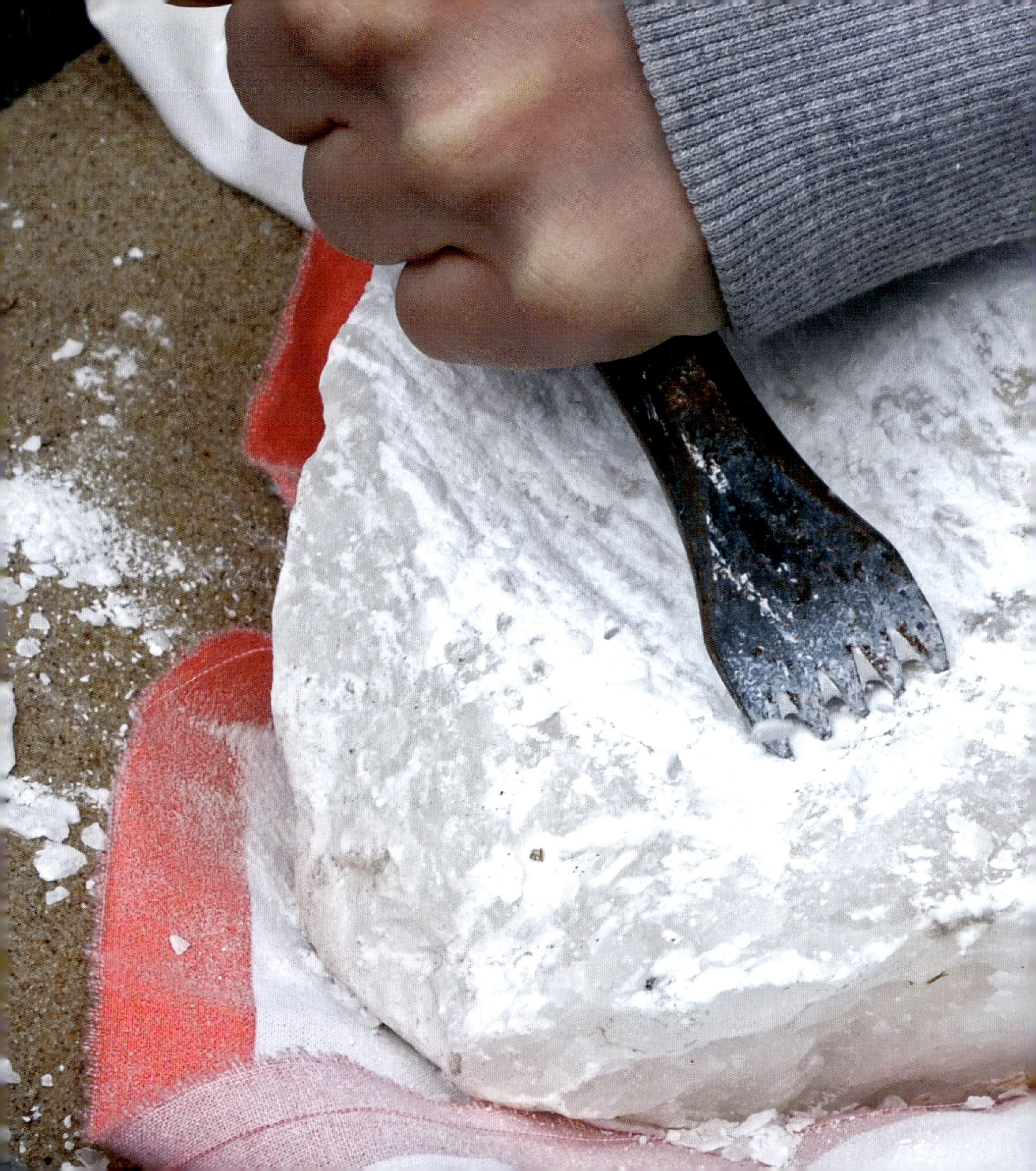

STEIN

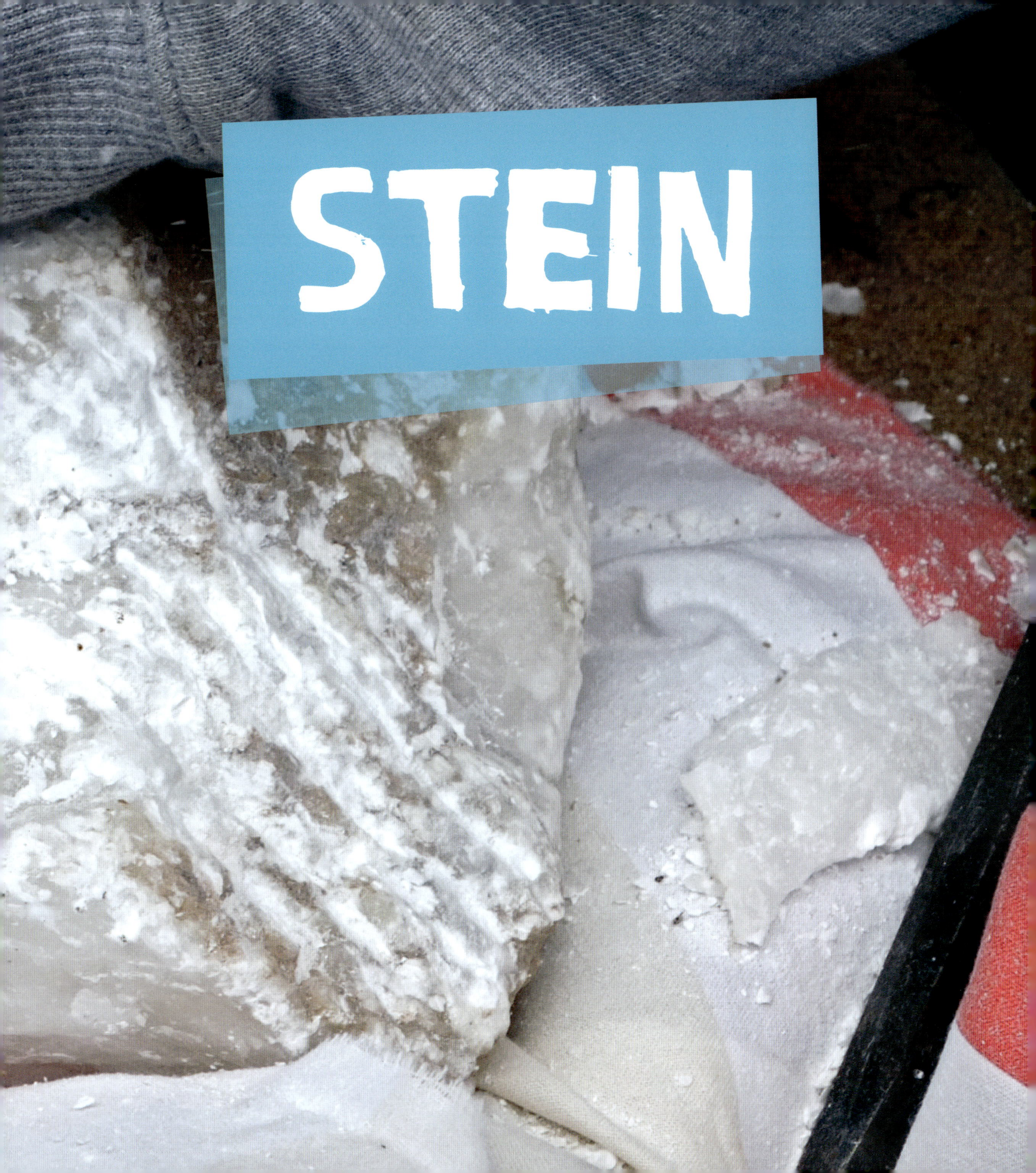

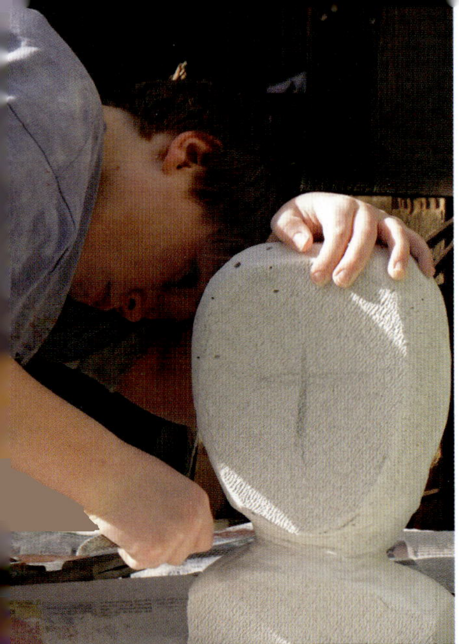
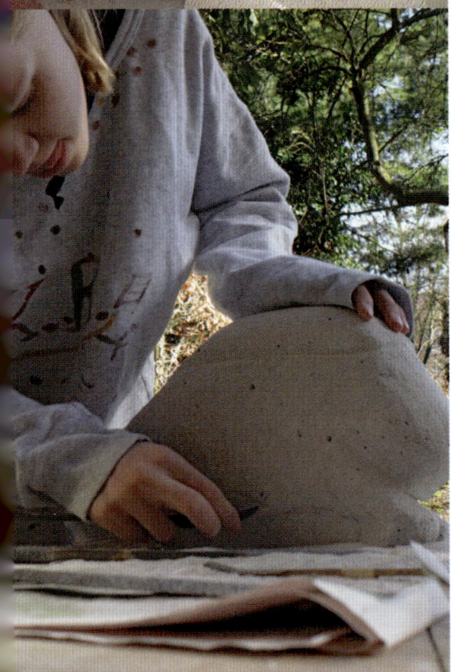
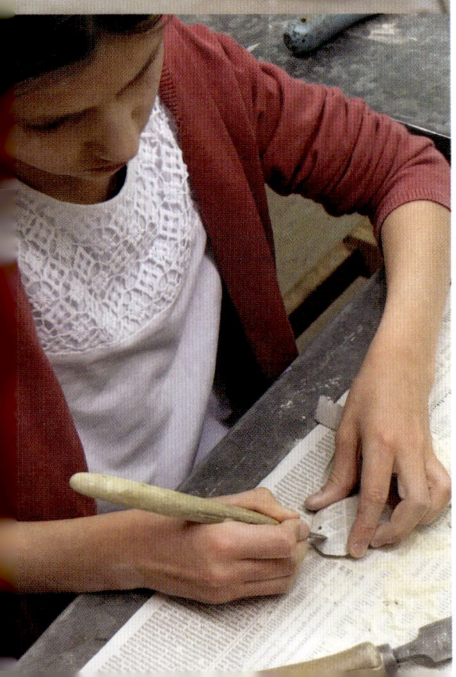

STEIN

Steine haben Anziehungskraft und sind etwas Besonderes. So finden wir beim Spaziergang immer ein schönes Exemplar, das als Erinnerung in der Hosentasche weiterwandern darf. Vielleicht sogar einen Stein, auf dem vor Millionen von Jahren ein Dinosaurier beim Frühstück gesessen hat. Mineralien gehören zu den ältesten Materialien, die uns umgeben.

STEINARBEITEN FÜR ZU HAUSE

Das Bearbeiten von Stein sprengt natürlich den Rahmen unseres Kellers, Gartens, Küchentisch-Ateliers. Es gibt aber zwei weiche Natursteine und einen prima Kunststein, an die wir uns mit einer improvisierten Ausstattung heranwagen können: Alabaster und Speckstein erhältst du als Bruchstücke im Fachhandel (Künstlerbedarf) in verschiedenen Größen. Ytong oder Gasbetonstein kaufst du im Baumarkt.

Arbeiten wir mit Stein, können wir Material nur abtragen und nicht hinzufügen. Das Ergebnis heißt dann Skulptur – im Gegensatz zur Plastik, wo auch anmodelliert wird, wie zum Beispiel bei Ton oder Gips.

Werkzeuge wie Sägeblätter und Messer, die eigentlich für Holz bestimmt sind, werden am Stein stumpf. Ein Messer kann später wieder angeschliffen und geschärft werden, ansonsten bitte altes Werkzeug benutzen. Speziell für die Steinbearbeitung werden diamantbesetzte Werkzeuge hergestellt, die aber teuer und für unseren Gebrauch nicht unbedingt nötig sind.

Unsere drei Steine sind leicht zu bearbeiten, verwittern jedoch sehr schnell. Im Innenraum fühlen sie sich am wohlsten!

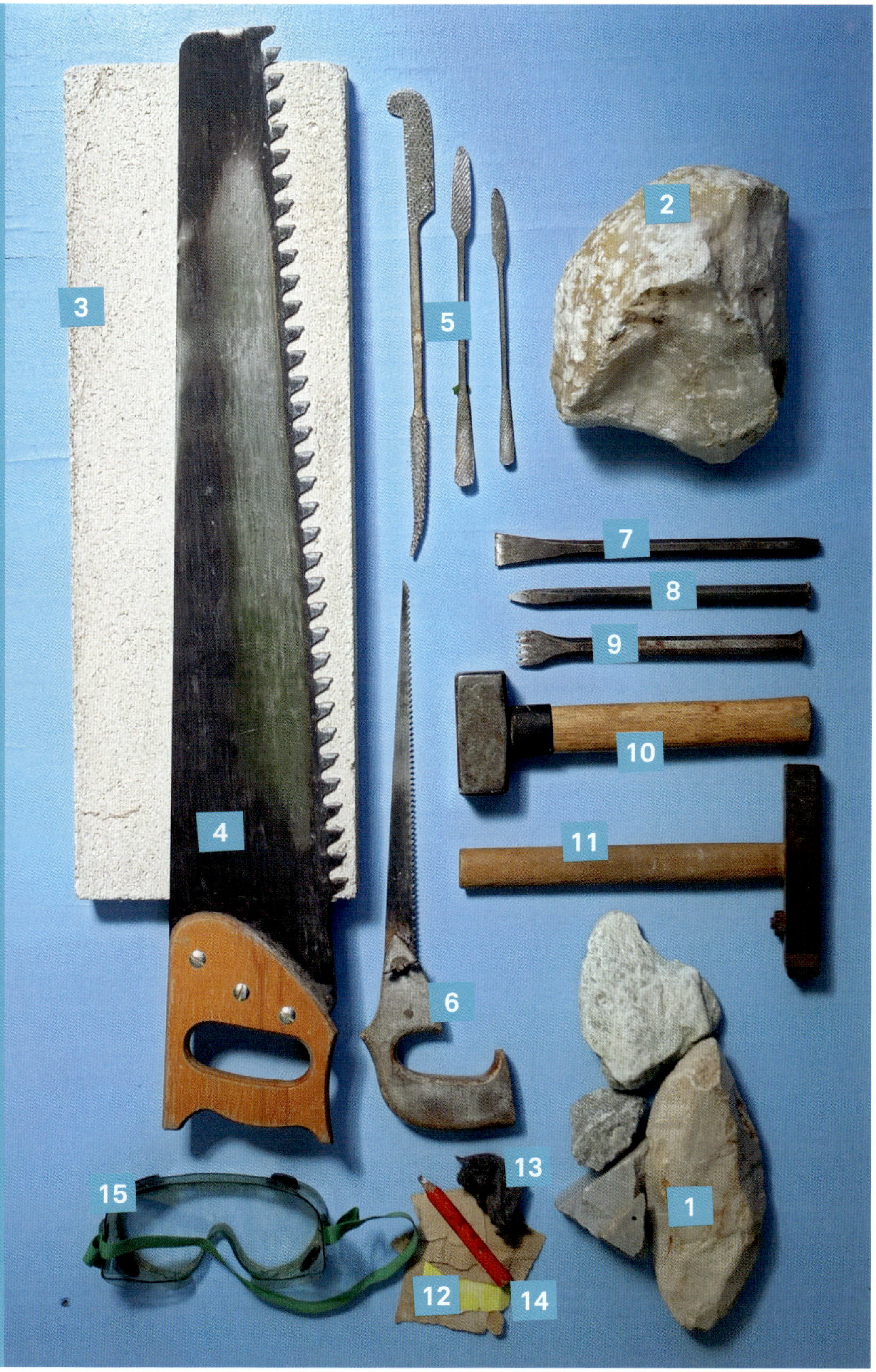

MATERIALIEN

1 SPECKSTEIN

2 ALABASTER

3 GASBETON ODER YTONG

4 GASBETONSÄGE

5 RIFFELRASPELN

6 ALTE SÄGE, Modell beliebig

7 SCHLAGEISEN

8 SPITZEISEN

9 ZAHNEISEN

10 FÄUSTEL, 500 g

11 STOCKHAMMER

12 SCHLEIFPAPIER, in verschiedenen Körnungen

13 STAHLWOLLE, 0–000

14 ZIMMERMANNSBLEISTIFT

15 SCHUTZBRILLE

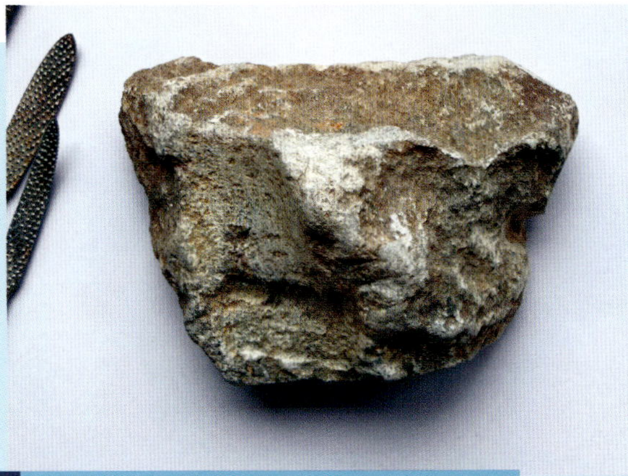

1. Stein von allen Seiten betrachten

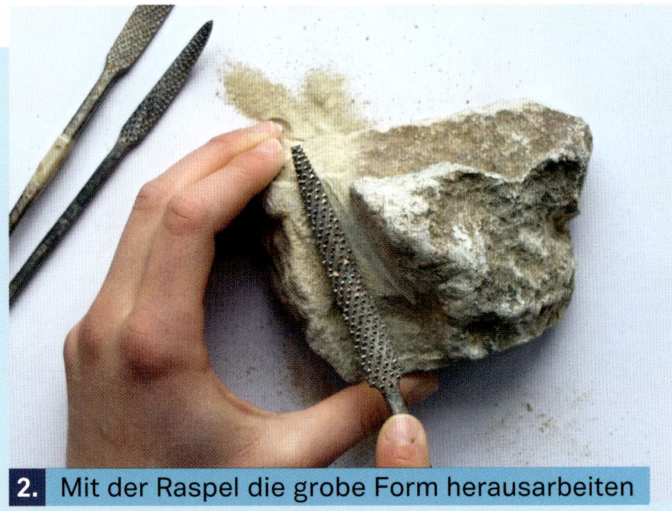

2. Mit der Raspel die grobe Form herausarbeiten

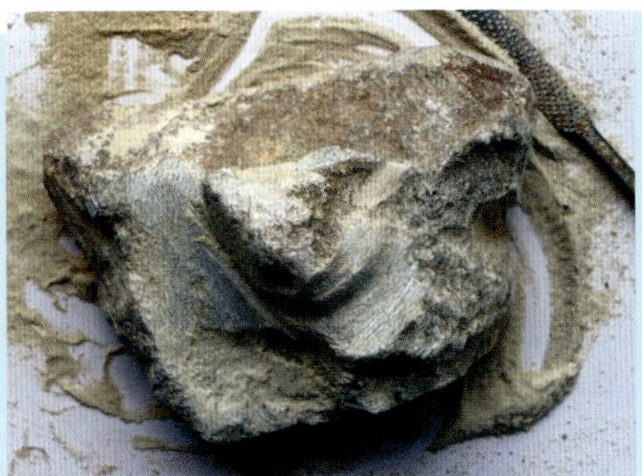

3. Hier entsteht ein Kopf

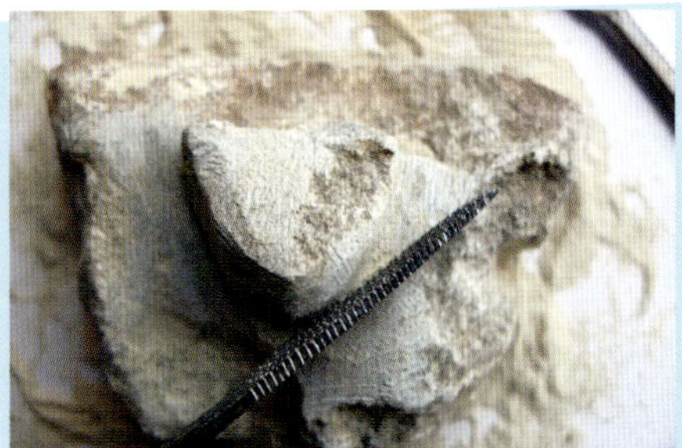

4. Mit kleiner Raspel nacharbeiten

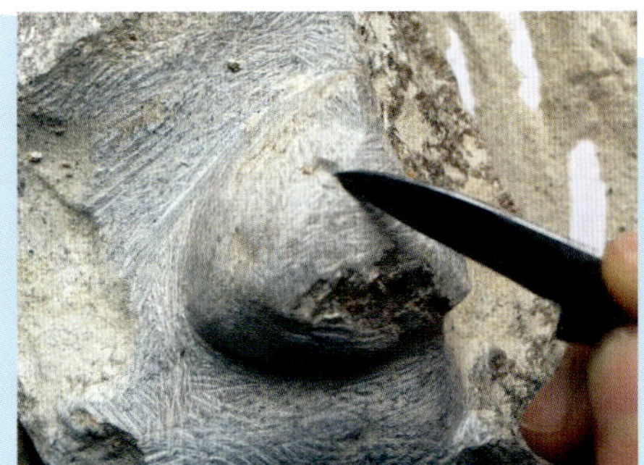

5. Feinarbeit mit dem Messer

DIE FORM IST BEREITS IM STEIN VERSTECKT

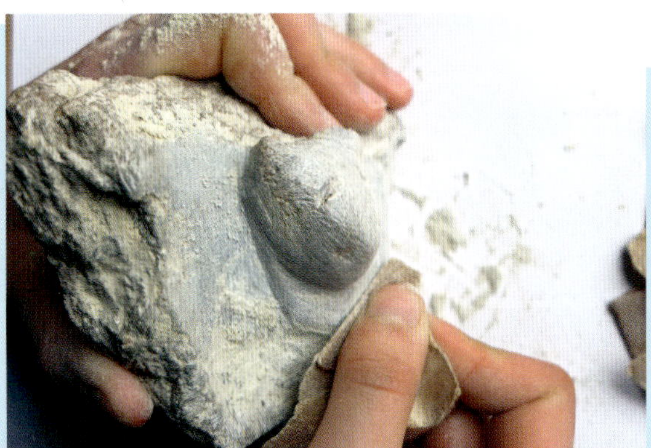

6. Mit Schleifpapier die Raspelspuren entfernen

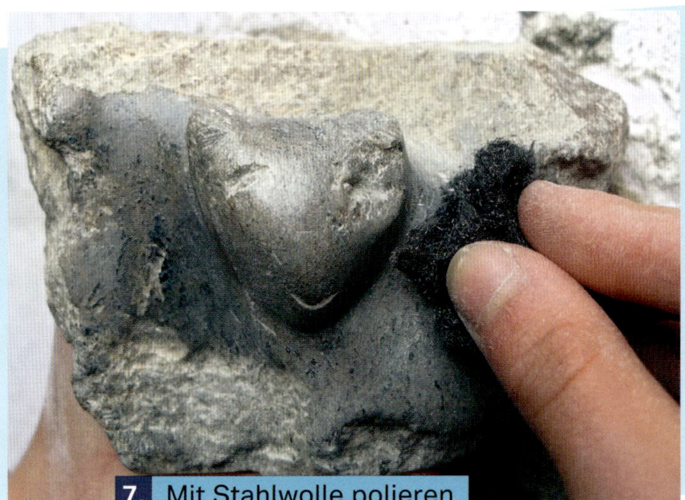

7. Mit Stahlwolle polieren

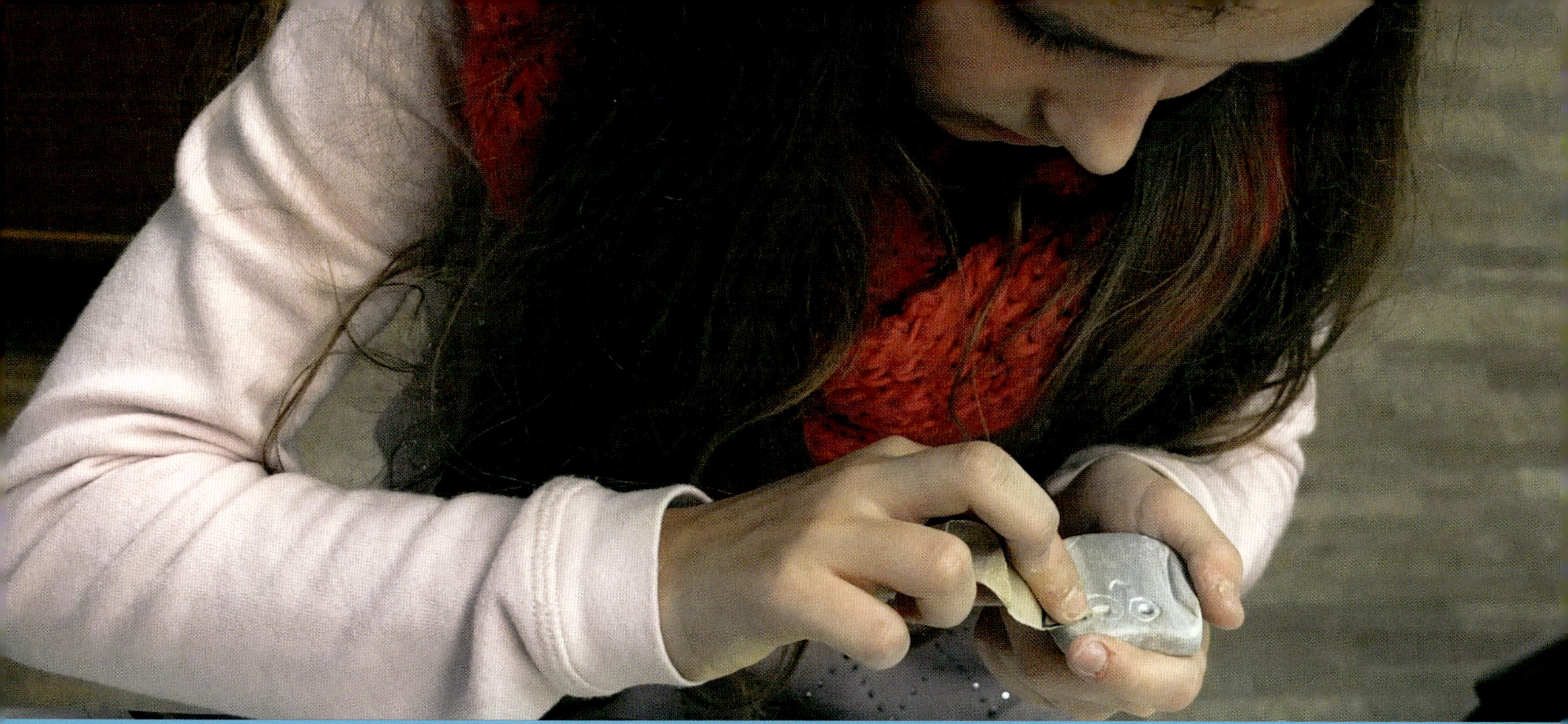

Speckstein wird auch Seifenstein oder Stealit genannt. Es gibt ihn fast überall auf der Welt in unterschiedlichen Varianten und Farben. Er besteht hauptsächlich aus Talk. Als Bruchstück sieht er unscheinbar aus, denn die Farbe und die schönen, den Stein durchziehenden Adern kommen erst nach dem Polieren zum Vorschein. Wenn du den Stein beim Kauf ein wenig nass machst, kannst du die Farbe besser erkennen. Speckstein lässt sich problemlos mit einer alten Säge schneiden, mit Raspel und Messer gestalten sowie mit Schleifpapier und Stahlwolle schön glatt polieren.

Vor einigen Jahren gab es viel Aufregung um das Arbeiten mit diesem Material in Schulen, da manche Sorten aufgrund ihrer Entstehung Asbest enthalten können. Normalerweise werden im Vertrieb regelmäßige Überprüfungen auf solche Rückstände vorgenommen. Im Zweifelsfall im Handel einfach nachfragen!

1. Den Stein von allen Seiten gut betrachten ... Hier sieht er doch schon nach einem Tierkopf aus!

2. Mit der Raspel nähern wir uns der Form an. Am Anfang behutsam arbeiten, um nicht gleich zu viel Material wegzunehmen.

3. Da entsteht der Kopf.

4. Nun hilft die kleine Raspel.

5. Ein Messer kann für die Feinarbeit benutzt werden.

6. Jetzt werden die Raspelspuren mit Schleifpapier in verschiedenen Körnungen (60er bis 240er) entfernt.

7. Poliert wird mit Stahlwolle 00 oder 000. Für eine hochglänzende Oberfläche können die polierten Bereiche im Anschluss mit einem technischen Öl (Paraffin- oder Nähmaschinenöl) behandelt werden. Ein Speiseöl tut es auch, kann aber ranzig werden.

ÜBRIGENS

Beim Polieren ist Feingefühl gefragt. Allzu schnell verfällt man in einen wahren Polierrausch und möchte alles glatt und glänzend sehen. Interessanter ist es, mit Zwischentönen zu spielen und verschiedene Oberflächen nebeneinander stehen zu lassen: Bruchkante, eingeschnittene Strukturen und Hochglanz klingen dann zusammen. Komplett polierte Specksteine wirken oft aalglatt und eben „speckig".

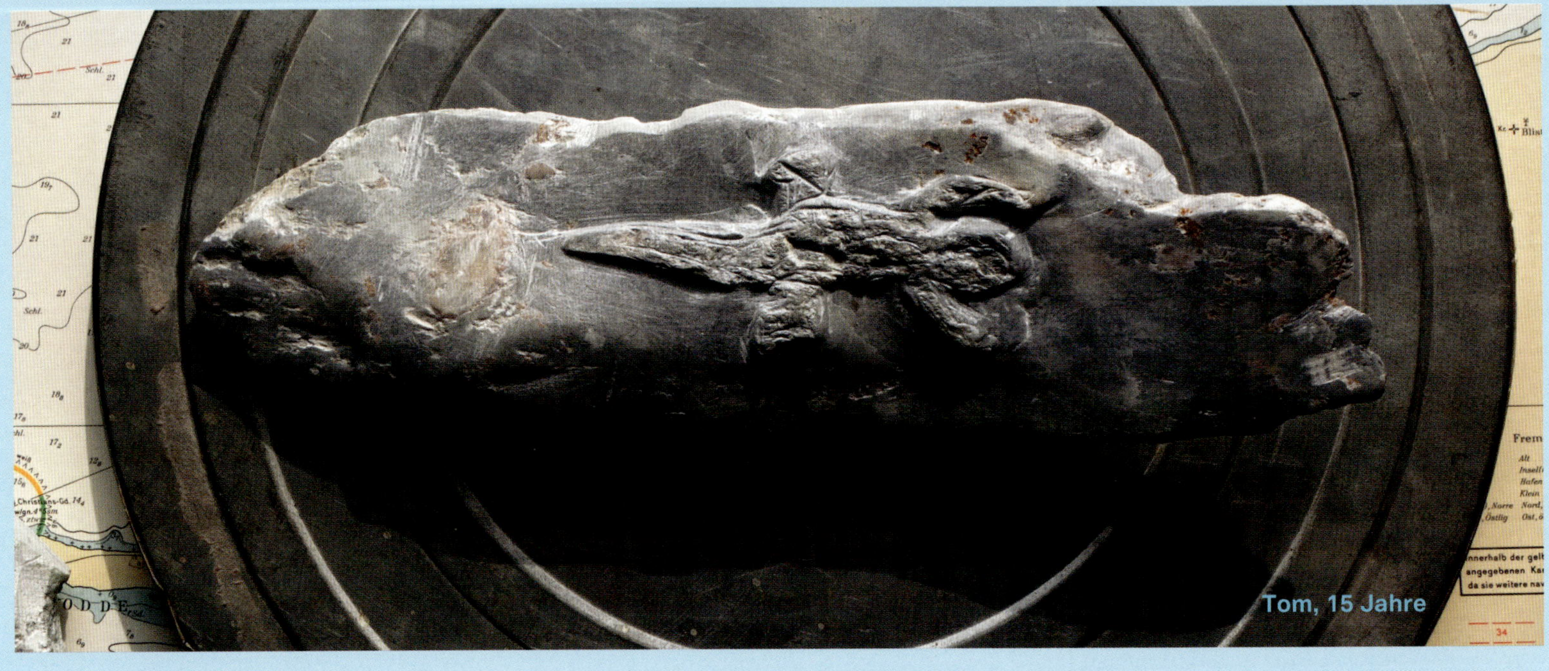
Tom, 15 Jahre

POLIERTE FLÄCHEN STEHEN GUT NEBEN DEM UNBEARBEITETEN STEIN

Hier wurde im Relief gearbeitet: Bei der Echse wurde der Stein poliert und das Motiv roh belassen – beim Haus mit Weg genau andersherum.

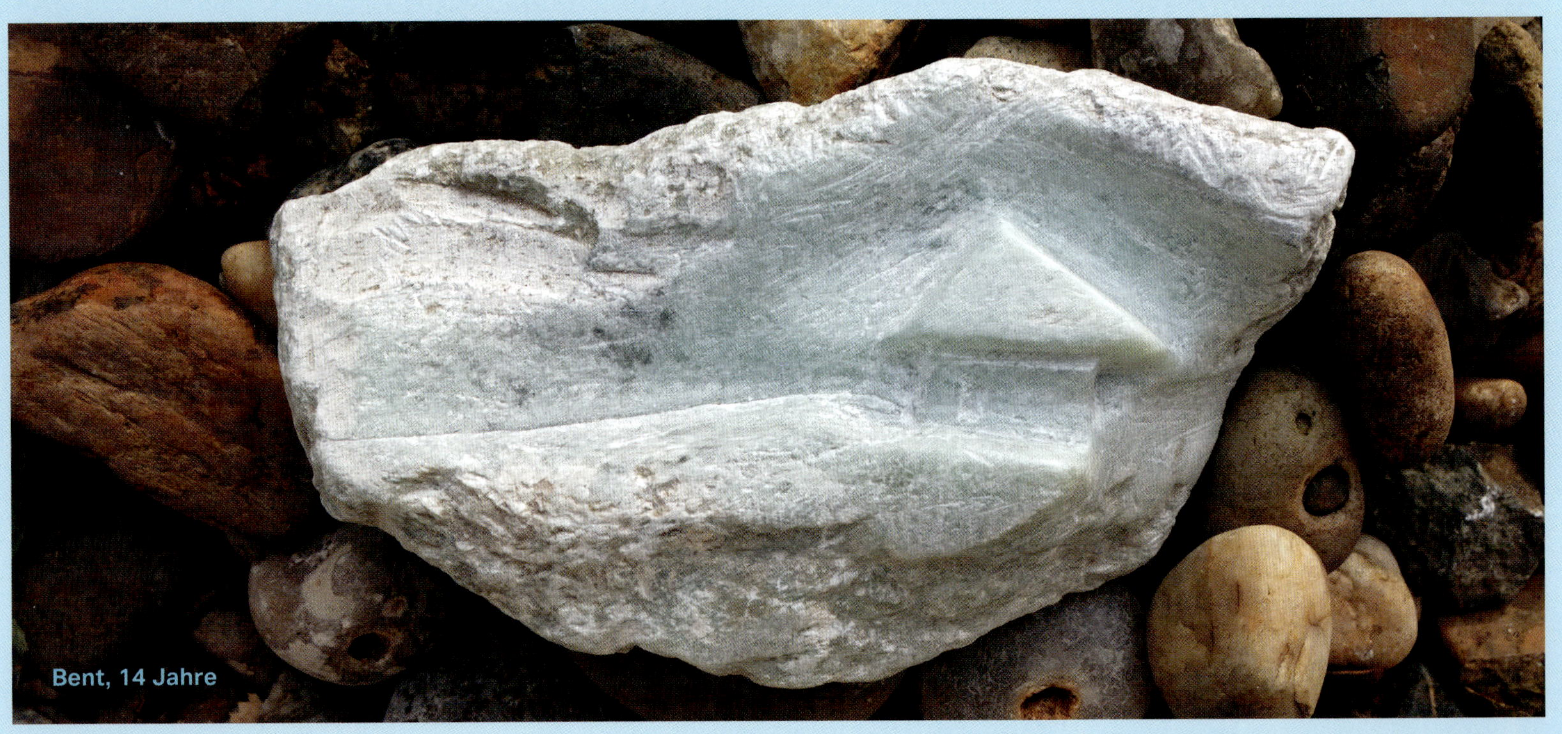
Bent, 14 Jahre

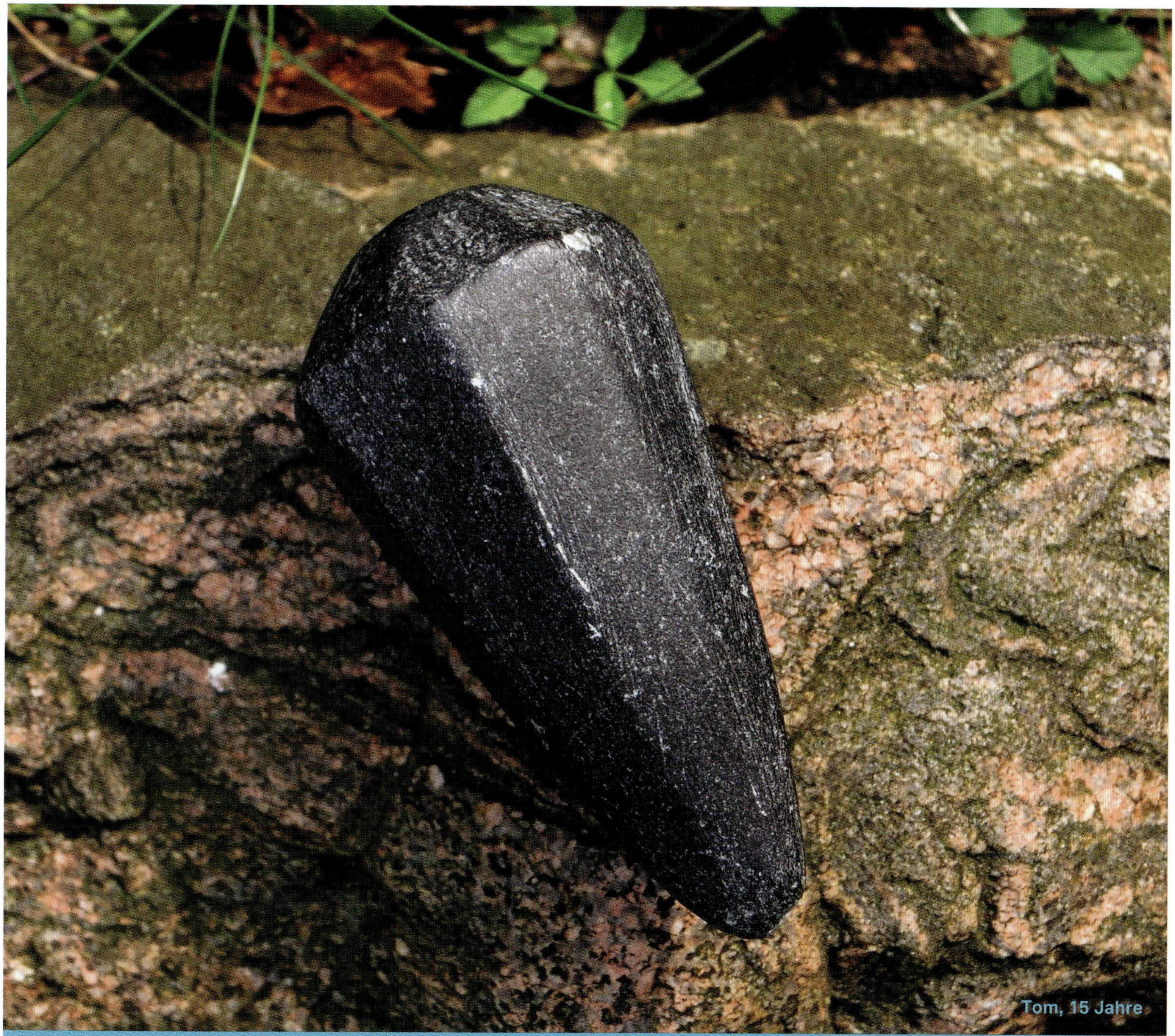

ABSTRAKTE SKULPTUR

Die diamantförmige Figur wurde aus dem Stein herausgesägt und auf Hochglanz poliert.

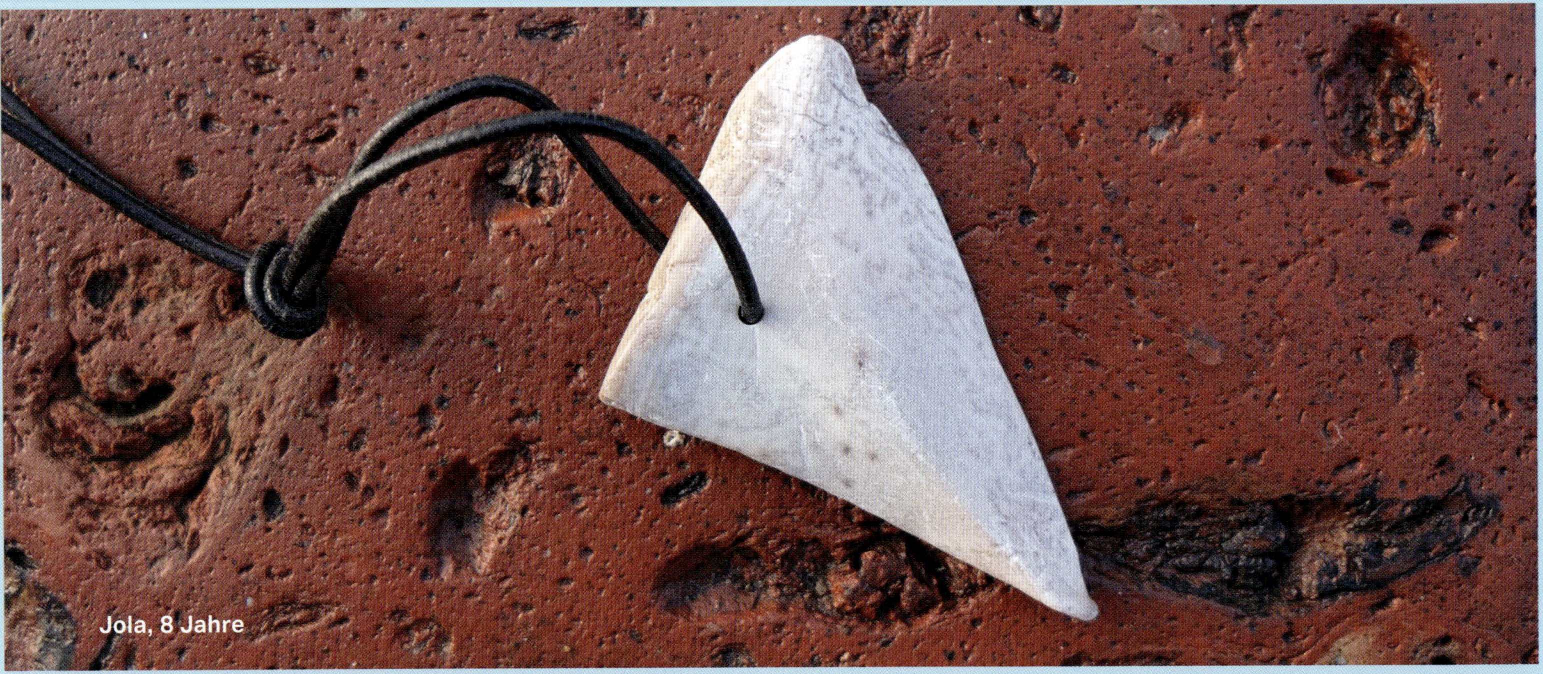

Jola, 8 Jahre

Aus Reststücken lassen sich Kettenanhänger herstellen. Kleine Stücke mit Loch werden auch im Handel angeboten – man kann Speckstein aber problemlos selber bohren.

Das Ei in seiner Perfektion gehört zu den schwierigsten Formen – hier wurde es sehr liebevoll herausgearbeitet und zeigt nach der Politur die den Stein durchziehenden Adern.

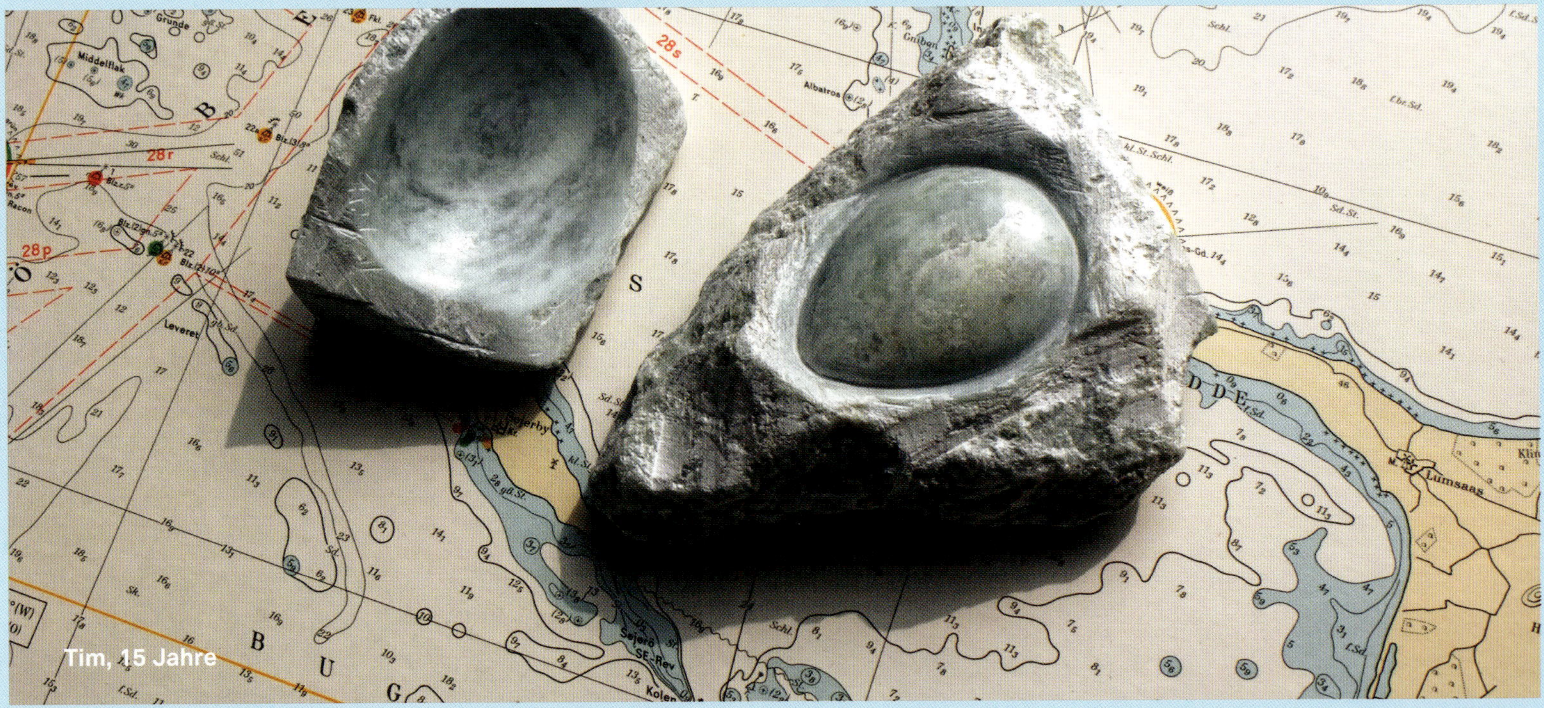

Tim, 15 Jahre

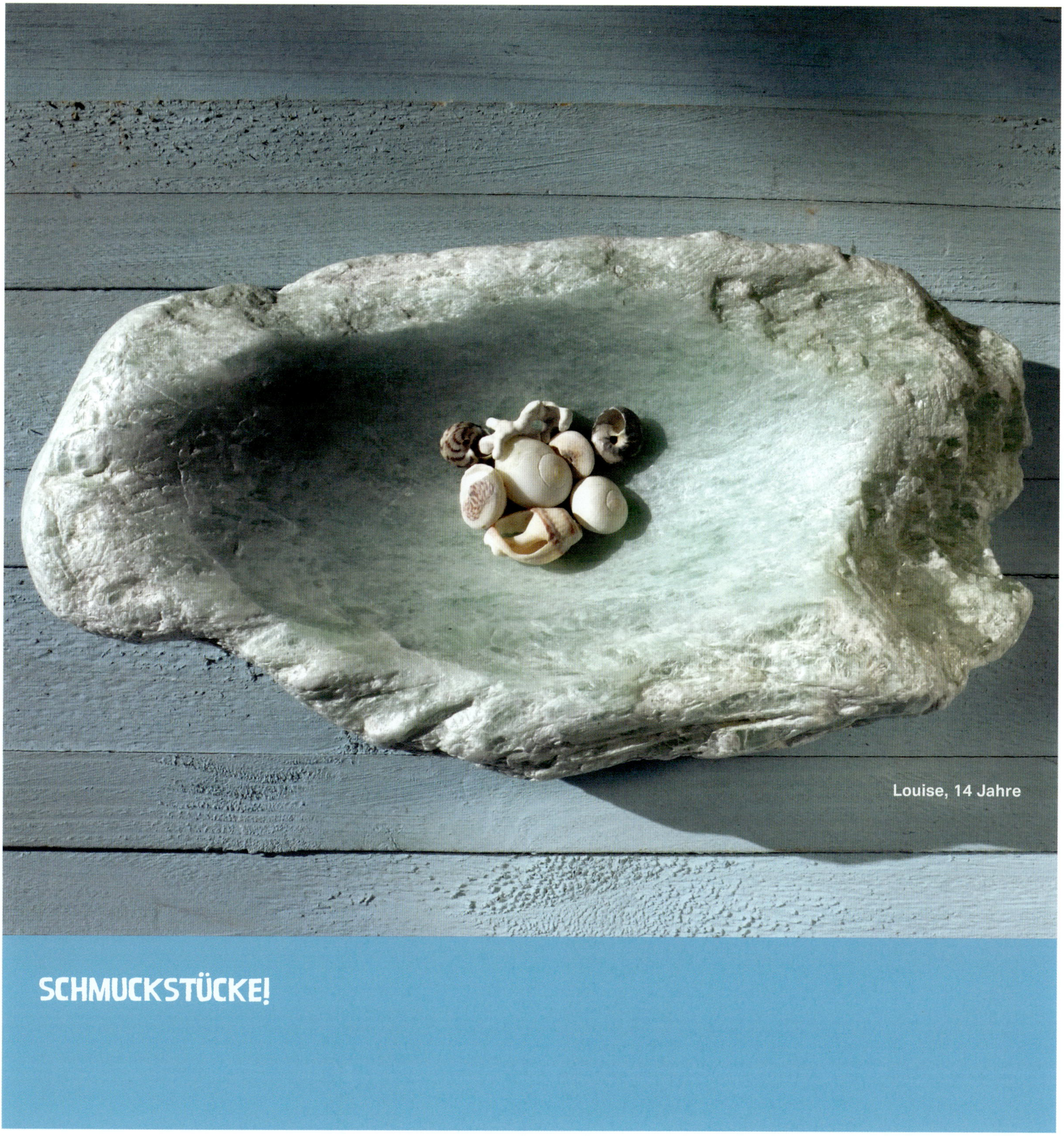

Louise, 14 Jahre

SCHMUCKSTÜCKE!

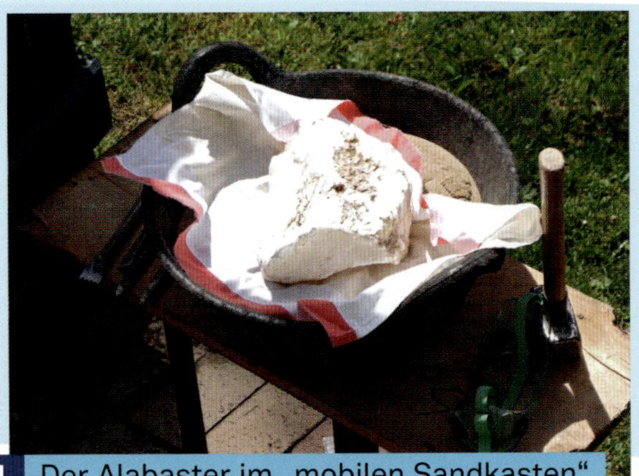

1. Der Alabaster im „mobilen Sandkasten"

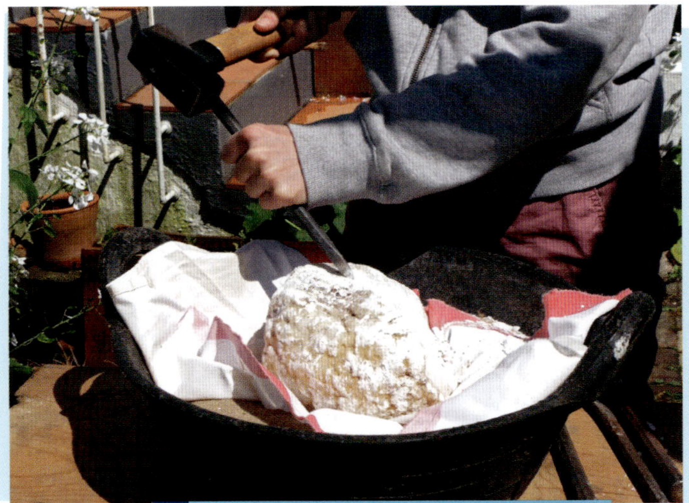

2. Die linke Hand führt den Meißel

VERSCHIEDENE WERKZEUGE ERZEUGEN VERSCHIEDENE OBERFLÄCHEN

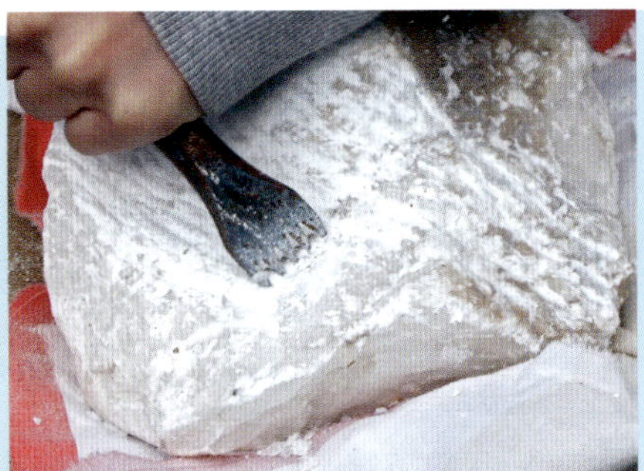

3. Leicht schräg meißeln

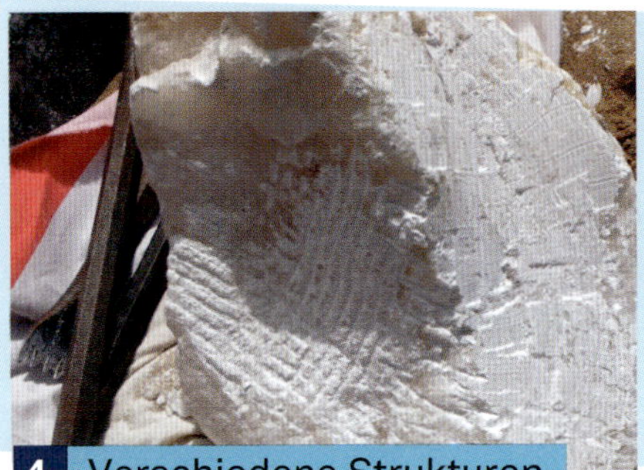

4. Verschiedene Strukturen

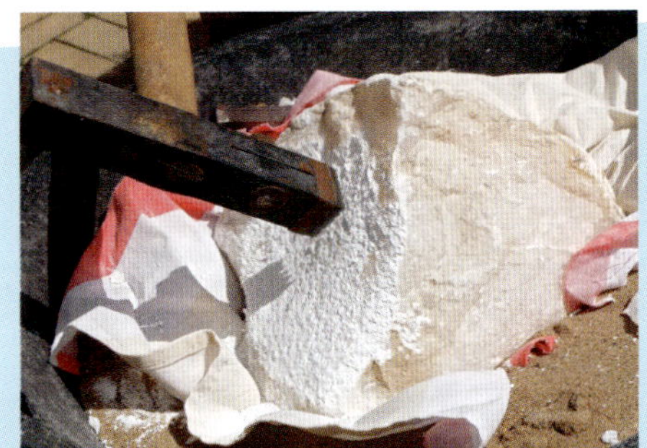

5. Mit dem Stockhammer bearbeiten

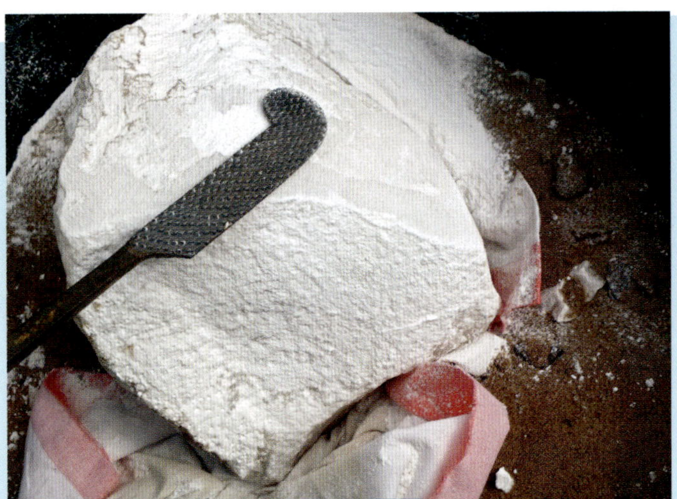

6. Die Raspel für die Feinarbeit

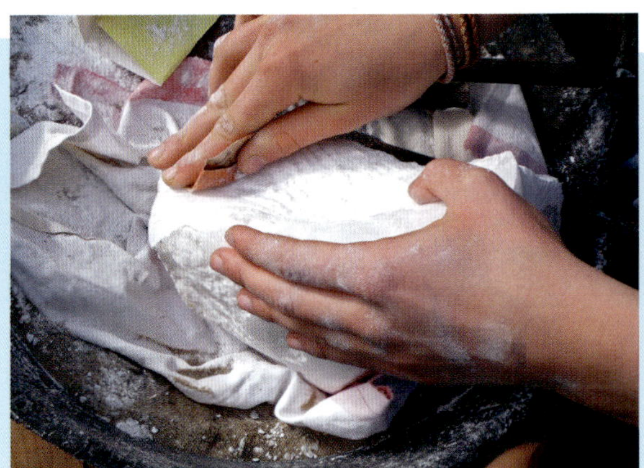

7. Mit Schleifpapier polieren

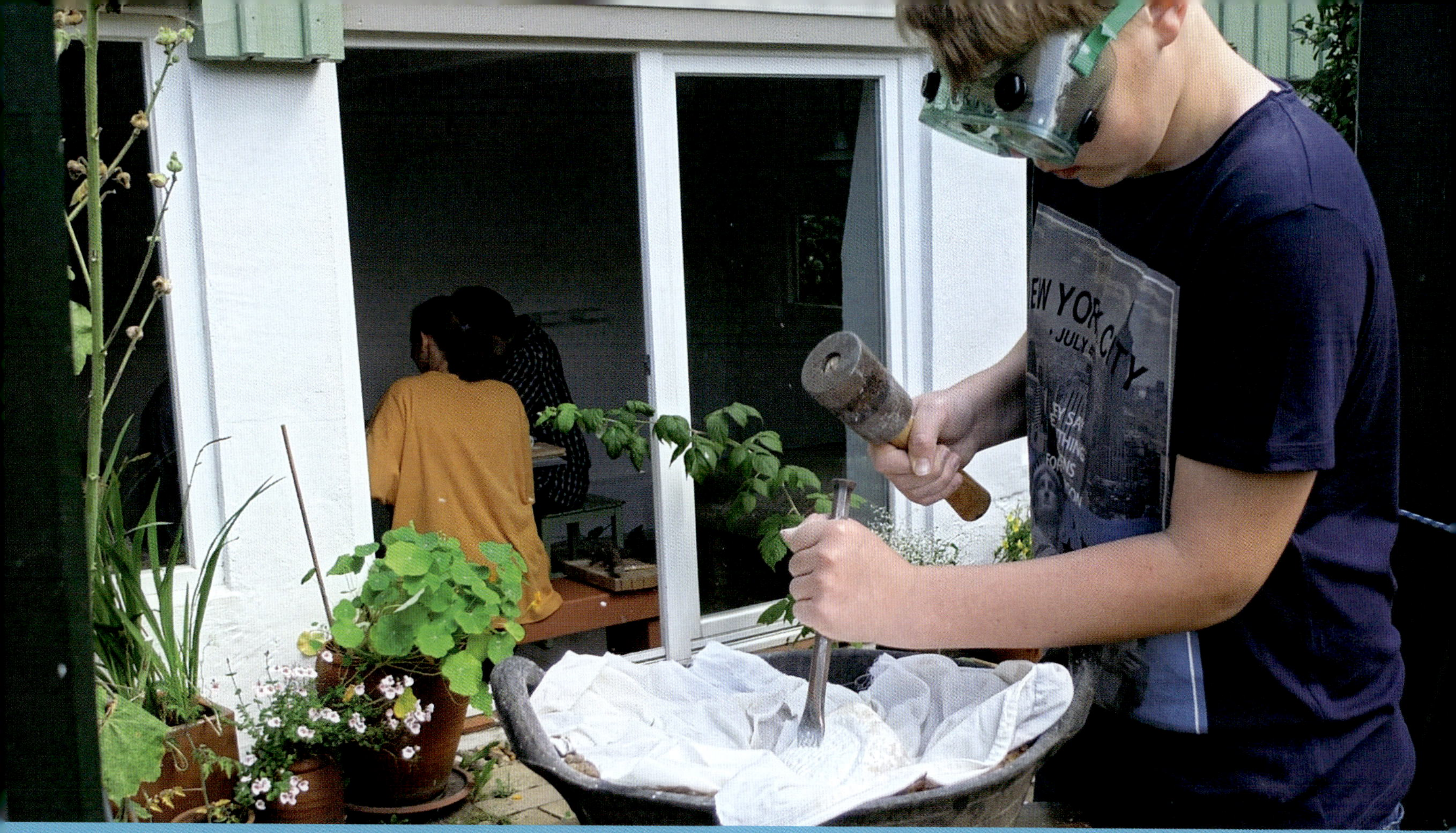

Alabaster ist milchig-transparent und erinnert an Marmor. Chemisch ist er mit Gips verwandt und besteht wie dieser aus Calciumsulfat. Das Zentrum der Alabasterverarbeitung liegt im italienischen Volterra. Seit den Etruskern – also seit ungefähr 800 v. Chr. – werden dort edle Schmuckgegenstände, Skulpturen und Reliefs gefertigt.

1. Alabaster ist etwas härter als Speckstein und kann sowohl mit der Raspel als auch mit Hammer und Meißel bearbeitet werden. Damit der Stein nicht wegrutscht, legst du ihn in einen kleinen, „mobilen Sandkasten". Der Sand unterstützt die dünnen Stellen von unten, sodass sie beim Bearbeiten nicht brechen.

2. Die linke Hand führt den Meißel (bei Linkshändern die rechte Hand). Der Fäustel sollte nicht schwerer als 500 g sein.

3. An den Stellen, die du später polieren möchtest, nicht senkrecht, sondern leicht schräg auf den Stein meißeln. Denn ein weicher Stein wie Alabaster wird dabei so tief verletzt, dass du dort später sehr lange schleifen musst, um eine perfekte Oberfläche zu bekommen.

4. Verschiedene Strukturen: links Spitzeisen, rechts Schlageisen.

5. Mit dem Stockhammer erzeugst du eine gleichmäßige Fläche mit guter Oberflächenspannung.

6. Wenn die Form herausgemeißelt ist, kannst du mit der Raspel weiterarbeiten.

7. Zum Polieren normales Schleifpapier oder Nassschleifpapier benutzen. Bei Letzterem entsteht zwischen Wasser, Schleifkorn und Stein eine Paste, die sehr gut schleift. Stahlwolle kann im Anschluss zum Einsatz kommen.

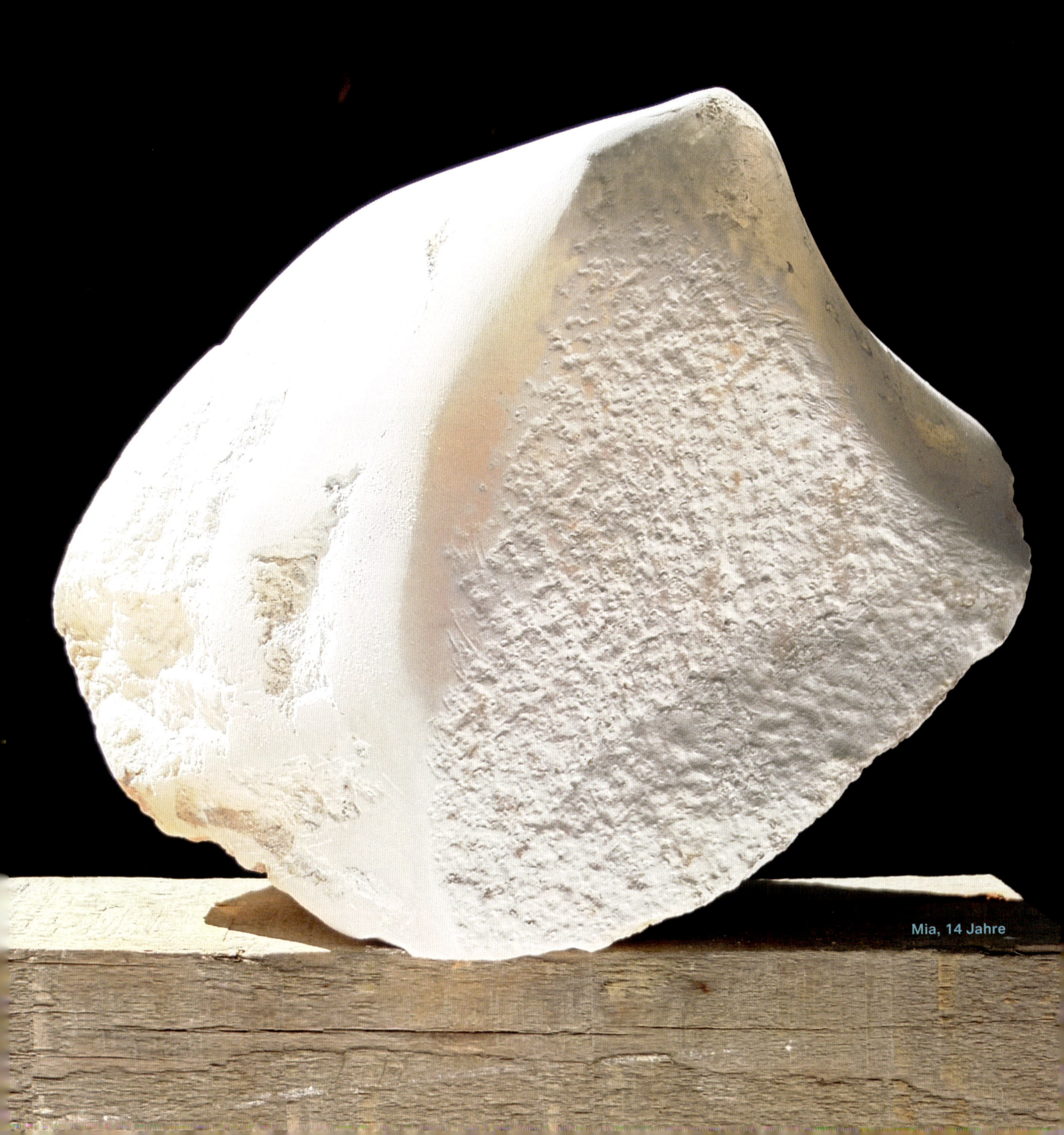

Mia, 14 Jahre

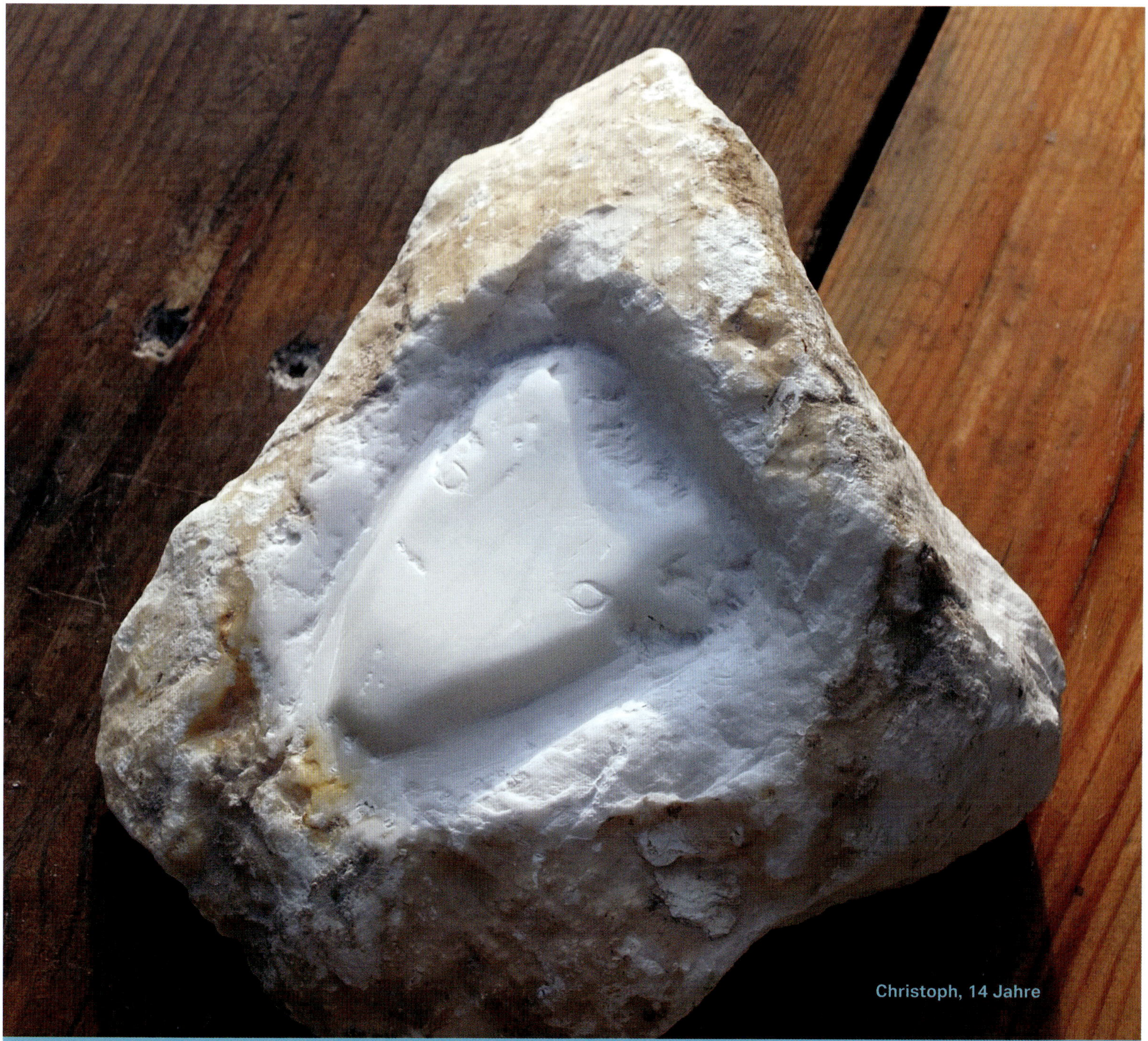

Christoph, 14 Jahre

Kühl, durchschimmernd und perfekt sieht dieser Stein aus, ganz wie die im Märchen beschriebene Prinzessin:

„… UND SIE HATTE EINE HAUT WIE AUS ALABASTER …“

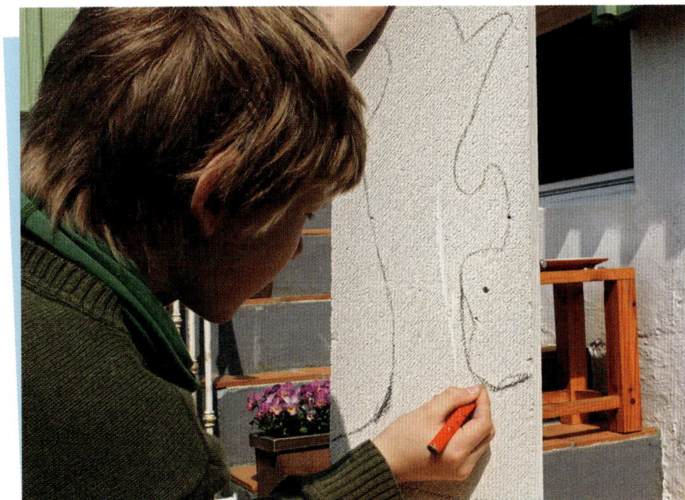

1. Mit Zimmermannsbleistift vorskizzieren

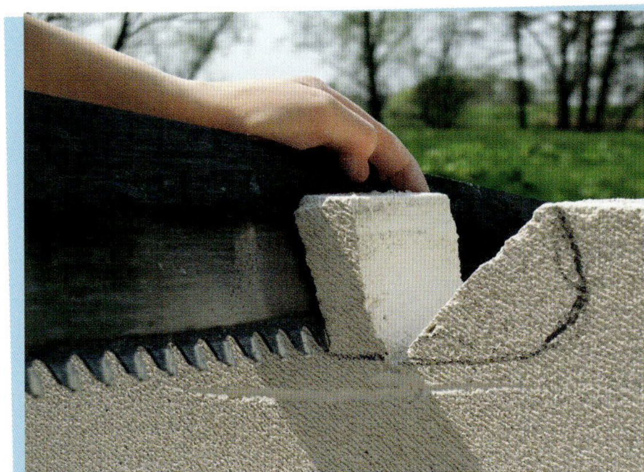

2. Grobe Form aussägen

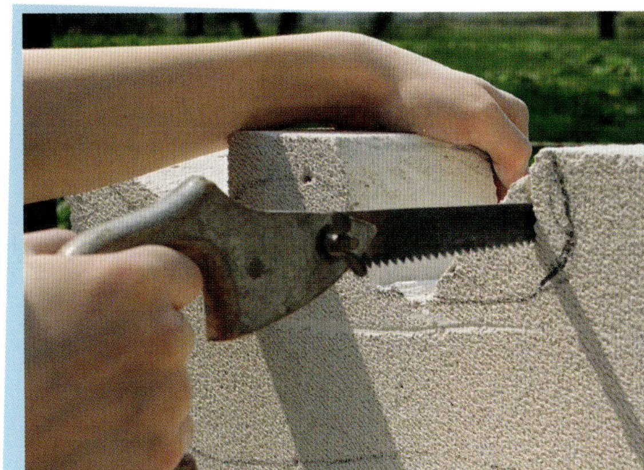

3. Kleine Säge für Details

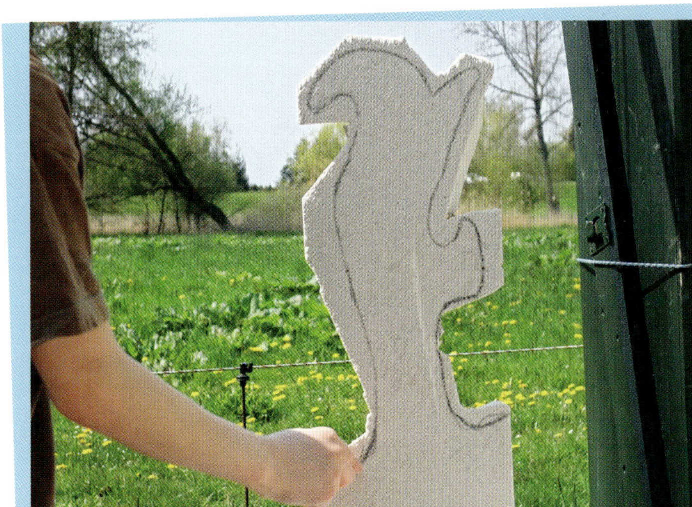

4. Vorgeschnittener Stein

GROSSE STEINE LEICHT BEARBEITEN

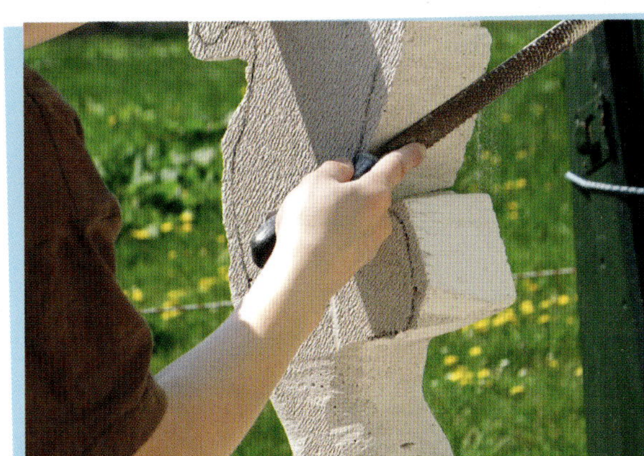

5. Mit Holz- oder Riffelraspel weiterarbeiten

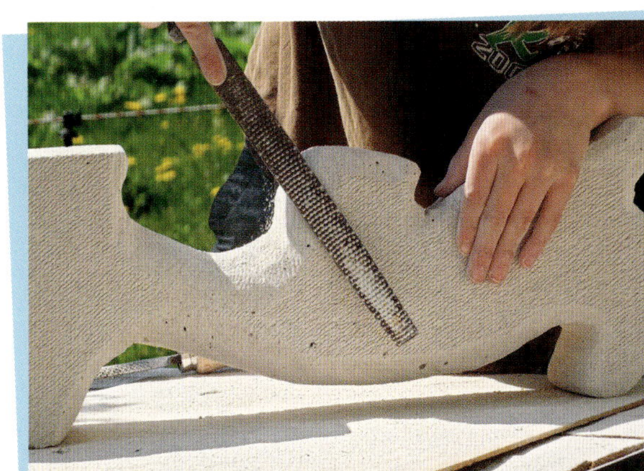

6. Mit Raspel schräg gegen die Fläche arbeiten

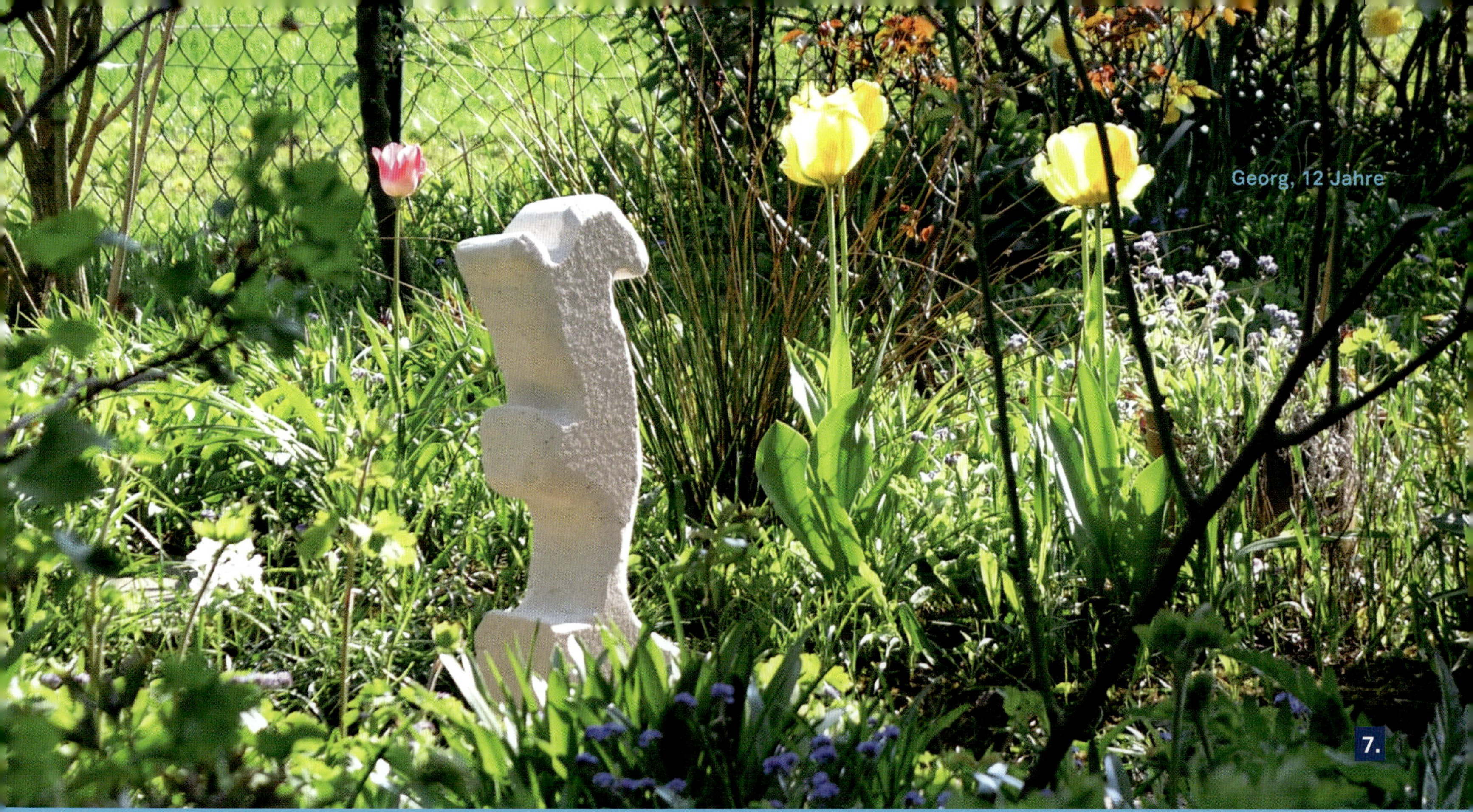

Gasbetonsteine sind ein preisgünstiges und sehr leichtes Baumaterial, das in verschiedenen Formaten angeboten wird. Sie sind auch als Ytong- oder Porenbetonsteine bekannt, denn es handelt sich um einen industriell aufgeschäumten Kalksandstein. Für die Herstellung wird ein Gemisch aus Zement, Kalk, Quarzsand, Wasser und Aluminium verwendet.

Den offenporigen Stein kannst du leicht mit Raspel und Säge bearbeiten. Wir können uns also auch ein etwas größeres Stück vornehmen und bewältigen. Der vorgefertigte Stein schenkt uns keine Formideen, hier muss man mit einer klaren Vorstellung zu Werke gehen.

Da viel Staub entsteht, solltest du nicht in einem Innenraum arbeiten, sondern an einem windstillen Tag im Freien.

1. Zuerst mit einem dicken Zimmermannsbleistift einen Skizze auf dem Stein anlegen. Hier wird's eine abstrakte Skulptur für den Garten.

2. Die grobe Form mit einer alten oder (wie hier) mit einer Gasbetonsäge anlegen.

3. Die Form mit einer kleineren Säge Stück für Stück nacharbeiten.

4. So sieht der vorgeschnittene Stein aus.

5. Jetzt kann mit der Holz- oder Riffelraspel weitergearbeitet werden. Dabei die Bleistiftstriche korrigieren und erneuern.

6. Hier mit der Raspel schräg gegen die Fläche arbeiten.

7. Im Sommer eine prima Gartenskulptur!

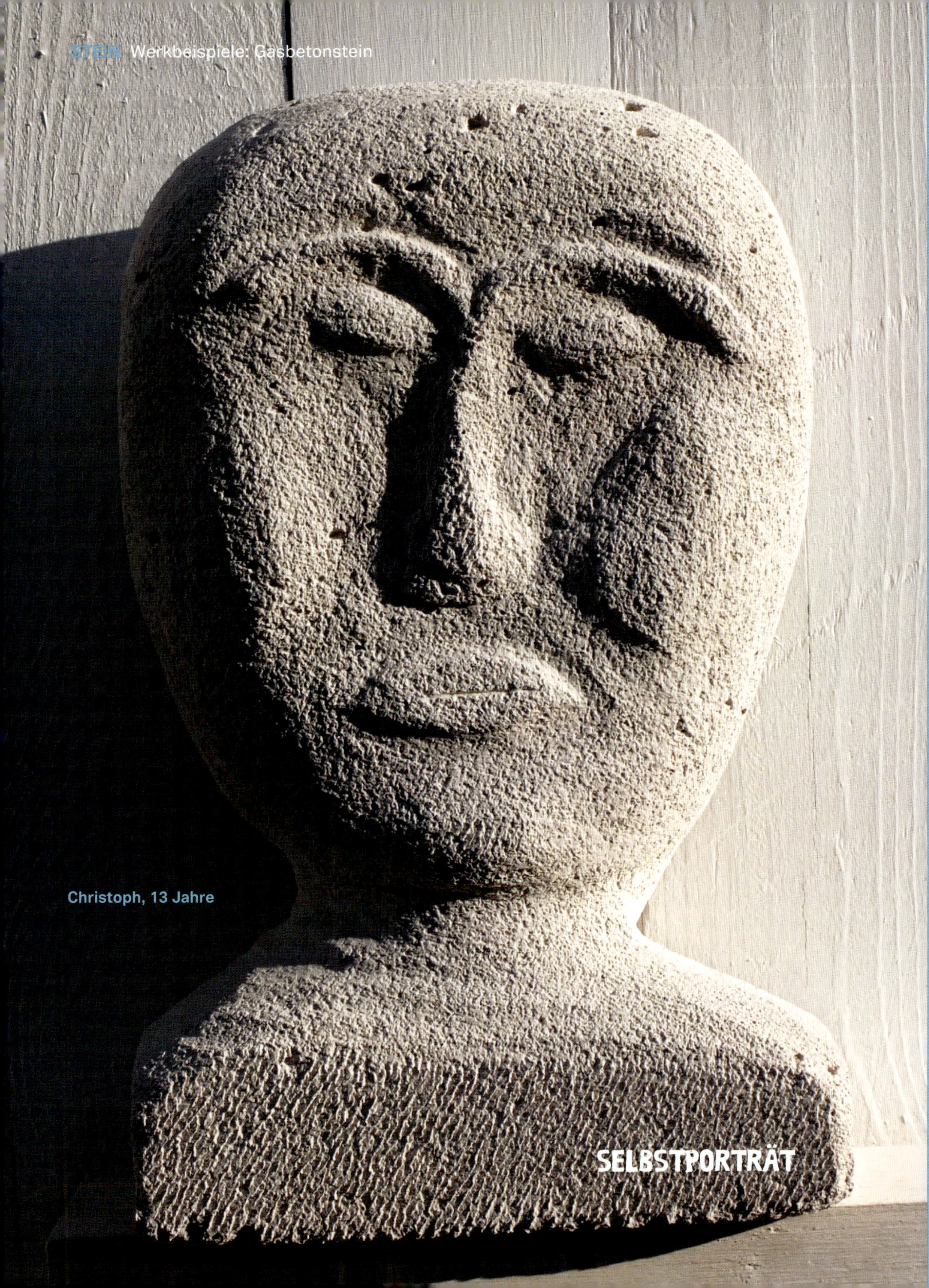

Christoph, 13 Jahre

SELBSTPORTRÄT

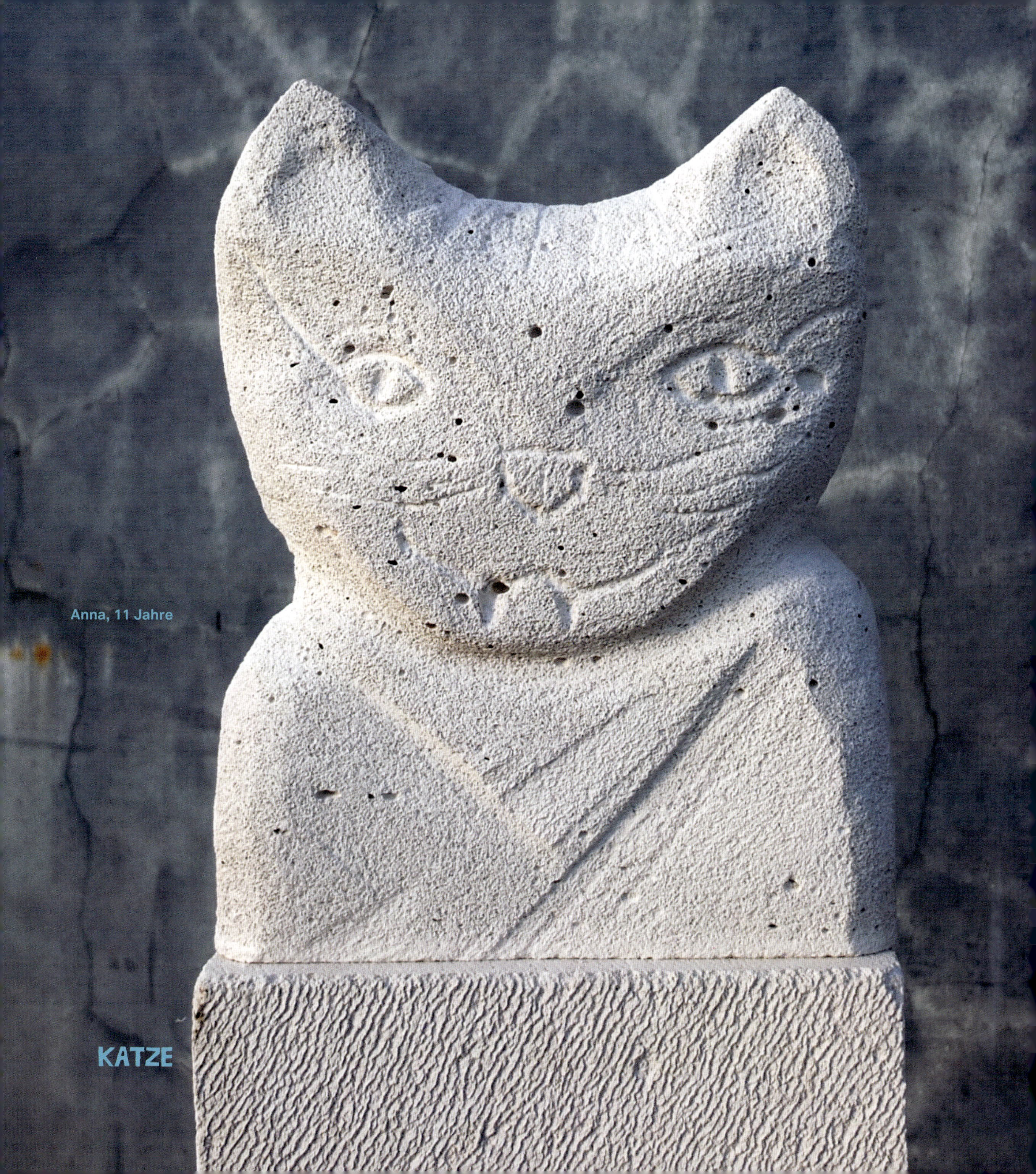

Anna, 11 Jahre

KATZE

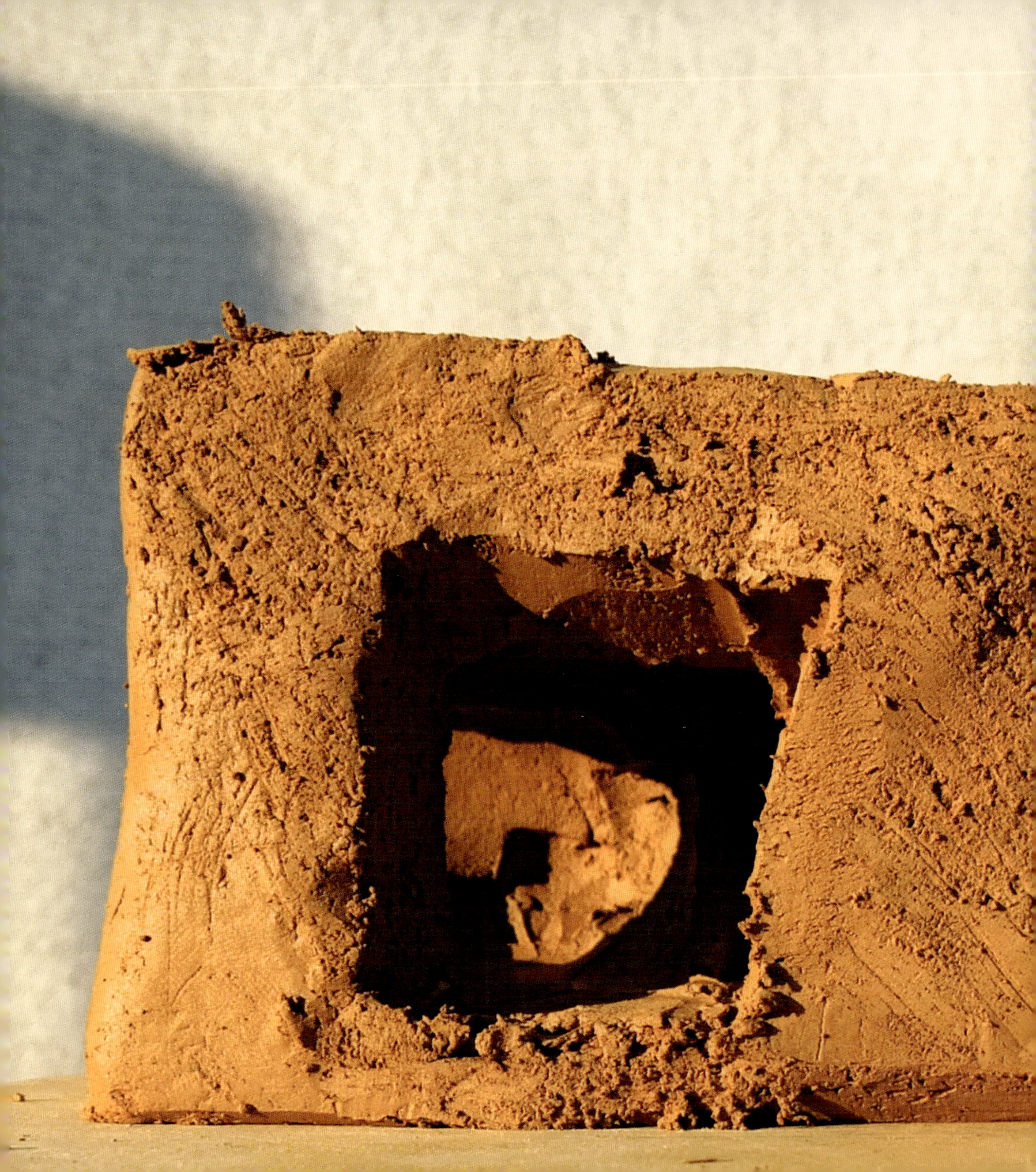

TON

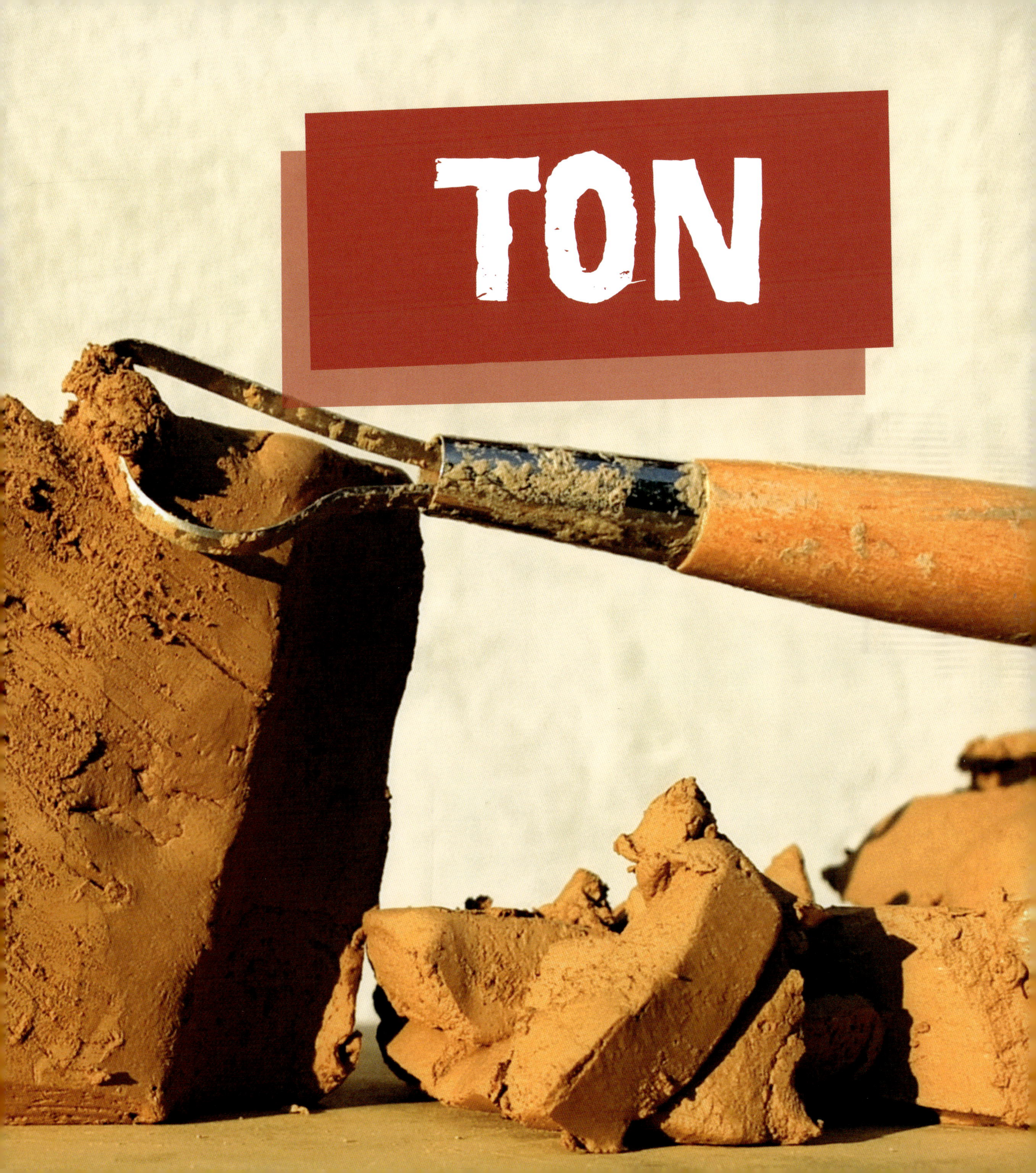

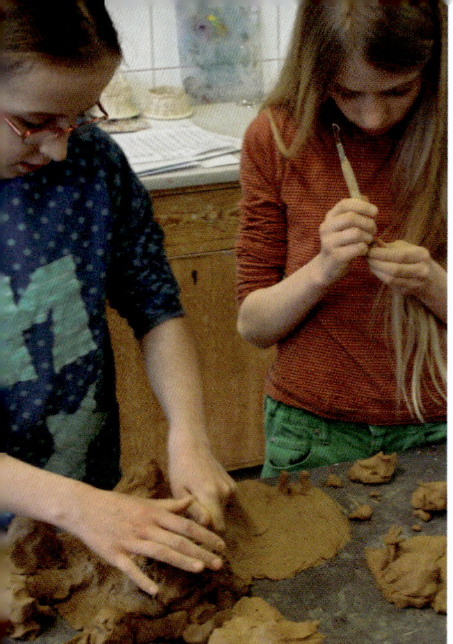
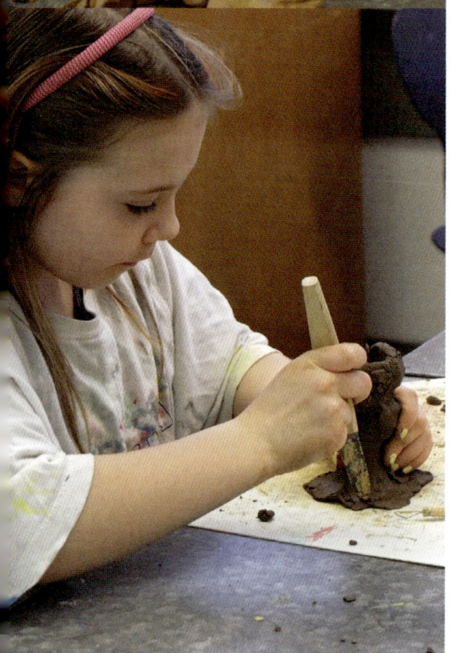
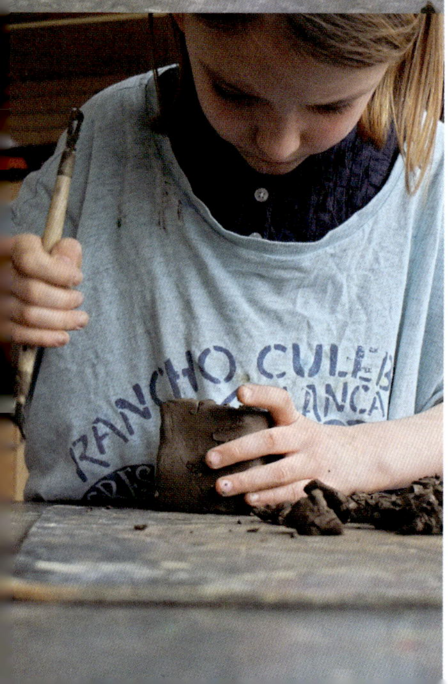

TON

Ton ist der Urstoff für alle Formenden. Seit Jahrtausenden arbeiten Menschen mit diesem Material, um Kunst- und Kultgegenstände herzustellen. Da es fast überall auf der Welt Ton zu finden gibt, wurden auch Gefäße und Ziegelsteine aus Ton gefertigt.

EIN GEBRANNTES STÜCK TON IST DAS ZUSAMMENSPIEL VON ERDE UND FEUER

Schau dich mal um, ob es in deiner Nähe eine Ziegelei gibt. Vielleicht kannst du dort sogar etwas Material bekommen – besonders schön ist es, mit dem Ton aus der eigenen Umgebung arbeiten zu können.

Man muss nicht immer etwas für die Ewigkeit töpfern – zum Beispiel bei Großprojekten. Solche Aktionen mit Ton machen viel Sinn und Vergnügen. Hier geht's ums Formen – und von Anfang an sollte allen klar sein, dass nichts gebrannt, sondern lediglich fotografiert werden darf. Der Ton wird zum Schluss wieder aufbereitet und kann erneut benutzt werden. So entstehen Fantasielandschaften, Trickfilme oder Bildergeschichten auf einem großen Tontisch als Gruppenarbeit.

Die Projekte in diesem Kapitel sind unsere „best-off" und geben Anregung für Gestaltungsideen. Tipps zum Werkzeug, zur Verarbeitung und zur Wiederaufbereitung von eingetrocknetem, ungebranntem Ton finden sich auf den folgenden Seiten.

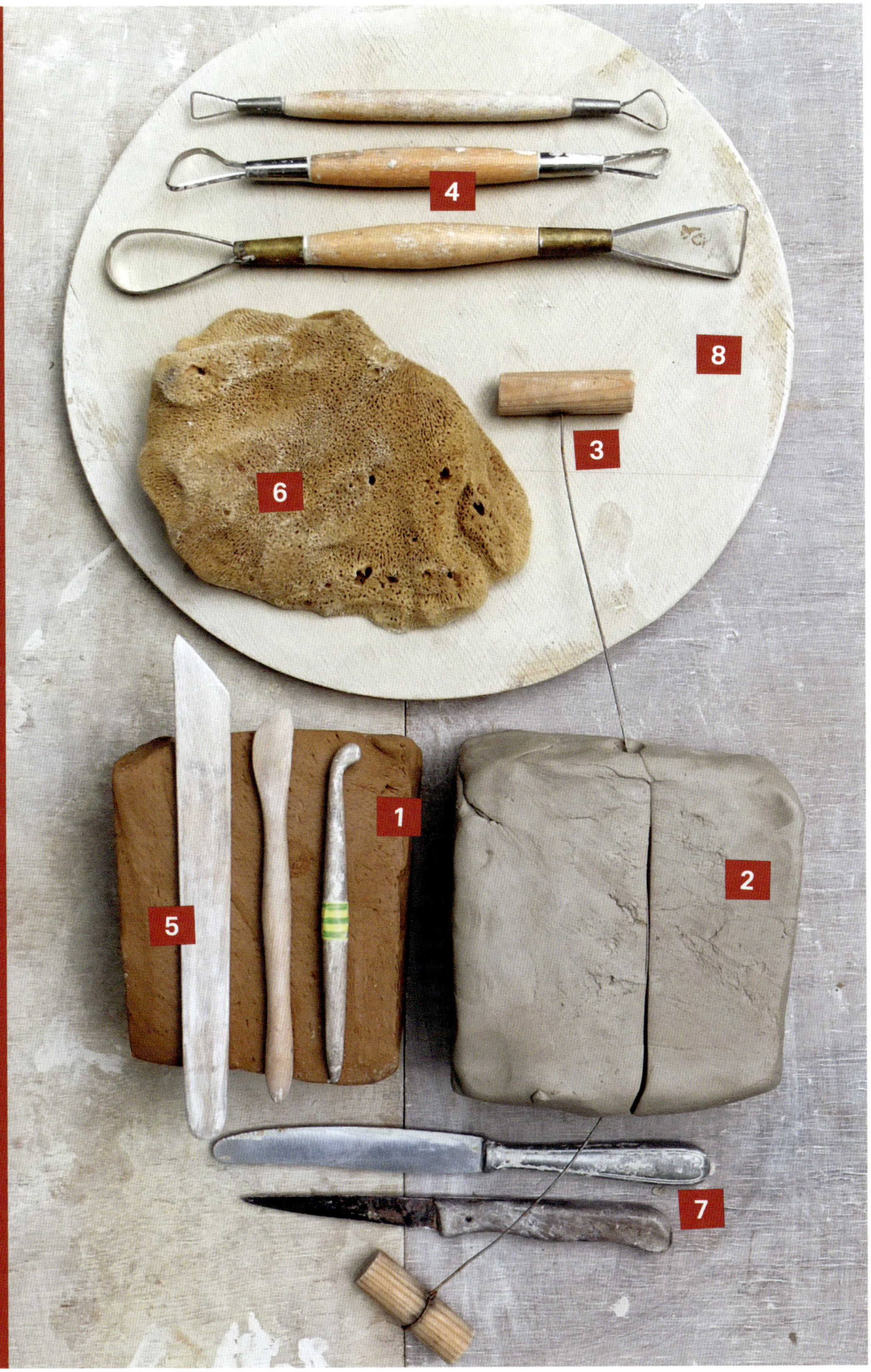

MATERIALIEN

1 ROTER TON

2 WEISSER TON

3 SCHNEIDEDRAHT

4 SCHLINGEN

5 MODELLIERHÖLZER

6 SCHWAMM „Elefantenohr“

7 MESSER

8 ARBEITSBRETT

Außerdem: Glasuren

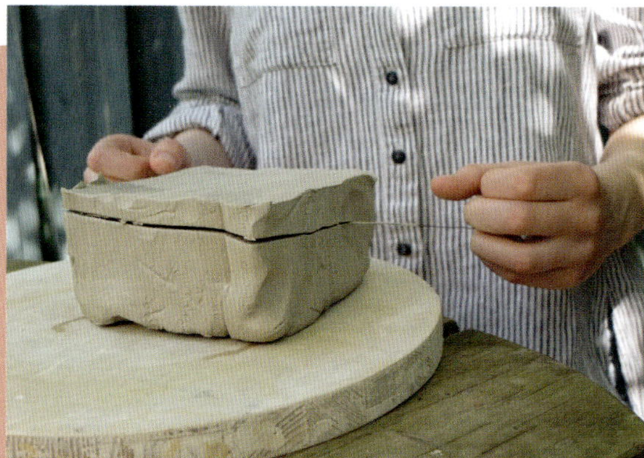

1. Ton mit einem Drahtstück schneiden

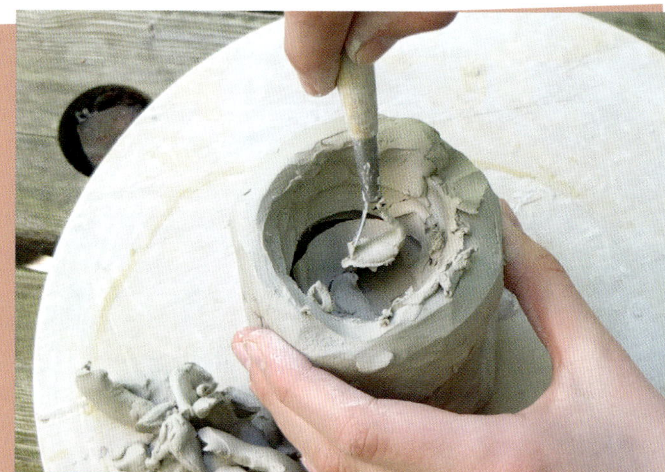

2. Körper mit der Schlinge aushöhlen

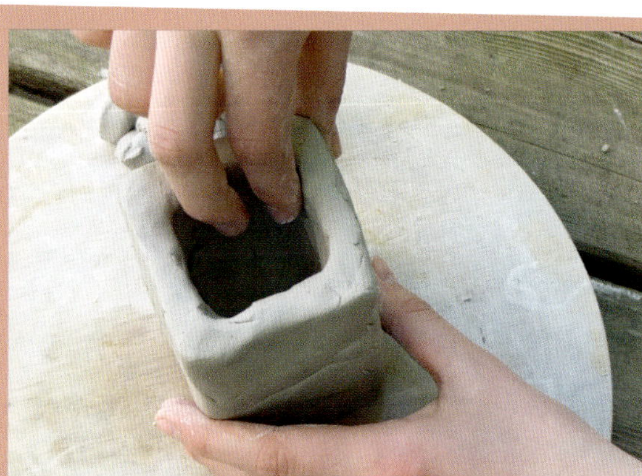

3. 7 bis 10 mm sind eine gute Wandstärke

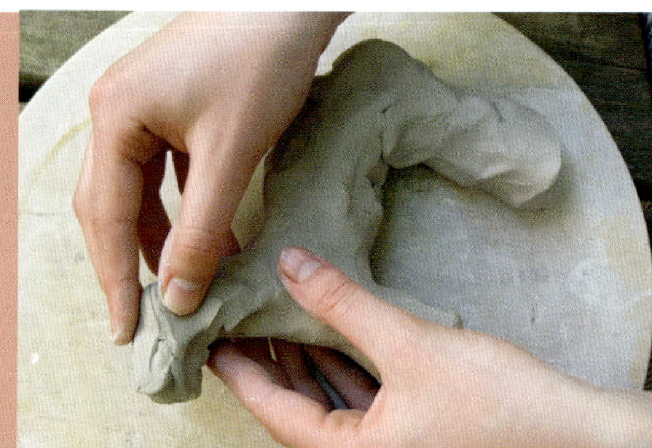

4. Körperteile aus dem Stück herausformen …

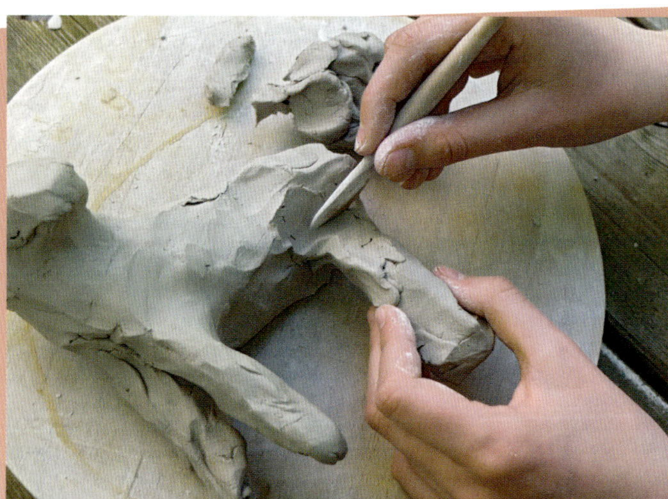

5. … oder ansetzen und Übergänge nacharbeiten

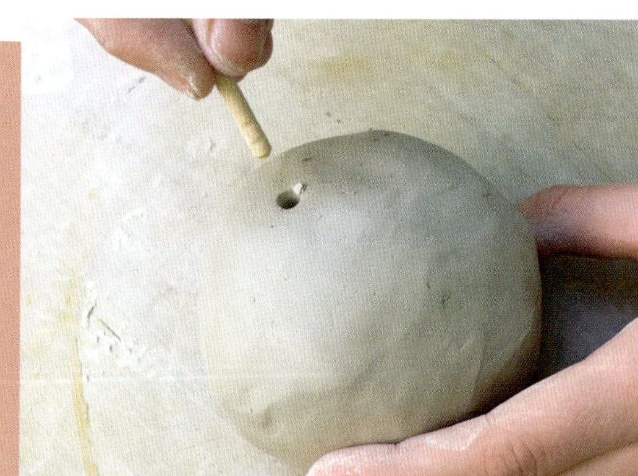

6. Hohlkörper mit einem Loch versehen

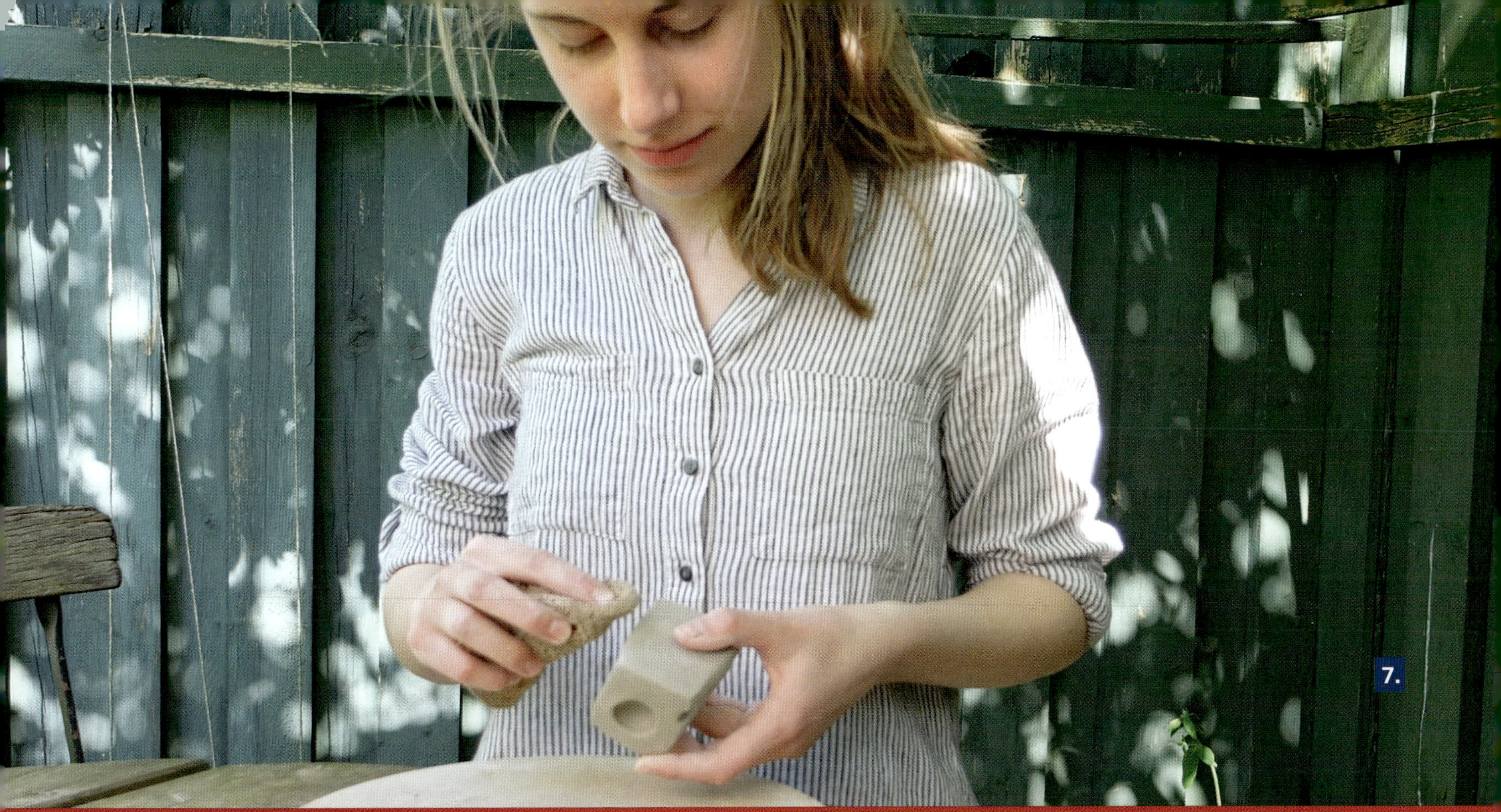

7.

1. Mit einem Drahtstück kann der Ton leicht geschnitten werden. Mit einem an den Drahtenden befestigten Korken oder Holzstück lässt er sich besser greifen.

2. Massive Körper von unten mit der Schlinge aushöhlen. Dazu das Werkzeug beim Herausziehen drehen.

3. Eine gute Wandstärke sind 7 bis 10 mm. Spannungsrisse entstehen leicht, wenn unterschiedlich dicke Teile aneinandergetöpfert werden.

4. Kopf, Hals, Beine, Ohren, Rüssel usw. sollten aus dem Stück heraus geformt werden.

5. Werden sie später angesetzt, den Übergang zwischen beiden Teilen sehr gut erst mit dem Modellierholz und dann durch zusätzliches Antragen von Ton bearbeiten.

6. Ein eingeschlossener Hohlraum braucht ein Loch, aus dem die Luft während des Brennens entweichen kann.

7. Oberfläche mit feuchtem Schwamm glätten. Möglichst kein Wasser benutzen. Das verschließt die Risse meist nur oberflächlich und verursacht eine unplastische Oberfläche. Stattdessen Flächen und Kanten besser im lederharten (das heißt feuchten, aber nicht mehr formbaren) Zustand durch kräftiges Wischen mit einem feuchten, gut ausgedrückten Schwamm glätten.

Langsam und möglichst an einem luftigen Ort trocknen lassen. Manchmal dauert das sehr lange!

Und außerdem: Vom weichen Ton bis zur gebrannten Arbeit schrumpft der Ton um 10 %. Das muss beim Herstellen von Kerzenhaltern, Fingerpuppen, Eierbechern usw. bedacht werden.

Möchtest du glasieren, wird die Arbeit zunächst bei 900 °C geschrüht. Das ist der erste Brand. Im zweiten Brand wird die Arbeit in dem für die Glasur angegebenen Temperaturbereich hochgebrannt. Ein frostfester Keramikbrand braucht 1200 °C.

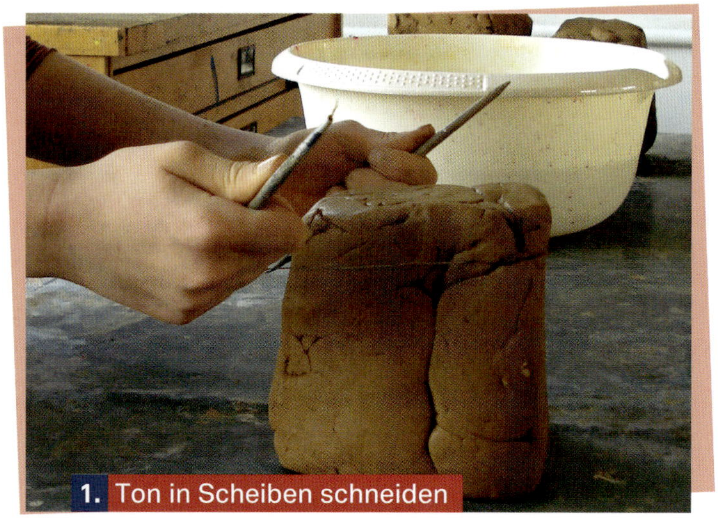

1. Ton in Scheiben schneiden

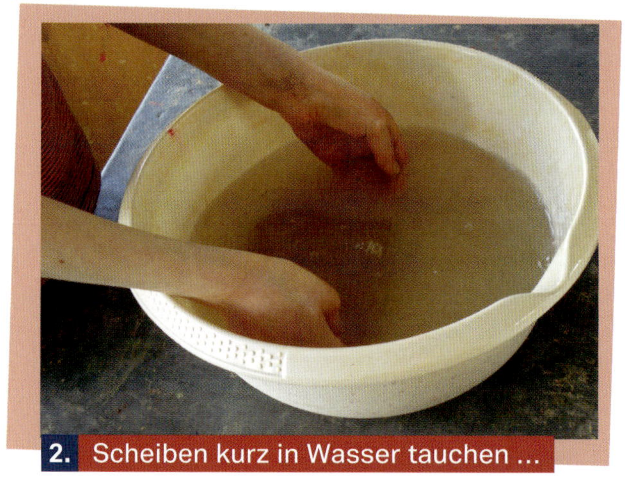

2. Scheiben kurz in Wasser tauchen …

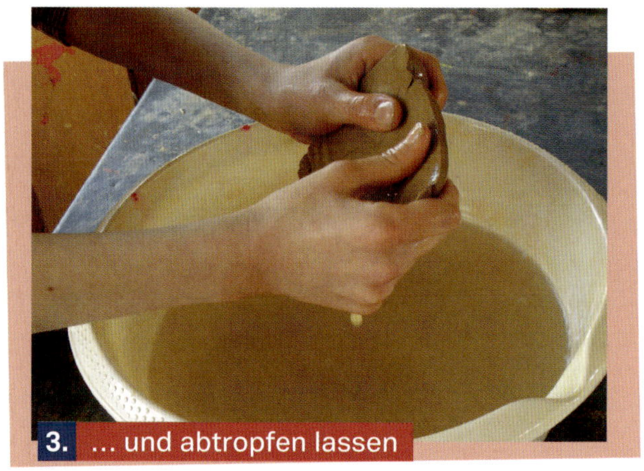

3. … und abtropfen lassen

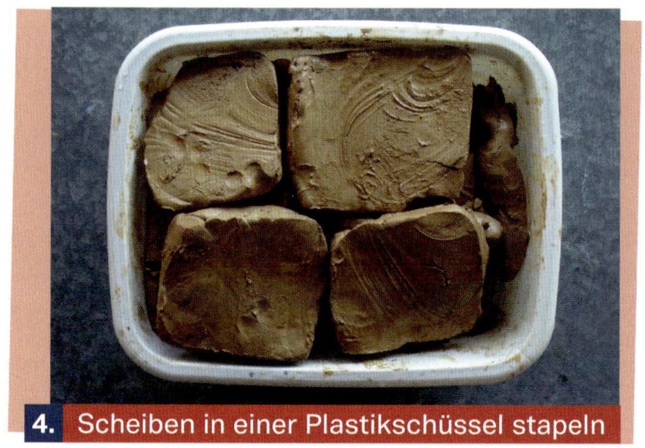

4. Scheiben in einer Plastikschüssel stapeln

DAS FUNKTIONIERT, WENN DER TON NUR ETWAS ZU HART GEWORDEN IST

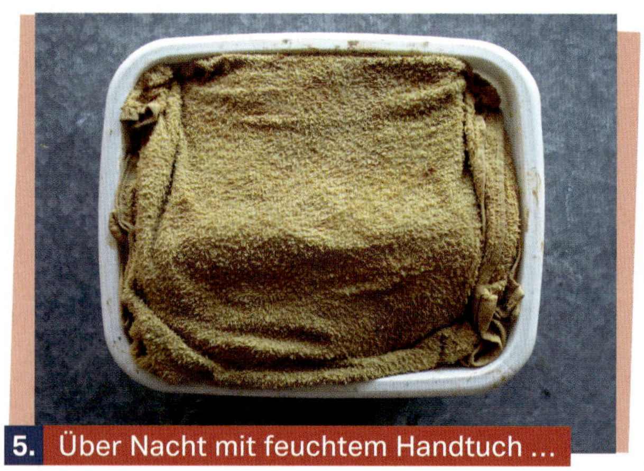

5. Über Nacht mit feuchtem Handtuch …

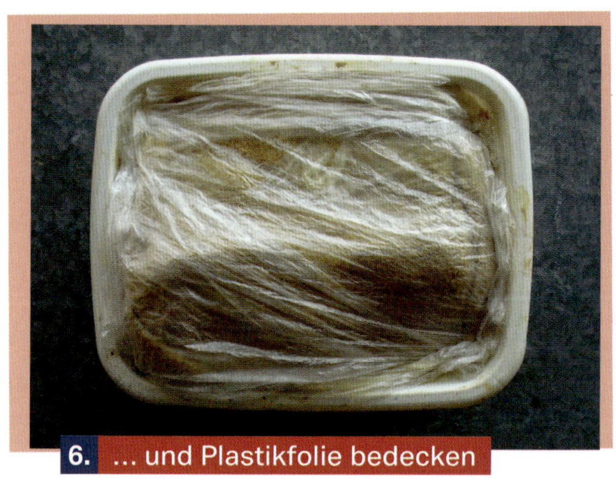

6. … und Plastikfolie bedecken

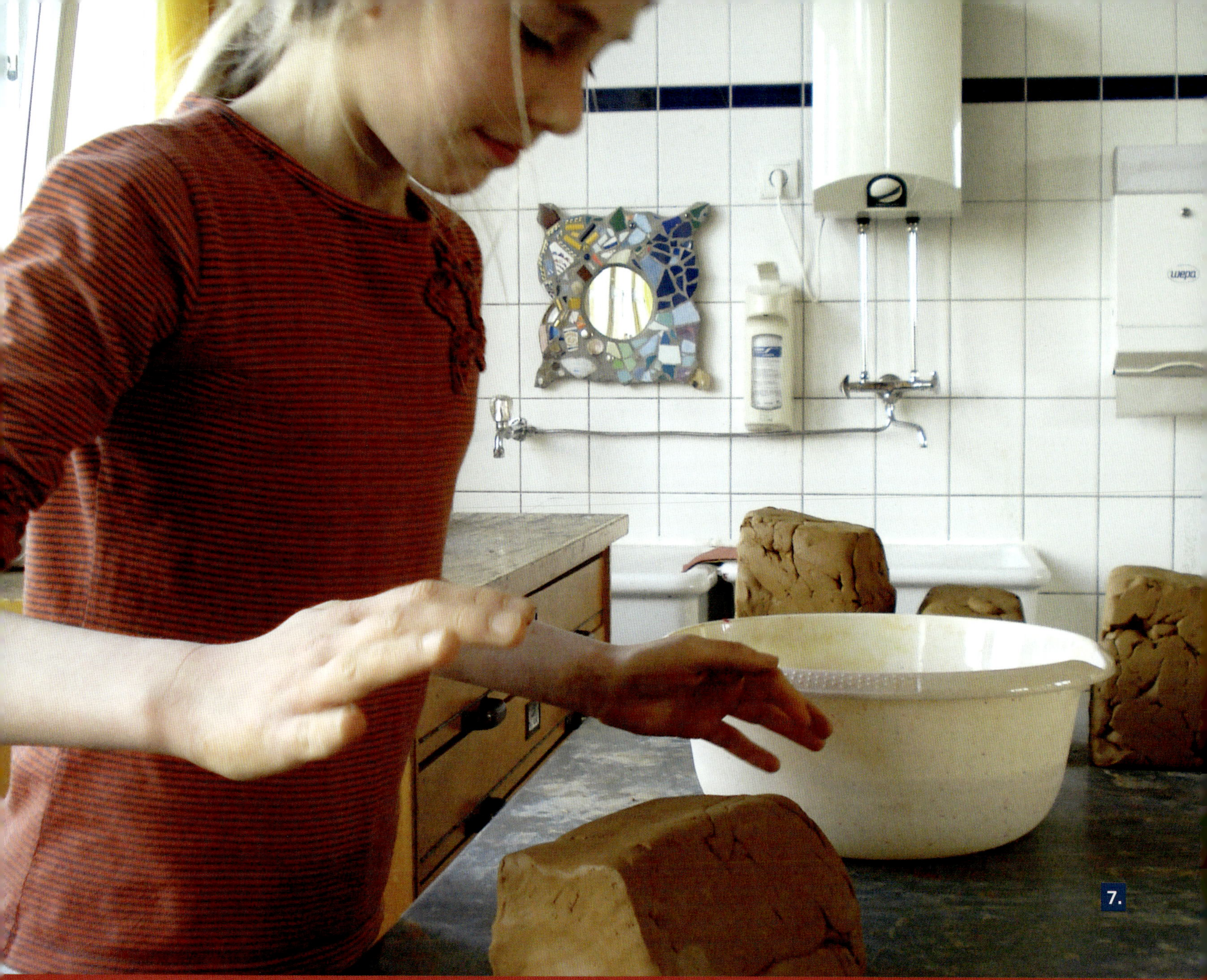

7.

Wenn der Ton nur etwas zu hart geworden ist, kann man ihn folgendermaßen wieder in eine gute Konsistenz zurückverwandeln:

1. Den Ton zu einem Hubel schlagen, also zu einem quaderförmigen Block. Mit einem Stück Draht in ca. 15 mm dicke Scheiben schneiden.

2. Die Scheiben kurz in Wasser tauchen, ...

3. ... abtropfen lassen ...

4. ... und dann in einer Plastikschüssel stapeln.

5. Ein feuchtes Handtuch auflegen ...

6. ... und über Nacht mit Plastikfolie abdecken.

7. Am nächsten Tag gut durchschlagen.

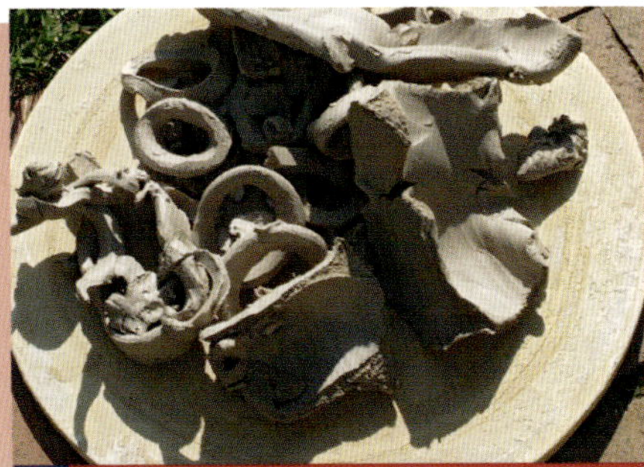
1. Ton in kleine Stücke zerteilen

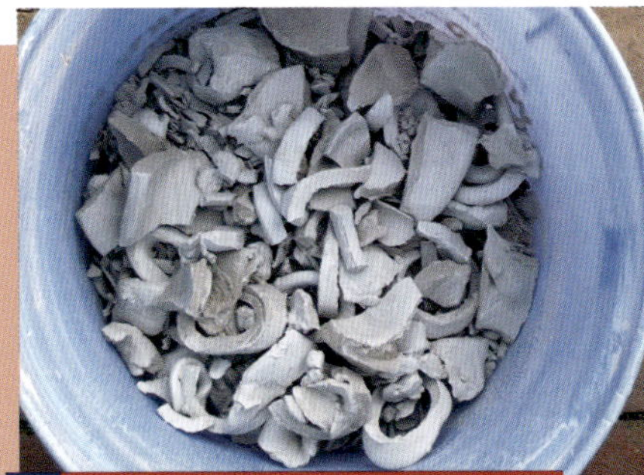
2. In ein Behältnis geben …

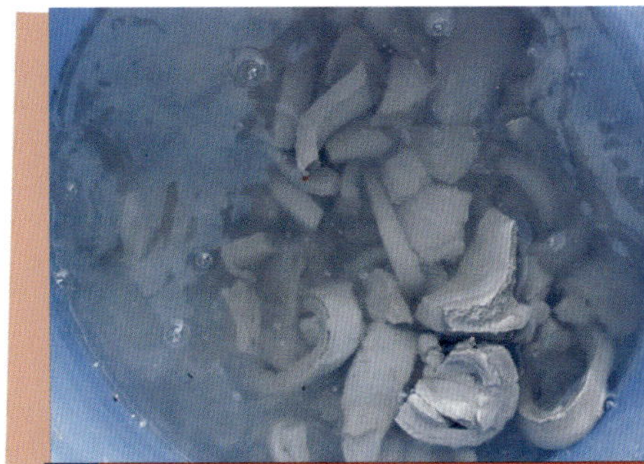
3. … und mit Wasser bedecken

TONRESTE GEHÖREN NICHT IN DIE MÜLLTONNE

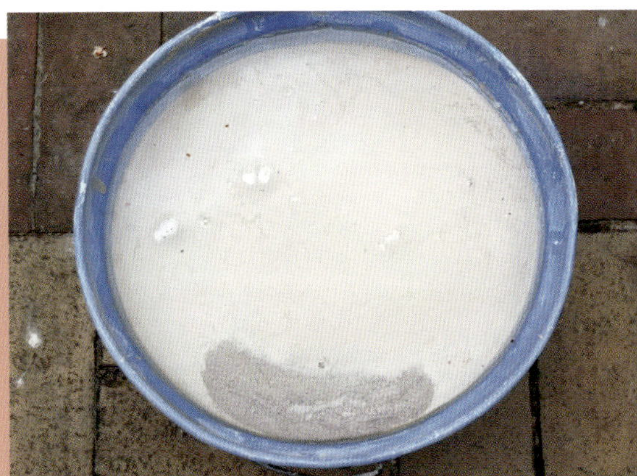
4. Aufgelöste Tonklumpen

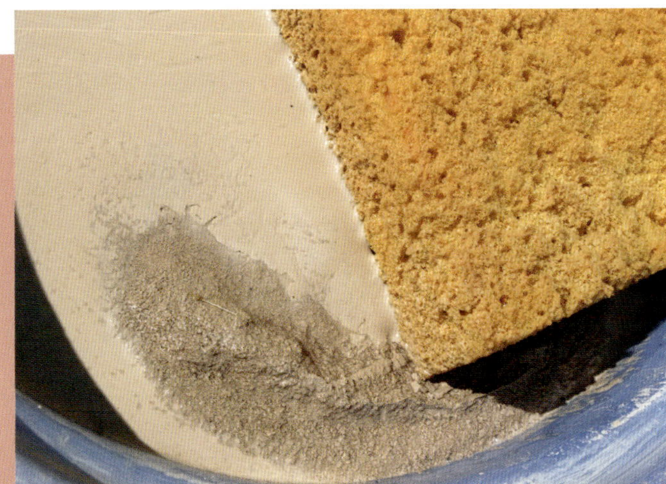
5. Wasser abgießen, Rest mit Schwamm aufnehmen

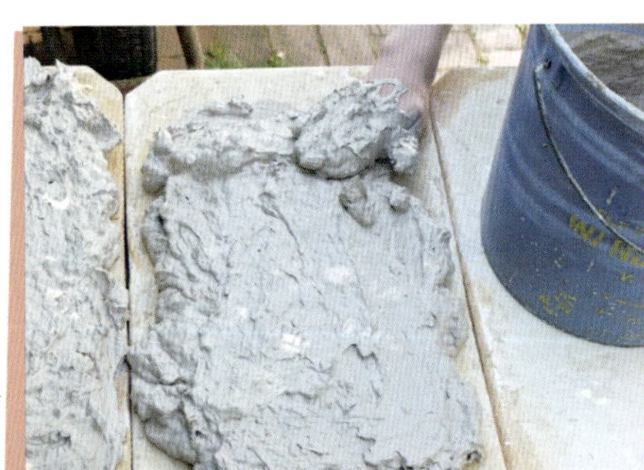
6. Auf saugfähiger Unterlage verteilen

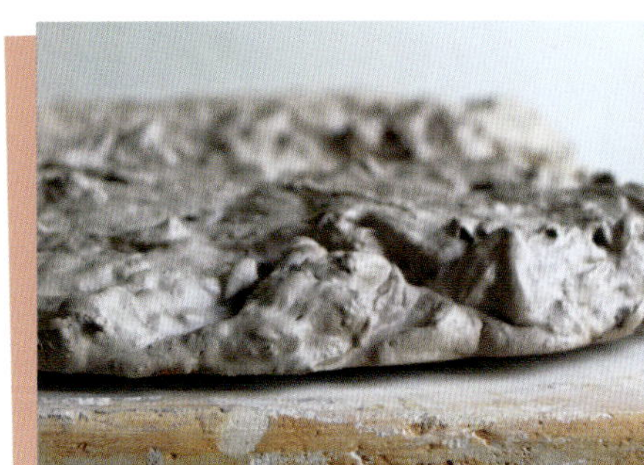
7. Etwas trocknen lassen

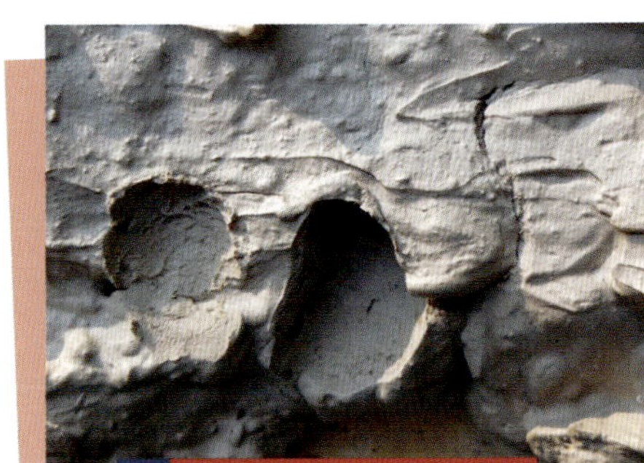
8. Konsistenz prüfen

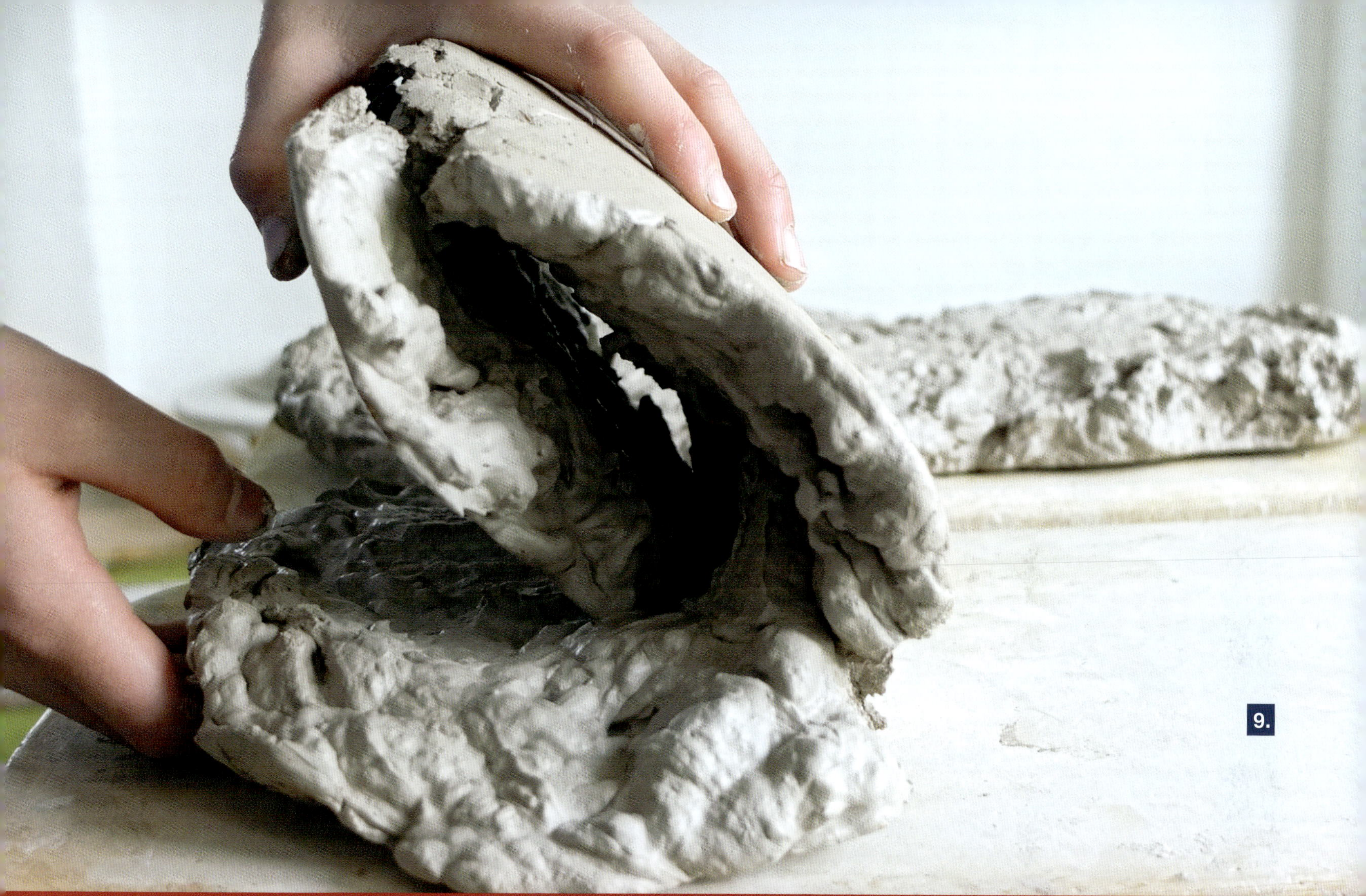

9.

Hart gewordener, ungebrannter Ton kann immer wieder von Neuem aufbereitet werden.

1. Den Ton in kleine Stücke zerlegen – wenn noch möglich, mit dem Schneidedraht oder sonst mit Hammer und Meißel. An einem warmen Ort gut durchtrocknen lassen.

2. Die Reste in einen Eimer oder eine Wanne geben, …

3. … mit Wasser bedecken und ca. zwei Tage ziehen lassen.

4. Die Tonklumpen haben sich jetzt aufgelöst; das wird mit der Hand geprüft. Die letzten Klumpen noch zerkleinern.

5. Überschüssiges Wasser erst abgießen und dann mit dem Schwamm abnehmen.

6. Die Masse am besten auf dicken Gipsplatten zum Trocknen ausbreiten. Möchtest du viel Ton aufbereiten, lohnt es sich, eine Gipsplatte zu gießen (mehr dazu im Kapitel *Gips*, Seite 54). Andernfalls behilfst du dir mit einem anderen saugfähigen Untergrund.

7. Abwarten, bis die Feuchtigkeit ausreichend reduziert ist. Wenn auf einer Gipsplatte getrocknet wird, hebt sich der Ton nun am Rand vom Untergrund ab.

8. Die Konsistenz mit dem Finger prüfen.

9. Jetzt kannst du die Masse abnehmen. Anschließend gut durchschlagen oder stampfen!

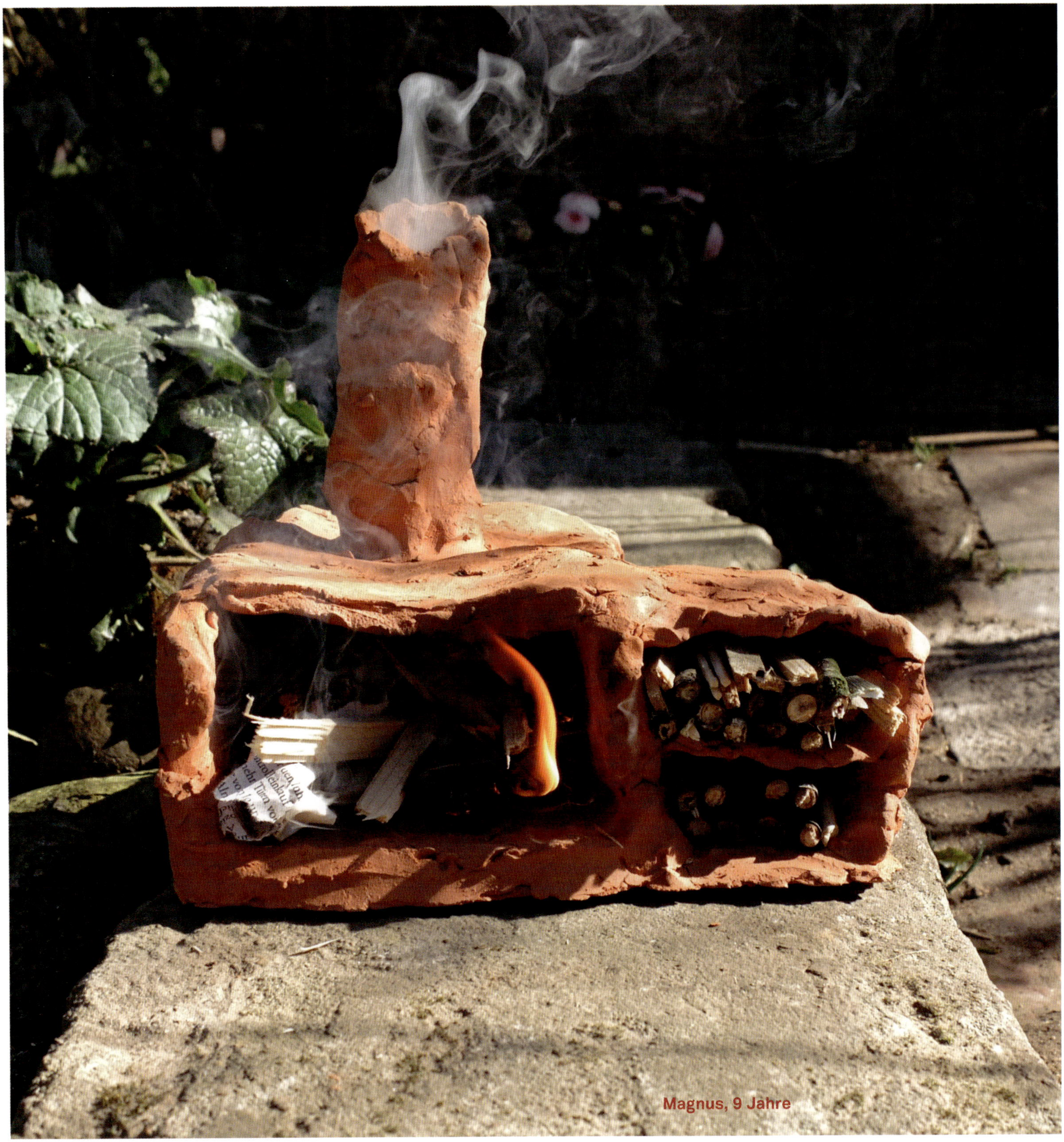

Magnus, 9 Jahre

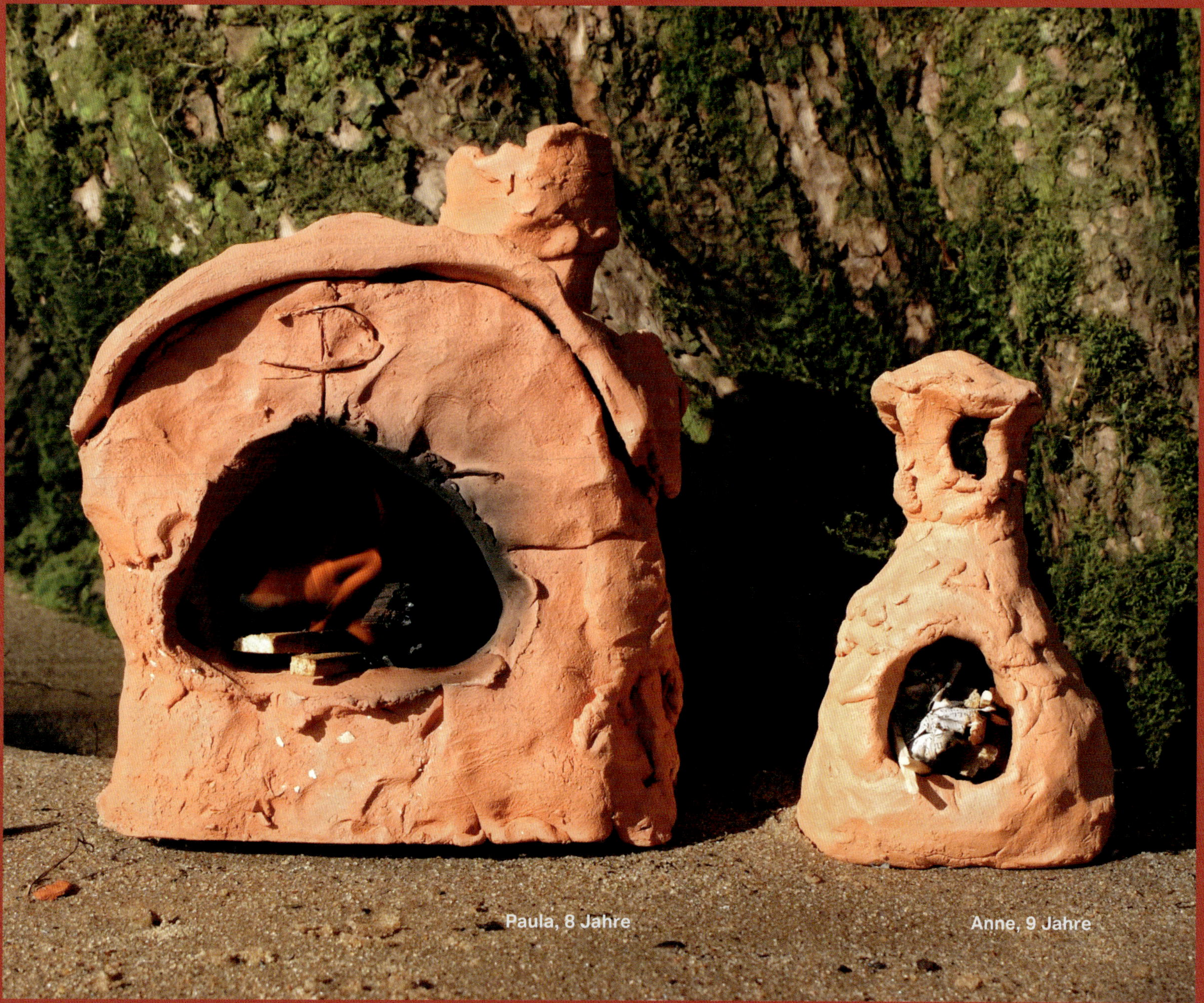

DAS SIND UNSERE KOKELÖFEN

Hier wird schon mal am richtigen Schornsteinzug experimentiert.
Das Feuer bitte draußen anfachen und eine Löschstation daneben aufbauen. Öfen, in denen Feuer gemacht wird, sind großen Temperaturschwankungen ausgesetzt und dürfen darum nur bei 900 °C geschrüht werden. Denn wenn sie zu hoch gebrannt wurden, können sie leicht reißen oder sogar zerspringen.

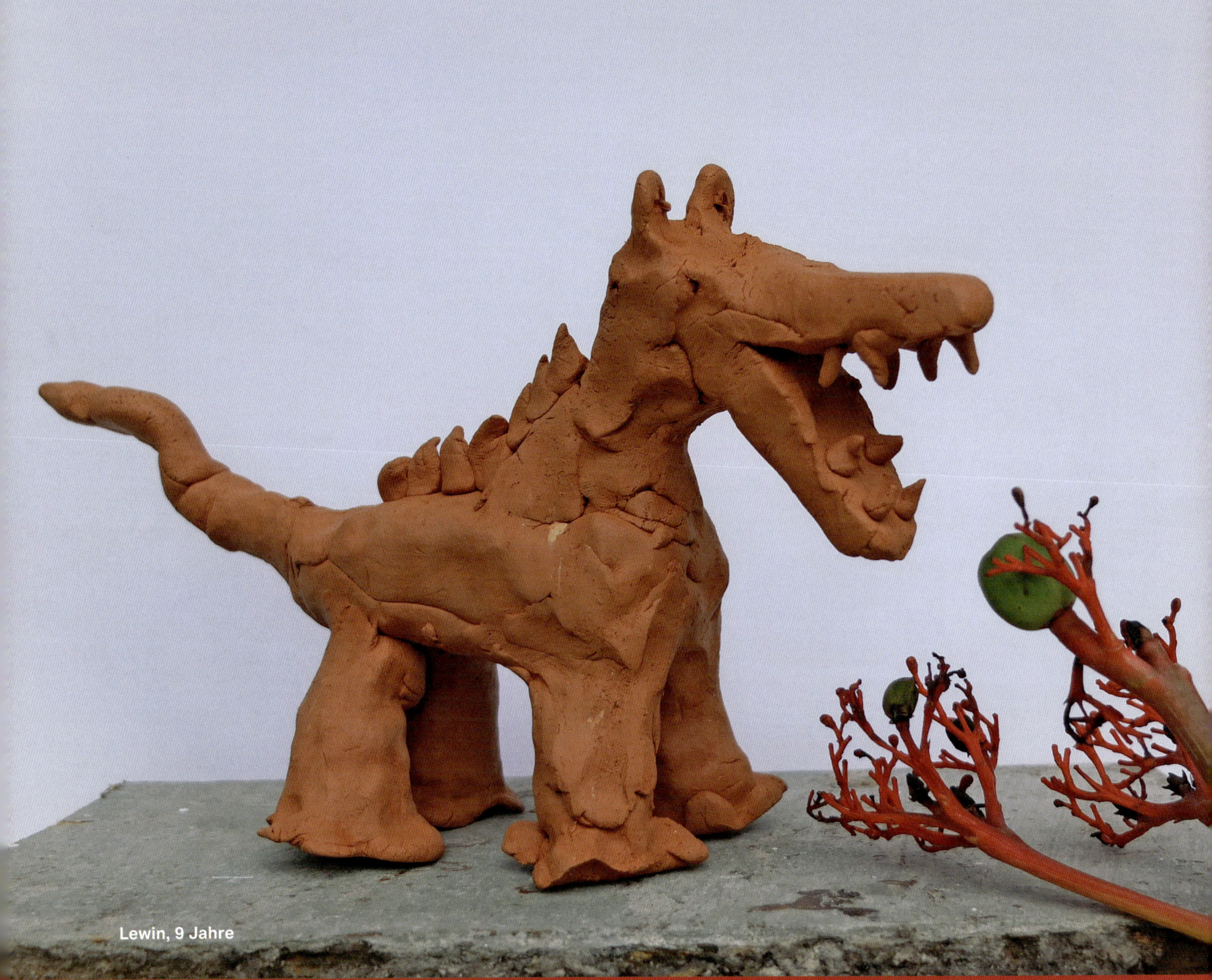

Lewin, 9 Jahre

MANCHE DRACHEN LIEBEN GRÜNZEUG …

… weniger freundliche denken schon bei der Nahrungssuche ans Feuerspeien. Der grüne Kerl wurde nach dem Brennen mit Temperafarben angemalt und mit Klarlack überzogen. So haben wir eine größere und individuelle Farbauswahl zur Verfügung als beim Verwenden von teuren Glasuren. Innen ist er hohl und mit einer Räucherkerze bestückt: Jetzt kann er wundervoll qualmen.

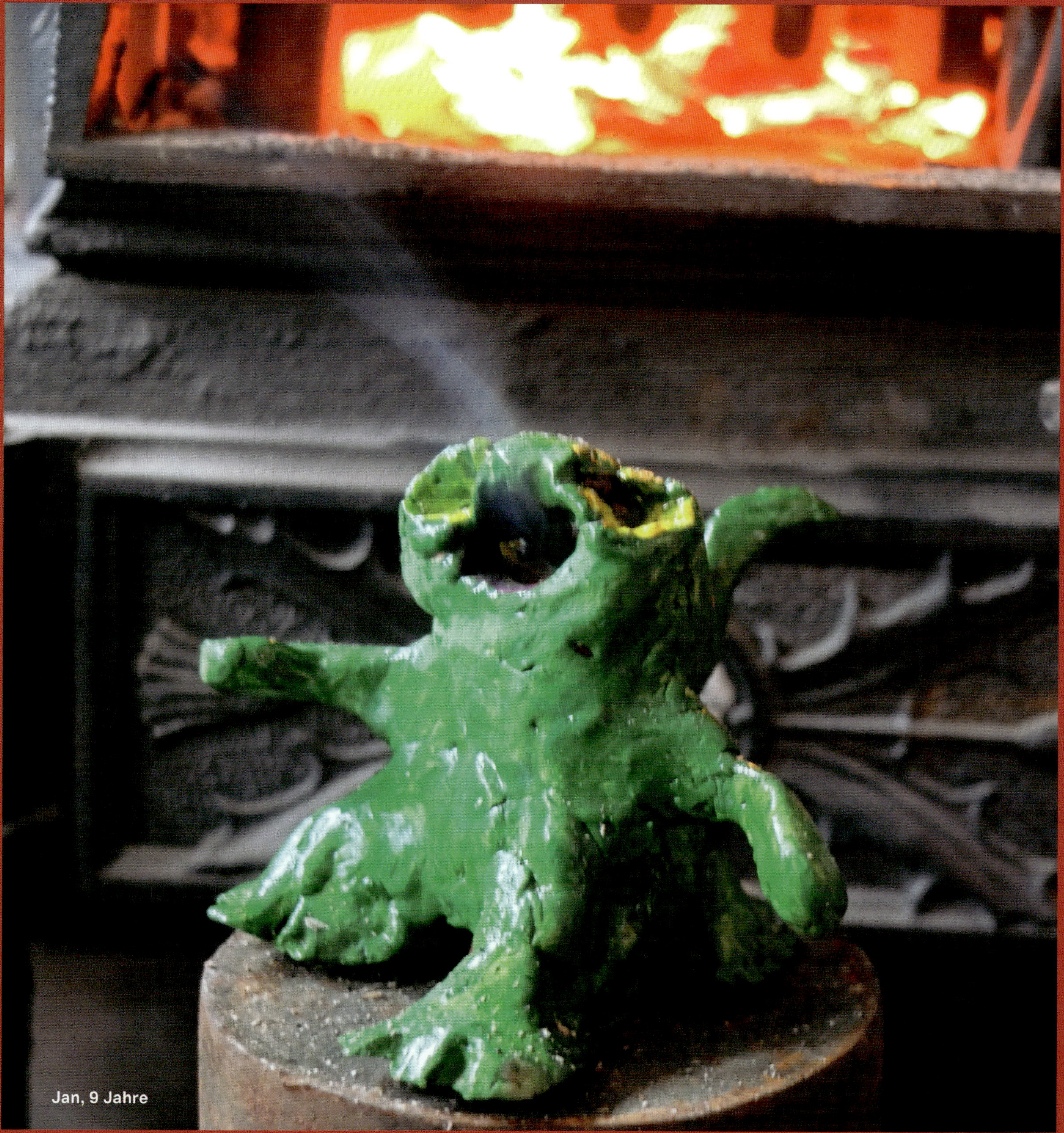

Jan, 9 Jahre

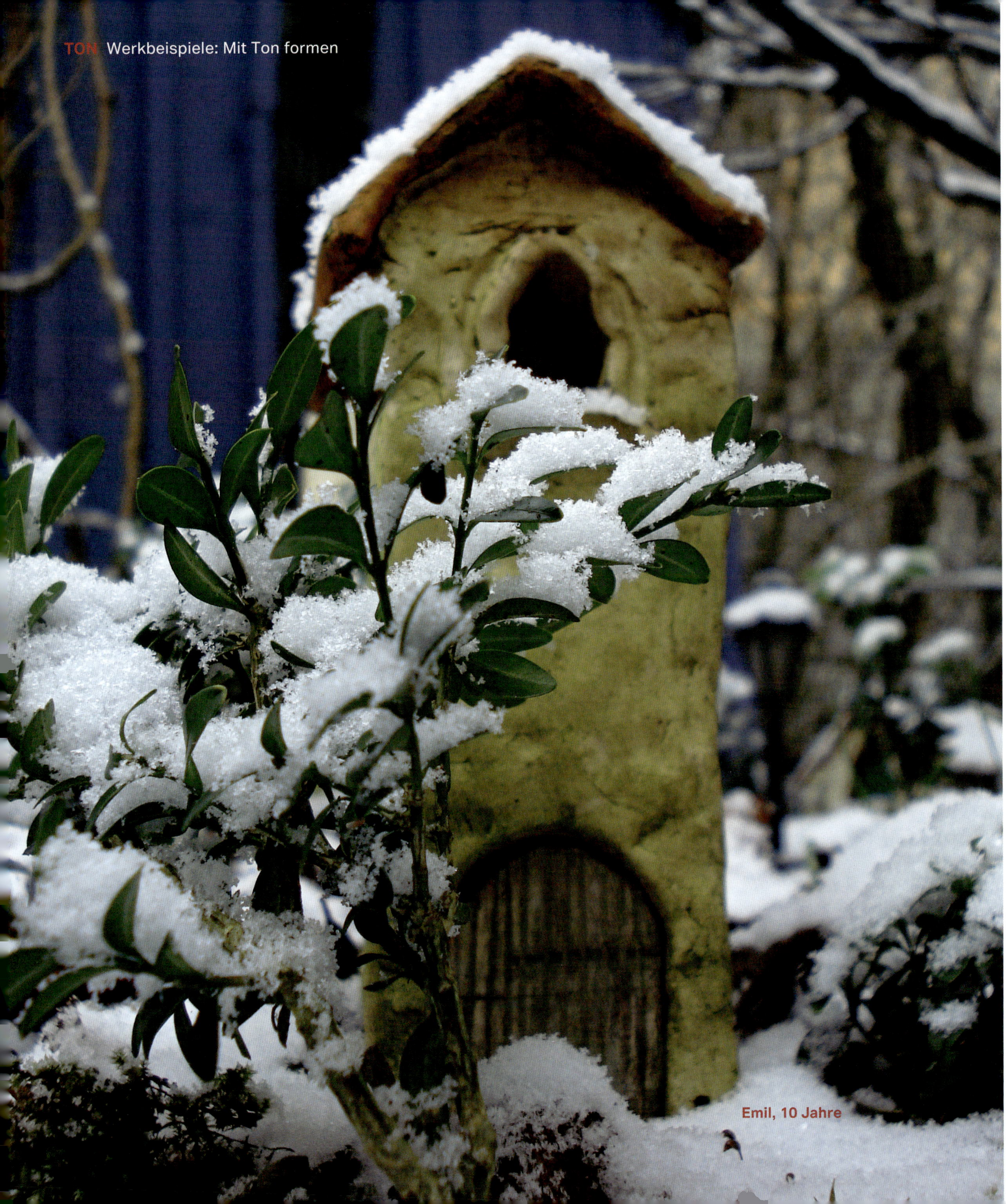

Emil, 10 Jahre

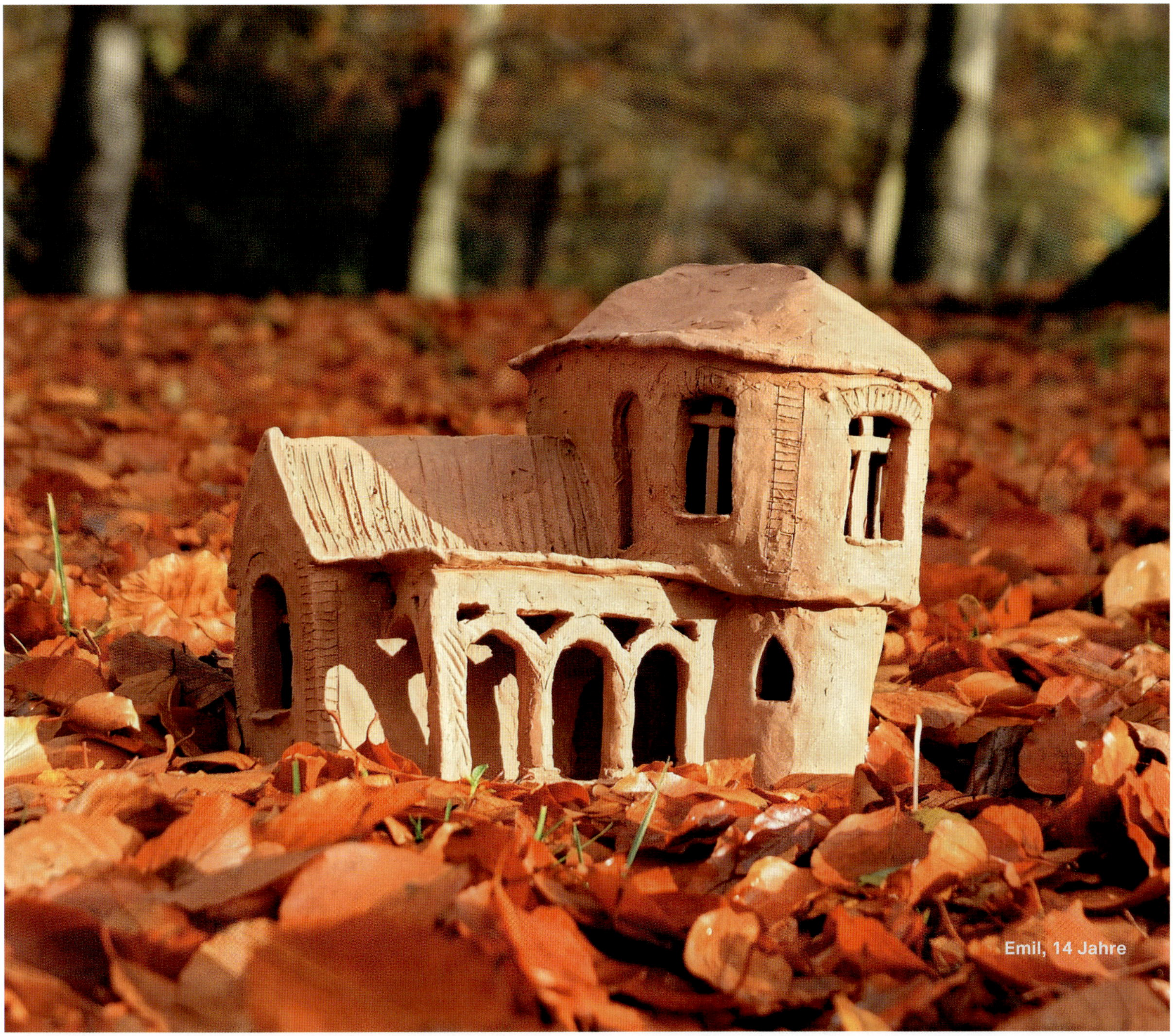

Emil, 14 Jahre

STIMMUNGSVOLLE HÄUSER

Hier braucht es Geschick und Geduld. Viele Details und Übergänge wurden genau beobachtet – und dank einer sehr guten Vorstellungskraft umgesetzt.

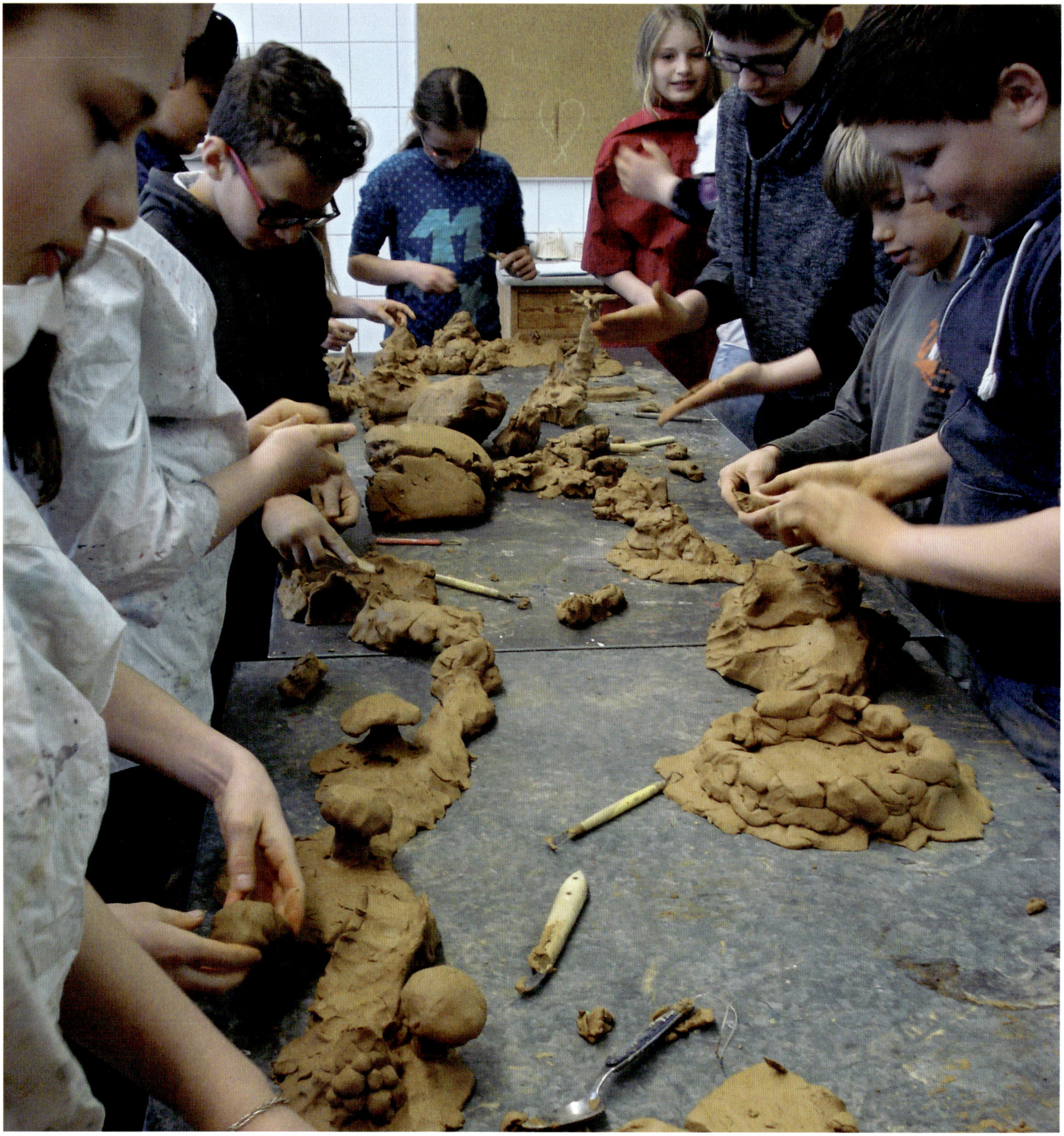

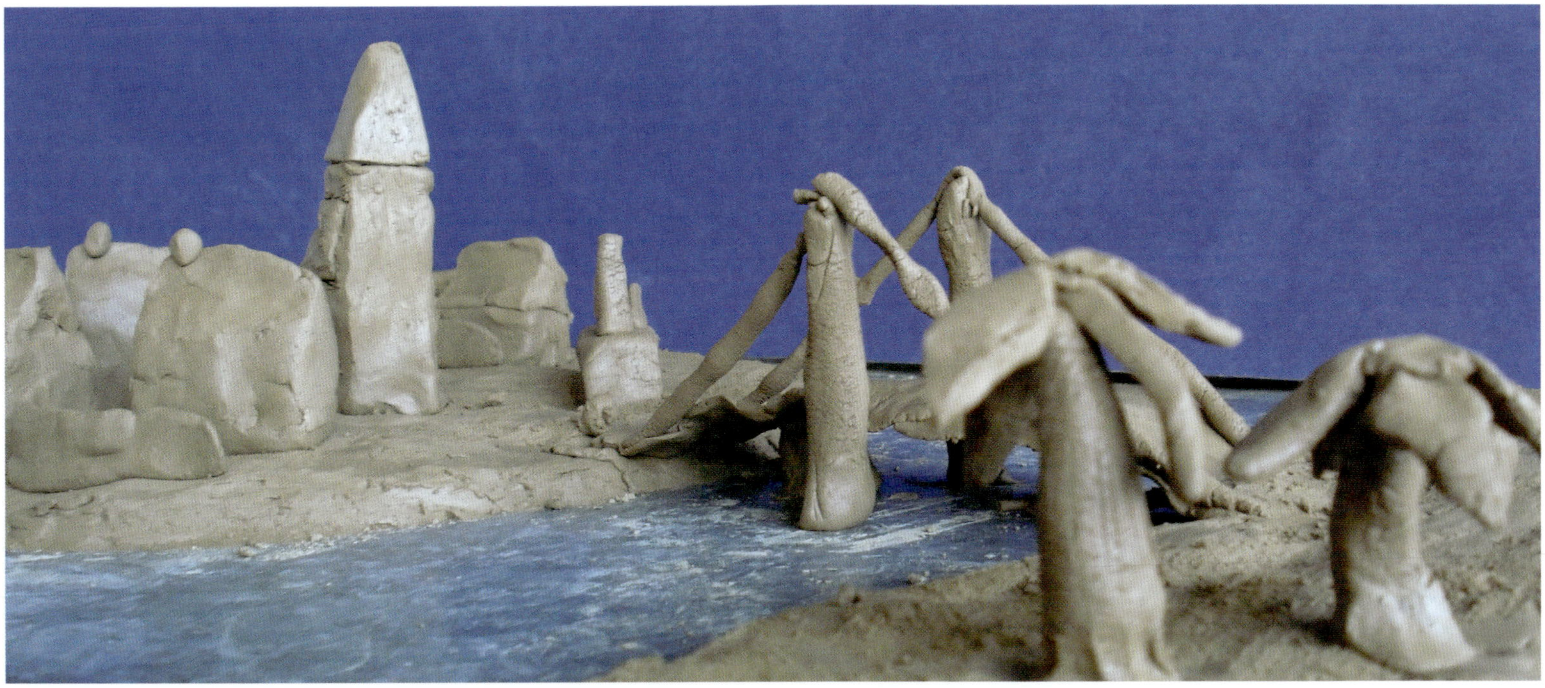

INSELLANDSCHAFT IM BLAUEN RIESEN-MEER

Gemeinschaftsprojekte machen sehr viel Spaß und eröffnen eine neue Dimension.
Das Ergebnis wird fotografisch dokumentiert und der Ton kann später erneut verwendet werden.

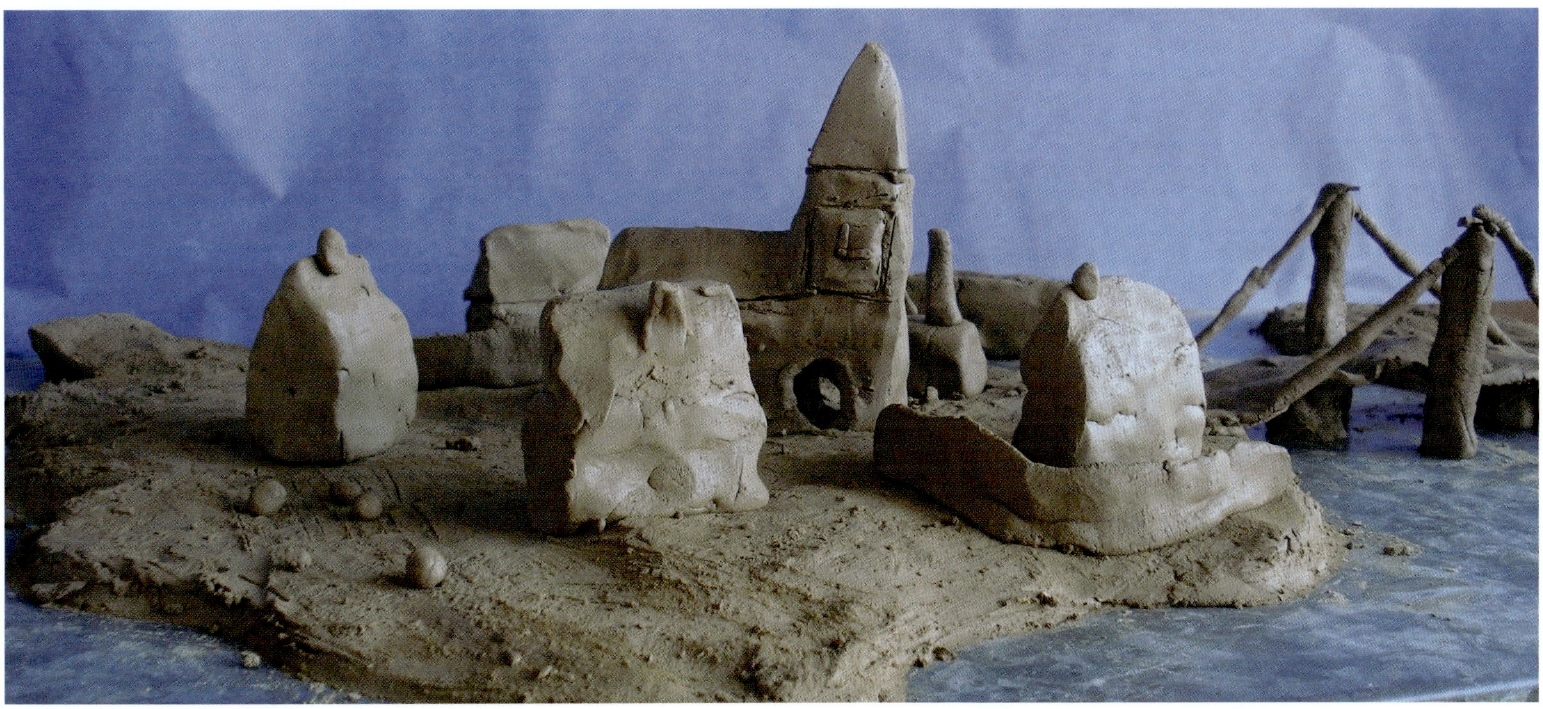

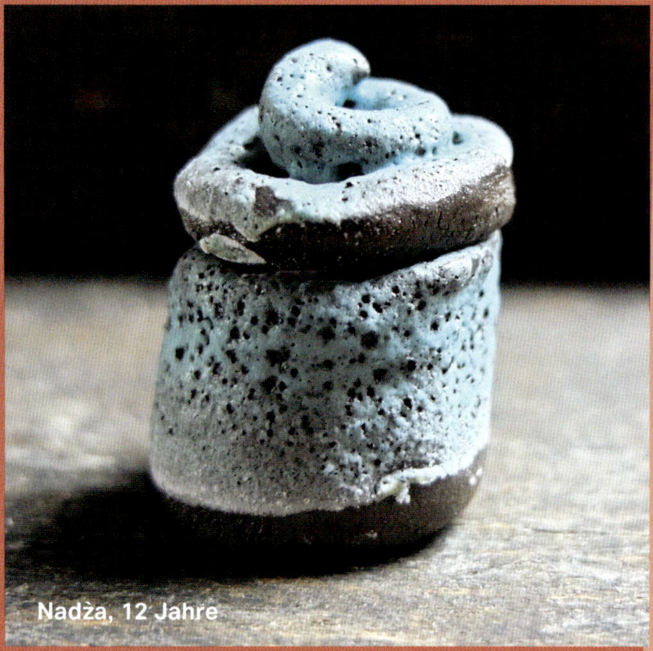

Nadža, 12 Jahre

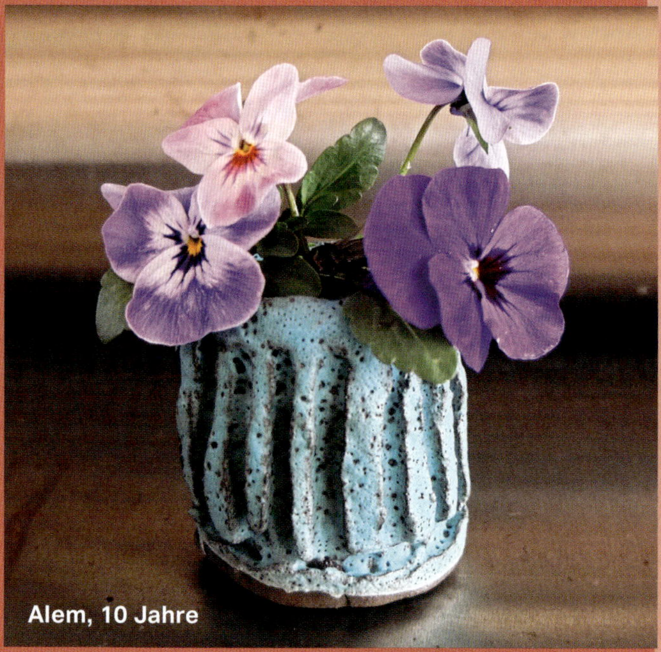

Alem, 10 Jahre

Die Vase für Frühlingsblumen wirkt durch die tiefen Einschnitte wie eine Skulptur.

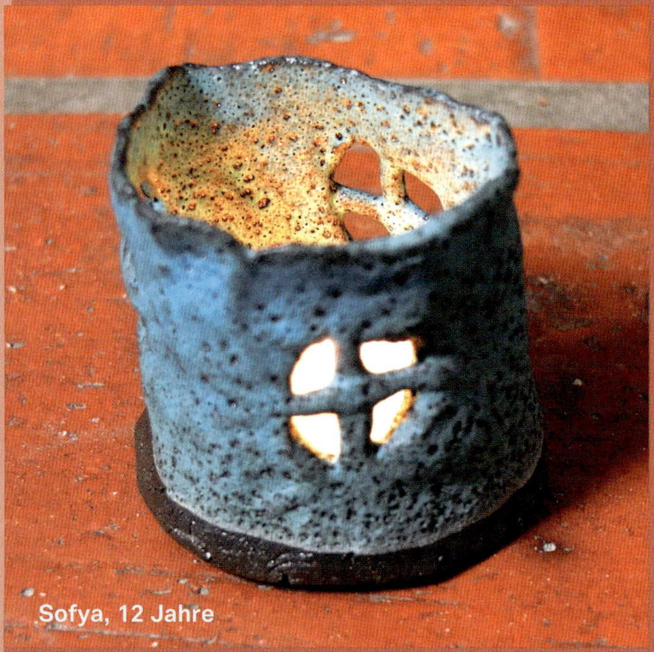

Sofya, 12 Jahre

IDEEN FÜR GLASIERTEN TON

Ein selbst gemachtes Windlicht hat immer Charme.

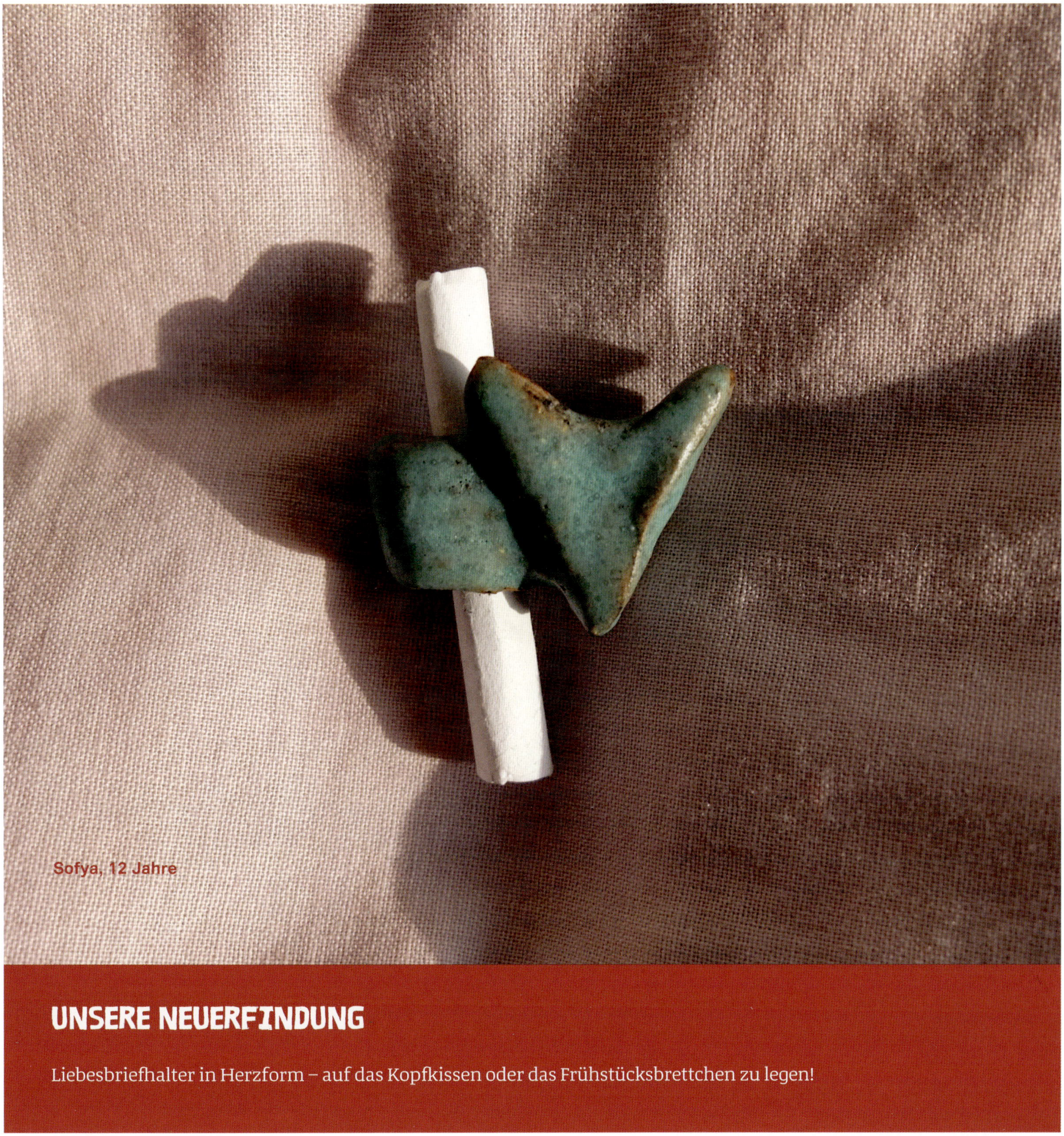

Sofya, 12 Jahre

UNSERE NEUERFINDUNG

Liebesbriefhalter in Herzform – auf das Kopfkissen oder das Frühstücksbrettchen zu legen!

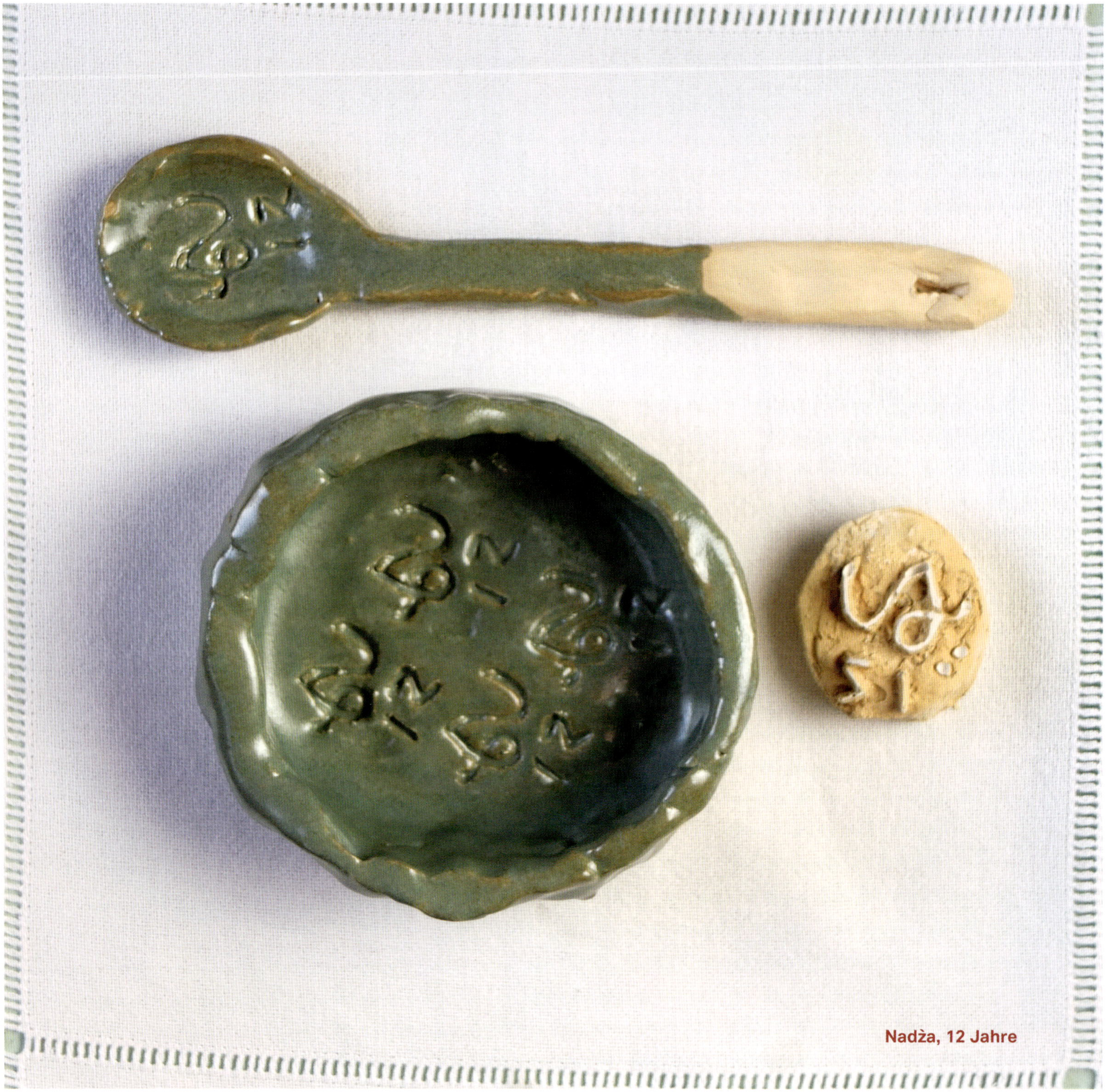

Nadża, 12 Jahre

KERAMISCHE DEKORE MIT GIPSSTEMPELN

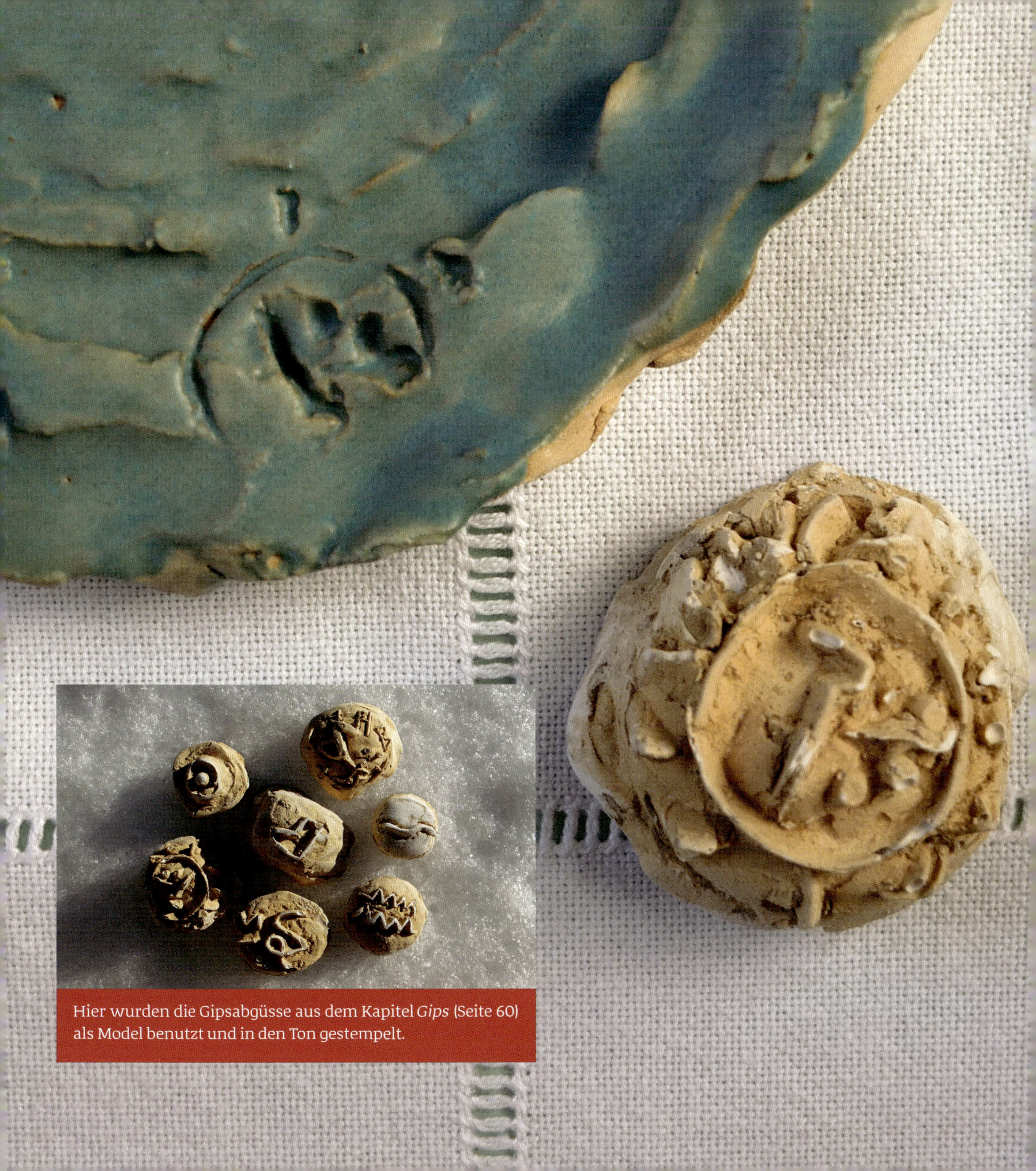

Hier wurden die Gipsabgüsse aus dem Kapitel *Gips* (Seite 60) als Model benutzt und in den Ton gestempelt.

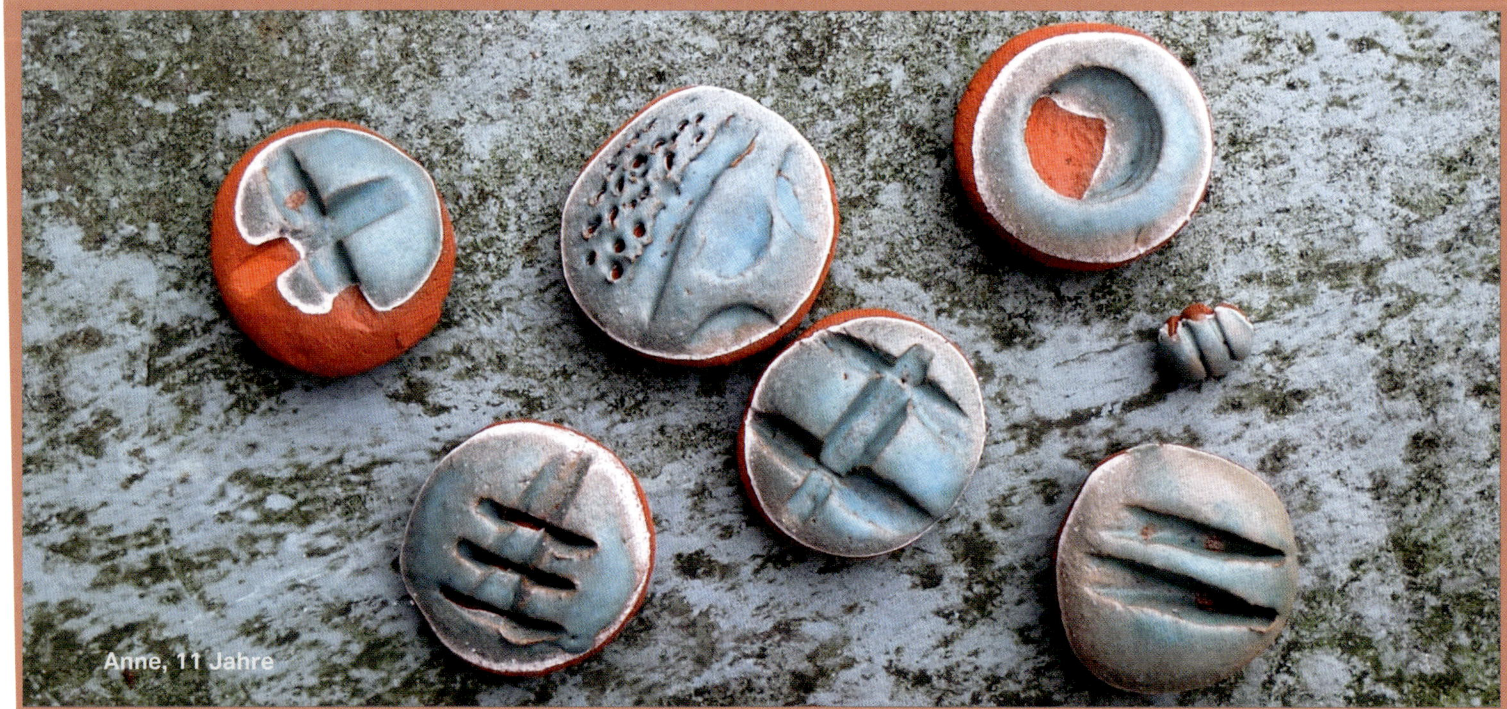

Anne, 11 Jahre

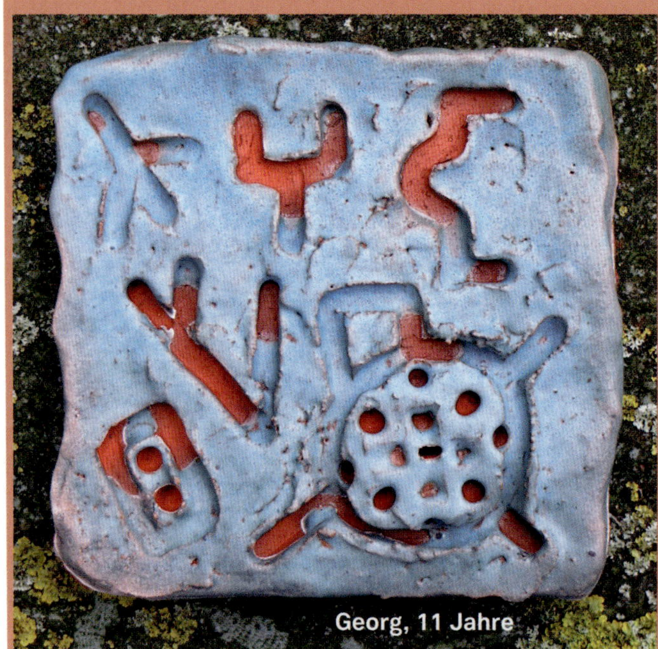

Georg, 11 Jahre

GEHEIMSCHRIFTEN & ZÄHLSTEINE

Vor der Erfindung des Papiers wurden Schrift- und Rechensysteme in Tonplatten geritzt oder gestempelt. Diese sind uns heute oft nur erhalten geblieben, weil die „Bibliotheken" dem Feuer anheimfielen, die Scherben auf diese Weise gebrannt und damit konserviert wurden.

Der „Zeitungsleser" entstand spontan. Manchmal ist es einfacher, auf allen möglichen Materialien zu zeichnen als ausgerechnet auf einem sauberen, ordentlichen und weißen Blatt Papier.

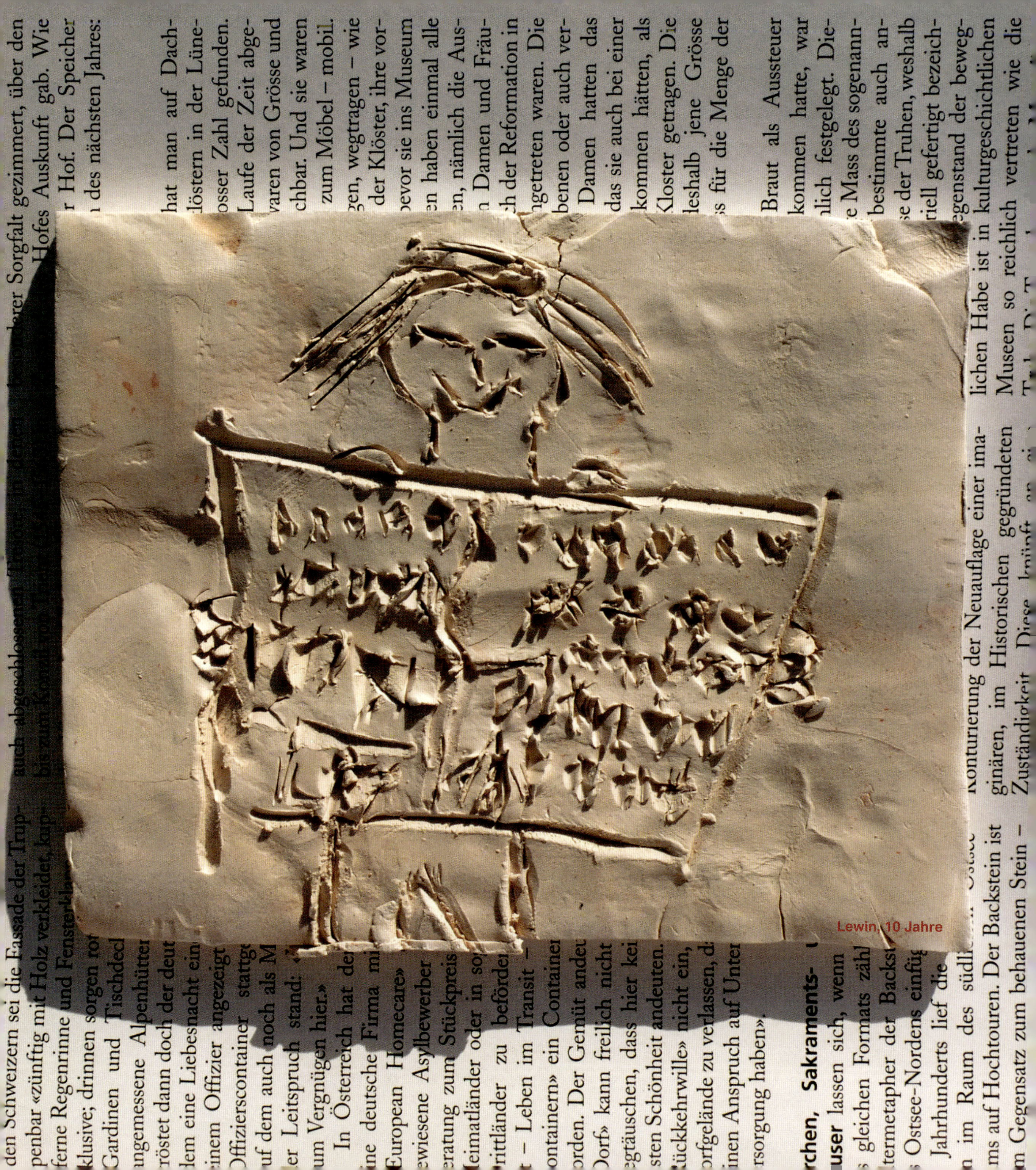

Lewin, 10 Jahre

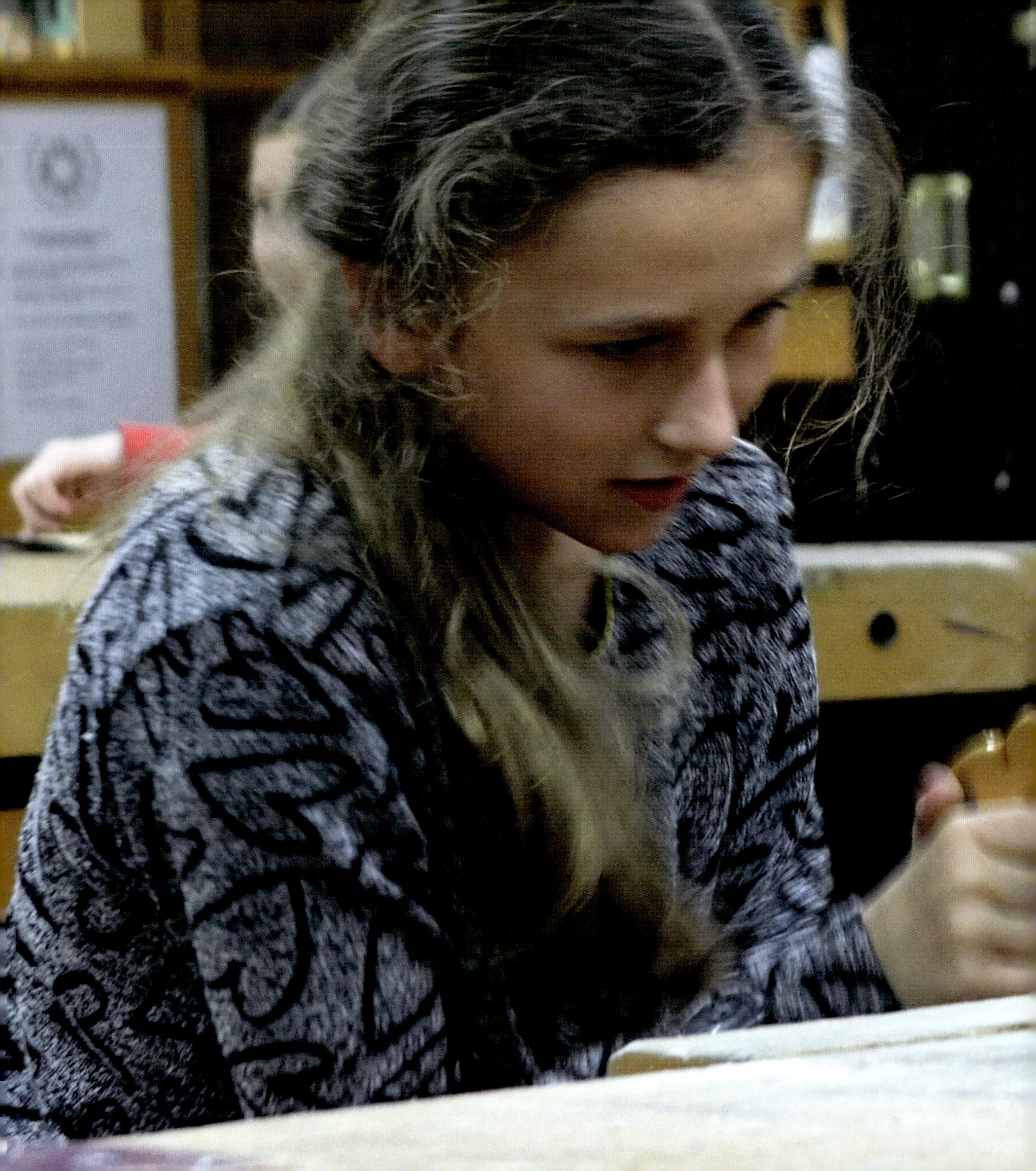

HOLZ

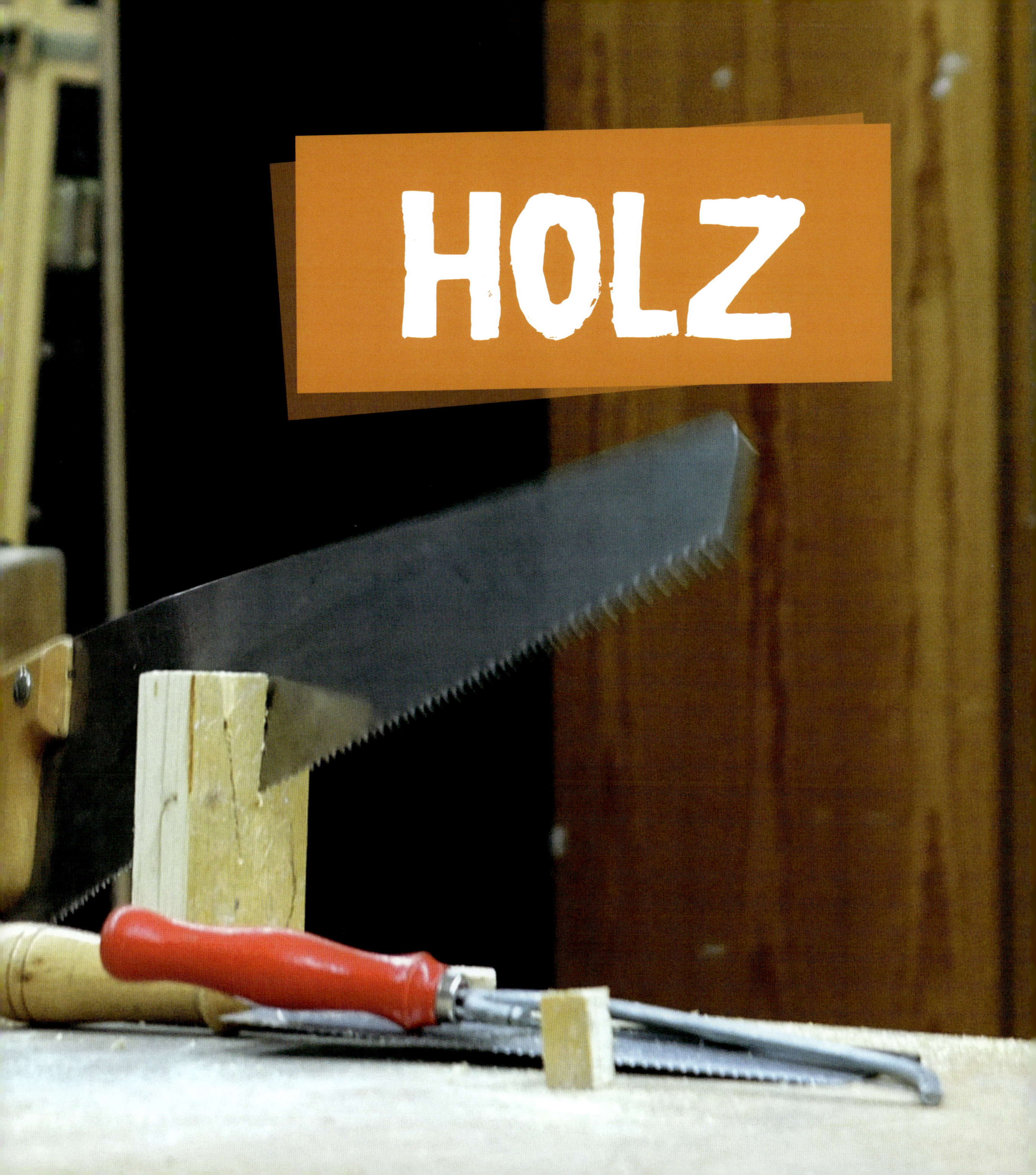

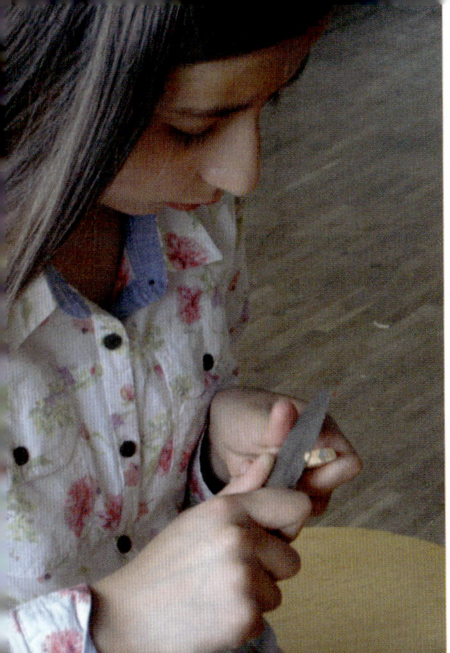

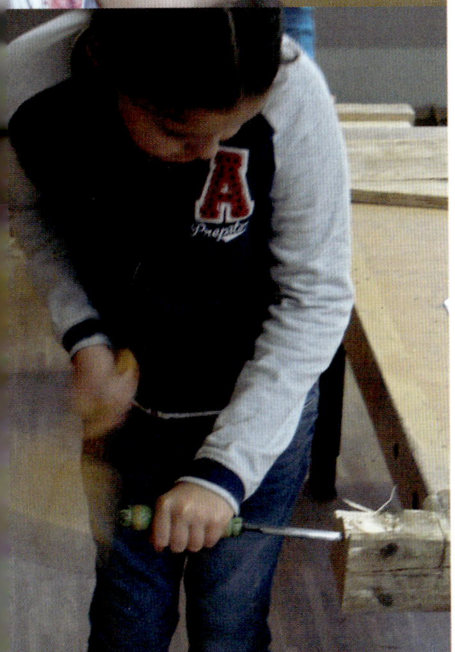

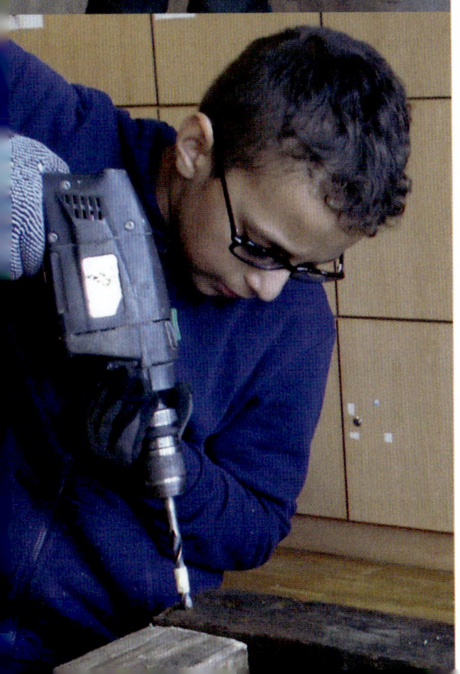

HOLZ

Hier geht's ums Holz – ein Material, das dir überall begegnet. Da wir in Europa von Bäumen und Sträuchern umgeben sind, ist unsere Kultur sehr eng mit dem Werkstoff Holz verknüpft: Häuser, Zäune, Schiffe, Kutschen, Schlitten, Möbel, Hausrat ... Alles wurde früher aus Holz hergestellt. Auch war es der Brennstoff Nummer Eins.

ES GIBT LANGSAM UND SCHNELL WACHSENDES HOLZ

Jedes Holz hat andere Eigenschaften und wird für andere Zwecke benutzt. Es gibt schnell wachsende Bäume wie Fichten, Tannen oder Pappeln, deren Holz leicht ist und aus dem zum Beispiel Dachlatten, Streichhölzer oder Sperrholz hergestellt werden. Das Holz eines langsam wachsenden Baumes wie Eiche oder Esche ist dicht und sehr stabil. Es wird für Werkzeugstiele, Wagenräder oder Fachwerkhäuser benutzt.

Probiere die verschiedenen Hölzer aus. Du kannst dir auch ein Buch anlegen, in das du Bäume samt Blättern zeichnest und Informationen oder Erfahrungen zusammenträgst.

Brettware erhältst du beim Schreiner, im Sägewerk oder im Baumarkt. Recyclingstücke finden wir in Form von Obstkisten, Käseschachteln oder einem ausrangierten Regalboden. Silvester-Raketenstöcke, angeschwemmtes Holz und Sägereste in Park und Wald sind prima Fundsachen.

Dieses Kapitel zeigt, wie du mit dem Schnitzmesser umgehst und was du damit herstellen kannst. Weiter geht's mit der Laubsäge – mit Projekten, für die sogar ein Küchentisch reicht. Laubsägearbeiten sind heutzutage etwas verpönt, weil früher Schülerinnen und Schüler oft mit ungeliebten, langwierigen Aufgaben beschäftigt wurden. Hingegen hatten wir mit unseren Arbeiten nach eigenen Entwürfen viel Spaß und finden, dass man die eingestaubte Laubsäge dringend wieder aus ihrer Kiste befreien sollte!
Außerdem wird eine einfache Holzverbindung erklärt, denn sie ist nützlich für Konstruktionen und den einfachen Möbelbau. Und zum Schluss gibt's noch ein paar freie Arbeiten aus inspirierenden Holzresten.

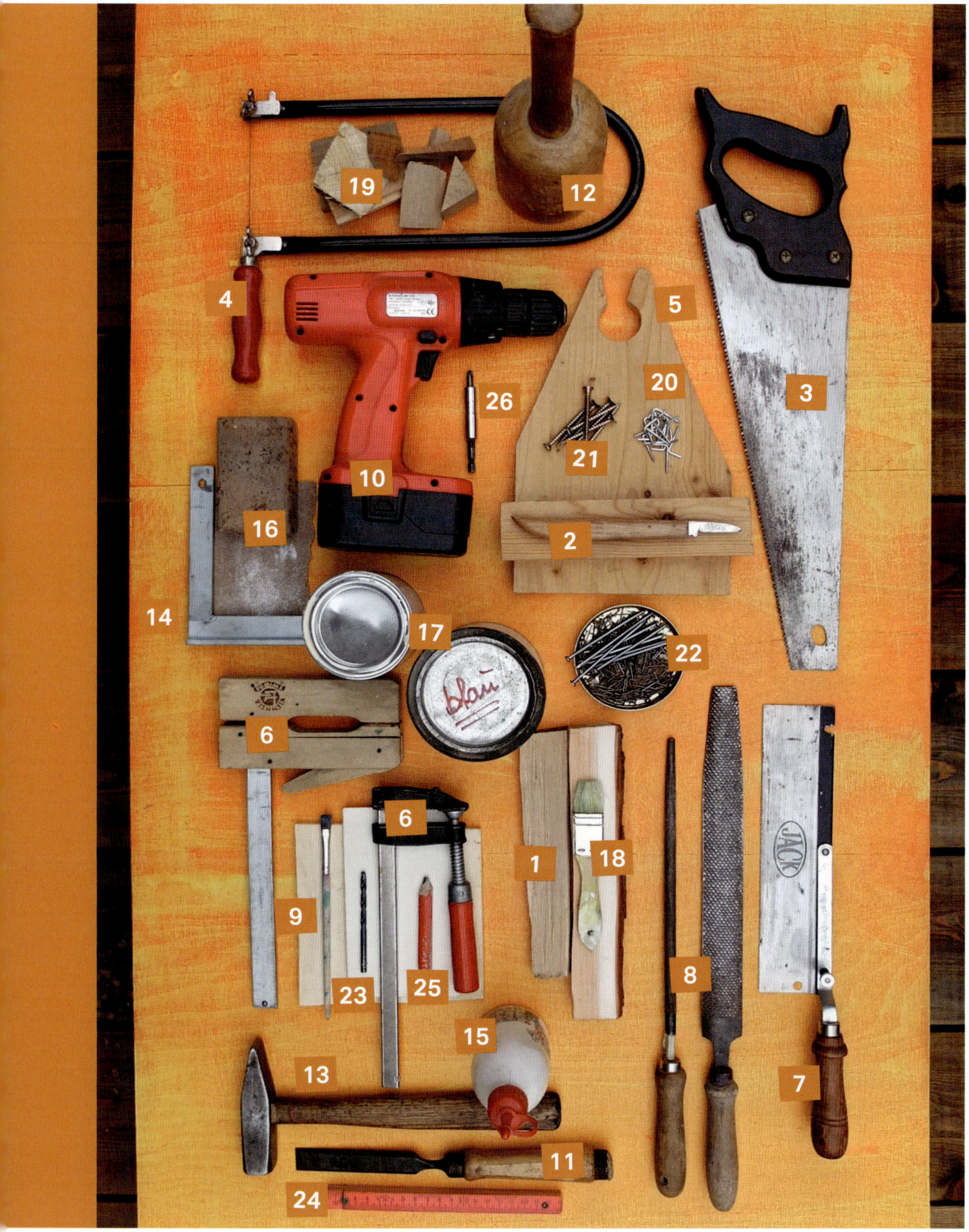

MATERIALIEN

1. HOLZ ZUM SCHNITZEN
2. SCHNITZMESSER Rosenmesser
3. FUCHSSCHWANZ
4. LAUBSÄGE
5. LAUBSÄGETISCH
6. SCHRAUBZWINGEN
7. FEINSÄGE
8. RASPELN
9. SPERRHOLZ, 3 mm/6 mm
10. AKKUSCHRAUBER
11. STECHBEITEL
12. KLÖPFEL Holzhammer
13. HAMMER
14. WINKEL
15. LEIM
16. SCHLEIFPAPIER mit Schleifklotz
17. LACKFARBEN auf Acrylbasis
18. PINSEL
19. HOLZRESTE
20. SCHRAUBHAKEN
21. SCHRAUBEN
22. NÄGEL
23. BOHRER, 4 mm
24. ZOLLSTOCK
25. ZIMMERMANNS-BLEISTIFT
26. BITHALTER mit Bit

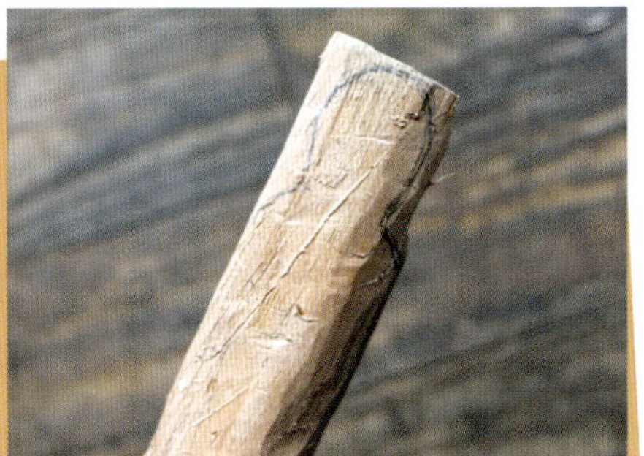
1. Kopf anzeichnen

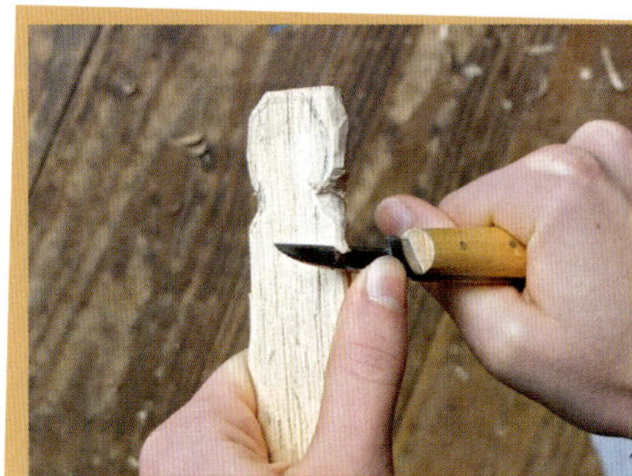
2. Schnitzmesser halten

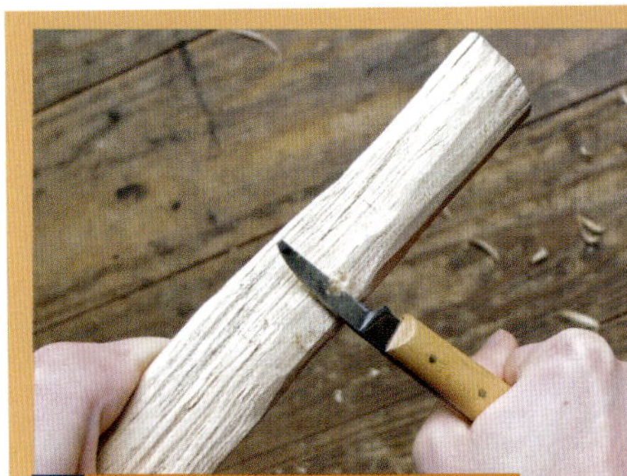
3. Mit der Faser arbeiten

SCHNITZEN KANNST DU ÜBERALL

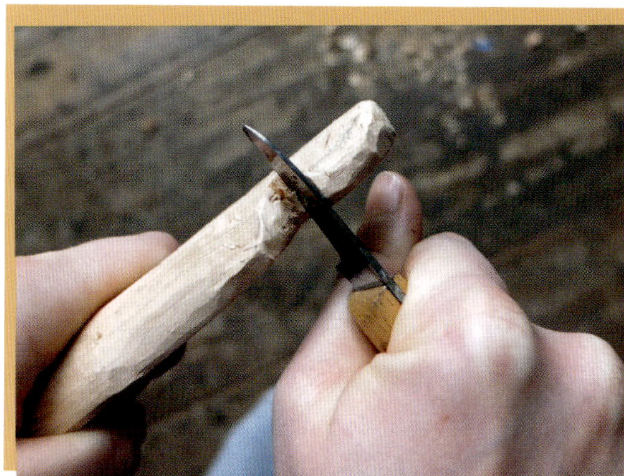
4. Hals einkerben

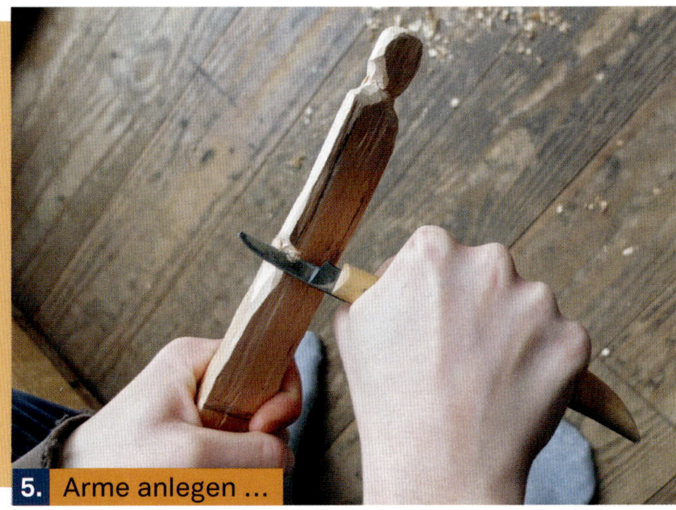
5. Arme anlegen ...

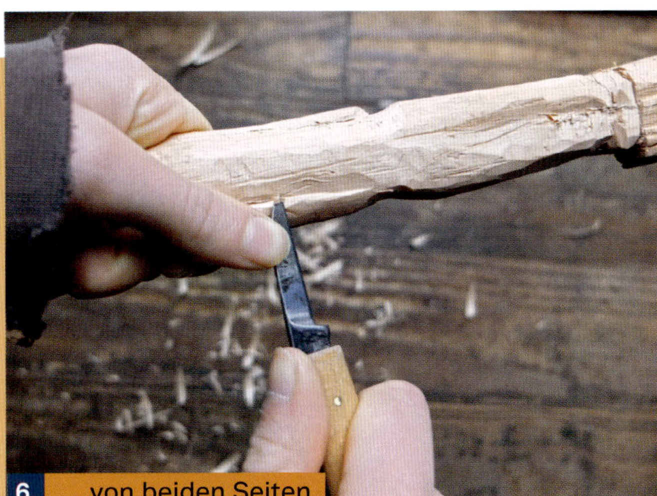
6. ... von beiden Seiten

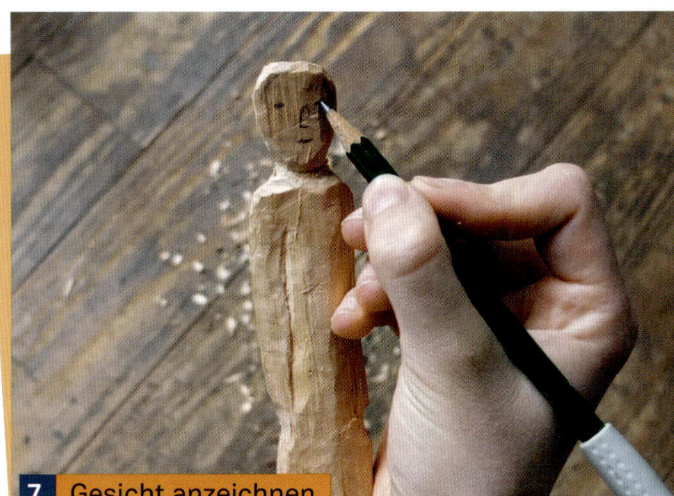
7. Gesicht anzeichnen

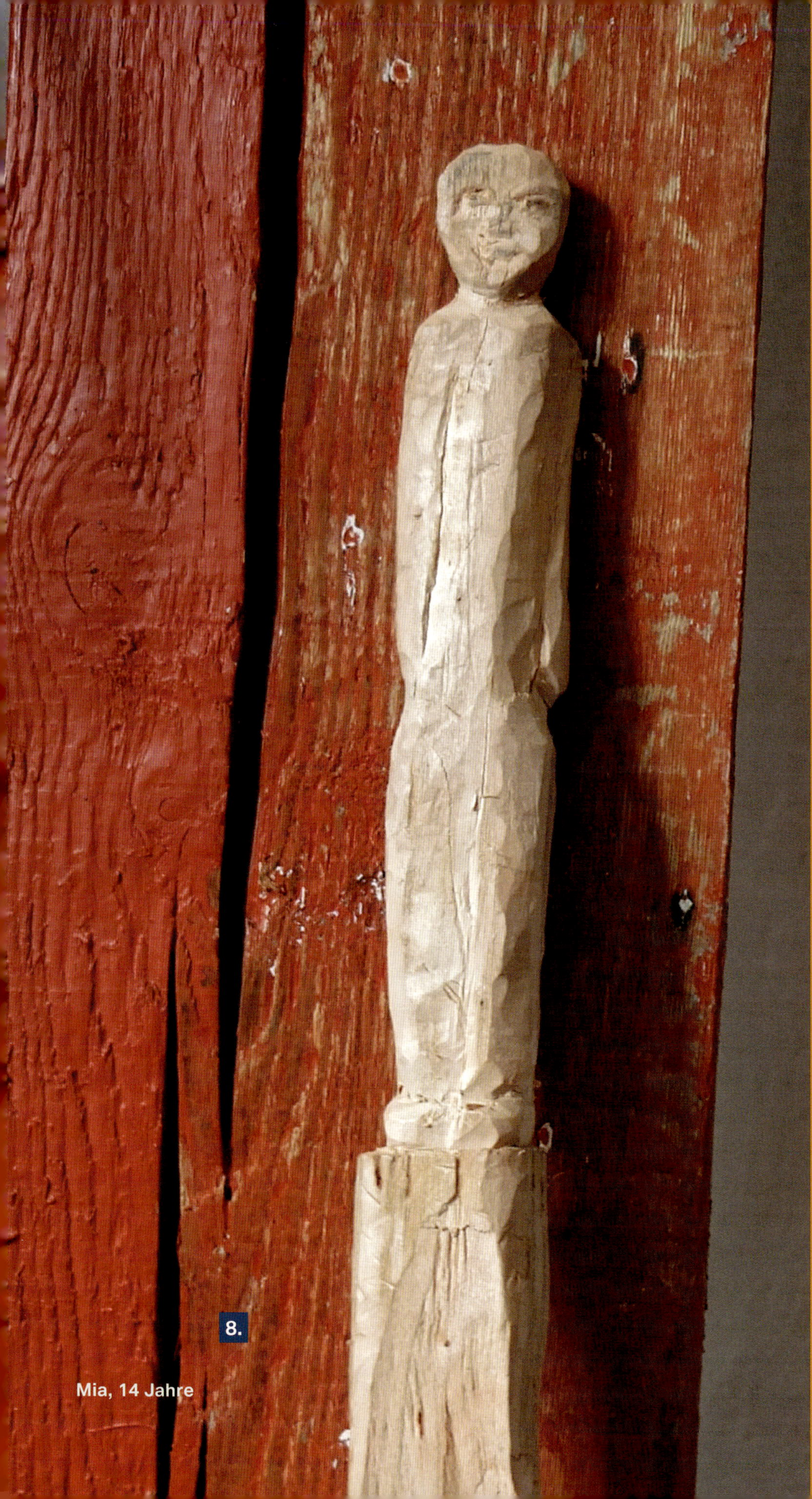

8.

Mia, 14 Jahre

Schnitzen kann man zu jeder Gelegenheit, denn dein Messer ist das einzige Werkzeug, das du brauchst. Für den Anfang eignet sich gut ein Stück Pappelrinde: Sie ist besonders leicht zu bearbeiten. Ansonsten sei das weiche Lindenholz empfohlen. Hier wird mit Weide geschnitzt. Die Messerklinge sollte nicht zu lang sein. Wir verwenden ein Rosenmesser, es gibt aber auch andere geeignete Schnitzmesser.

1. Es soll eine Figur entstehen. Der Kopf ist angezeichnet.

2. Das Wichtigste ist, dass du ruhig und konzentriert bei der Arbeit bist. Die Hand, die das Werkstück hält, befindet sich möglichst nicht vor, sondern hinter dem Messer.

3. Wenn du mit der Faser arbeitest – das heißt in die Richtung, in die der Baum gewachsen ist – kommst du ziemlich schnell voran.

4. Den Hals einkerben. Achte darauf, dass die linke Hand nicht verletzt werden kann, auch wenn du in diese Richtung schnitzt.

5. Die Position der Arme markieren und die Arme anlegen ...

6. ... auch von der anderen Seite.

7. Beim Anzeichnen des Gesichts darauf achten, dass die Augen nicht zu hoch sitzen.

8. Der Rest des Holzes bleibt einfach als Sockel stehen.

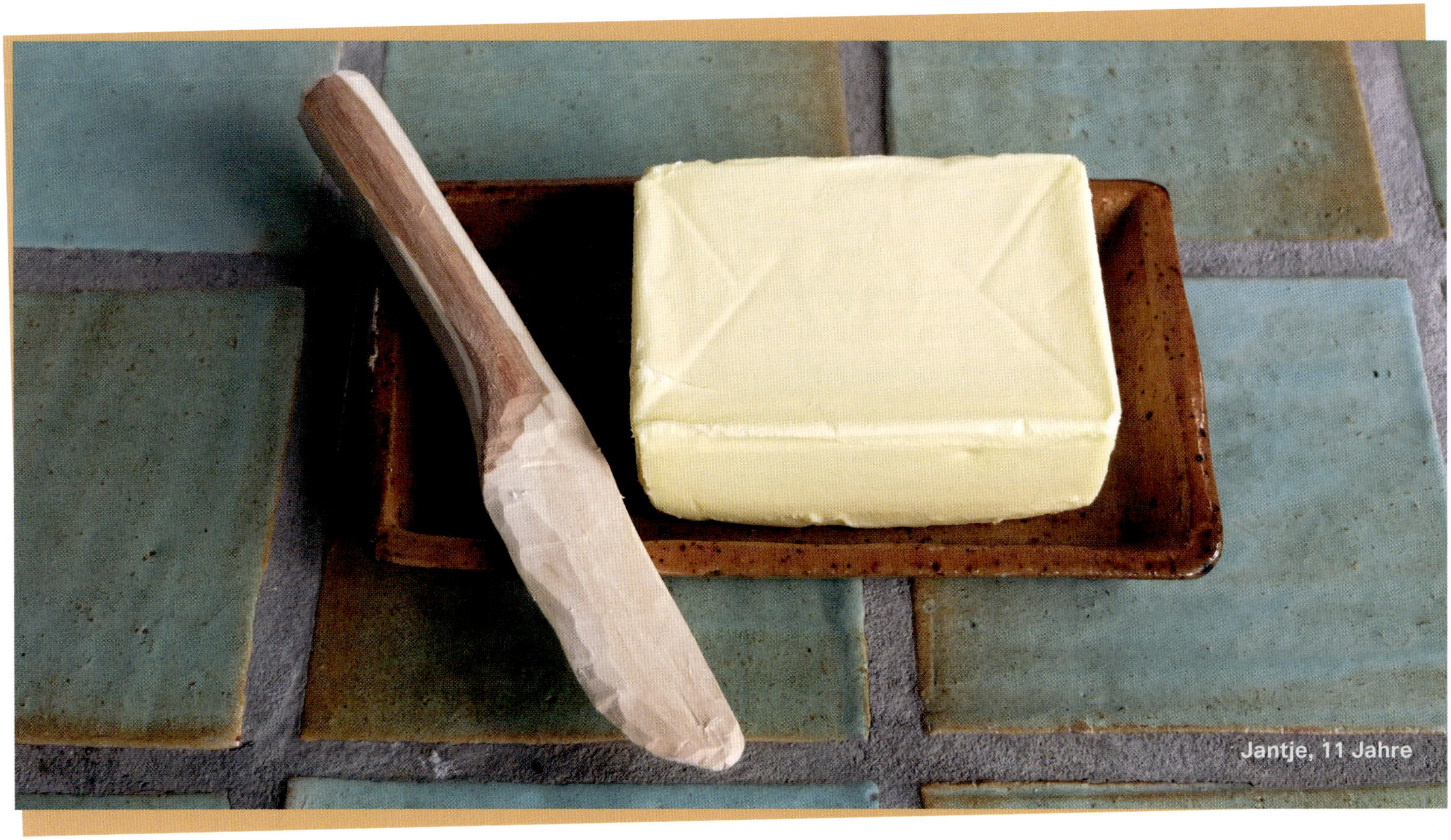

Jantje, 11 Jahre

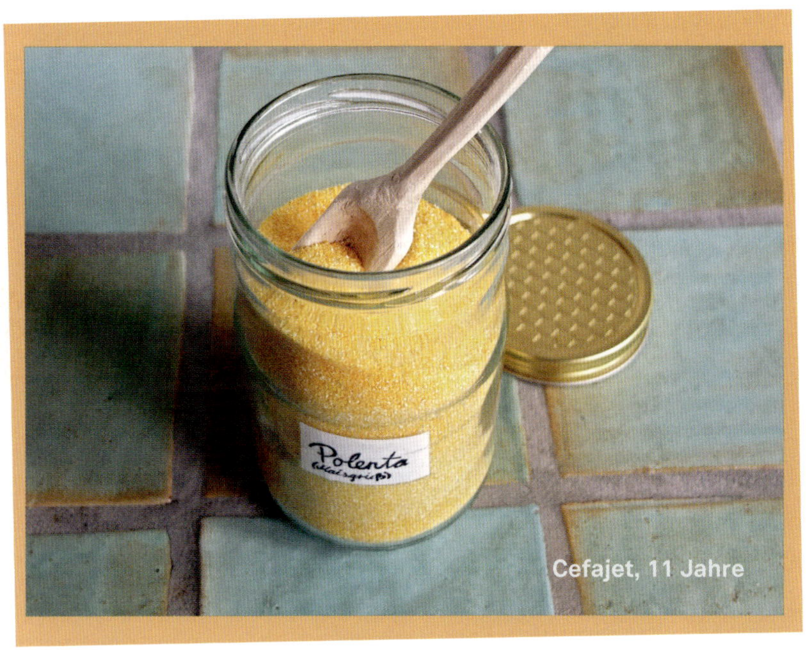

Cefajet, 11 Jahre

EIN HANDGESCHNITZTER LÖFFEL ODER EIN BUTTERMESSER MACHEN SICH IN JEDER KÜCHE GUT

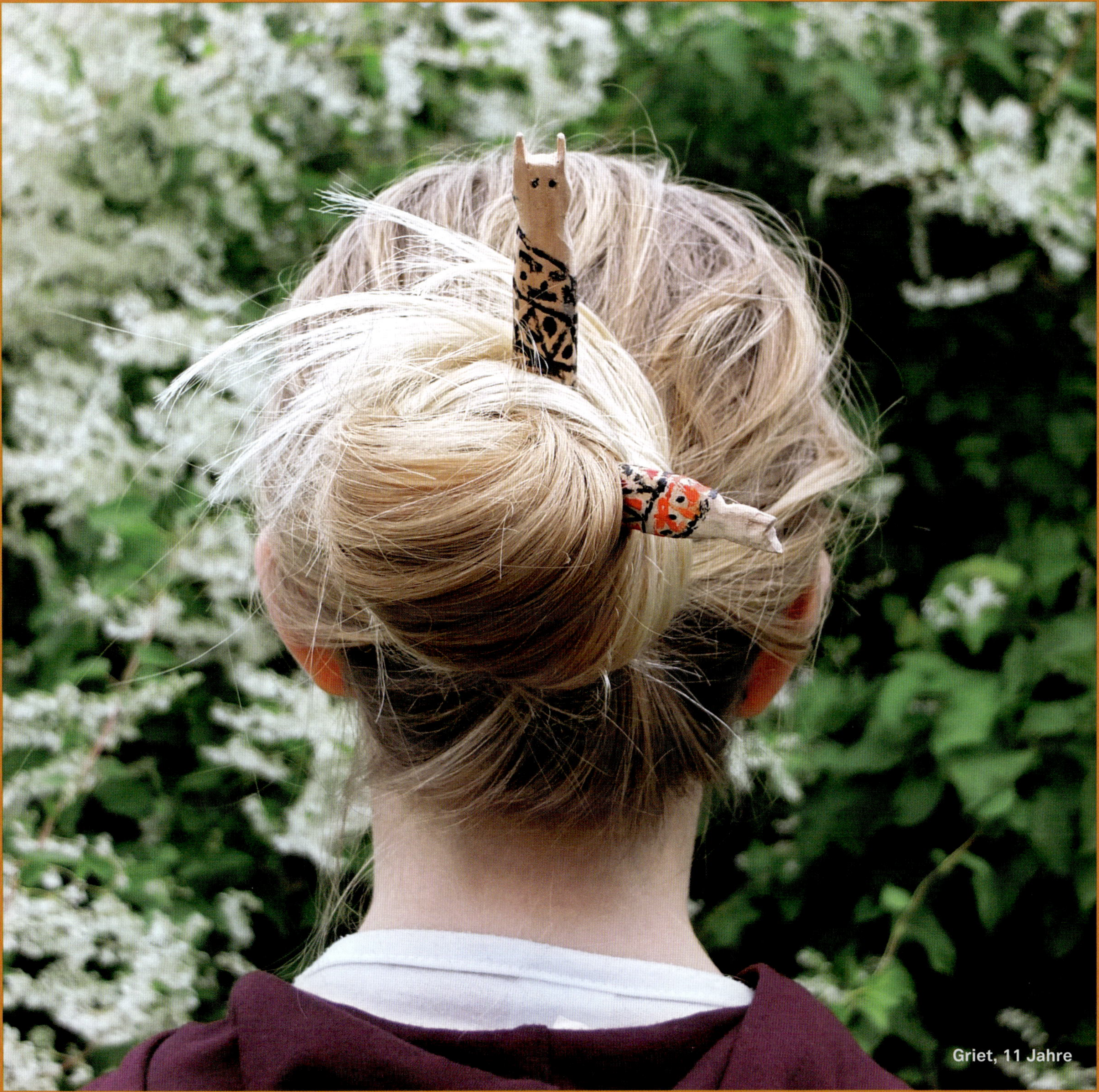

Griet, 11 Jahre

HAARNADEL-UNIKATE

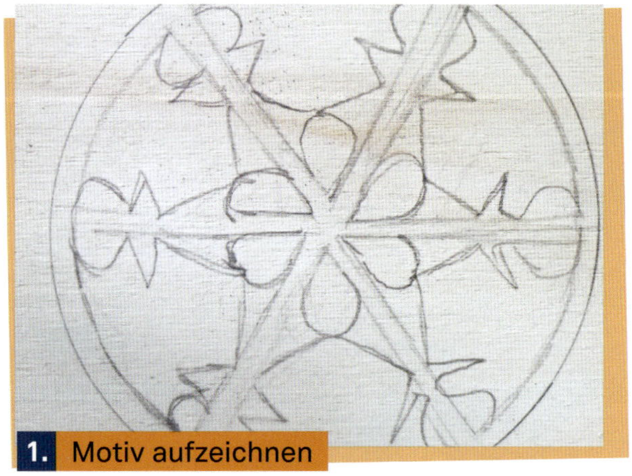

1. Motiv aufzeichnen

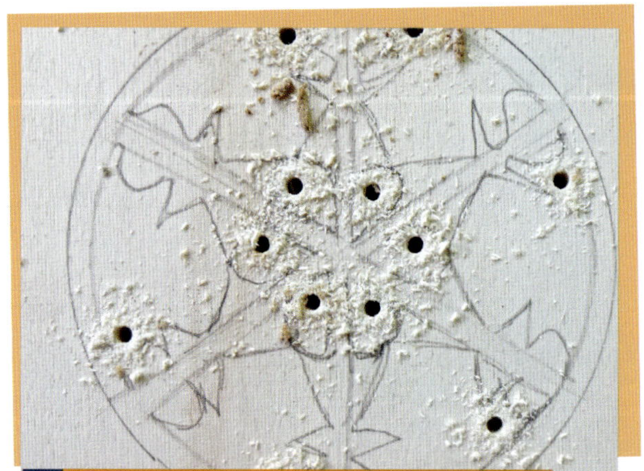

2. In die Innenflächen Löcher bohren

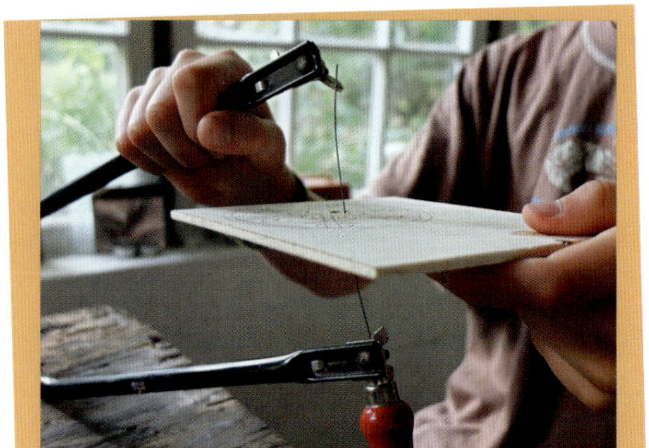

3. Sägeblatt hindurchführen und einspannen

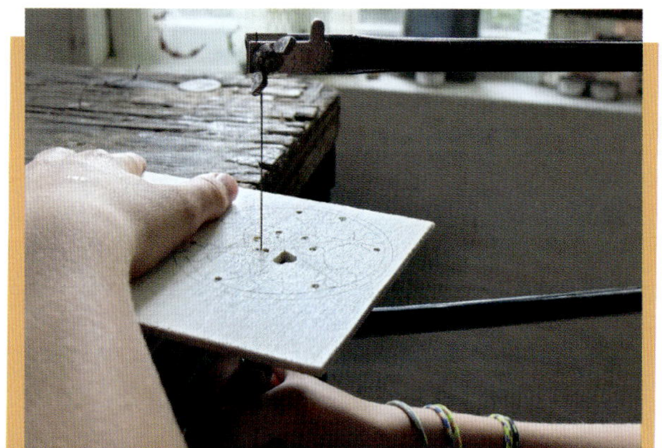

4. Von innen nach außen arbeiten

IMMER VON DER MITTE ZUM RAND ARBEITEN

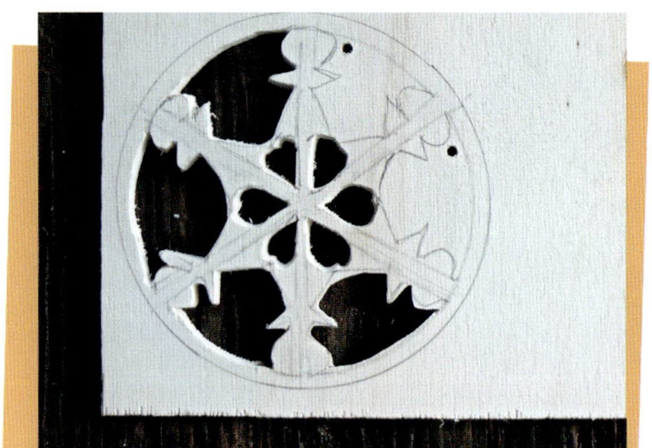

5. Randbereiche sägen

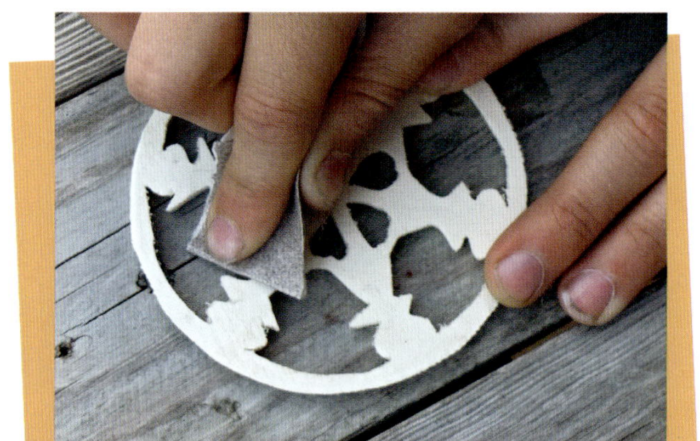

6. Schleifen und Loch für Aufhängung bohren

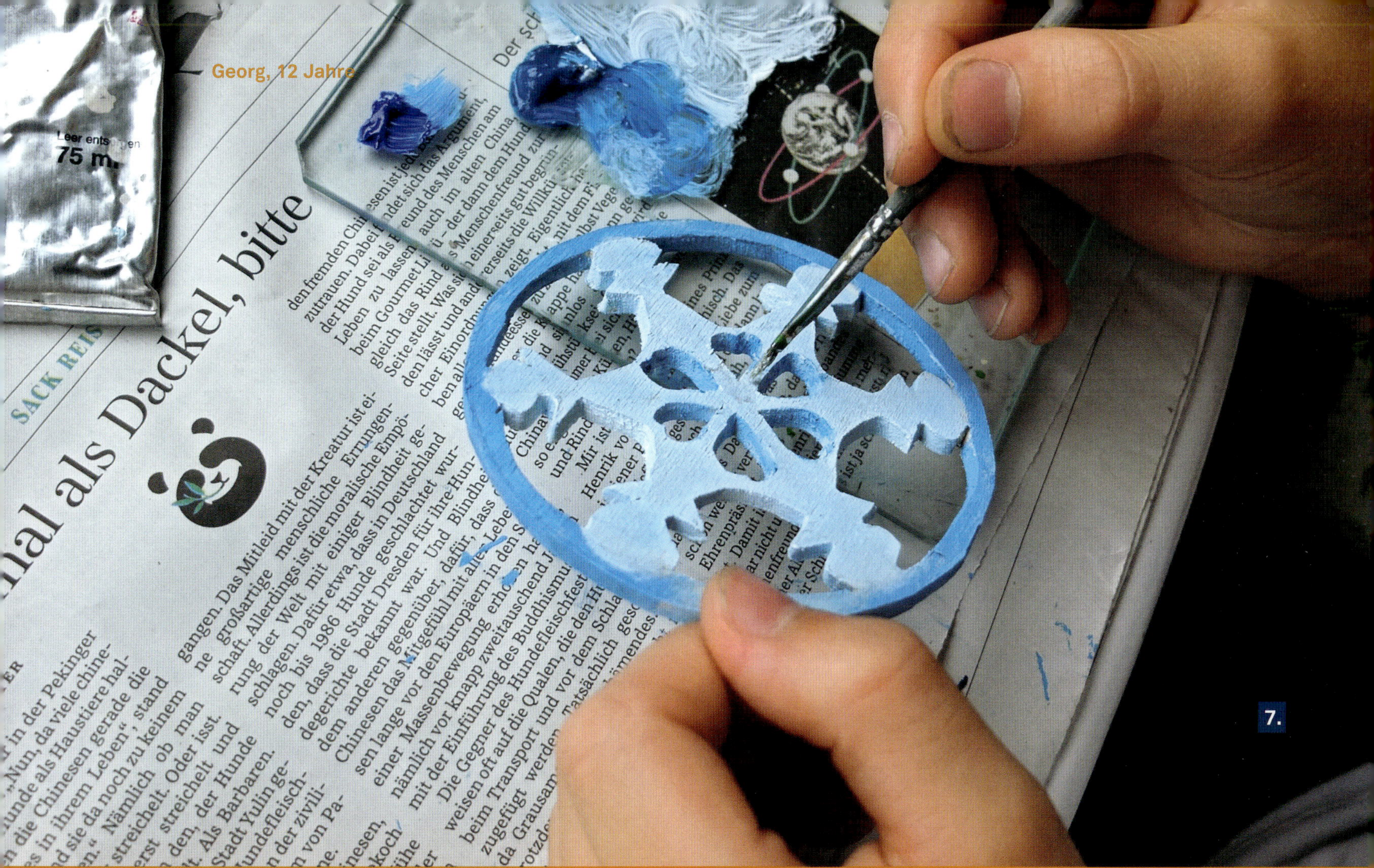

Georg, 12 Jahre

Zum Laubsägen brauchst du Sperrholz (am besten 3 oder 4 mm stark) und eine Laubsäge. Wenn du eine einfache Laubsägevorrichtung hast, die man per Schraubzwinge am Tisch befestigt, geht alles noch besser! Sägeblätter gibt es in verschiedenen Ausführungen: grob, mittel oder fein. Das Sägeblatt mit den Zähnen nach unten zeigend mit den beiden Flügelmuttern einspannen: Die Säge arbeitet auf Zug. Nach dem Sägen die obere Mutter wieder öffnen. Soll ein Innenstück ausgesägt werden – so wie bei der Schneeflocke – brauchst du eine Bohrmaschine, einen Handbohrer oder einen Akkuschrauber.

1. Das Motiv auf die Holzplatte zeichnen. Hier wird es ein Schneeflocken-Anhänger.

2. Nun ein kleines Loch (ca. 4 mm) in jede innen liegende Fläche bohren ...

3. ... und das Sägeblatt hindurchfädeln. Anschließend das Sägeblatt mit der oberen Flügelmutter befestigen.

4. Bei einem feingliedrigen Teil wie diesem immer in der Mitte anfangen zu sägen und von dort langsam nach außen arbeiten. So ist die Holzplatte am stabilsten.

5. Zum Rand hin sägt man zuerst die Stellen aus, an denen wenig Platz zum Festhalten mit der linken Hand ist.

6. Jetzt wird alles vorsichtig geschliffen. Anschließend ein Loch für die Aufhängung bohren und einen Faden hindurch ziehen.

7. Zum Schluss kannst du dein Werk anmalen.

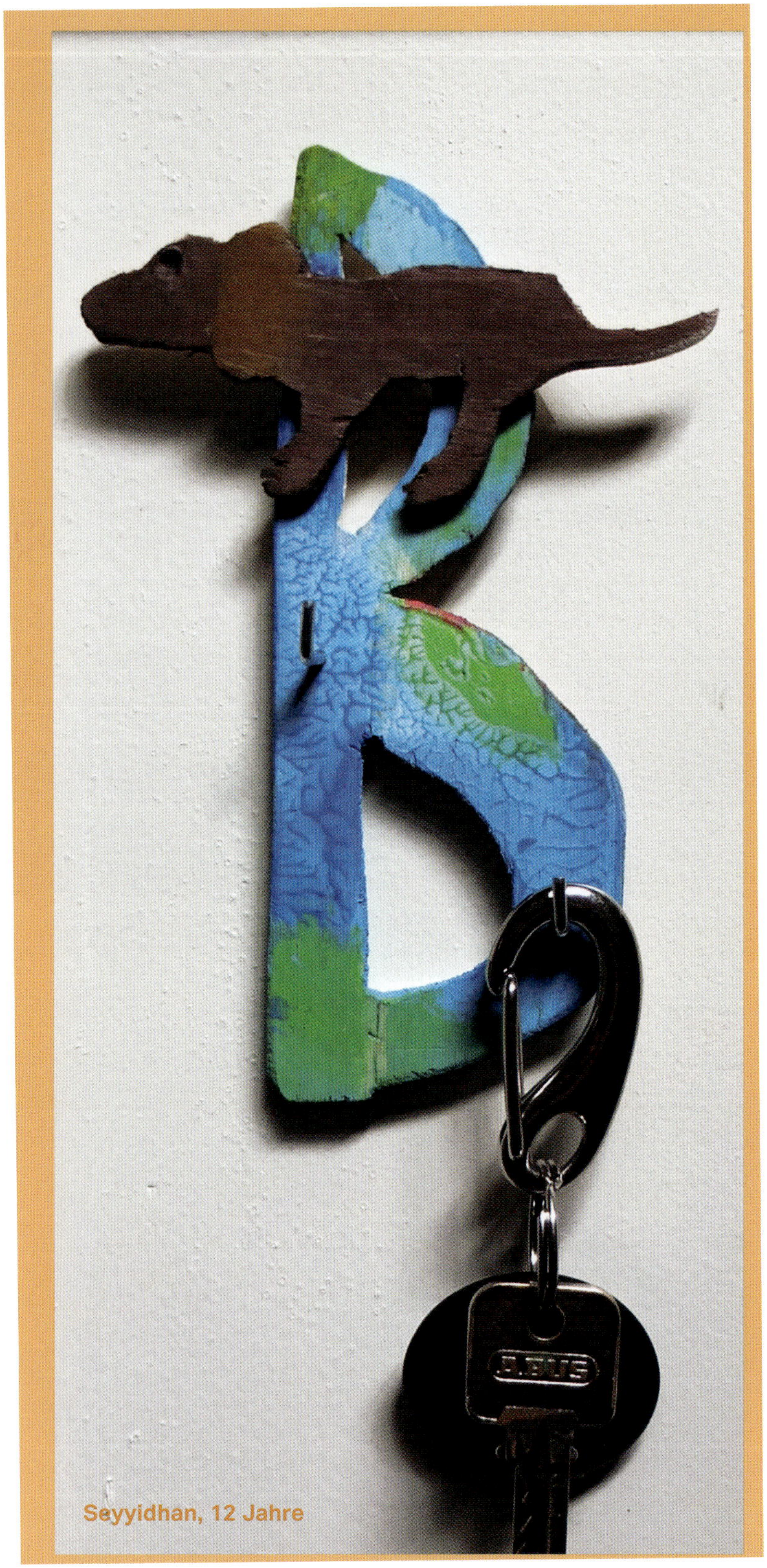

Seyyidhan, 12 Jahre

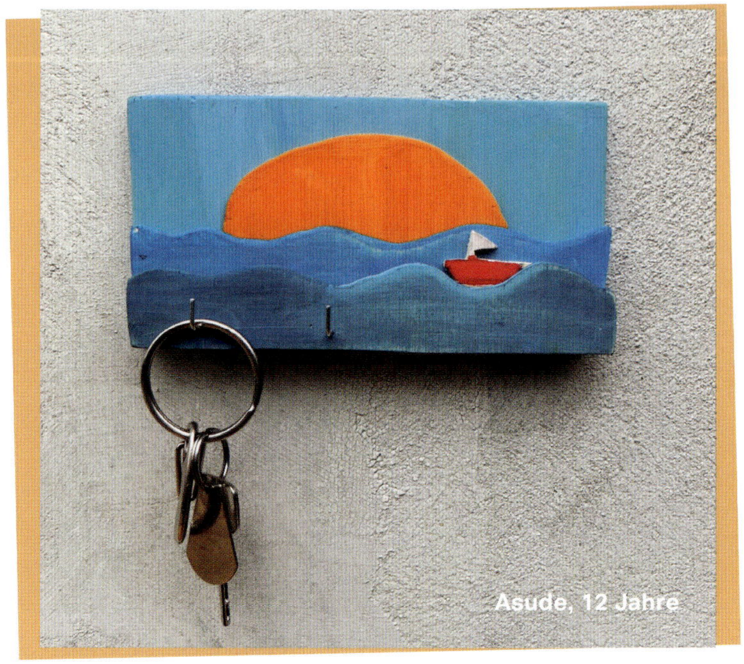

Asude, 12 Jahre

3-D GESÄGT

Laubsägeobjekte mit verschiedenen Ebenen sind besonders originell: Bei diesen Schlüsselbrettchen wird aus flachen Brettern ein räumliches Volumen aufgebaut.

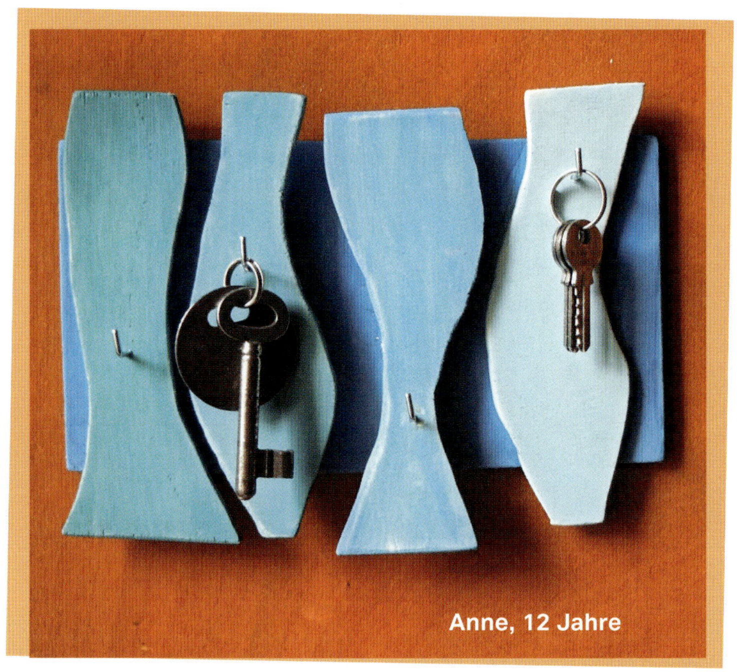

Anne, 12 Jahre

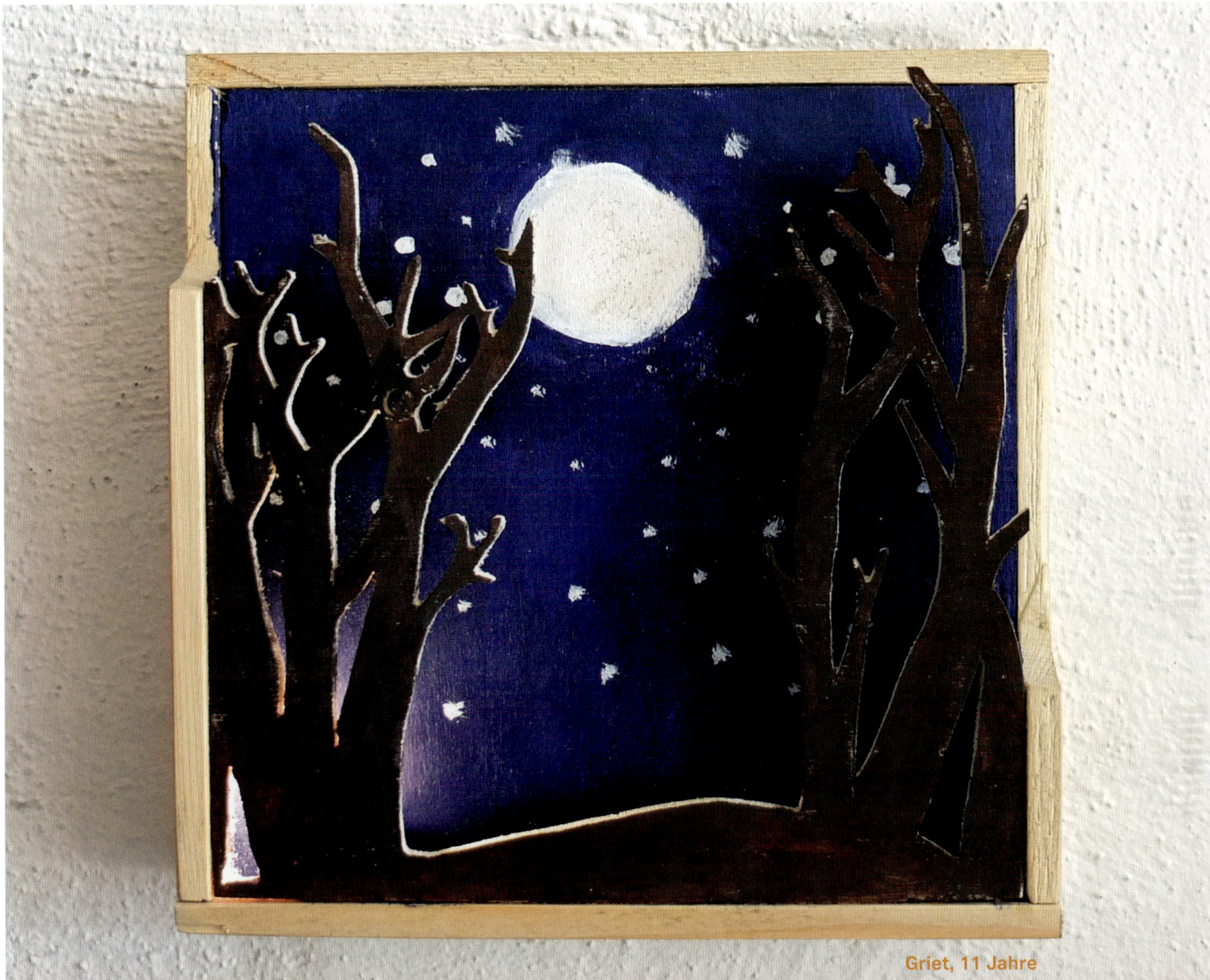

Griet, 11 Jahre

SCHUMMERLICHT!

Bei der Wandlampe wird ein 3,5-Volt-Glühlämpchen mit Fassung zwischen den beiden Sperrholzplatten versteckt. Die hintere Platte ist mit einem Loch versehen, durch das die Leitung auf die Rückseite führt: Hier befindet sich eine Flachbatterie, an der sich die Leitung mit Büroklammern an- und abklemmen lässt. Wie du die Beleuchtung verdrahtest, findest du auf Seite 22 im Kapitel *Metall*.

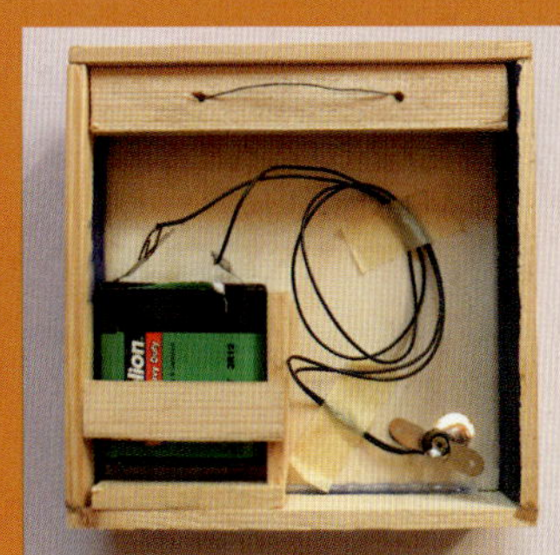

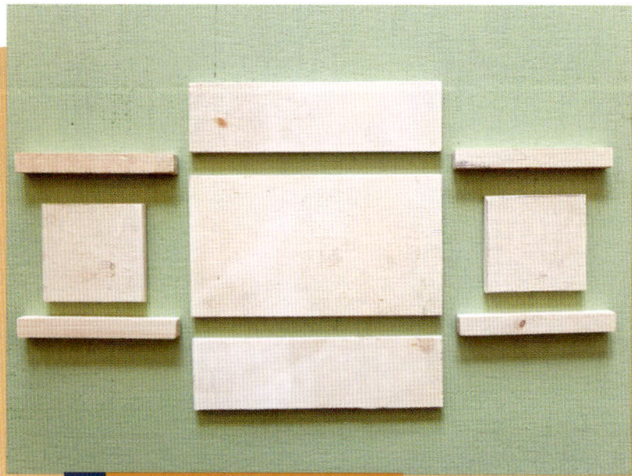

1. Unsere Materialien

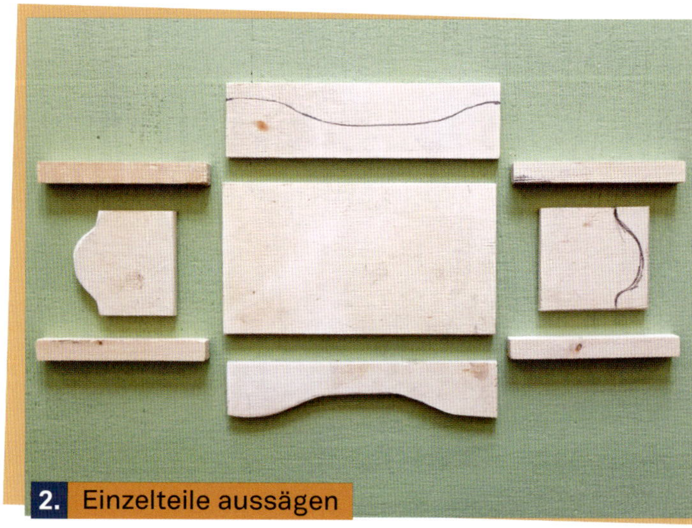

2. Einzelteile aussägen

NICHT NUR FÜR PUPPEN GEEIGNET

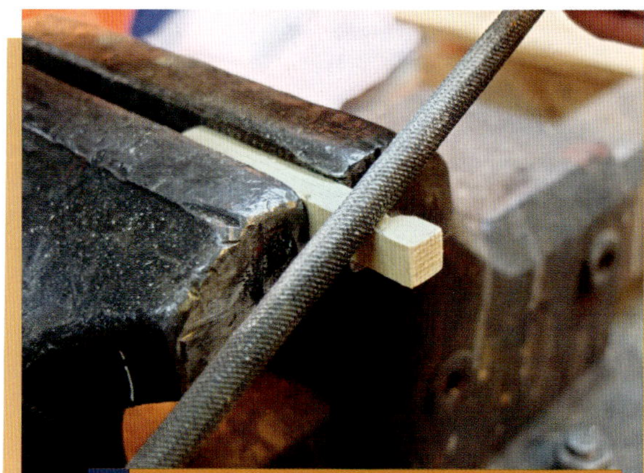

3. Bettpfosten mit Raspel gestalten

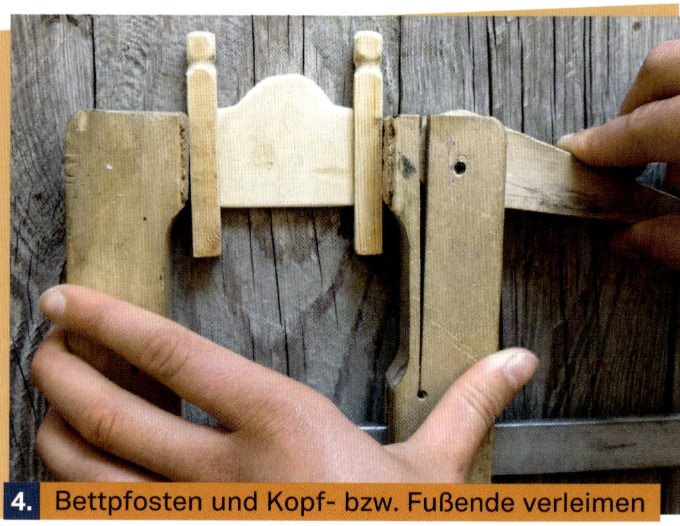

4. Bettpfosten und Kopf- bzw. Fußende verleimen

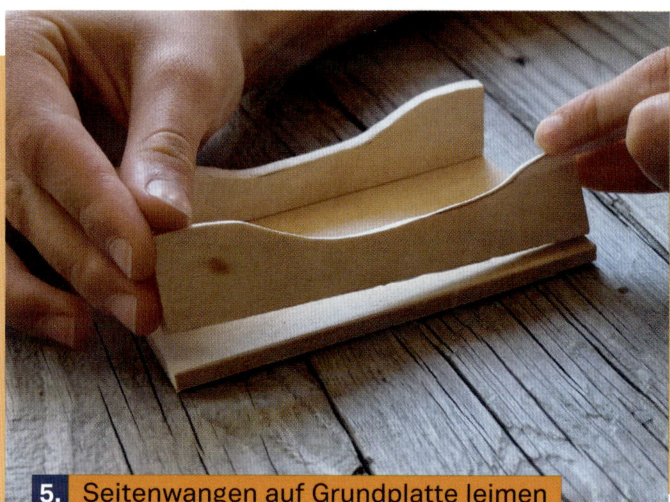

5. Seitenwangen auf Grundplatte leimen

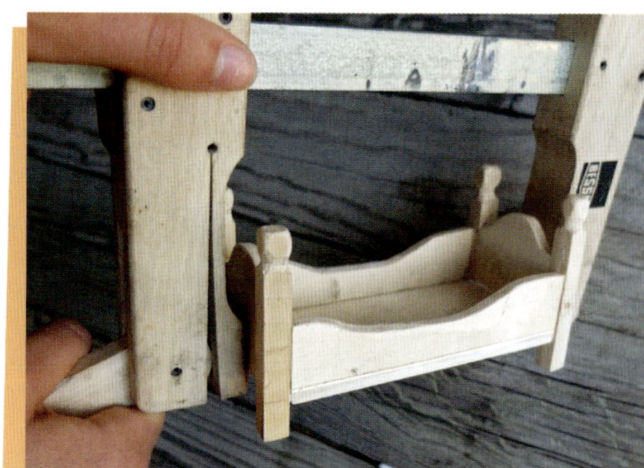

6. Puppenbett zusammenleimen

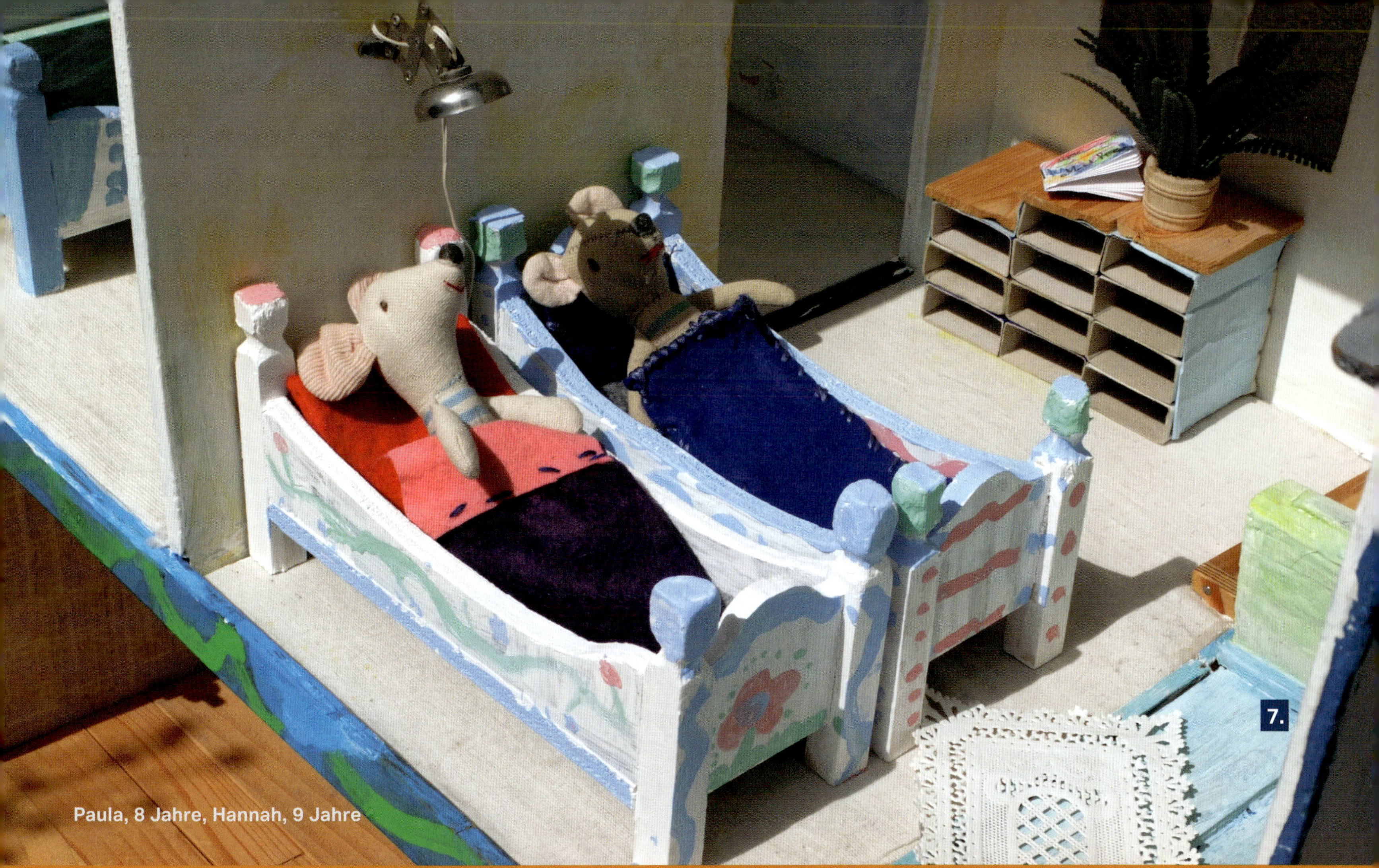
Paula, 8 Jahre, Hannah, 9 Jahre

7.

Wer kleine Geschwister, Cousins oder Cousinen hat, findet hier die Anleitung für ein selbst gemachtes Geburtstagsgeschenk: ein Puppenbett!

1. Diese Teile brauchst du: 4 Bettpfosten (1 x 1 x 7,5 cm); Sperrholz, 6 mm stark für 2 Seitenwangen (12 x 3,5 cm); Kopf- und Fußende (5 x 4,7 cm); Grundplatte (12 x 6,7 cm).

2. An Kopf- und Fußende sowie an den Seitenwangen einen schönen Schwung aufzeichnen und mit der Laubsäge aussägen.

3. Leisten für die Bettpfosten einspannen, am oberen Ende mit der Raspel gestalten und mit Schleifpapier glätten.

4. Nun Kopf- und Fußende zwischen die Bettpfosten leimen: Dabei streichst du Leim auf die zu verbindenden Stellen, legst alle drei Teile plan auf die Arbeitsplatte und setzt eine Schraubzwinge an.

5. Die Seitenwangen rechts und links auf die Grundplatte leimen. Sie dürfen an keiner Seite überstehen, sonst passen sie später nicht zwischen die Pfosten. Diese Teile müssen beim Leimen nicht mit Schraubzwingen fixiert werden.

6. Alle drei Elemente können nach ca. 20 Minuten zusammengeleimt werden. Achtung: Die plane Seite von Kopf- und Fußende kommt jetzt nach innen! Wenn der Leim angezogen ist (lieber etwas länger warten), die Schraubzwinge lösen und das ganze Bett schleifen.

7. Anmalen. Sehr komfortabel!

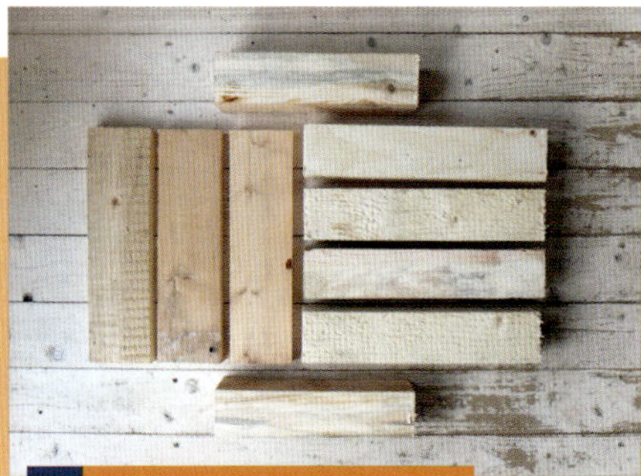

1. Unsere Materialien

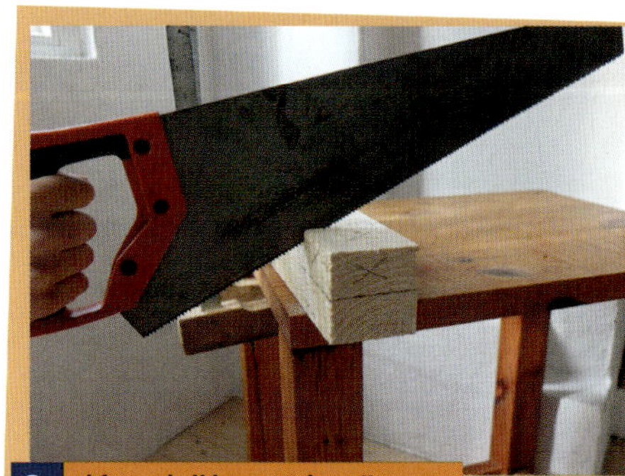

2. Kanthölzer einsägen

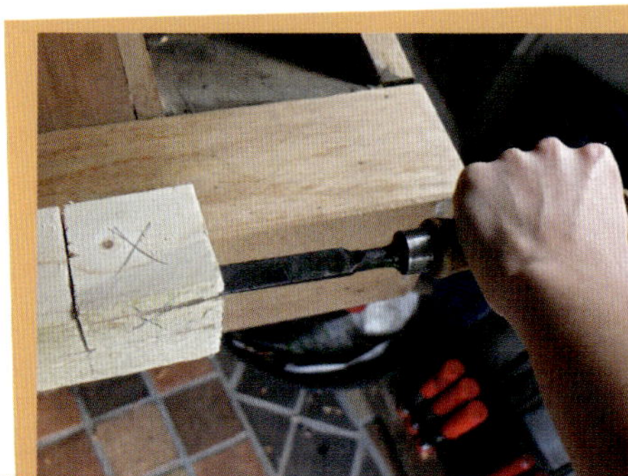

3. Mit Stechbeitel und Klöpfel abtragen

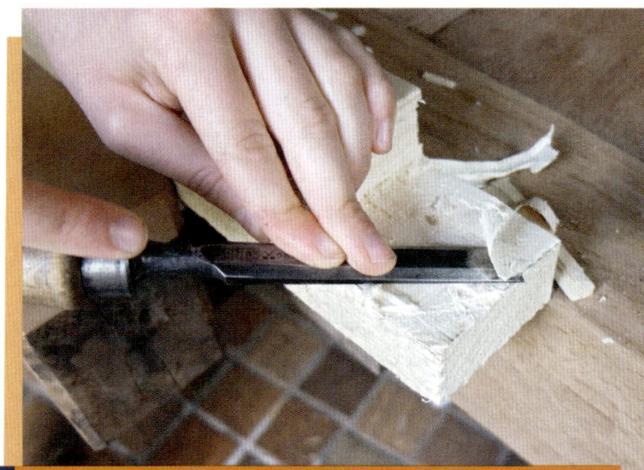

4. Mit Stechbeitel oder einer Raspel glätten

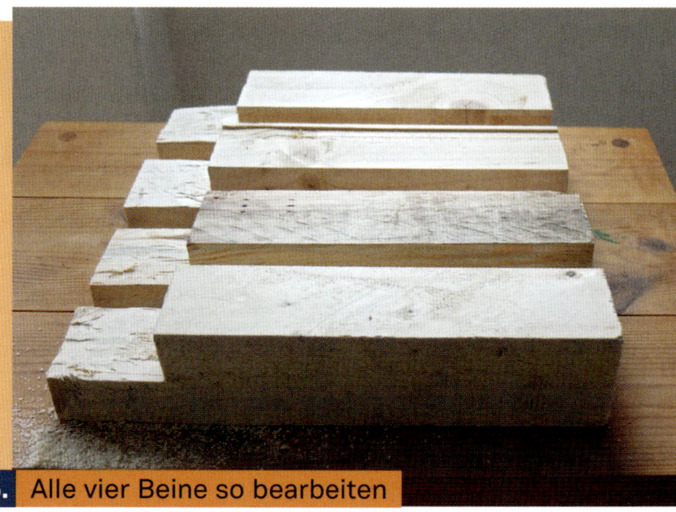

5. Alle vier Beine so bearbeiten

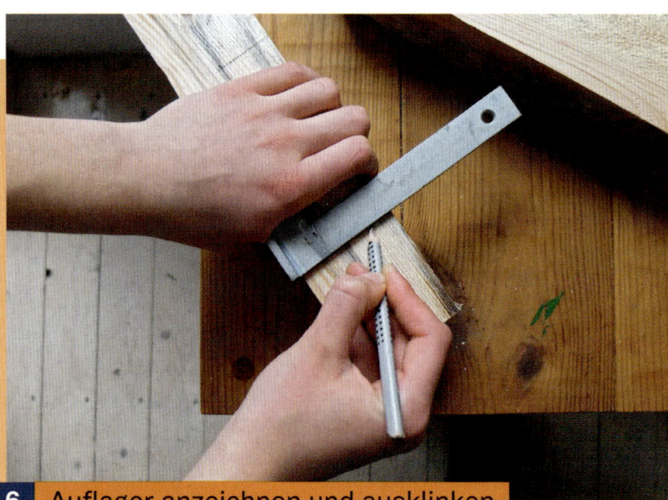

6. Auflager anzeichnen und ausklinken

EIN PERFEKTES SYSTEM FÜR HOLZMÖBEL

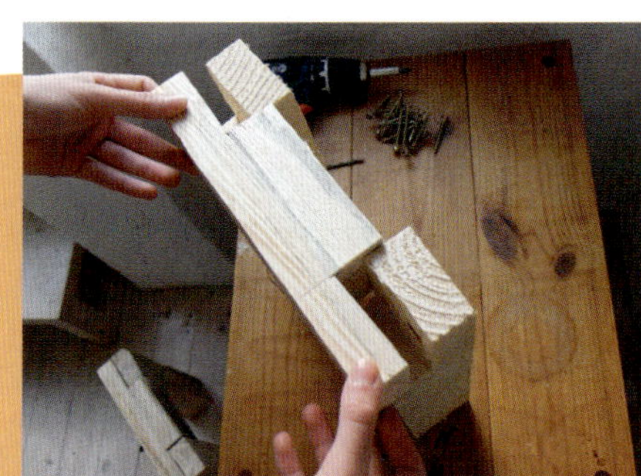

7. Zwischen den Beinen einsetzen

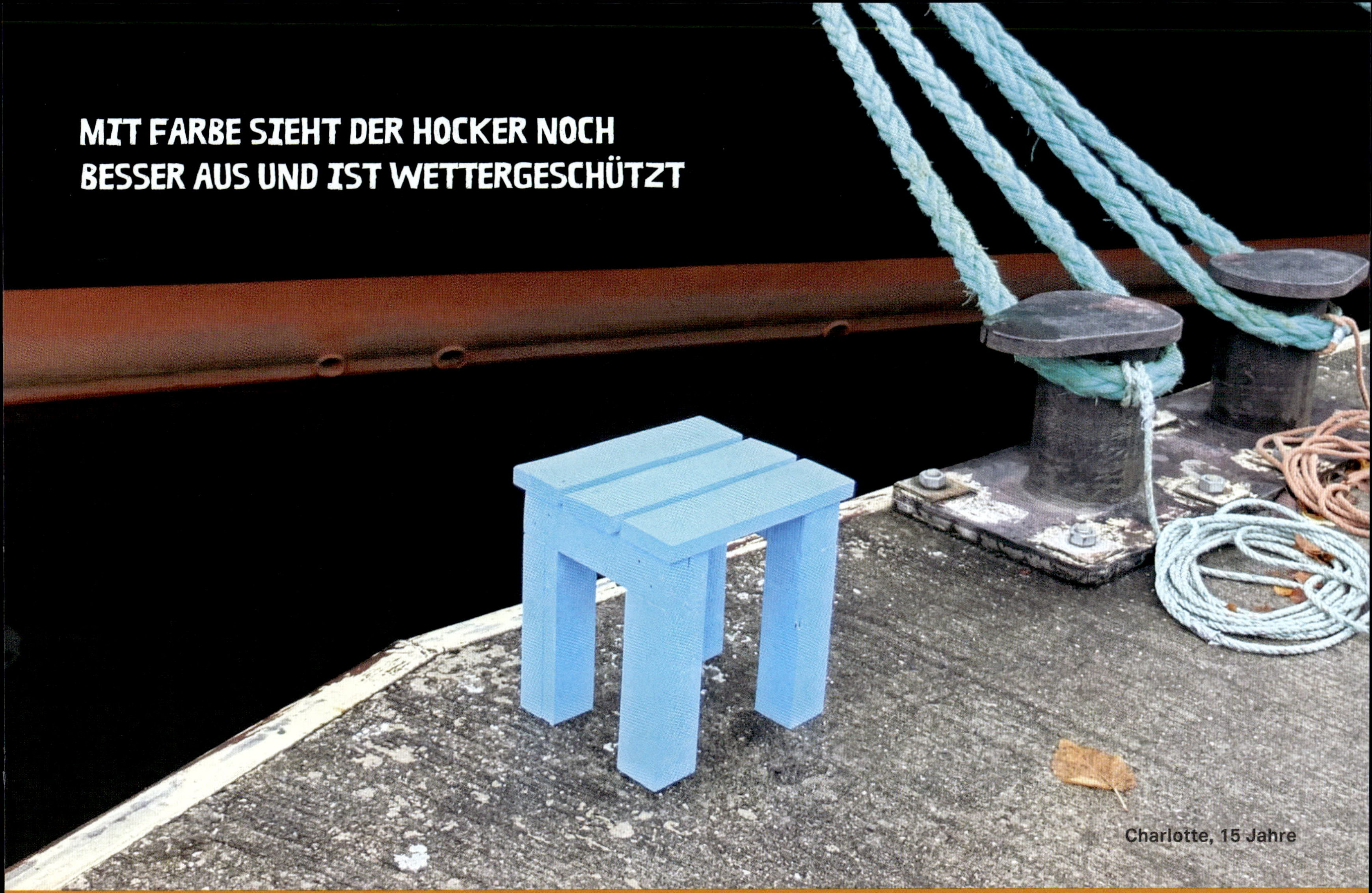

MIT FARBE SIEHT DER HOCKER NOCH BESSER AUS UND IST WETTERGESCHÜTZT

Charlotte, 15 Jahre

Für Möbel im Normalformat sollte eine Holzverbindung benutzt werden. Diese Überblattung ist einfach und wirkungsvoll. Beide Teile werden zuerst ausgeklinkt, dann zusammengesteckt und verschraubt. Wir bauen mit dieser Methode einen kleinen Hocker.

1. Du brauchst für die Beine vier Kanthölzer (6,5 x 6,5 x 30 cm), für die Auflager zwei Kanthölzer (6,5 x 6,5 x 25 cm) und drei Bretter für den Sitz (30 x 8 x 2,2 cm). Wir haben Resteholz verwendet.

2. Für die Beine wird die äußere Hälfte des quadratischen Holzes ermittelt (in diesem Fall: 6,5 cm Höhe und 3,25 cm Breite) und mithilfe eines Winkels angezeichnet. Mit dem Fuchsschwanz das Kantholz bis zur Hälfte einsägen.

3. Werkstück einspannen und mit dem Stechbeitel Stück für Stück das Holz in Faserrichtung bis zur Markierung abtragen. Wir arbeiten mit Stecheisen und Klöpfel (Holzhammer).

4. Mit dem scharfen Stechbeitel oder einer Raspel glätten.

5. Alle vier Beine so bearbeiten.

6. Auf dieselbe Art werden die Auflager an beiden Enden angezeichnet und ausgeklinkt, ...

7. ... damit sie zwischen den Beinen eingesetzt werden können.

Weiter geht's auf der nächsten Seite ->

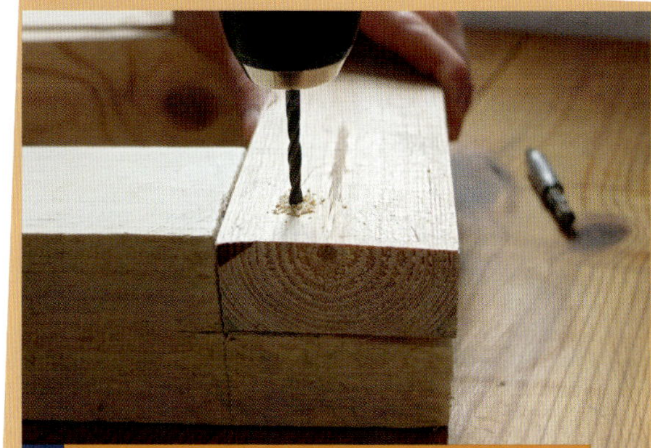

8. Ecken an zwei Stellen vorbohren …

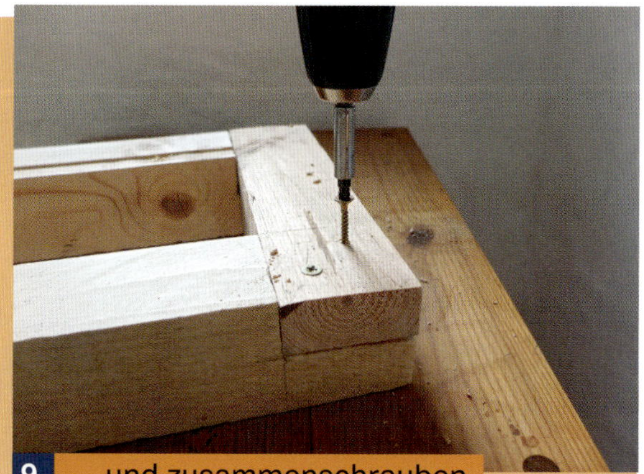

9. … und zusammenschrauben

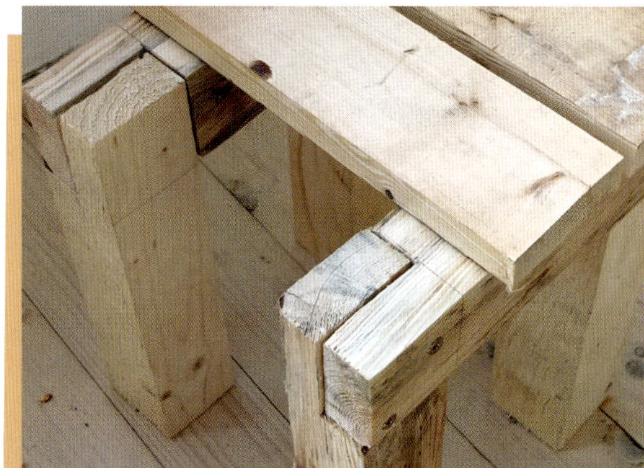

10. Es sind nun zwei „Tore“ entstanden

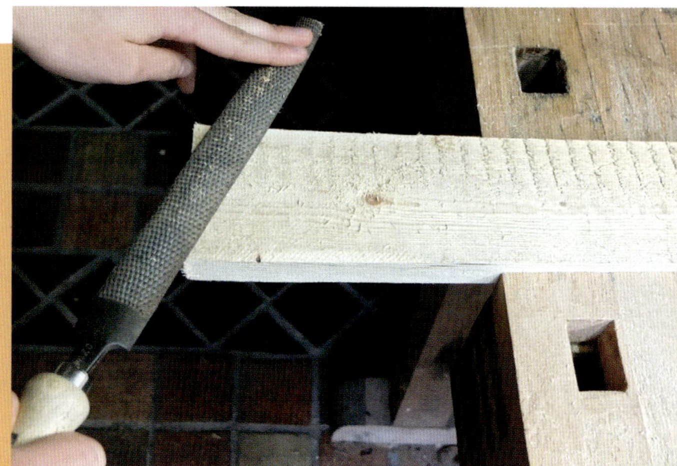

11. Bretter mit der Raspel überarbeiten …

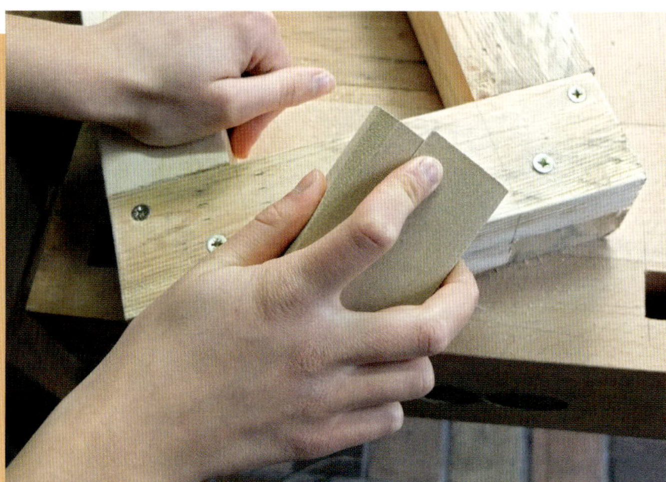

12. Kanten mit Schleifpapier brechen

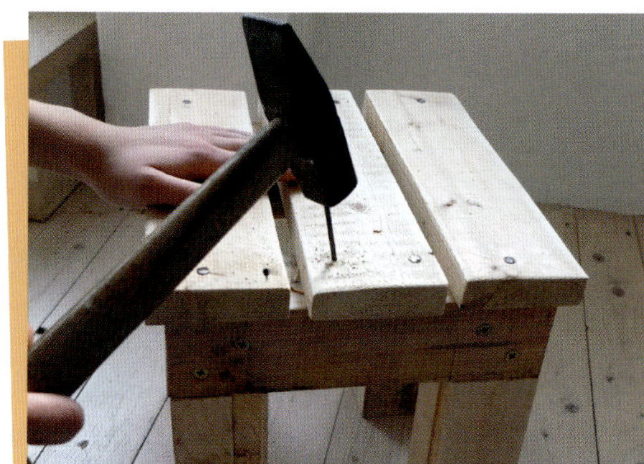

13. Bretter aufnageln

FÜR DIE „CHILL-ECKE“ AUF DEM SCHULHOF WURDEN ABFALLHÖLZER VON DER BAUSTELLE RECYCELT

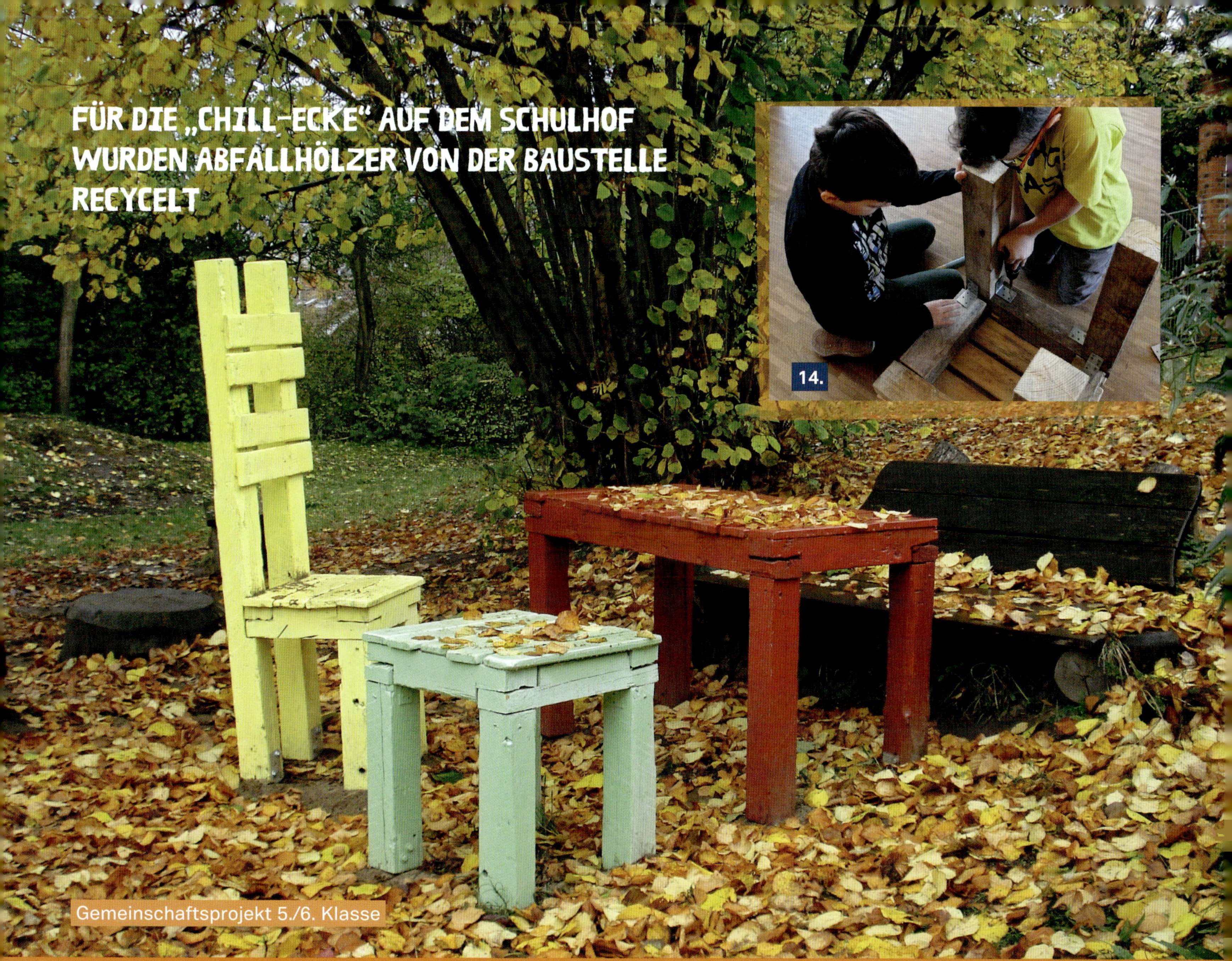

14.

Gemeinschaftsprojekt 5./6. Klasse

8. Rechtwinklig zusammenlegen, die Ecken diagonal an zwei Stellen vorbohren ...

9. ... und zusammenschrauben.

10. Es sind nun zwei „Tore“ entstanden.

11. Bretter mit der Raspel überarbeiten ...

12. ... und alle Kanten mit Schleifpapier brechen.

13. Bretter aufnageln. Achte darauf, dass die Nägel weder auf die Schrauben noch in den Spalt deiner Holzverbindung laufen!

TIPP

14. Mithilfe dieser Verbindung und ein paar Stahlwinkeln kann man auch größere Möbel bauen.

Die Möbel entstanden in Zusammenarbeit mit Gunnar Schröder.

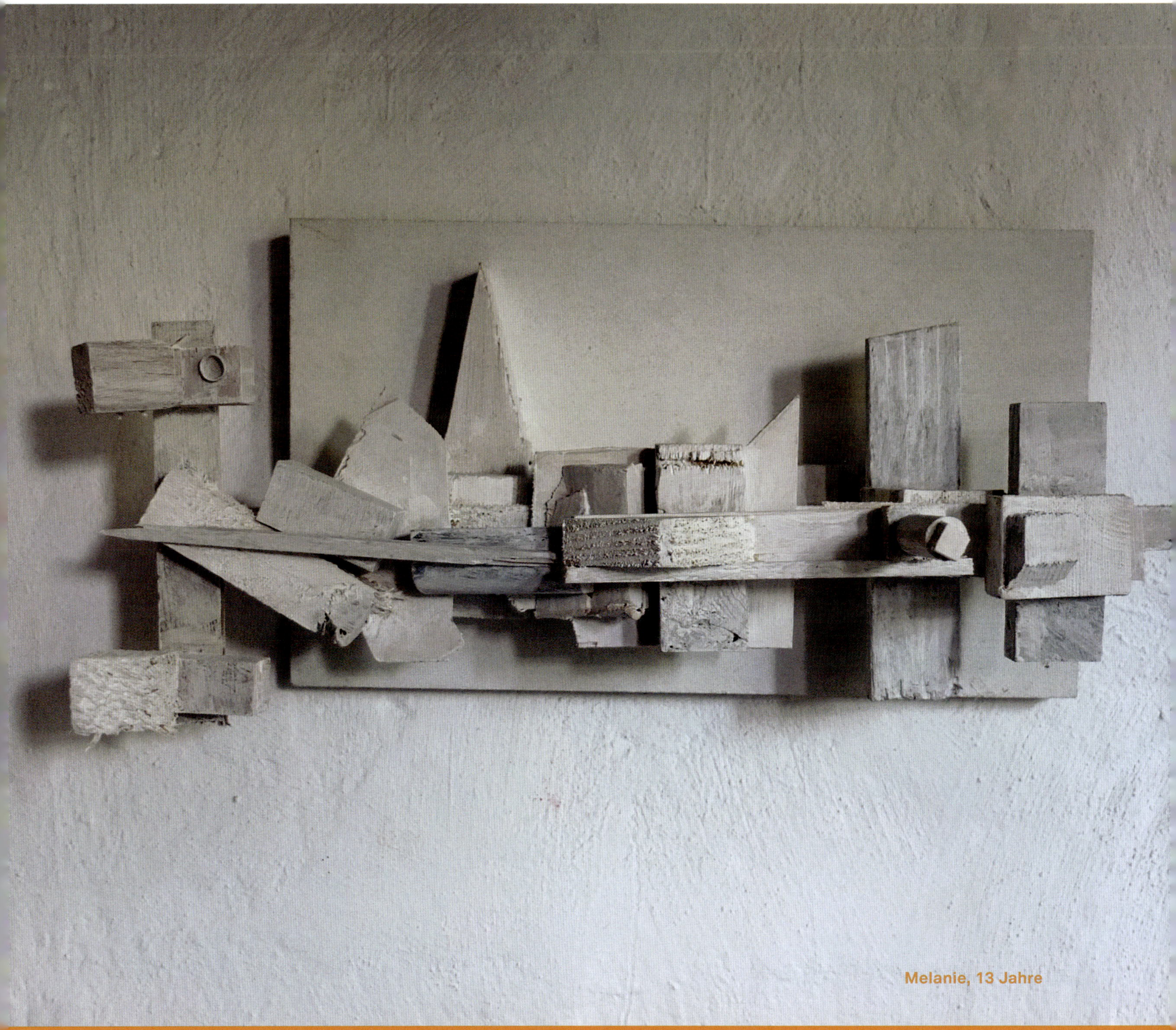

Melanie, 13 Jahre

FREIE ARBEITEN AUS HOLZABSCHNITTEN

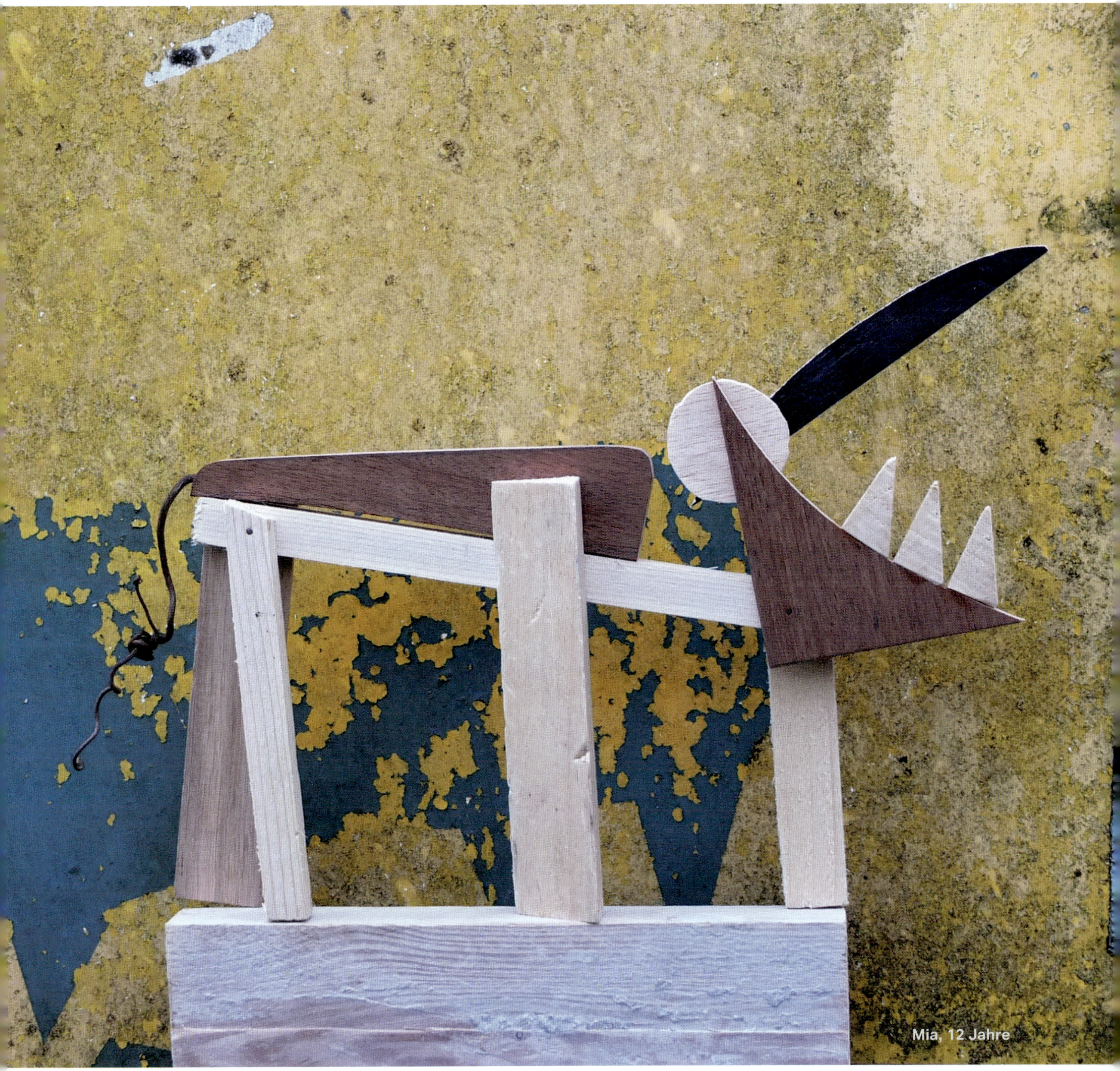

Mia, 12 Jahre

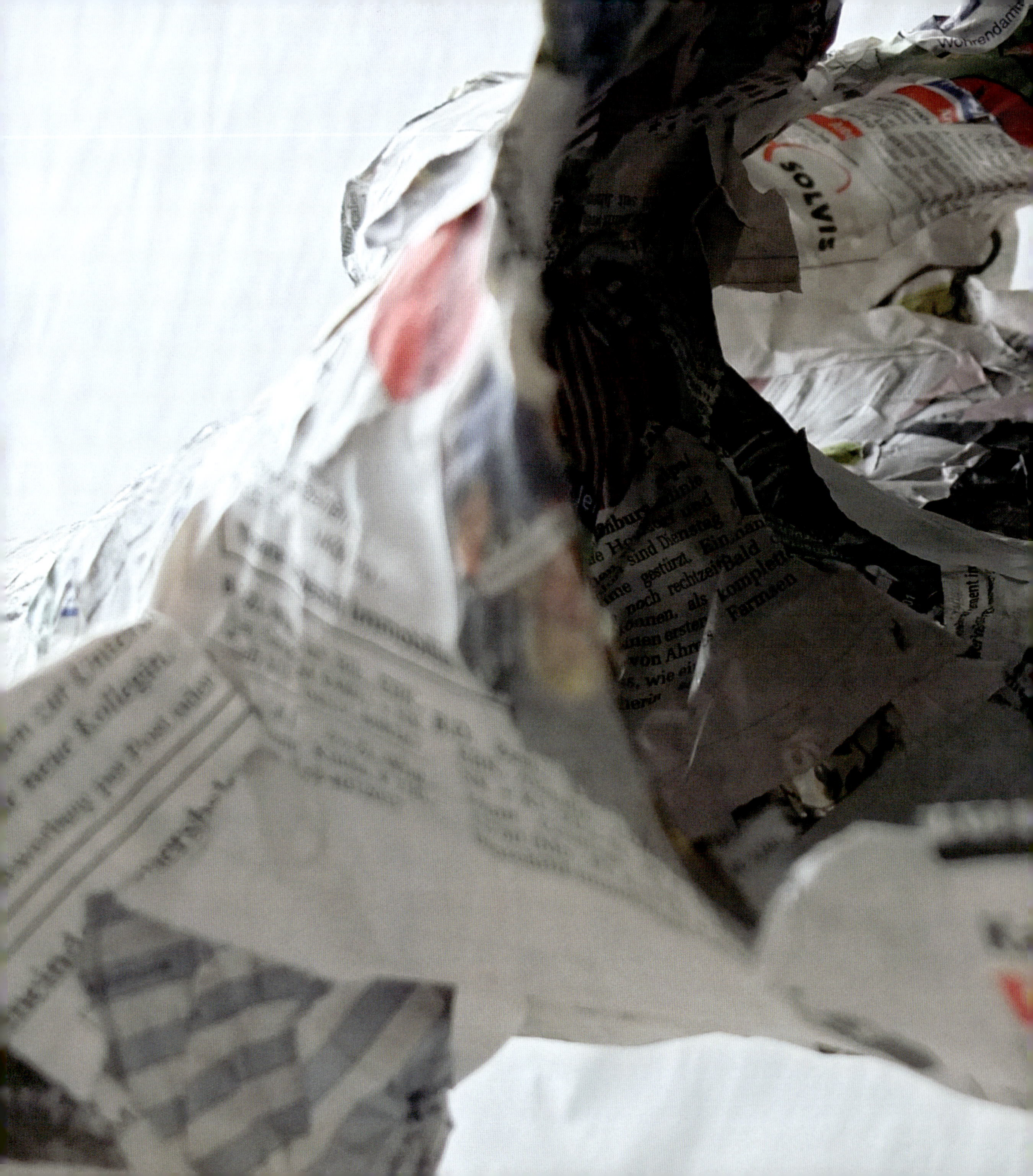
SOLVIS

PAPIER & KLEISTER

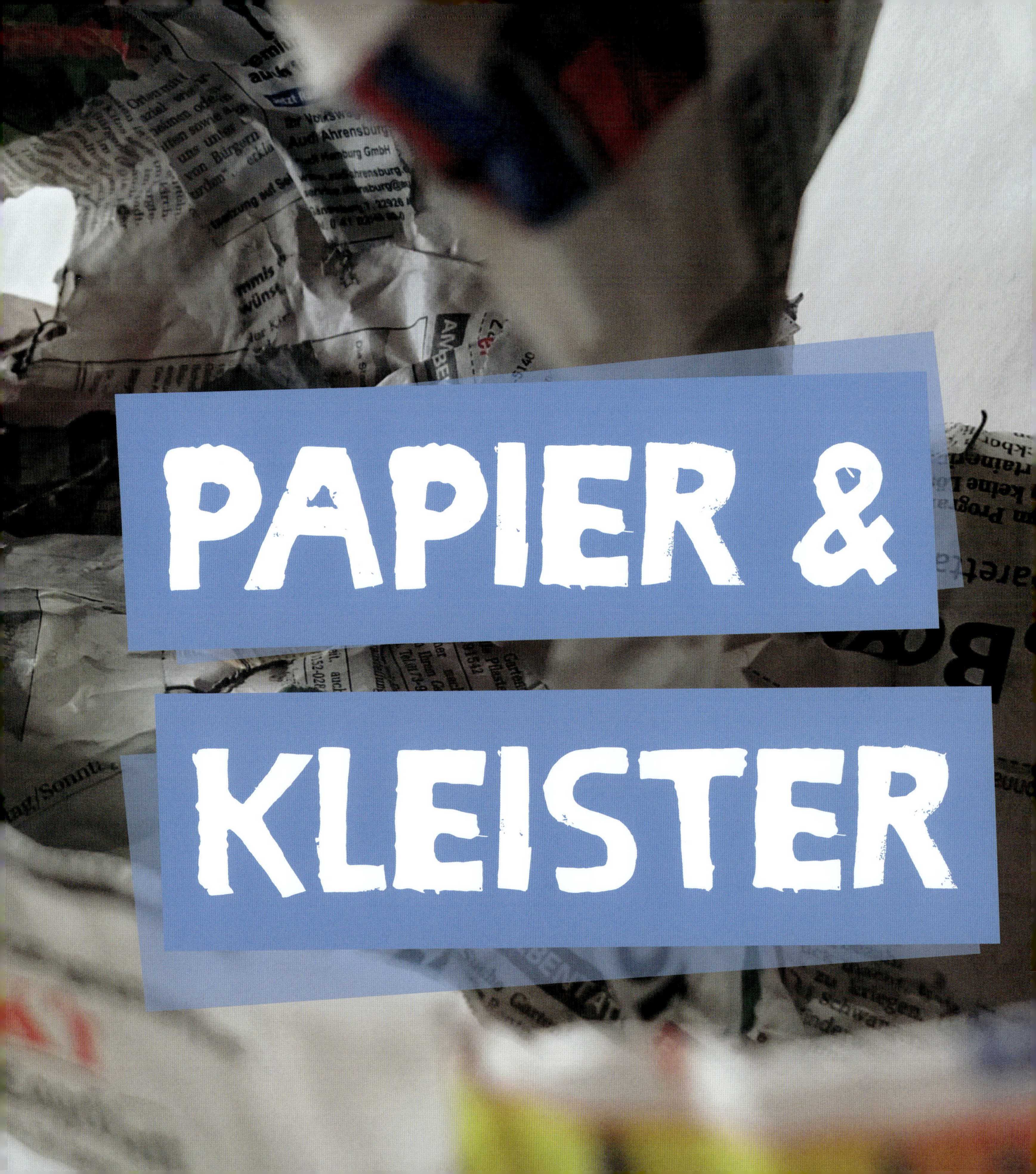

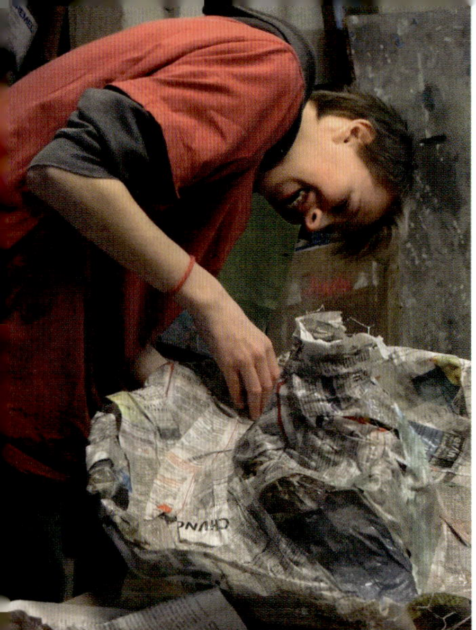
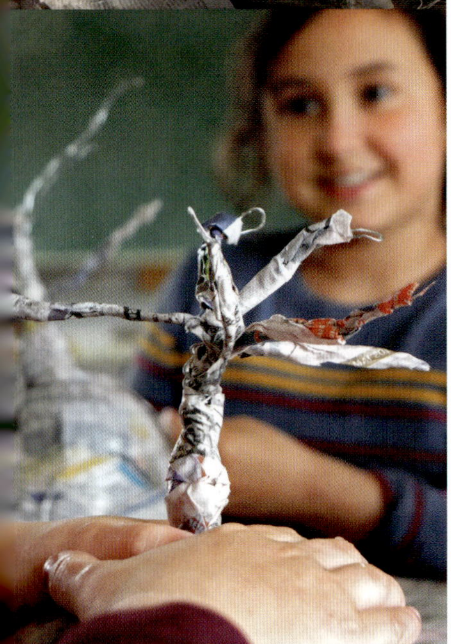
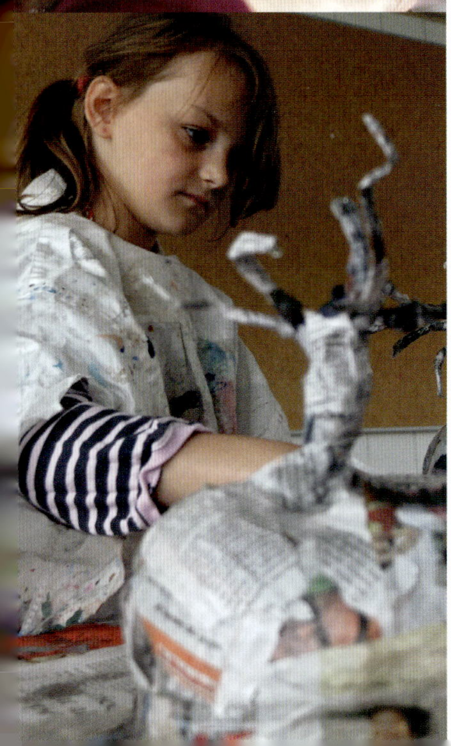

PAPIER & KLEISTER

Kleister fühlt sich kalt und nass an, sodass man im ersten Moment vielleicht nicht gerne damit arbeiten mag. Lässt du dich trotzdem auf den Kleisterbrei ein, so entdeckst du einen wahren Zauber-Werkstoff. Viele Projekte lassen sich schnell, einfach, preisgünstig und ohne großen Aufwand nur mit Zeitungspapier und Kleister umsetzen. Außerdem macht es immer Spaß zu recyceln: Du brauchst nur die Zeitung aus der Altpapiertonne zu retten und in Kunst zu verwandeln.

„MACH DAS NICHT SO GROSS!“ GIBT'S NICHT

Kleister ist ein ungiftiger Klebstoff aus Stärke oder Zellulose. Er besteht zu 2 bis 20 % aus nachwachsenden Rohstoffen und zu 80 bis 98 % aus Wasser. Reste können ca. zwei Wochen im Kühlschrank aufbewahrt und dann bedenkenlos über die Kanalisation entsorgt werden.

In diesem Kapitel stellen wir verschiedene Techniken vor, die jeweils eine große Vielfalt an Variationsmöglichkeiten eröffnen.
Beim Kaschieren wird das mit der Hand eingekleisterte Zeitungspapier wie eine Haut in mehreren Schichten über einen Körper gezogen. Viele kennen diese Technik von der aus Papier und Luftballon hergestellten Laterne. Wir arbeiten über Kartonschachteln und PET-Flaschen.

Das Kleistern auf einem Tonmodel oder über einem zusammengeknüllten und mit Blumenbindedraht umwickelten Papier hingegen lässt eine freie flexible Form zu. Für größere Arbeiten eignet sich Kaninchen-Draht für die Unterkonstruktion. Er ist biegsam und stabil, sodass freistehende Objekte möglich sind.

Schließlich werden die Herstellung und der Umgang mit Papiermaschee gezeigt. Das ist eine formbare Masse, die aus Kleister, Leim, Kreide und eingeweichten Zeitungsschnipseln besteht. Nach dem Trocknen wird die Form sehr hart und leicht. Sie kann mit Raspel, Schleifpapier und Farbe weiter bearbeitet werden. Aus diesem alten Bildhauerwerkstoff wurde früher vom Kinderspielzeug bis zum Bilderrahmen alles Mögliche gefertigt.

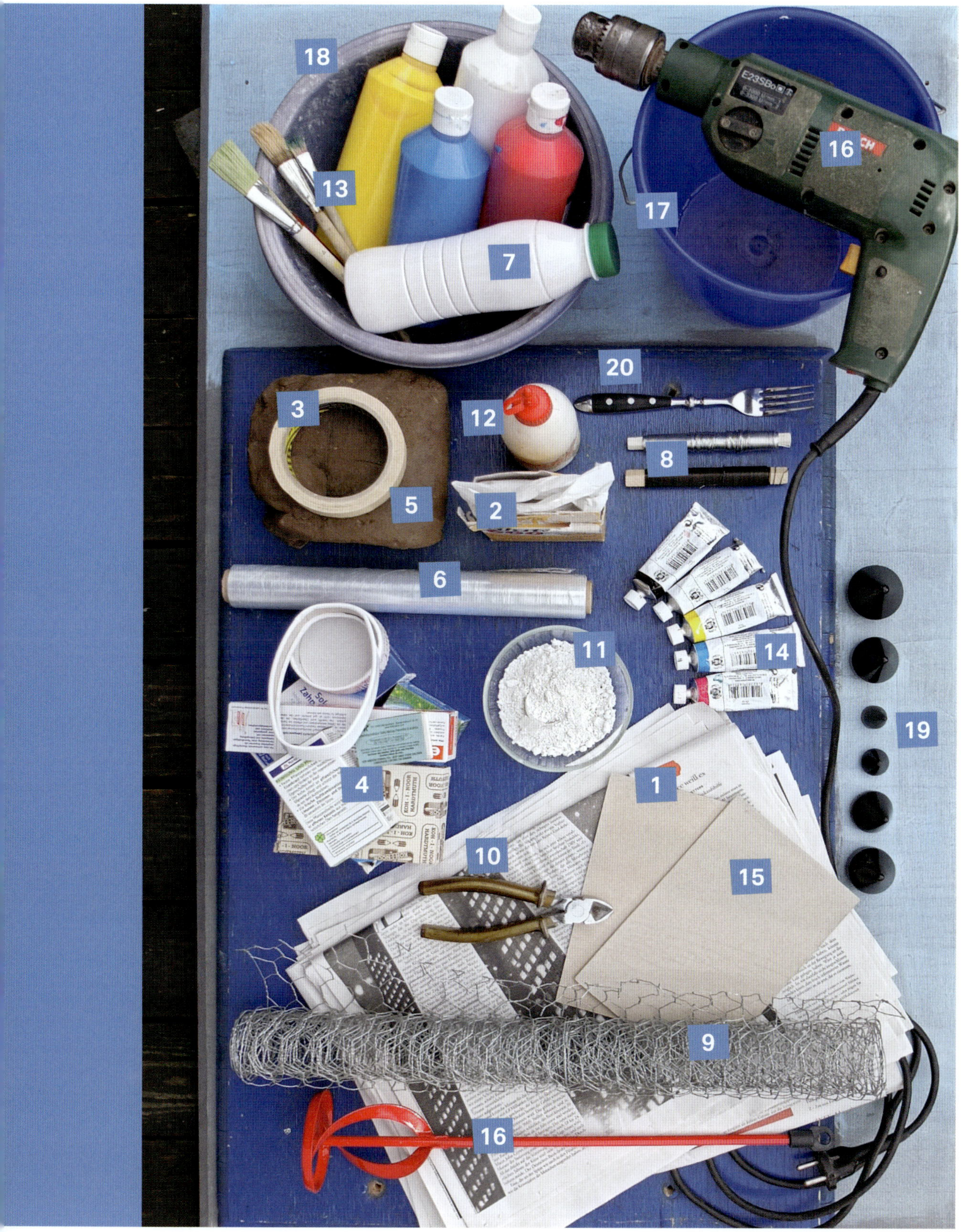

MATERIALIEN

1. ZEITUNGSPAPIER
2. KLEISTER
3. MALERKREPPBAND
4. KLEINE SCHACHTELN
5. TON oder Knete
6. FRISCHHALTEFOLIE
7. PET-FLASCHE
8. BLUMENBINDE-DRAHT
9. MASCHENDRAHT, Maschengröße 25 mm
10. SEITENSCHNEIDER
11. KREIDE
12. HOLZLEIM
13. TEMPERAFARBE, PINSEL
14. ACRYLFARBE
15. PAPPE
16. BOHRMASCHINE mit Rühraufsatz
17. EIMER
18. SCHÜSSEL
19. RAKETENSPITZEN
20. GABEL

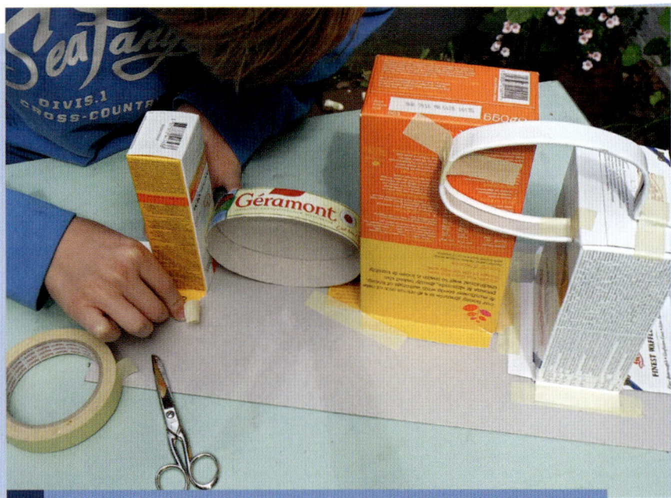

1. Schachteln auf einer Grundplatte anordnen

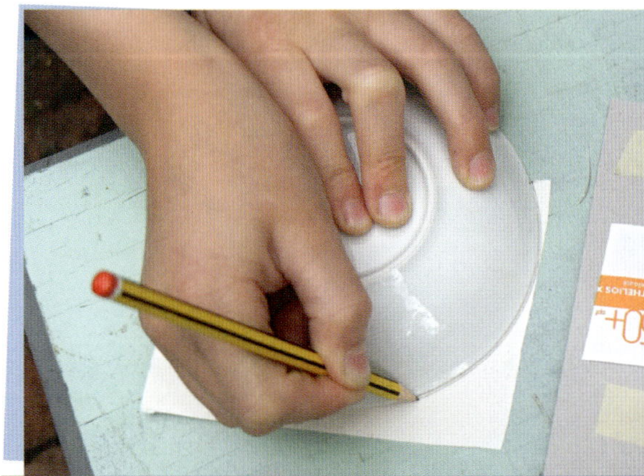

2. Turmspitze aufzeichnen und ausschneiden

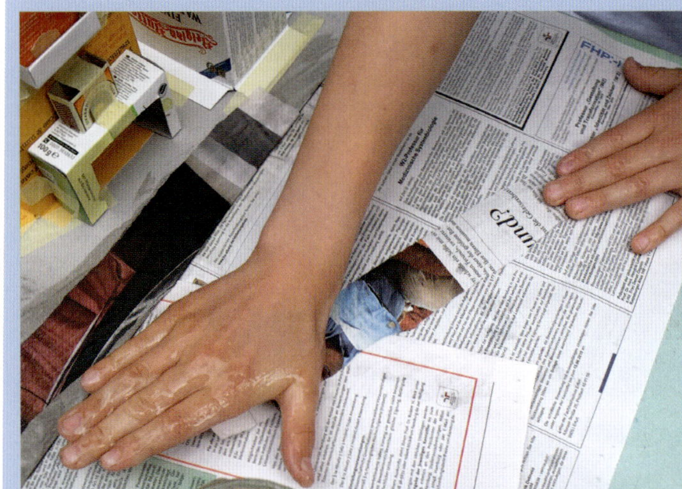

3. Zeitungsstreifen mit der Hand einkleistern

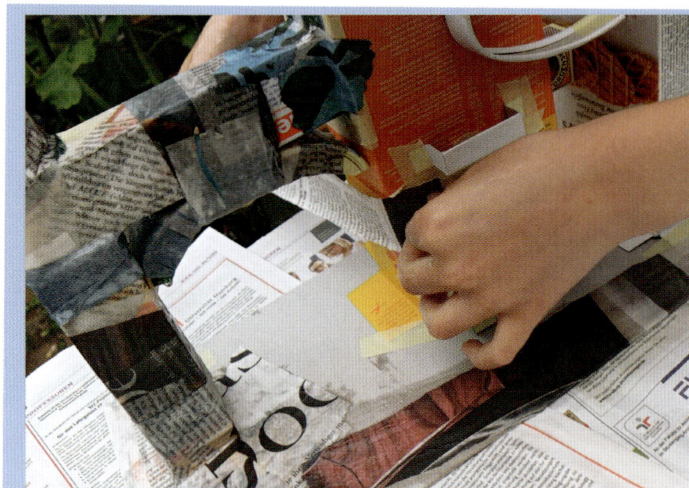

4. Burg komplett mit Zeitung kaschieren

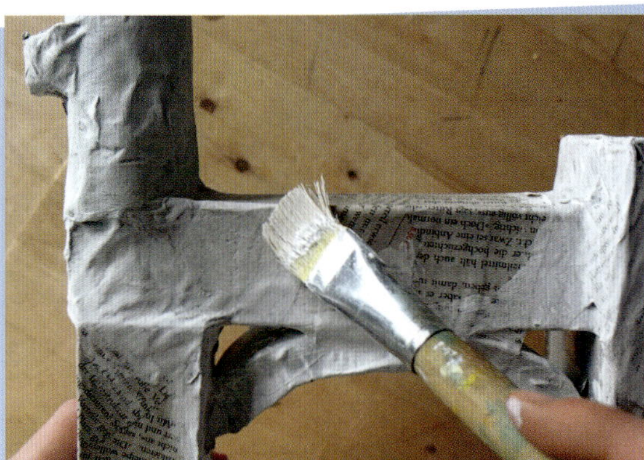

5. Mit weißer Farbe grundieren

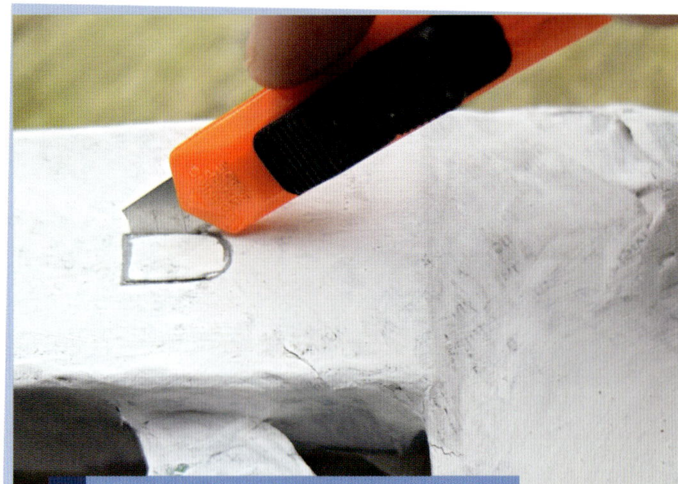

6. Fenster und Türen einschneiden

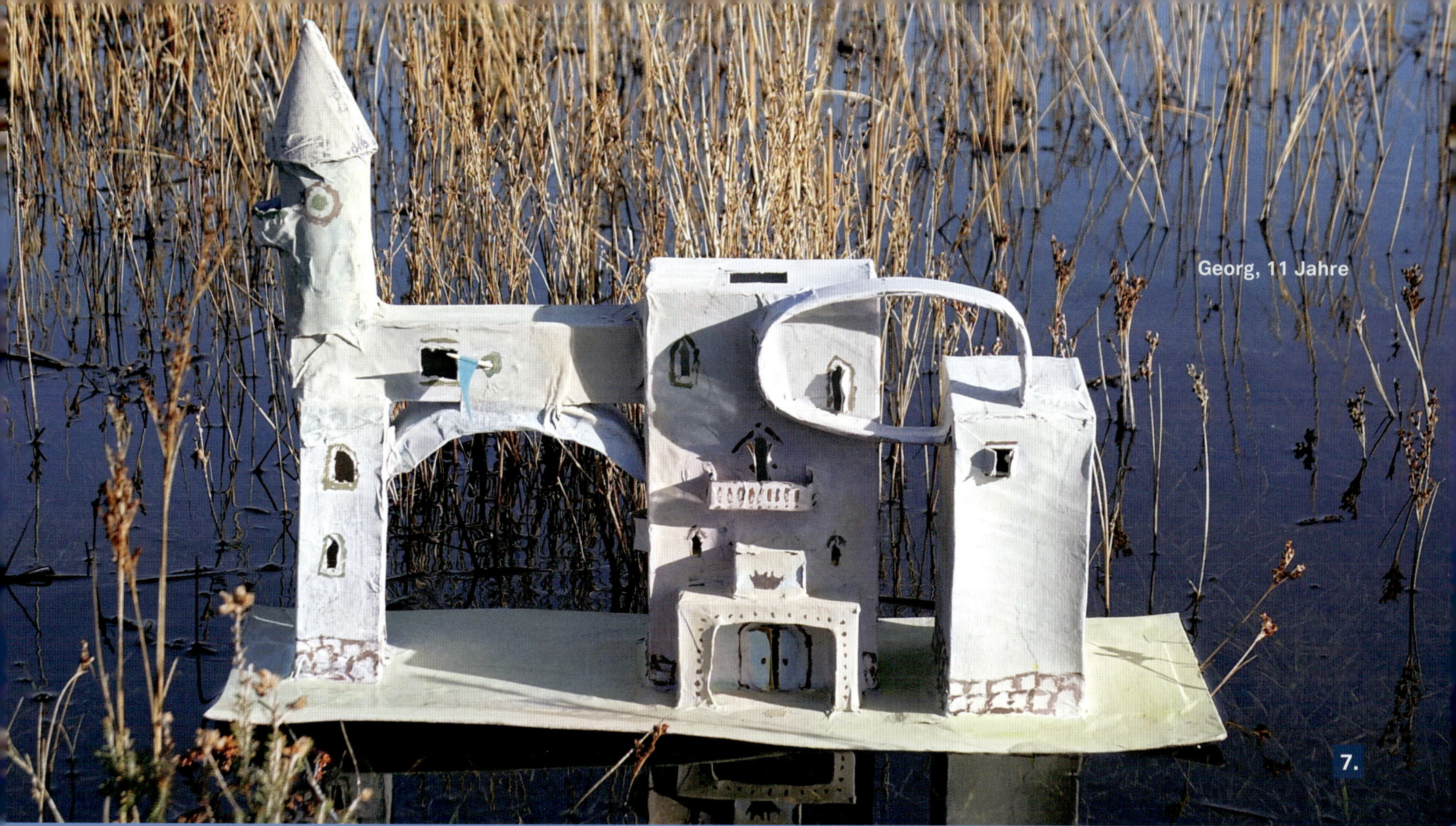

Georg, 11 Jahre

7.

Architektonische Träume lassen sich wunderbar aus Kartonschachteln konstruieren. Vom Kleisterschloss zur Zukunftsstadt – wir spielen mit verschiedenen Größen, schauen uns die Wirkung an und entwickeln ein Gefühl für Proportionen und Spannungsverhältnisse.

Im Rahmen einer Gruppenarbeit können später die einzelnen Elemente zu einer ganzen Stadt zusammengefügt werden. Gute Gelegenheit, sich darüber auszutauschen, dass auch unsere Städte geplant, durchdacht und gebaut werden und nicht wie Pilze aus dem Boden schießen.

1. Wir brauchen viele ausgediente Schachteln, Pappröhren und kleine Kartons. Zuerst die Körper auf einer ca. 2 mm starken Pappe anordnen und mit Malerkreppband fixieren. Bei Bedarf die Kartons auch im oberen Bereich zusammenkleben.

2. Für eine Turmspitze eine Pappscheibe aufzeichnen und ausschneiden. Zur Mitte einschneiden und als Kegel zusammenschieben und -kleben. Balkone und Torbögen aus Resten oder aufgeschnittenen Schachteln anfertigen. Malerkreppband ist ein geduldiger Helfer.

3. Kleister laut Packungsbeilage anrühren. Zeitungspapier in Streifen reißen und mit der Handfläche einkleistern – so geht's am besten.

4. Nun den Baukörper und die Grundplatte komplett mit Zeitungspapier kaschieren.

5. Nach dem Trocknen mit Dispersions- oder Temperafarbe weiß grundieren.

6. Mit einem Cutter vorsichtig Fenster und Türen einschneiden. Oder: Erst einmal nur anzeichnen und dann von einem Erwachsenen einschneiden lassen.

7. Pappgebäude wirken mit einer sparsamen Verzierung mit wenigen Farben und Linien besonders schön.

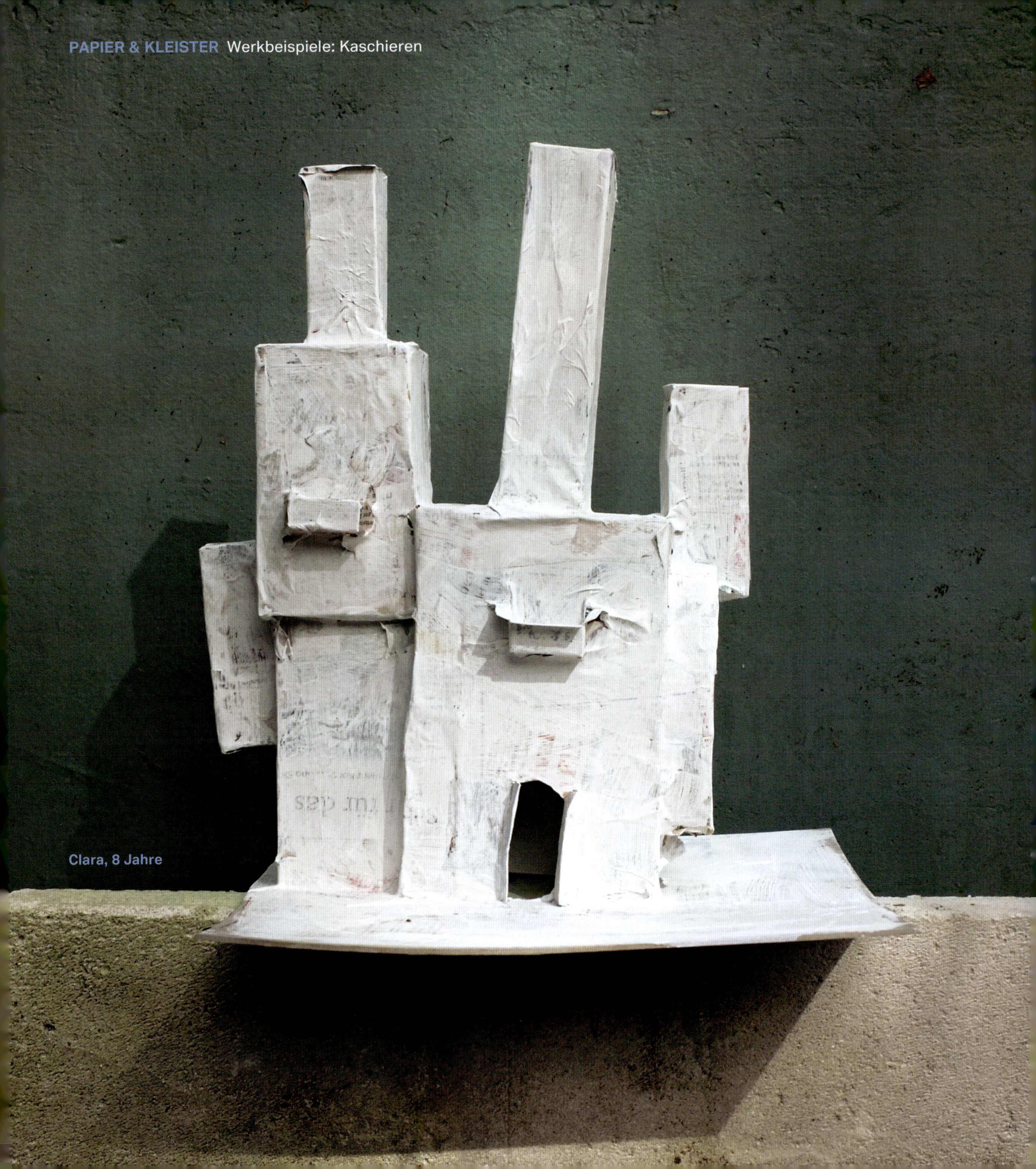

Clara, 8 Jahre

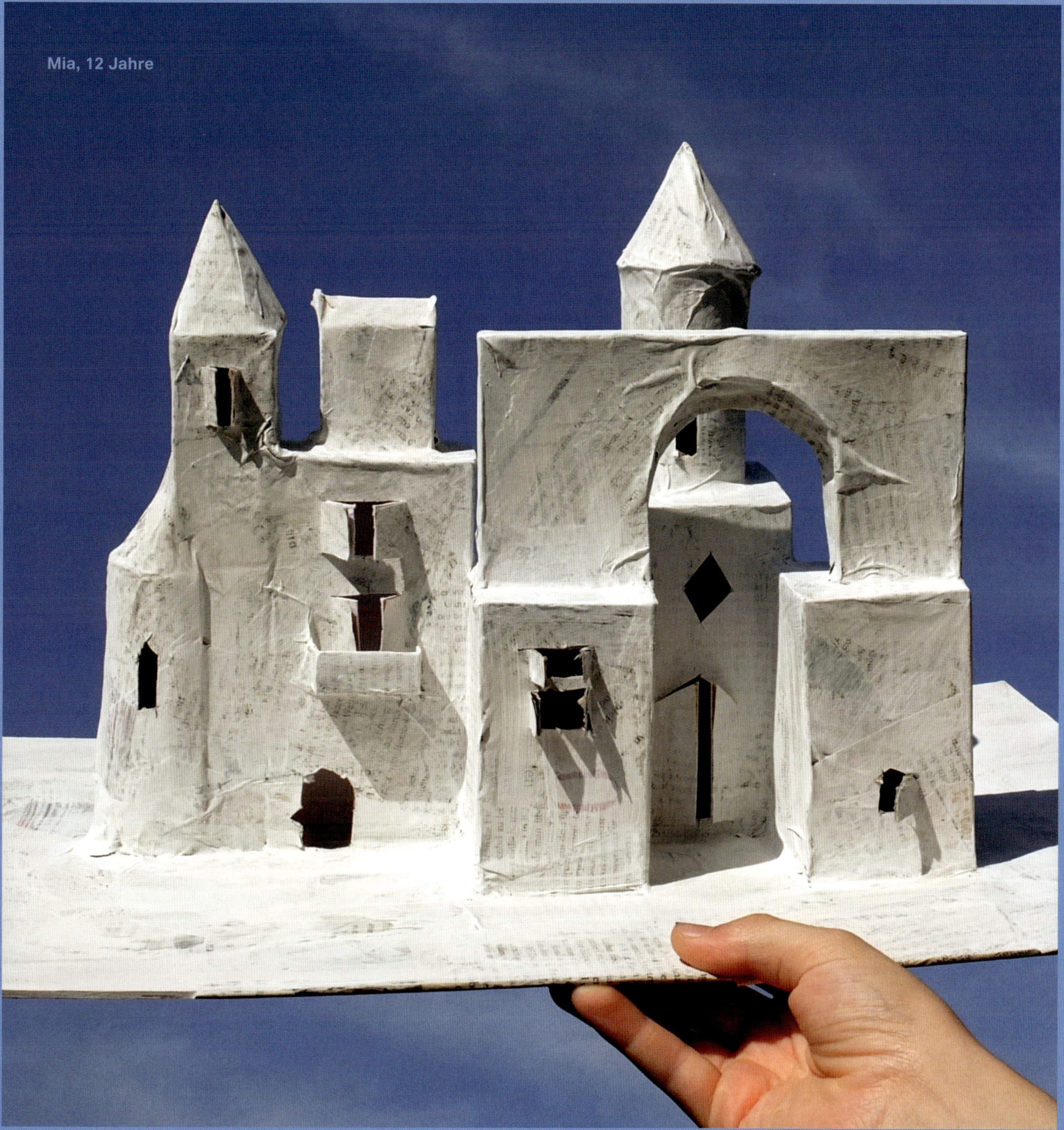

Mia, 12 Jahre

WOLKENSCHLÖSSER

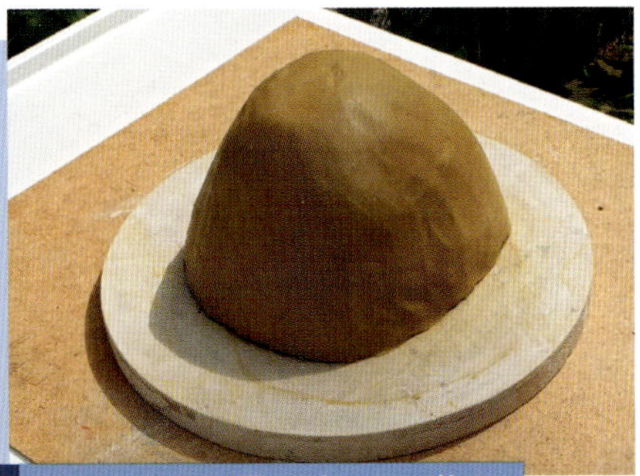

1. Model aus Ton herstellen

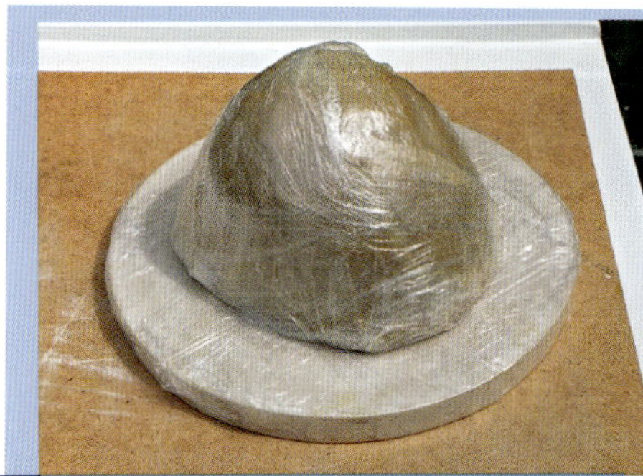

2. In Frischhaltefolie einschlagen

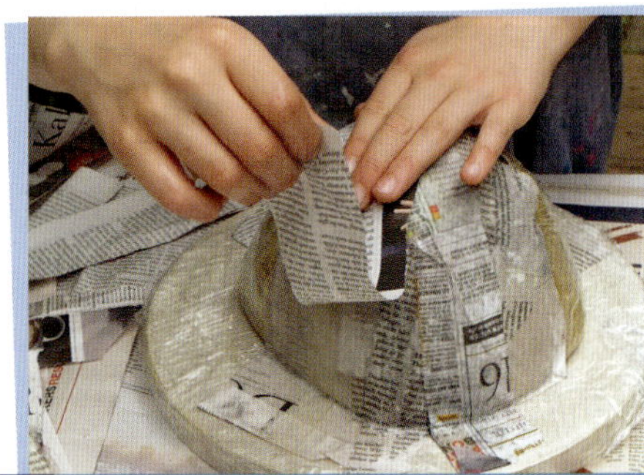

3. Mit Zeitungspapier einkleistern

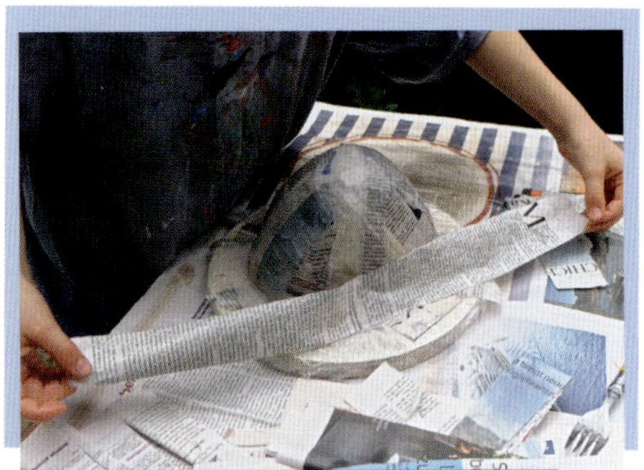

4. Mit Querstreifen verstärken

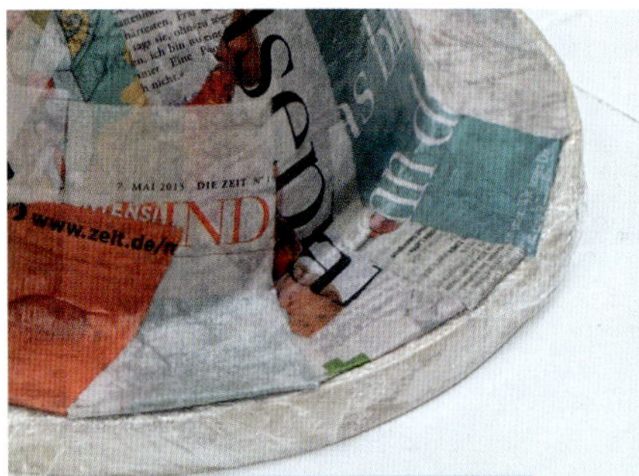

5. Krempe ausformen

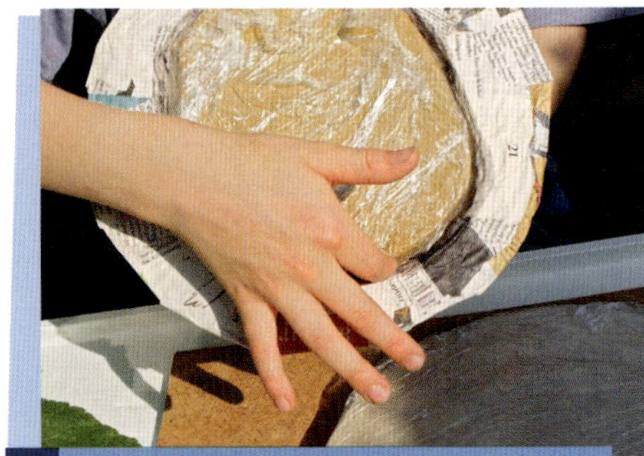

6. Rand vom Model eindrücken

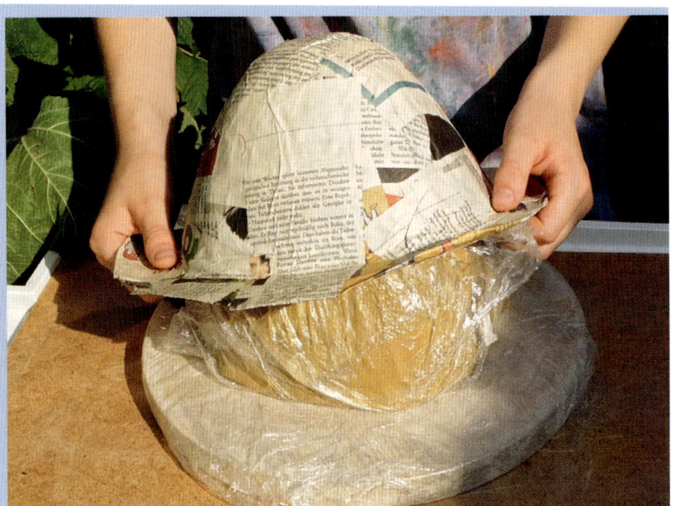

7. Hut vom Model abziehen

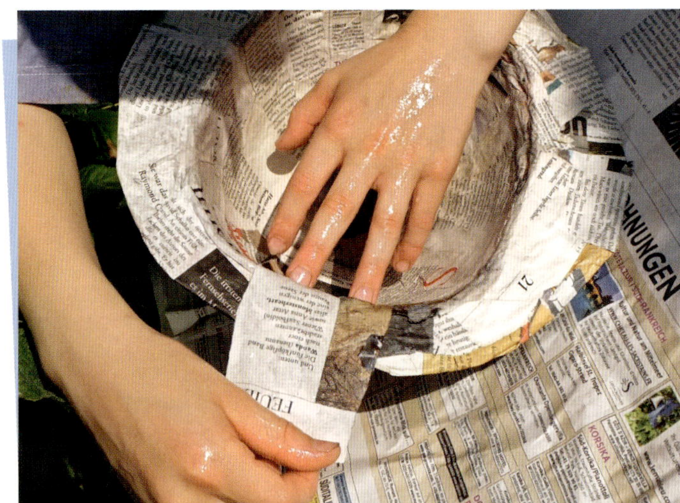

8. Hutkrempe überarbeiten

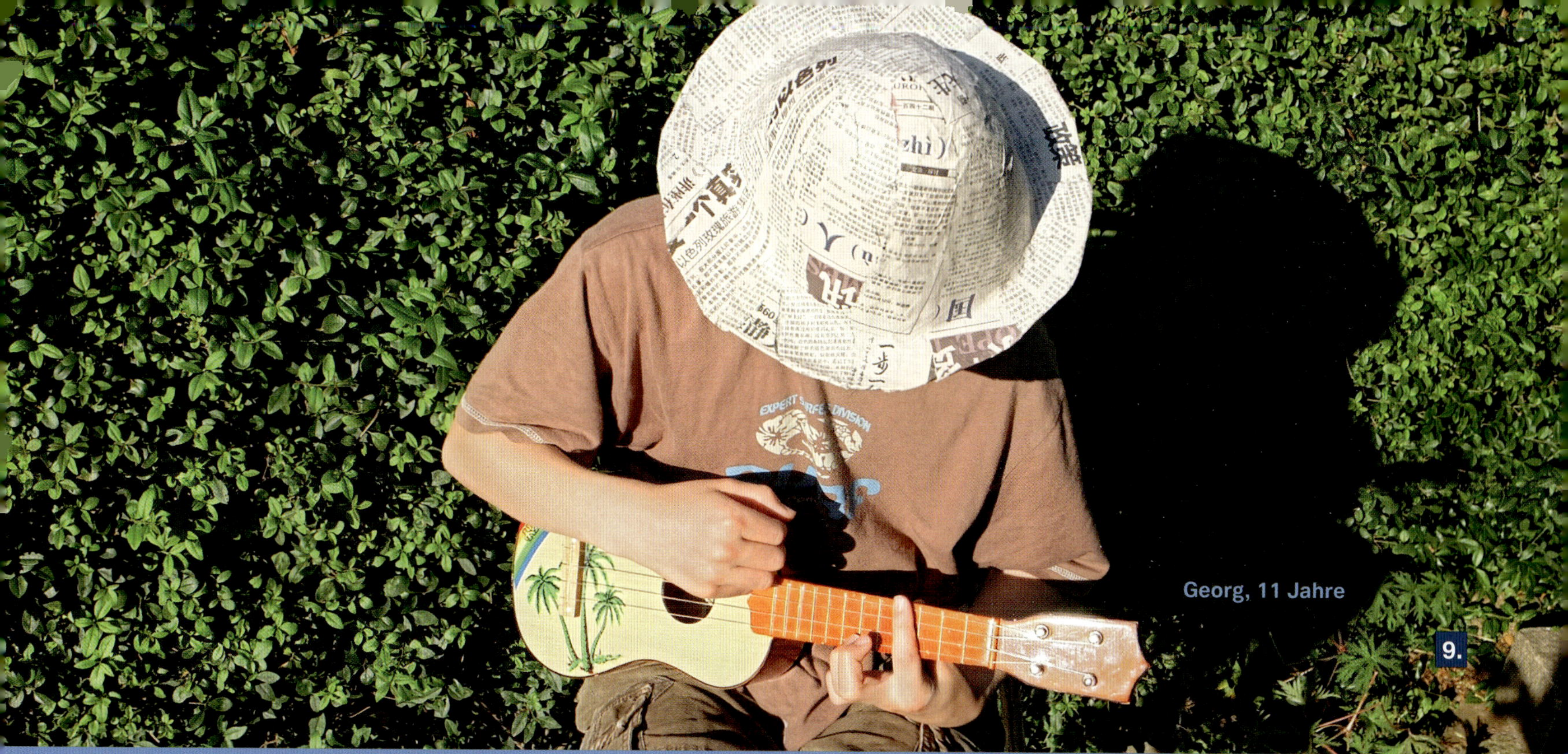

Georg, 11 Jahre

9.

Selbst gestaltete Hüte können das Herzstück einer Verkleidung sein – und sind auch sonst gut zu gebrauchen.

Der Hut wird mithilfe einer Form, einem sogenannten Model angefertigt. Da der Hut später vom Model abgezogen wird (siehe Schritt 7), muss die Form entweder zylindrisch oder wie bei einem Gugelhupf konisch angelegt sein, sich also nach oben verengen.

1. Das Model stellst du aus Ton her. Die Form entspricht der gewünschten Hutform. Deinen Kopfumfang kannst du mit einem Maßband oder einem langen Papierstreifen überprüfen.

2. Das Model und die Unterlage in Frischhaltefolie oder in eine dünne Plastiktüte einschlagen. Der Ton muss luftdicht eingepackt werden, damit er nicht eintrocknet. Du kannst auf einem Arbeitsbrett oder einer Plastikunterlage arbeiten.

3. Zeitungspapierstreifen reißen und mit der Hand einkleistern. Die Streifen über den Scheitelpunkt auf das Model formen. Mit dem Streifenanfang und -ende die Hutkrempe ausformen.

4. Den Übergang vom Hut zur Krempe durch Querstreifen verstärken.

5. An der Krempe mehrere Lagen aus kleinen Zeitungsstücken aufkleistern und am äußeren Rand umschlagen.

6. Trocknen lassen. Hut von der Unterlage heben. Vorsichtig den weichen Ton am Rand eindrücken und den Hut dabei ablösen.

7. Mit etwas Geschick kann der Hut nun abgenommen werden. Falls sich der Hut beim besten Willen nicht abziehen lässt, kannst du die Folie am Ton aufschneiden und diesen mit einer Schlinge herausnehmen.

8. Jetzt den Übergang von Krempe zur Innenseite noch einmal überarbeiten.

9. Dieser fesche Hut wurde zum Schluss mit einer chinesischen Zeitung kaschiert und darum nicht zusätzlich angemalt.

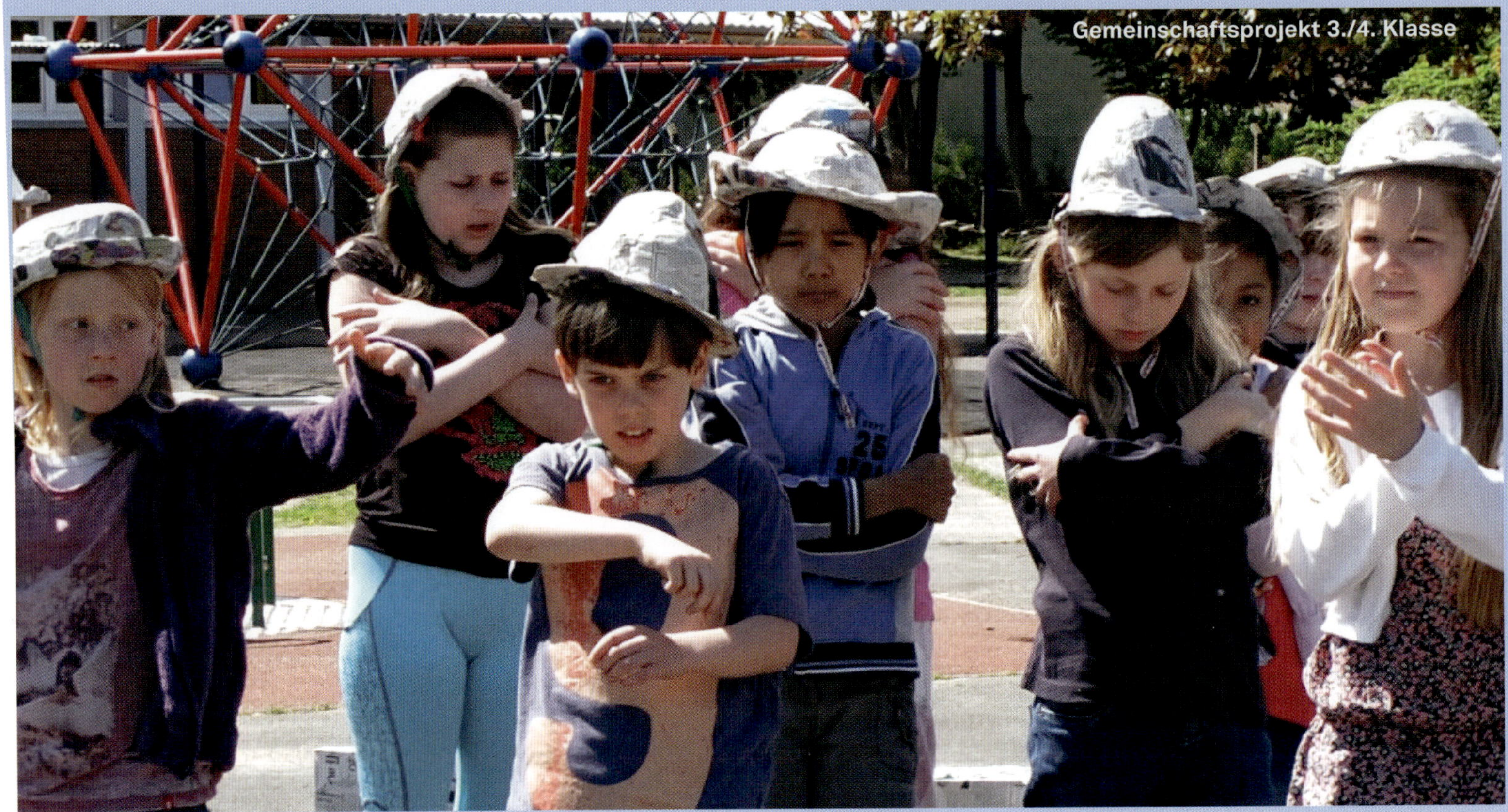

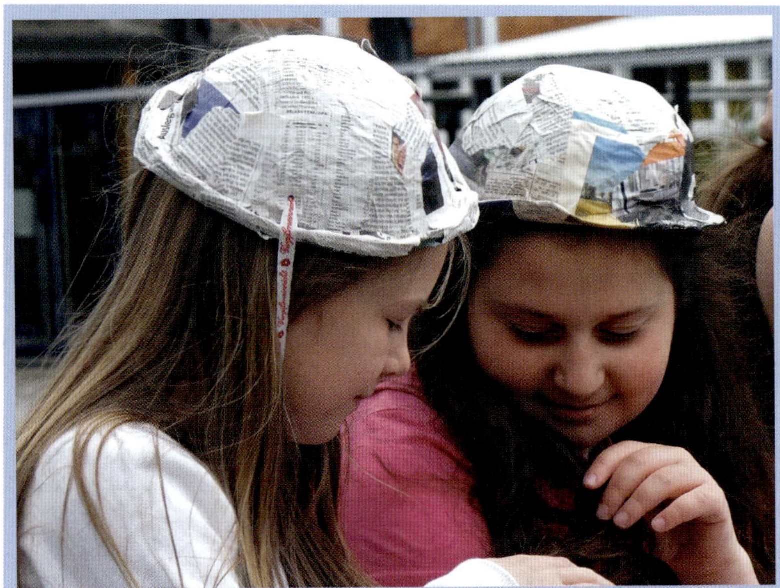

Diese Gedicht-Performance „Gut behütet" entstand in Zusammenarbeit mit Valérie Damm.
Wir haben unsere Hüte über vielen verschiedenen Modeln geformt, sodass jeder seinen eigenen Hut auf dem Kopf tragen konnte.

FÜR JEDEN KOPF EIN EIGENER HUT

Für die Baum-Hüte auf der rechten Seite wird Blumenbindedraht zwischen den Kleisterschichten eingearbeitet. Der Draht wird oben mit Zeitungspapier verstärkt, zum Baum gebogen (mehr dazu beim Projekt *Libellen* auf Seite 150) und dann überkleistert.

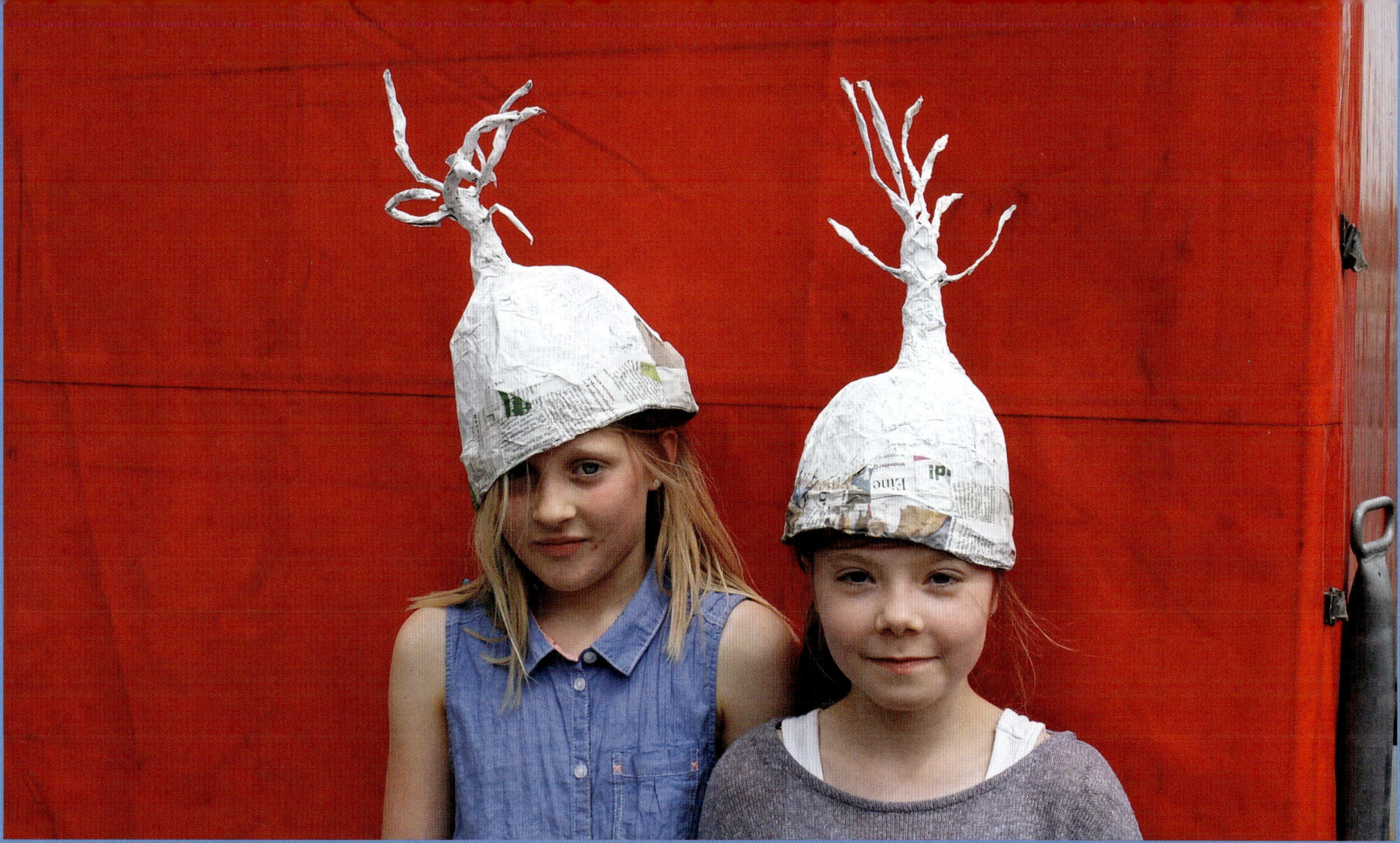

BAUM-HÜTE SIND EINE PRIMA ANTENNE FÜR GEISTESBLITZE

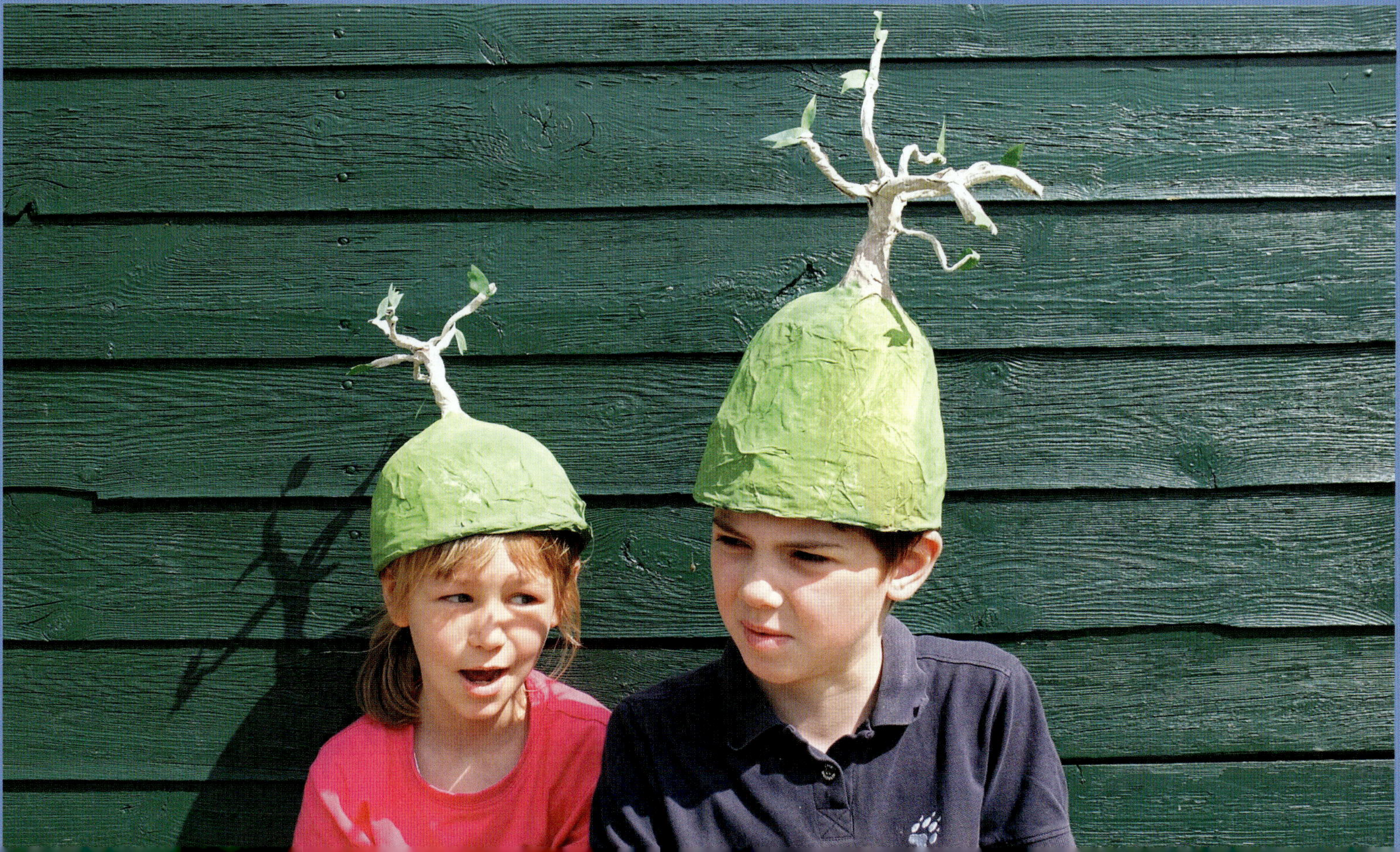

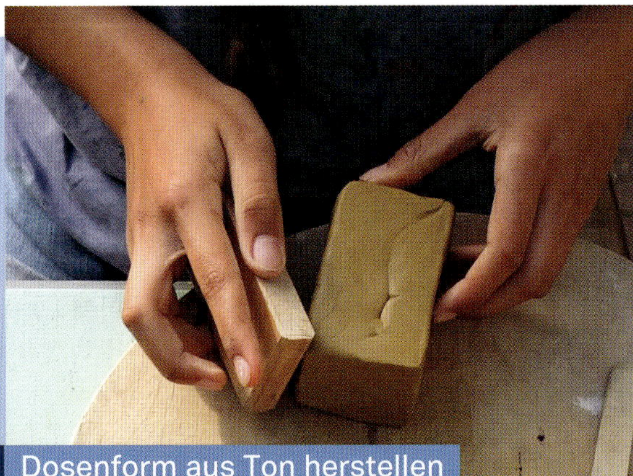

1. Dosenform aus Ton herstellen

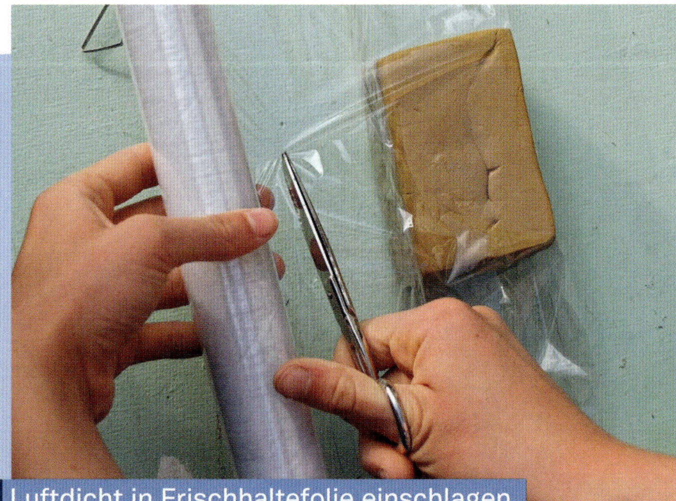

2. Luftdicht in Frischhaltefolie einschlagen

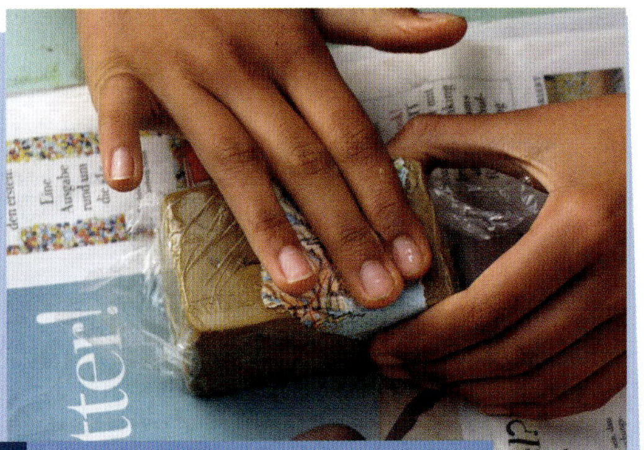

3. Schmuckpapier aufkleistern

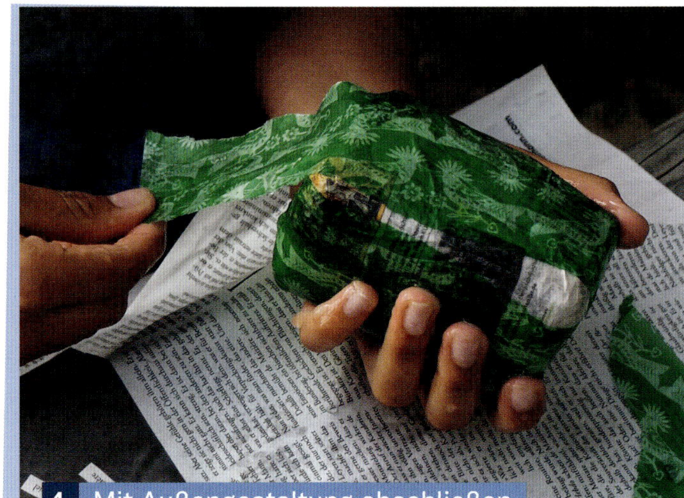

4. Mit Außengestaltung abschließen

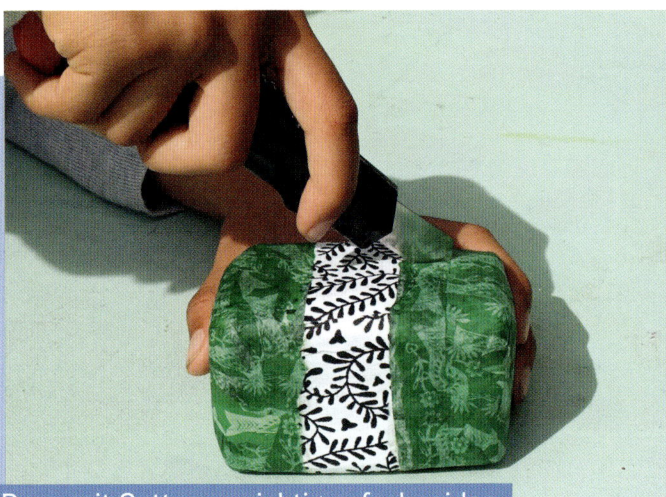

5. Dose mit Cutter vorsichtig aufschneiden

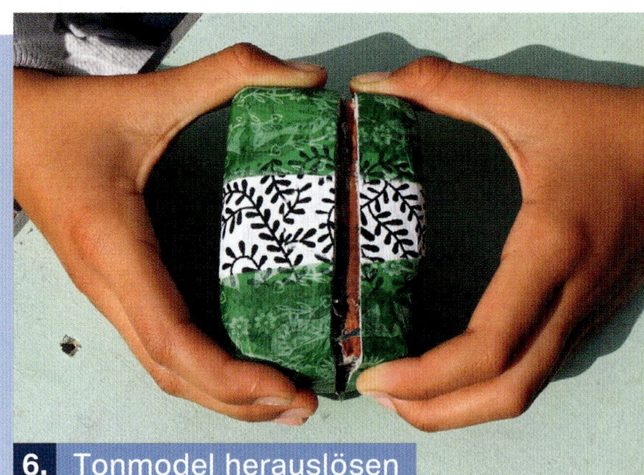

6. Tonmodel herauslösen

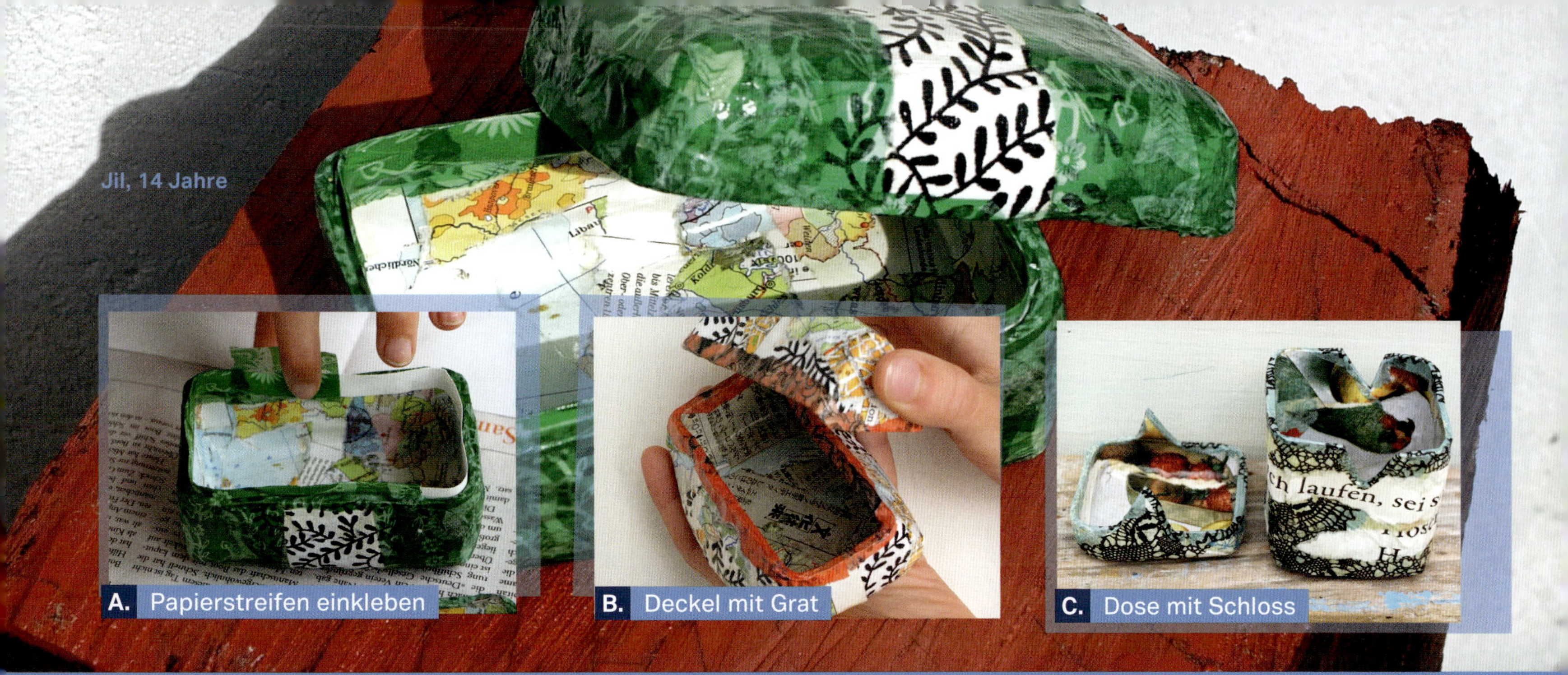

Jil, 14 Jahre

A. Papierstreifen einkleben

B. Deckel mit Grat

C. Dose mit Schloss

Mit der witzigen kleinen Papierdose werden schöne Papierreste aus der Schublade verewigt. Die Papierdose dient als besondere Geschenkverpackung oder als kleines Behältnis. Schmuckpapiere finden sich überall: alte Landkarten oder Stadtpläne, farbige Transparent- und Einpackpapiere, Buch- oder Comicseiten vom Flohmarkt usw. wandern in den Materialfundus. Die Papiere sollten saugfähig und nicht zu fest sein.

1. Beliebige Dosenform aus Ton (oder Knetmasse) herstellen. Für eckige Formen kannst du ein Messer, ein Schneidedraht oder ein Stück Holz zur Hilfe nehmen. Mit dem Holz den Ton von außen in Form schlagen.
2. Tonmodel luftdicht in Frischhaltefolie einschlagen.
3. Jetzt die erste Schicht Schmuckpapier aufkleistern. Achtung! Dieses Muster wird später die Dose von innen auskleiden und muss darum mit der schönen Seite nach unten (also gegen die Modelwand) angelegt werden.
4. Drei bis vier Schichten Zeitungspapier aufbringen und dann mit den Schmuckpapieren für die Außengestaltung abschließen. Alles gut trocknen lassen, dabei mehrfach wenden.
5. Dose an der gewünschten Stelle mit einem scharfen Cutter vorsichtig aufschneiden. Hier kann ein Erwachsener helfen.
6. Nun das Tonmodel herauslösen. Den Ton kannst du erneut verwenden.

DECKELVARIANTEN

Um den Deckel gut auf- und absetzen zu können, hast du verschiedene Möglichkeiten weiterzuarbeiten:

A. Nachträglich einen kleinen Papierstreifen an die Schnittkante des Unterteils kleben und mit dünnem Papier kaschieren. Die so entstandene Kante hält den Deckel, ähnlich wie bei einer Kaffeekanne.

B. Hat die Dose dicke Wände, d. h. mit ungefähr acht Schichten Zeitungspapier, kannst du sie schräg nach innen einschneiden. Es entsteht ein Grat, der den Deckel hält. Auch hier muss der Rand mit einem dünnen Papier nachkaschiert werden.

C. Die Dose wird nicht gerade, sondern mit einem sogenannten Schloss eingeschnitten: Die besondere Form erleichtert das richtige Zusammensetzten von Deckel und Unterteil. Wie bei zwei Puzzleteilen.

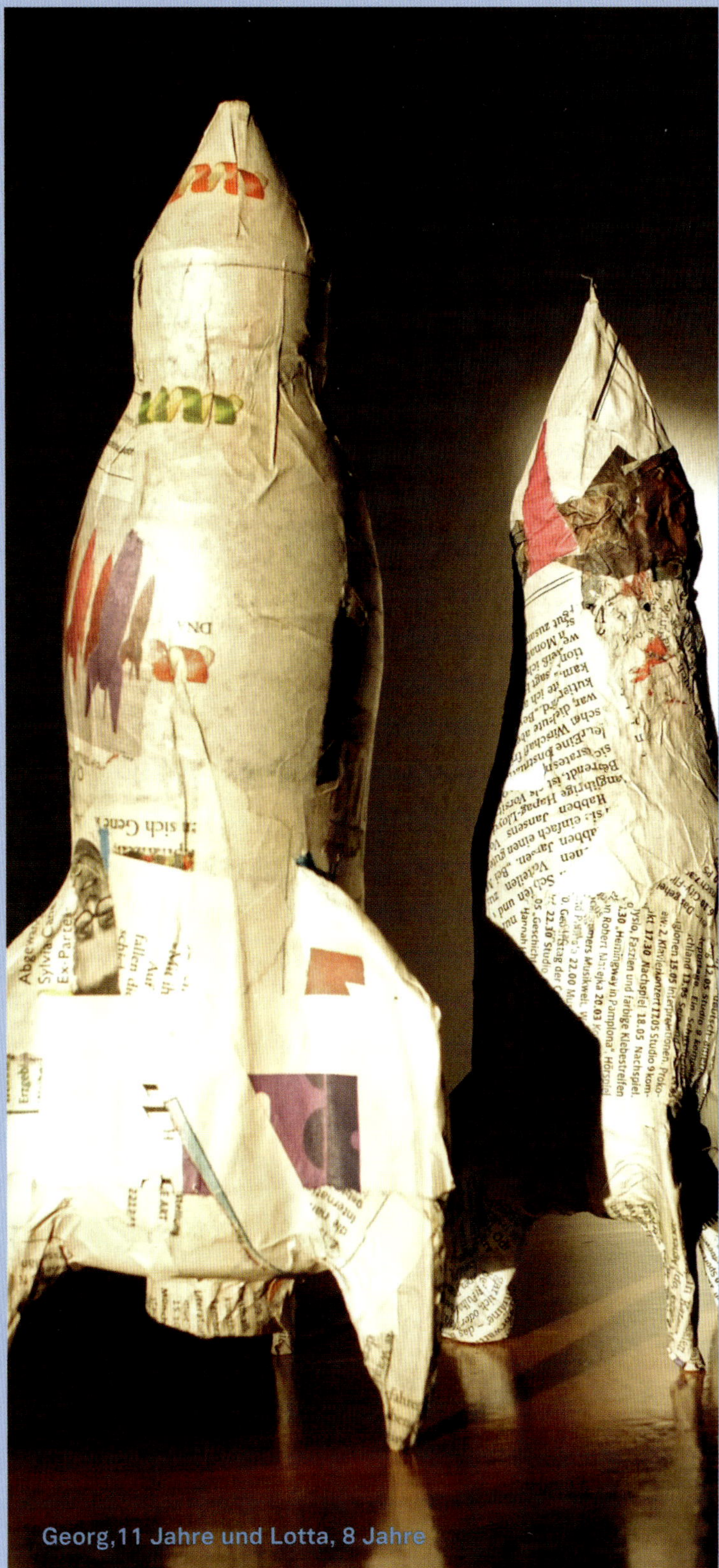

Georg, 11 Jahre und Lotta, 8 Jahre

Manchmal ergibt sich aus der Form von Verpackungsabfällen direkt eine zündende Idee: Wir haben uns von kleinen PET-Flaschen inspirieren lassen – ideal für den Bau von Raketen und Flugzeugen.

SILVESTER-MÜLL FÜR KREATIVE FLUGOBJEKTE

Leitwerke bzw. Tragflächen aus dicker Pappe oder Sperrholz zuschneiden und mit Malerkreppband an der Flasche befestigen. Für die dynamische Spitze wurden Raketenspitzen aus unserer Silvester-Müll-Sammlung (Jahr für Jahr sehr ergiebig!) gefischt.

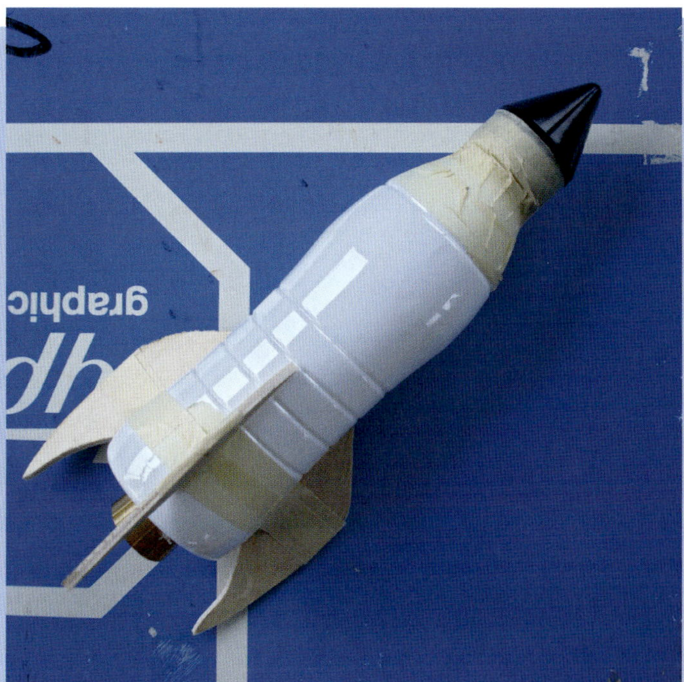

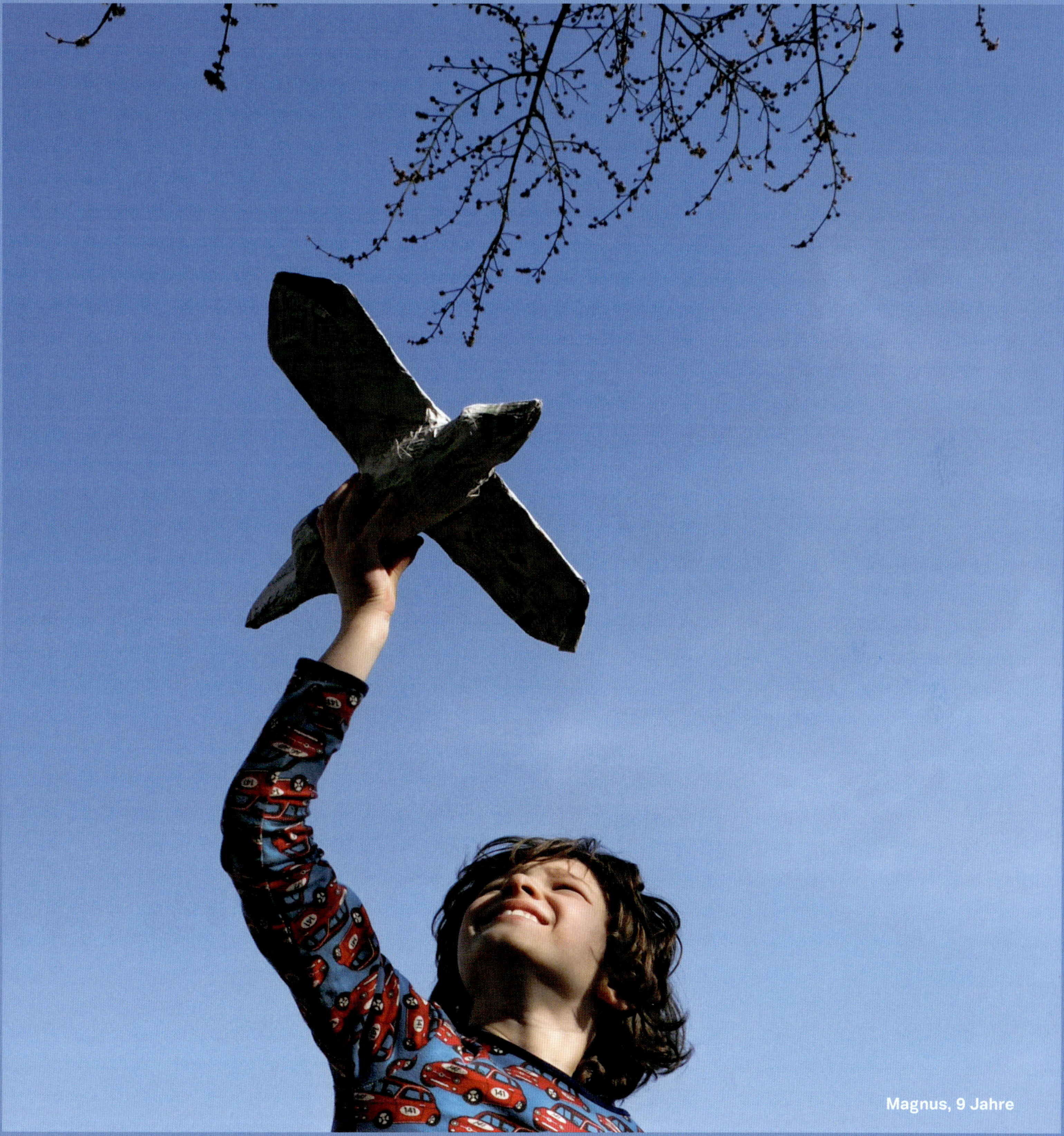

Magnus, 9 Jahre

FLIEGER, GRÜSS MIR DIE SONNE!

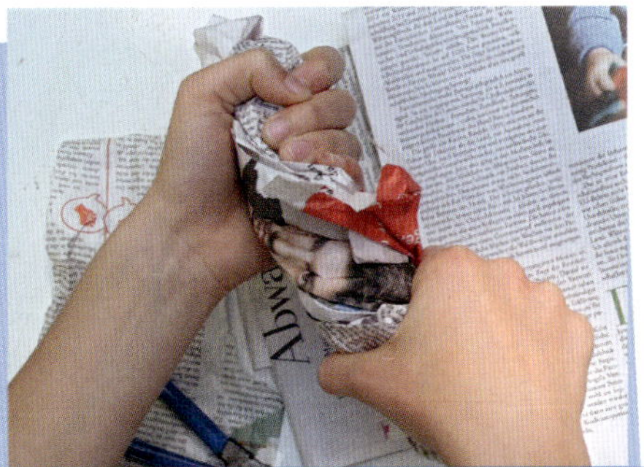

1. Zeitungspapier locker zusammenknüllen

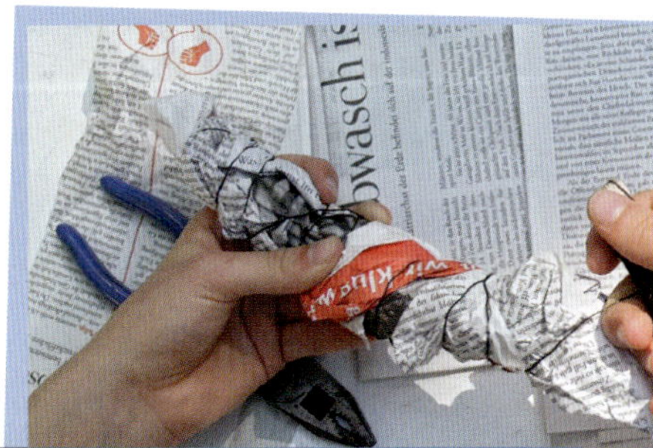

2. Mit Blumendraht umwickeln

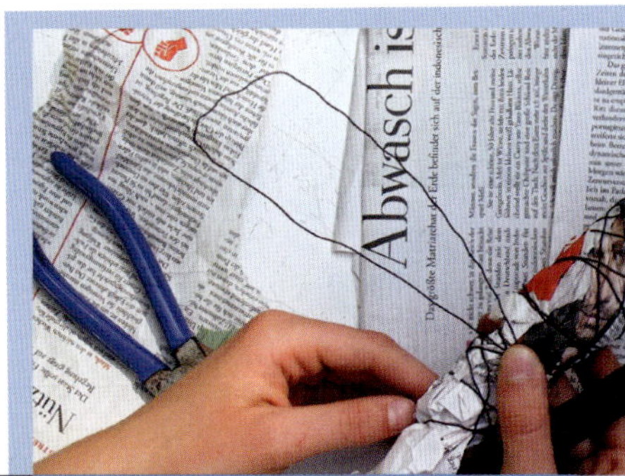

3. Flügel und Fühler ausformen

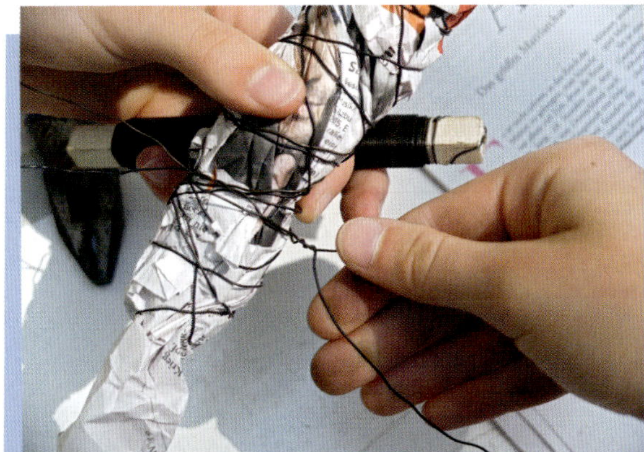

4. Ansatz durch Drehen stabilisieren

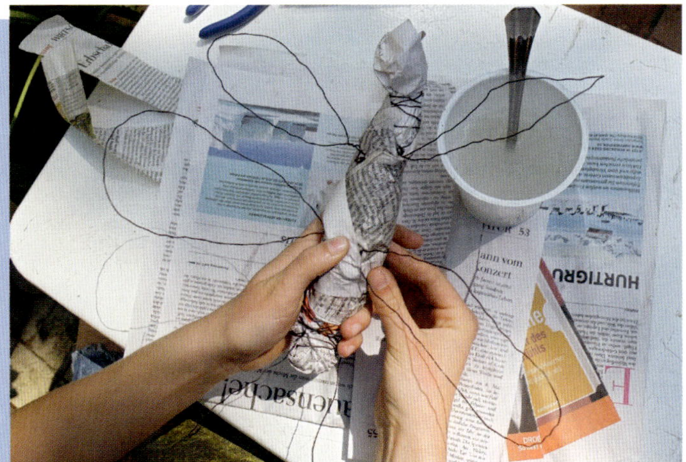

5. Körper mit Zeitungsstreifen überkleistern

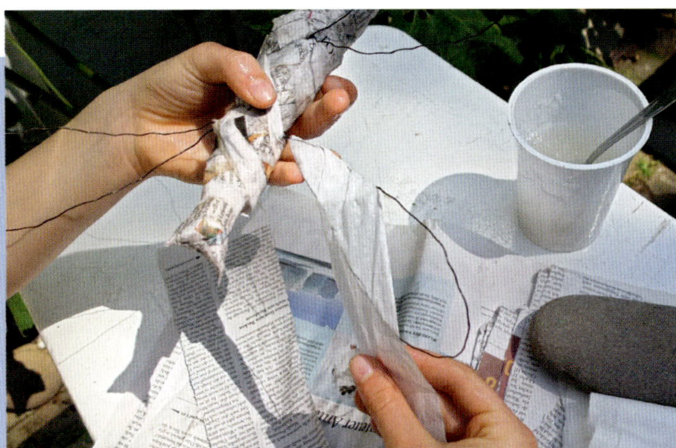

6. Transparentes Papier für die Flügel

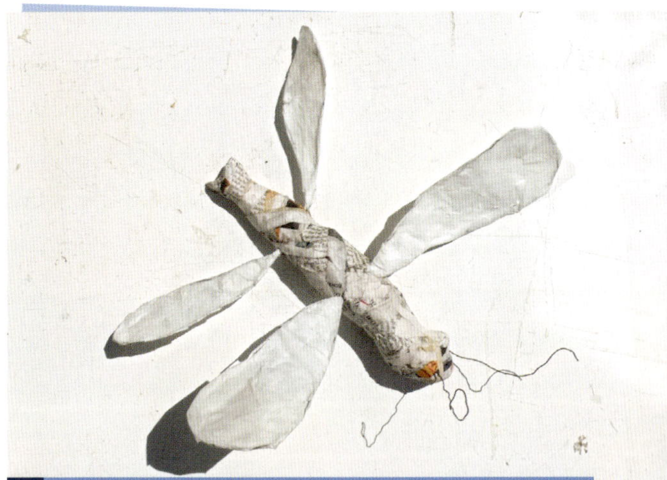

7. Nach dem Trocknen mit Farbe grundieren

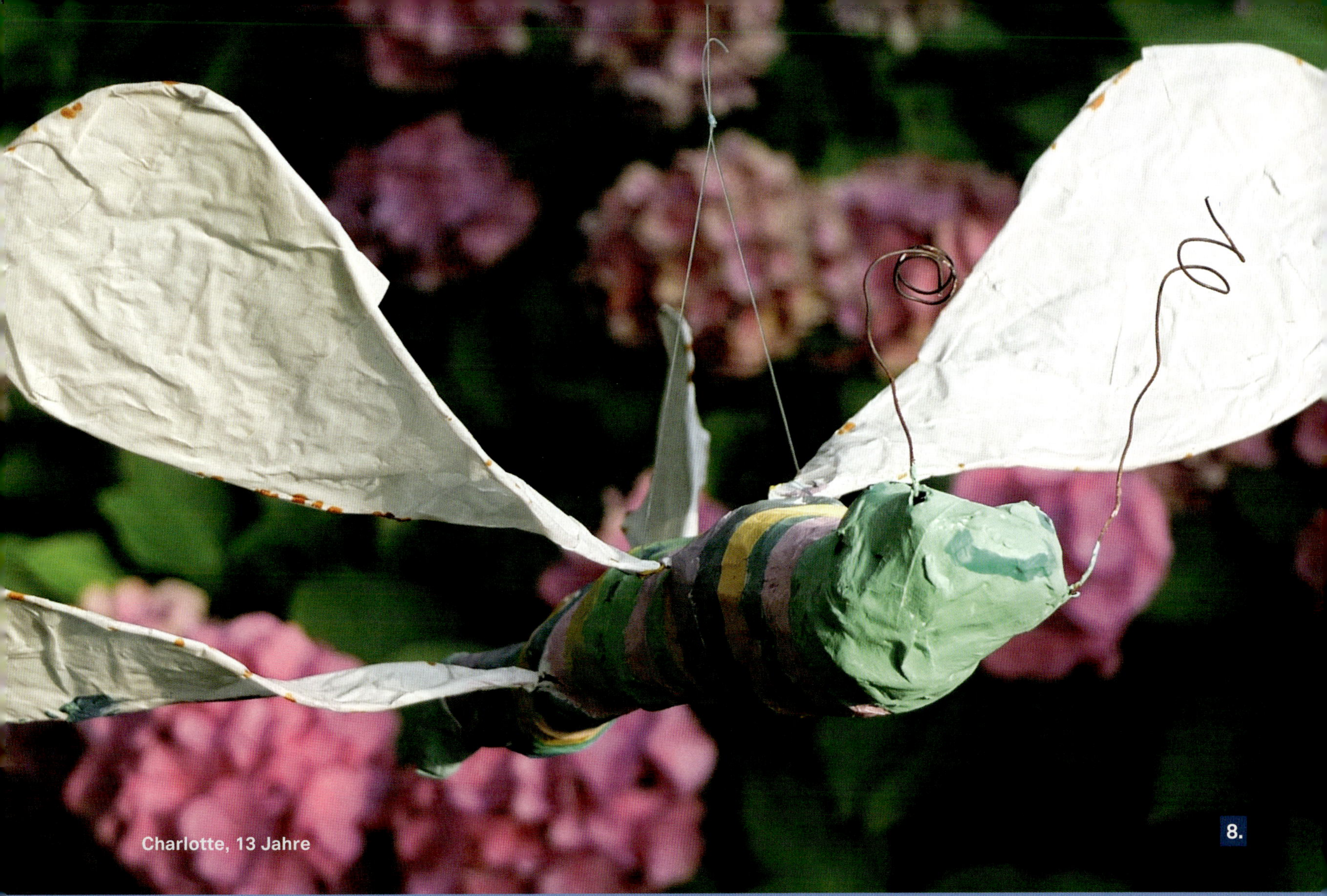

Charlotte, 13 Jahre

8.

Für filigrane Gebilde mit transparenten Flügeln kannst du Zeitungspapier und Blumenbindedraht kombinieren. Durch das Umwinden des Zeitungspapiers mit Draht erhältst du einen biegsamen, aber stabilen Körper. Von dort aus kannst du mit Draht raumgreifend weiterarbeiten.

Für Gruppenarbeiten eignen sich zum Beispiel Mobiles aus Insekten oder Flugapparaten.

1. Zeitungspapier locker zusammenknüllen, damit ein flexibler Körper entstehen kann.

2. Kreuz und quer mit Blumenbindedraht umwickeln.

3. Flügel und Fühler nach rechts und links ausformen ...

4. ... und am Ansatz durch Drehen stabilisieren.

5. Den Körper mit ca. 5 cm breiten Zeitungsstreifen überkleistern. Dabei werden die Streifen wie ein Verband um die Form gelegt.

6. Für die Flügel Transparent- oder Butterbrotpapier verwenden. In Streifen diagonal über den Draht und die offene Fläche legen, sodass Papier an Papier klebt.

7. Nach dem Trocknen mit Wand-, Tempera- oder Dispersionsfarbe grundieren.

8. Anmalen und nach dem Trocknen mit Klarlack überziehen.

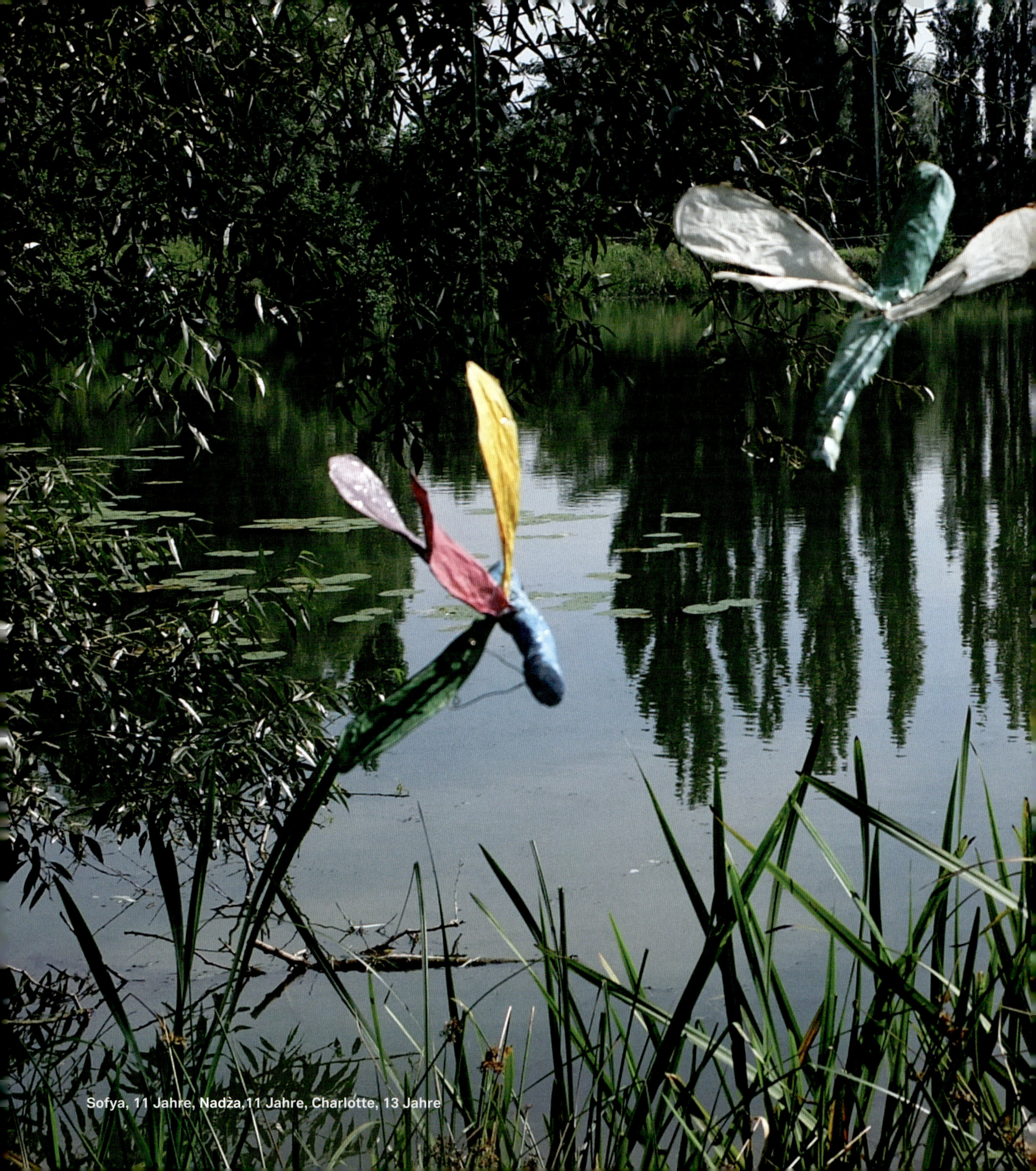

Sofya, 11 Jahre, Nadža, 11 Jahre, Charlotte, 13 Jahre

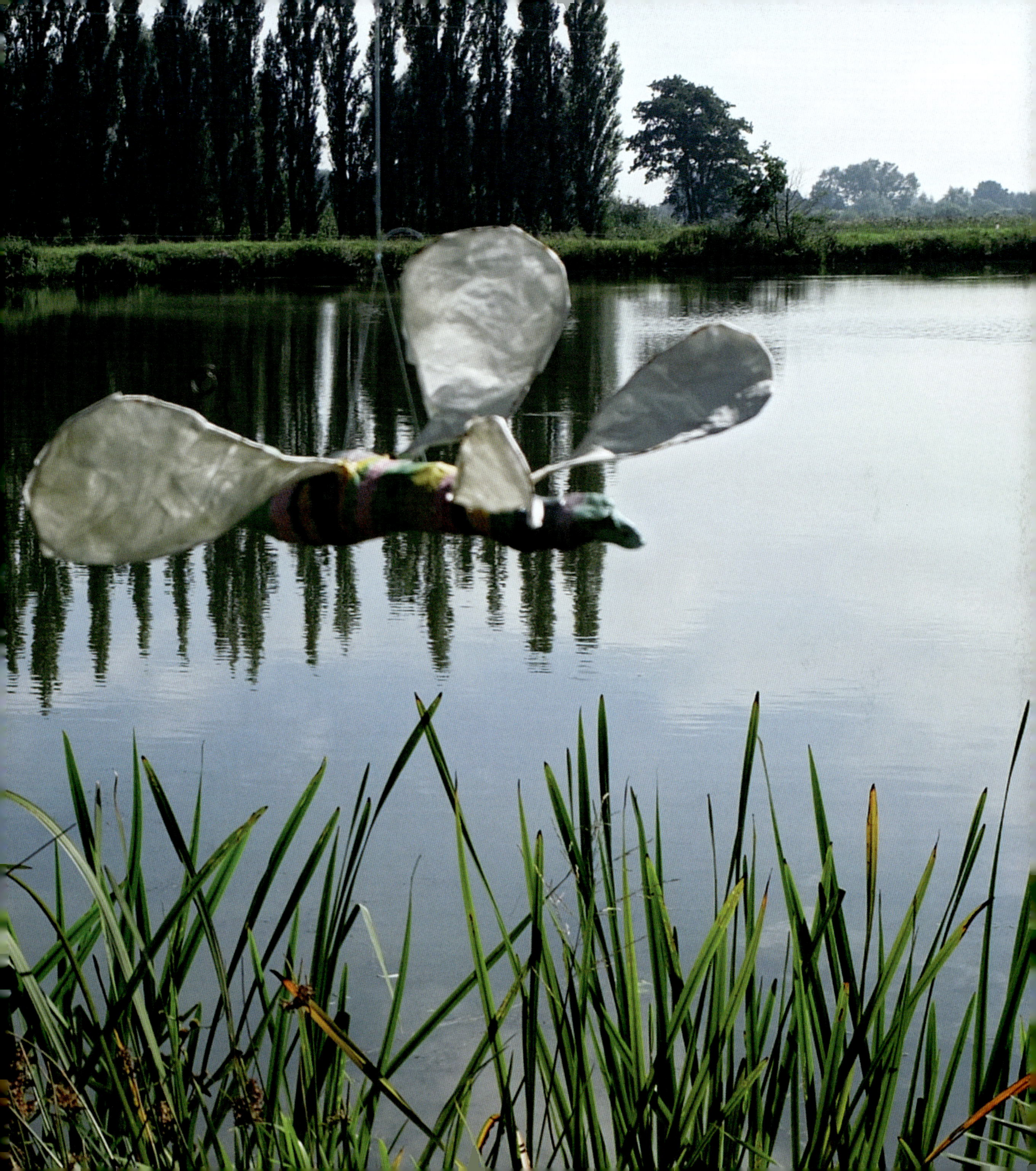

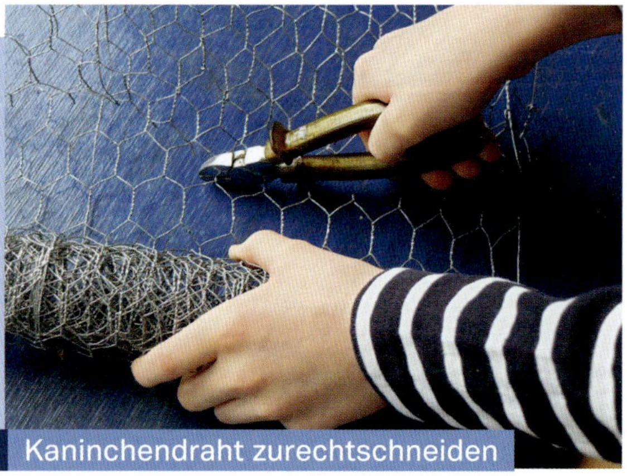

1. Kaninchendraht zurechtschneiden

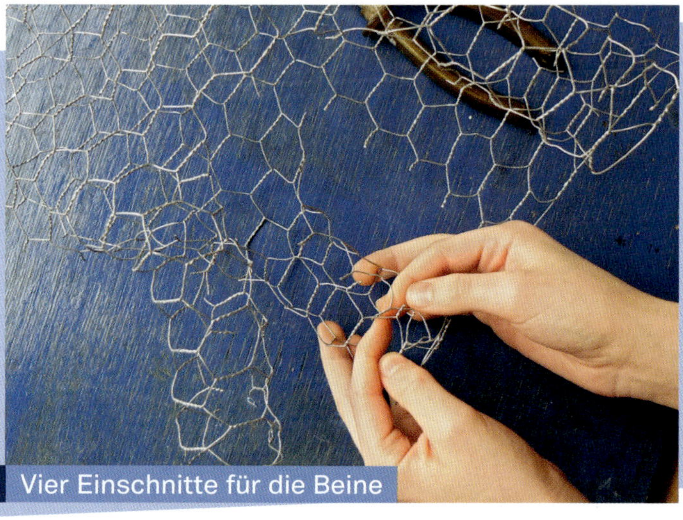

2. Vier Einschnitte für die Beine

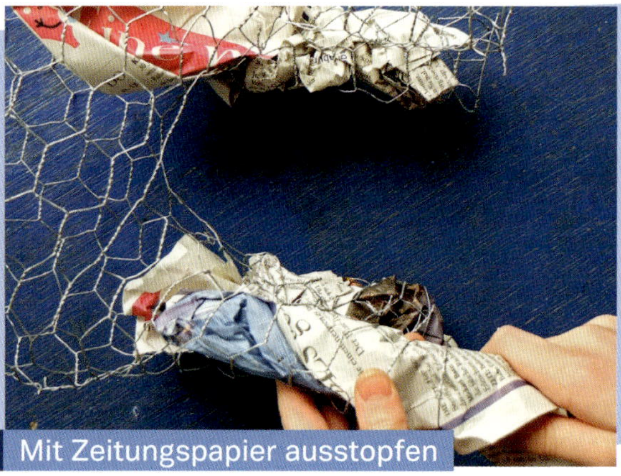

3. Mit Zeitungspapier ausstopfen

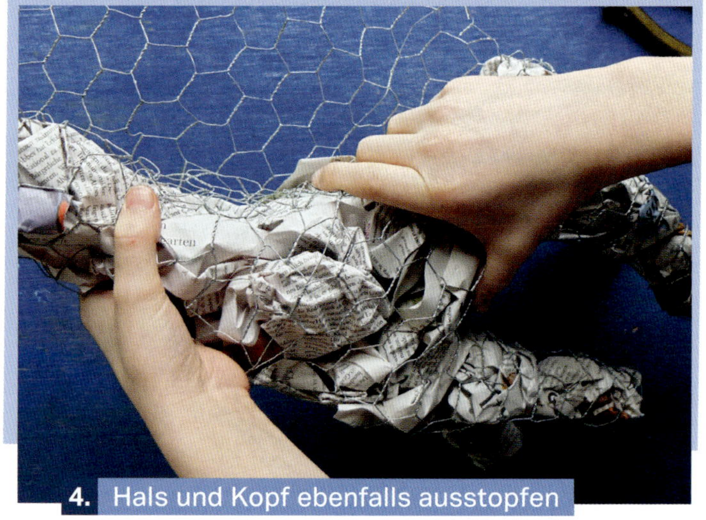

4. Hals und Kopf ebenfalls ausstopfen

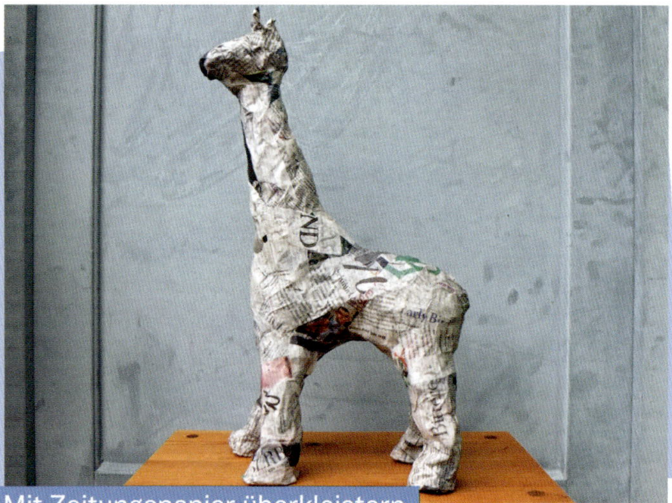

5. Mit Zeitungspapier überkleistern

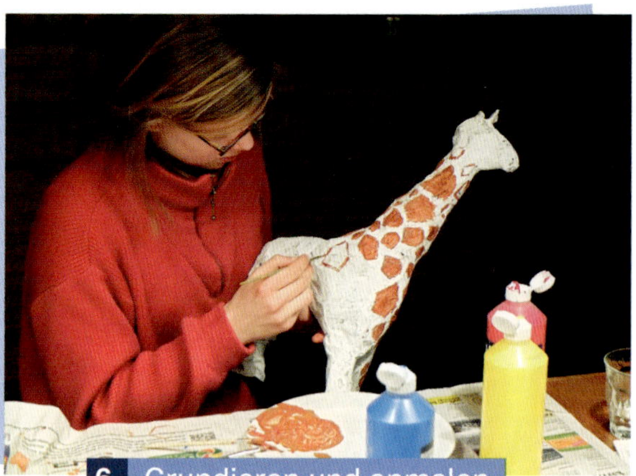

6. Grundieren und anmalen

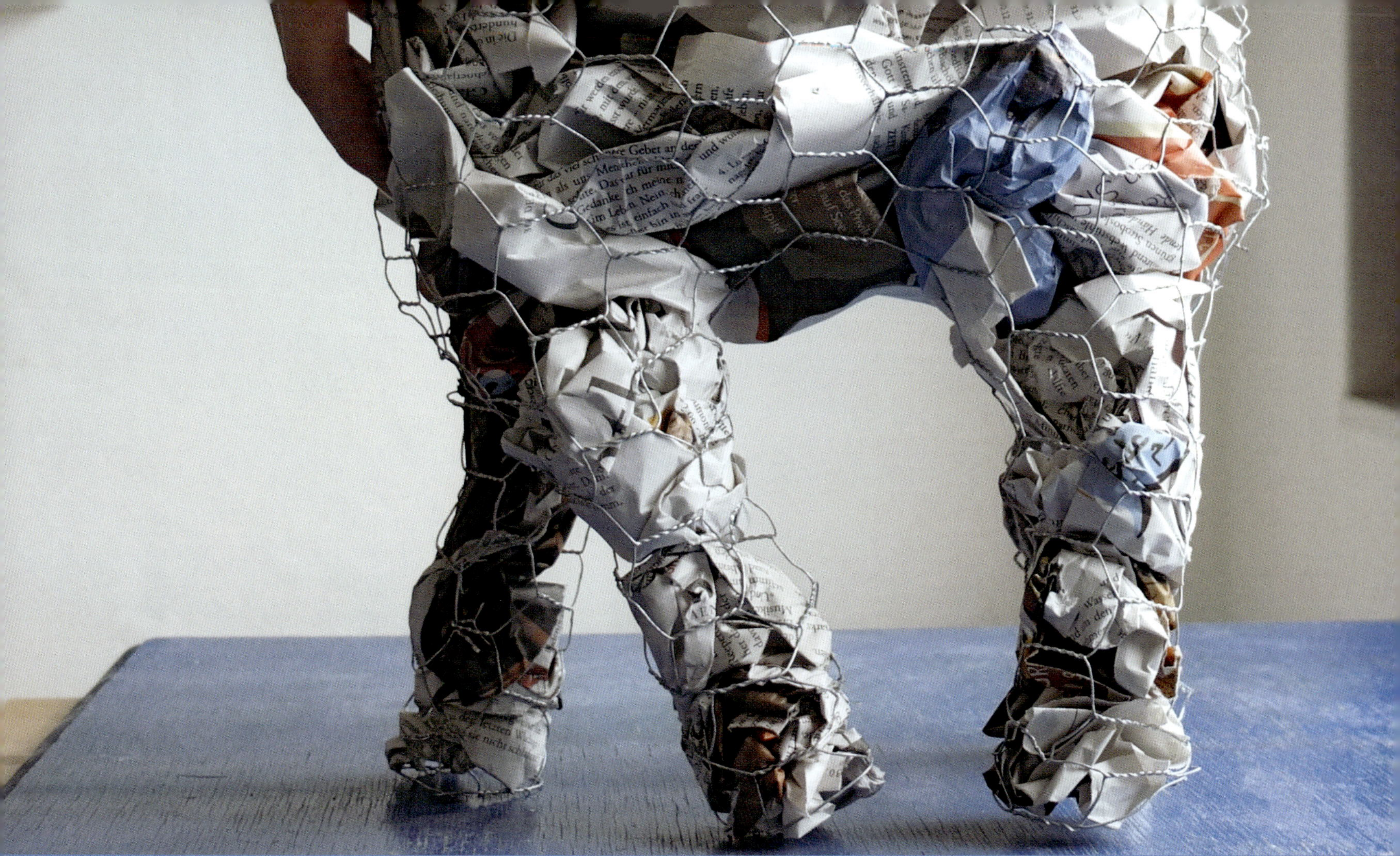

Für größere Kleister-Projekte eignen sich Unterkonstruktionen aus Kaninchendraht, den man als Rolle im Baumarkt kaufen kann. Für Landschaften mit Bergen, Tunneln und Höhlen wird der Maschendraht auf einer Holzplatte befestigt. Bei freistehenden Objekten kann darauf verzichtet werden. Das Verbinden von einzelnen Drahtstücken ist etwas kniffelig. Darum am besten aus einem Teil arbeiten, das sich durch Zusammendrücken der Maschen in die richtige Form bringen lässt. Mit Geduld und Fantasie ist in dieser Technik von A wie Autokarosserie bis Z wie Zauberberg fast alles machbar.

1. Den Kaninchendraht in gewünschter Größe mit dem Seitenschneider zurechtschneiden.

2. Für die Beine im unteren Drittel vier Einschnitte machen. Den Draht jeweils zu einem Rohr biegen und die aufgeschnittenen Drahtenden miteinander verzwirbeln.

3. Die Beine und den Körper mit locker geknülltem Zeitungspapier ausstopfen: Das verbessert später die Haftung des aufgekleisterten Papiers.

4. Den Hals und Kopf ebenfalls mit Zeitungspapier füllen und in Form biegen. Eventuell überschüssigen Maschendraht abschneiden.

5. Alles mit Zeitungspapier überkleistern, dabei kannst du die Form noch korrigieren. Für die Ohren etwas Papier aus dem Innenleben herausziehen und mit Papierstreifen und Kleister von außen stabil formen.

6. Trocknen lassen, grundieren und anmalen.

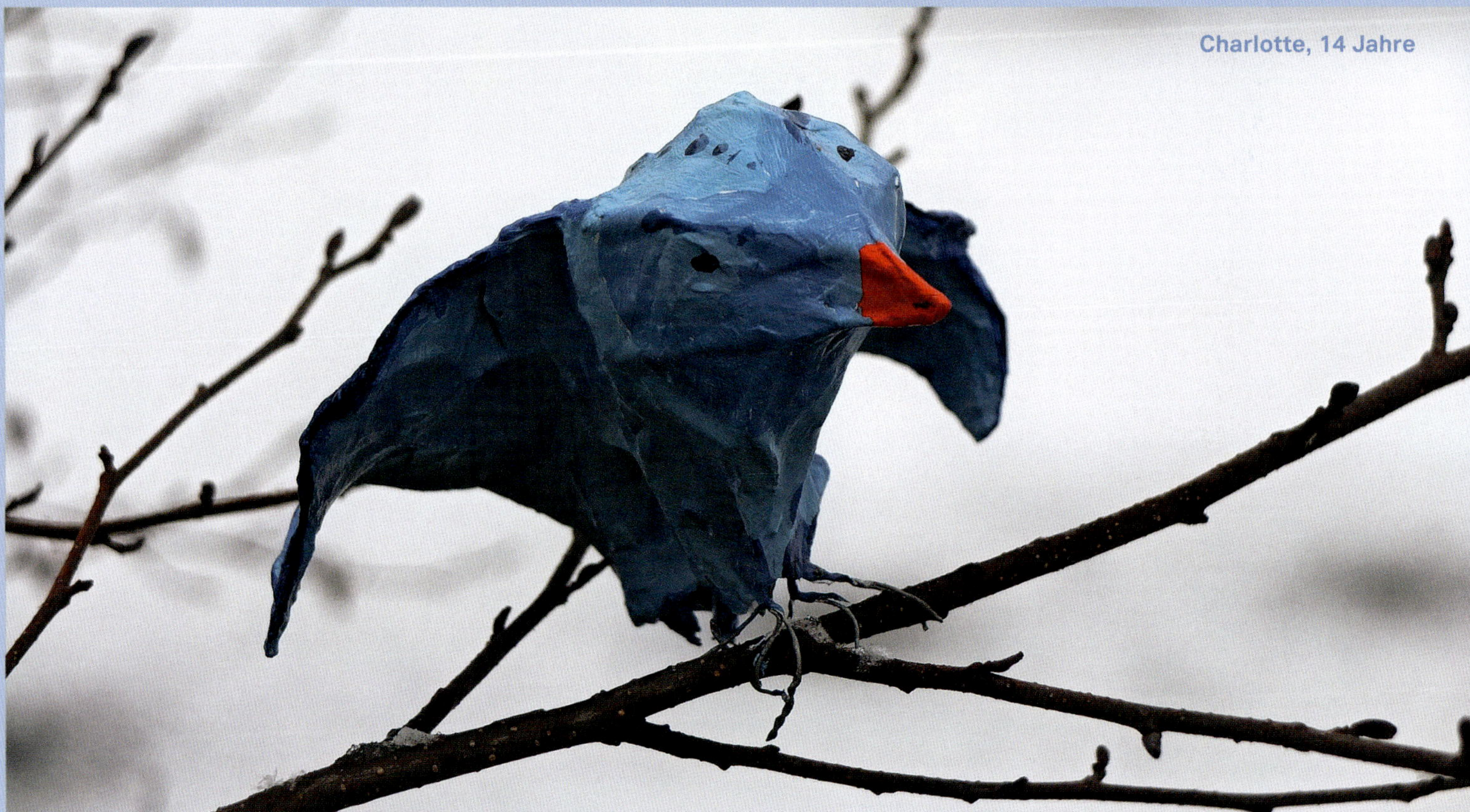

Charlotte, 14 Jahre

BLAUER VOGEL IM SCHNEE

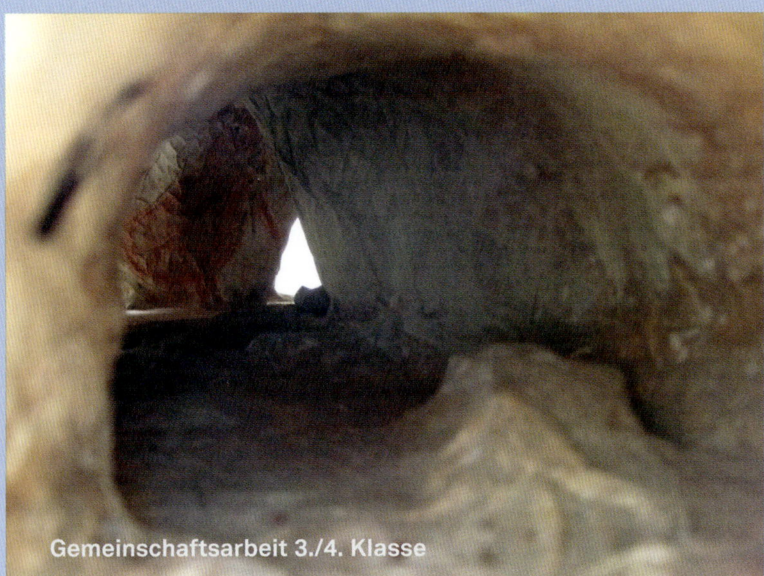

Gemeinschaftsarbeit 3./4. Klasse

BLICK IN DIE STEINZEITHÖHLE

Der Berg besteht aus vier Teilen, die zur Höhle zusammengeschoben werden.

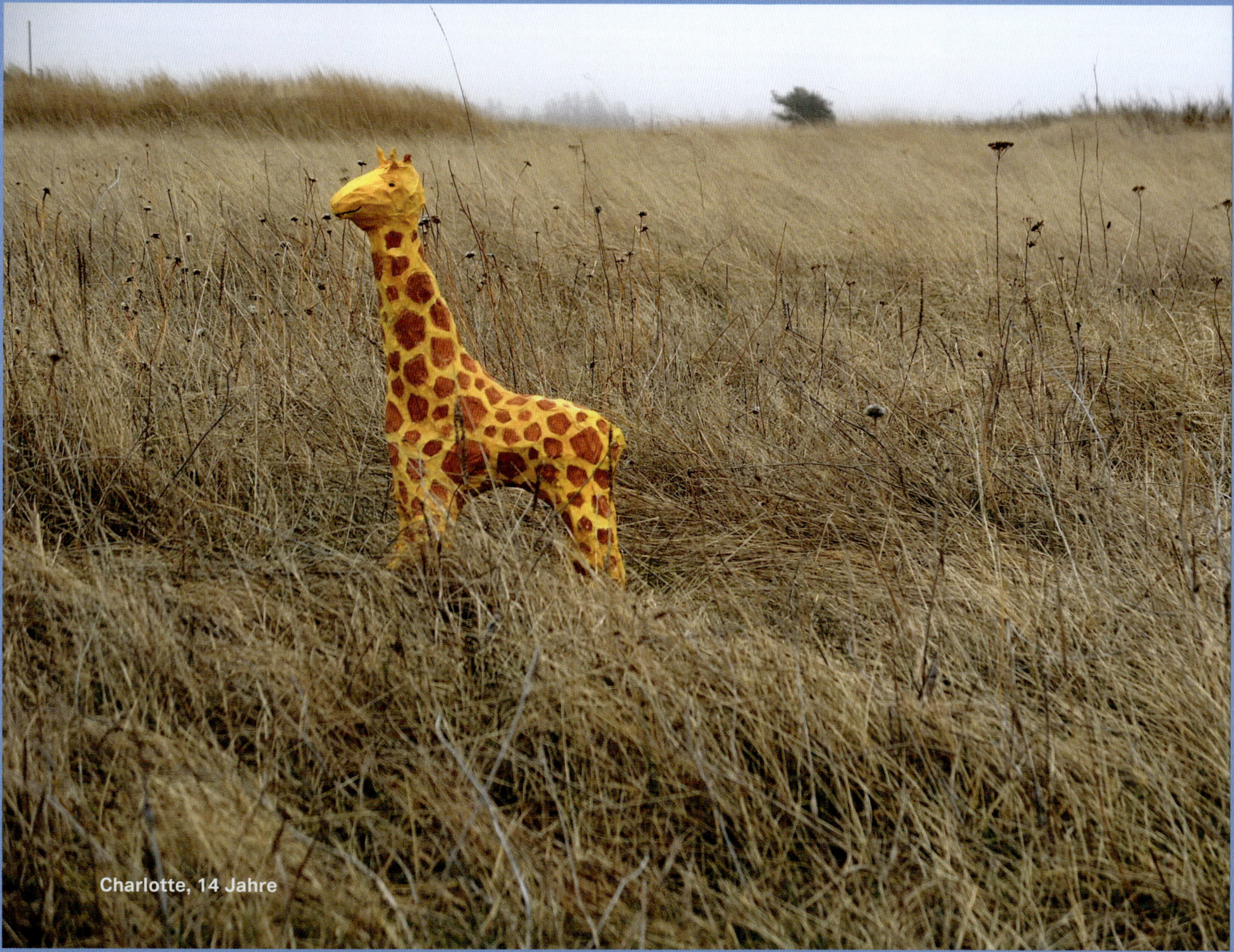

GIRAFFE IN DER SAVANNE

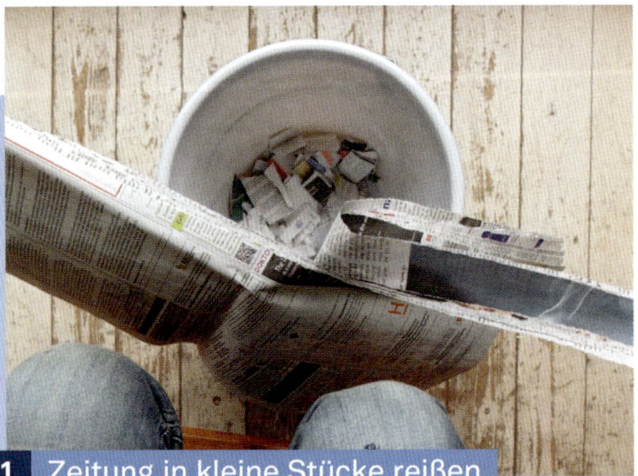

1. Zeitung in kleine Stücke reißen

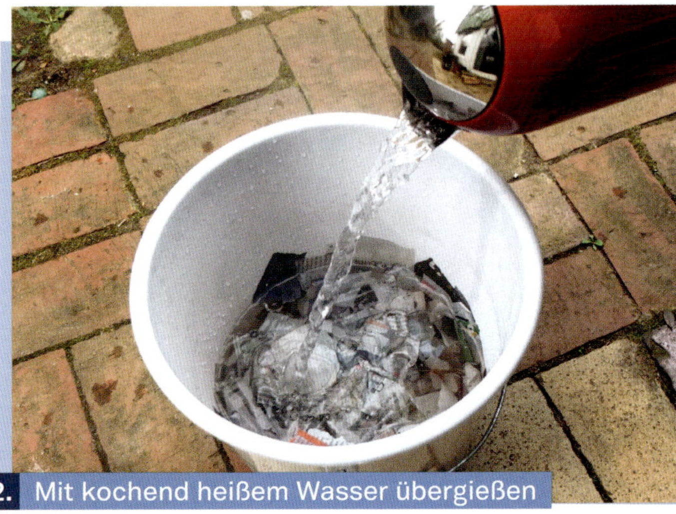

2. Mit kochend heißem Wasser übergießen

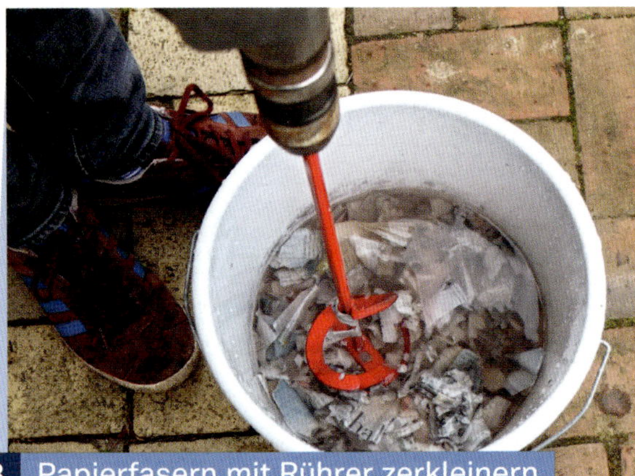

3. Papierfasern mit Rührer zerkleinern

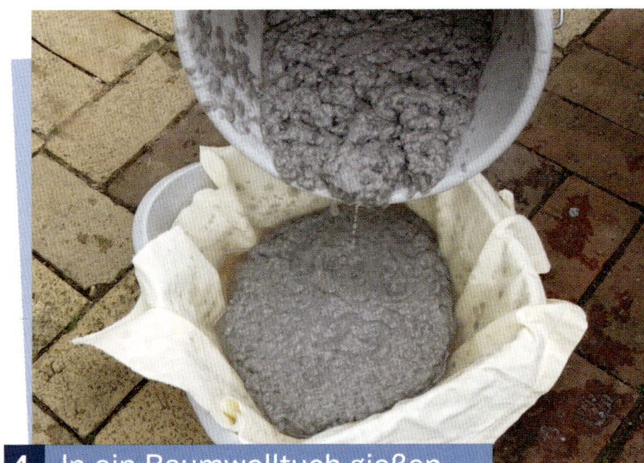

4. In ein Baumwolltuch gießen …

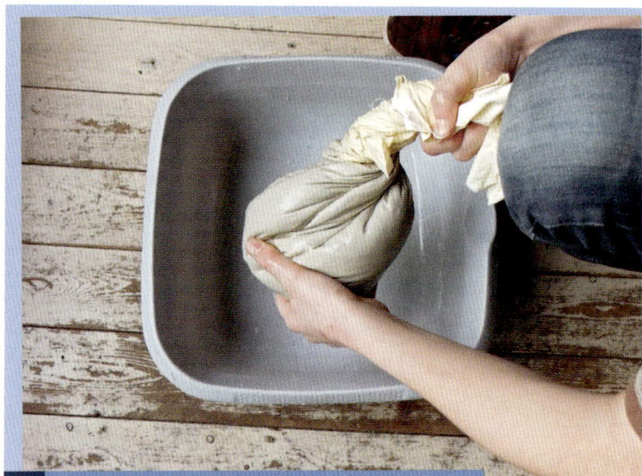

5. … und richtig gut ausdrücken

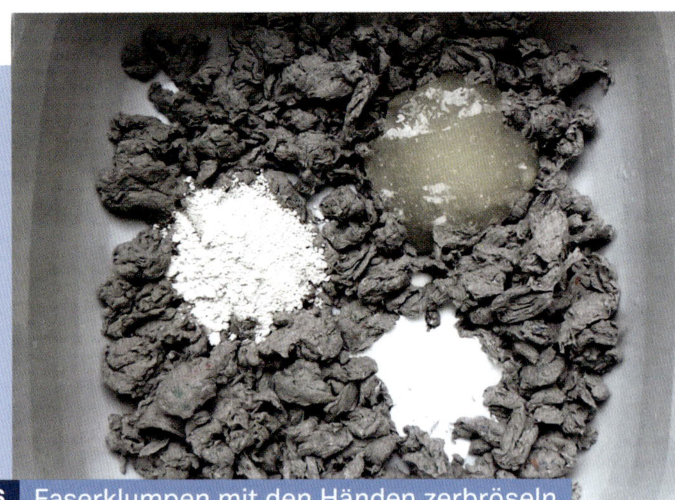

6. Faserklumpen mit den Händen zerbröseln

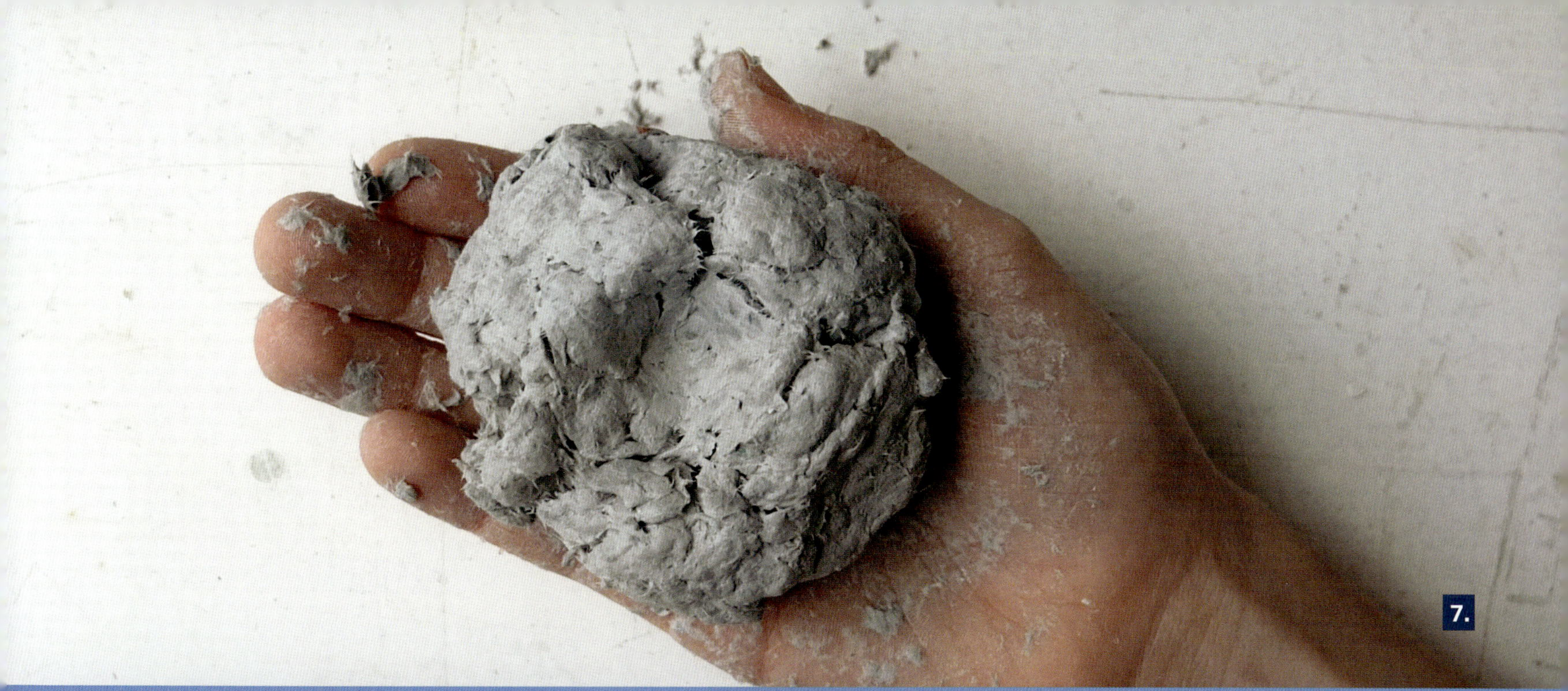

7.

Für wirklich gutes Papiermaschee braucht jeder etwas Übung und Erfahrung. Wir haben es mit einem genialen Recycling-Werkstoff zu tun, der zunächst als Modelliermasse gebraucht und nach dem Trocknen mit Raspel, Schleifpapier, Farbe oder Lack beliebig weiterbearbeitet wird. Wunderbarerweise wird dieser Stoff hart, ohne dass er gebrannt werden müsste.

Das Papiermaschee besteht aus verschiedenen Komponenten: Kleister, Kreide, Leim, Papierbrei und eventuell Sägespänen. Der Papierbrei verhält sich wie ein organisches Material, fällt jedes Mal etwas anders aus und verändert sich auch mitunter nach ein paar Tagen. Das liegt zum einen am Rohstoff: Unterschiedliche Papiere oder Pappen verhalten sich auch unterschiedlich. Zum anderen liegt es am variierenden Wassergehalt der ausgedrückten Masse und dem Quellprozess. Ein auf's Gramm genaues Rezept für die Anteile der Zutaten gibt es also nicht, sondern vielmehr eine Angabe zu den Verhältnissen. Doch wirst du rasch ein Gefühl für die richtige Konsistenz entwickeln.

1. Zeitung in kleine Stücke reißen und locker in einen Eimer streuen, sodass möglichst keine „Schnipselnester" zusammenkleben. Der Eimer darf maximal zu einem Drittel gefüllt werden.

2. Mit kochend heißem Wasser reichlich übergießen und über Nacht einweichen lassen.

3. Zum Zerkleinern der Papierfasern eignet sich am besten ein Rühraufsatz für die langsam laufende Bohrmaschine. Für kleine Mengen kannst du auch einen Küchenmixer benutzen.

4. Anschließend alles in ein Baumwolltuch geben ...

5. ... und richtig gut ausdrücken.

6. Den Faserklumpen mit den Händen zerbröseln. Nun das Papiermaschee in folgendem Mischverhältnis zu einer homogenen Masse kneten: fünf Teile Papierfasern und je ein Teil Holzleim, Kreide in Pulverform und dickflüssiger Kleister. Wenn das Ergebnis zu klebrig ist, mehr Fasern oder Kreide zugeben. Ist es zu bröselig, darf mehr Kleister oder Leim hinein.

7. So sieht das fertige Papiermaschee aus: Ein Daumenabdruck bleibt gut in der Masse stehen.

TIPP

Im Kühlschrank lässt sich das Papiermaschee in einem verschlossenen Behälter ca. vier Wochen aufbewahren.

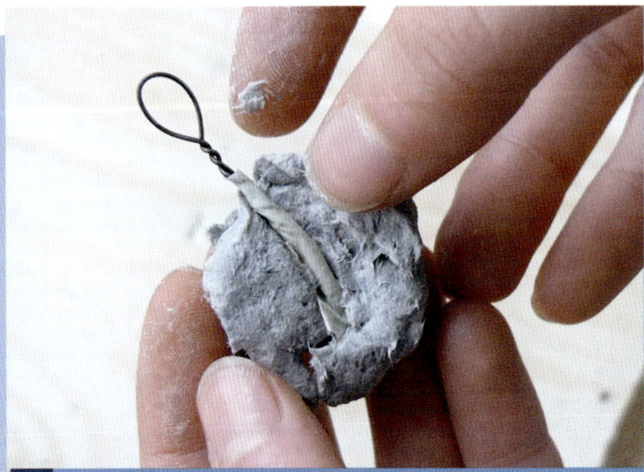

1. Papiermaschee um einen Draht formen …

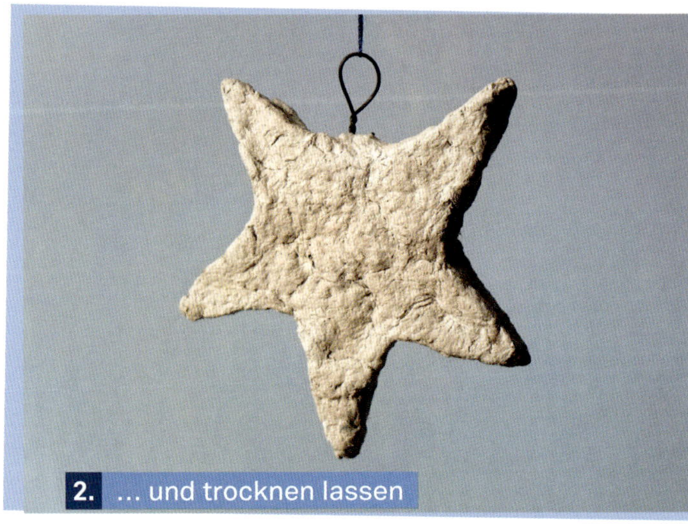

2. … und trocknen lassen

WEIHNACHTSSCHMUCK IST EIN PRIMA EINSTEIGERPROJEKT

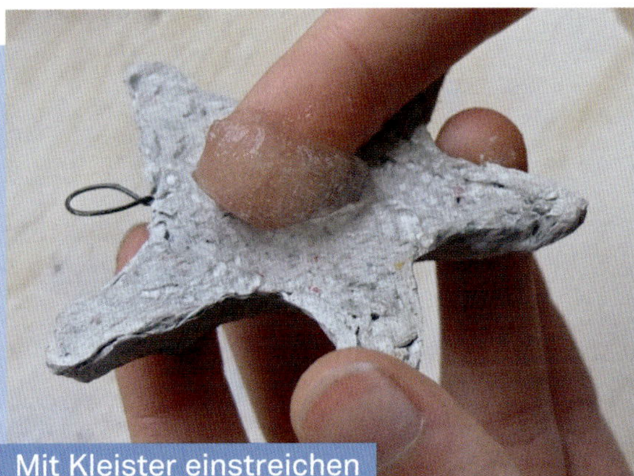

3. Mit Kleister einstreichen

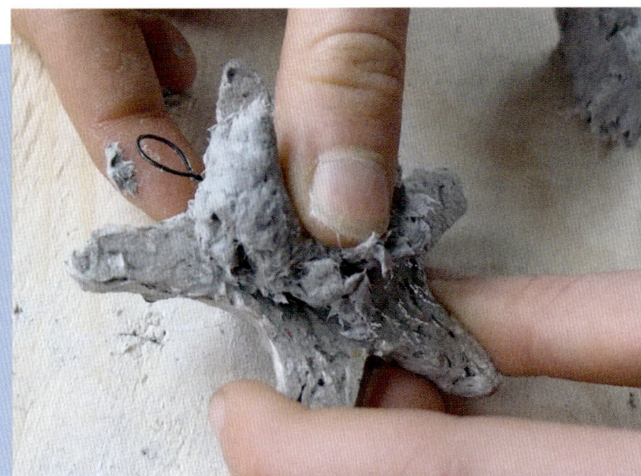

4. Weiteres Papiermaschee auftragen

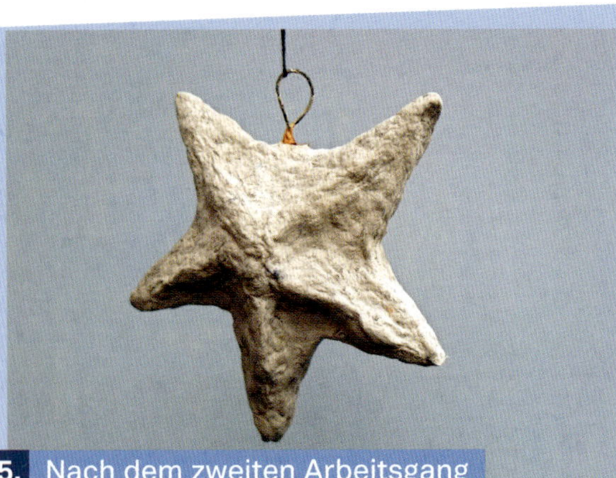

5. Nach dem zweiten Arbeitsgang

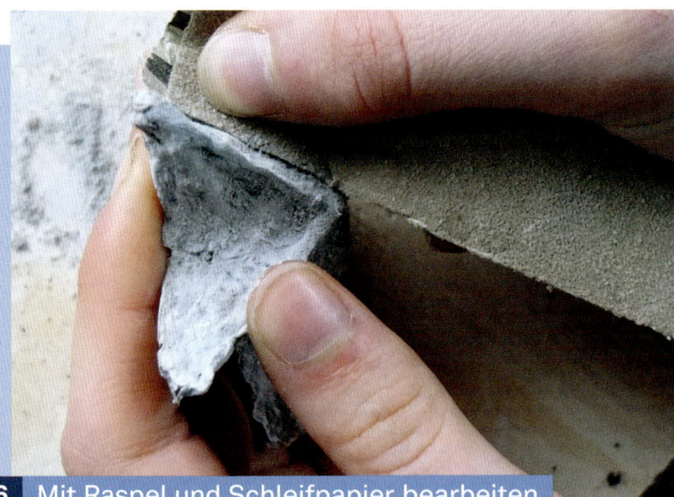

6. Mit Raspel und Schleifpapier bearbeiten

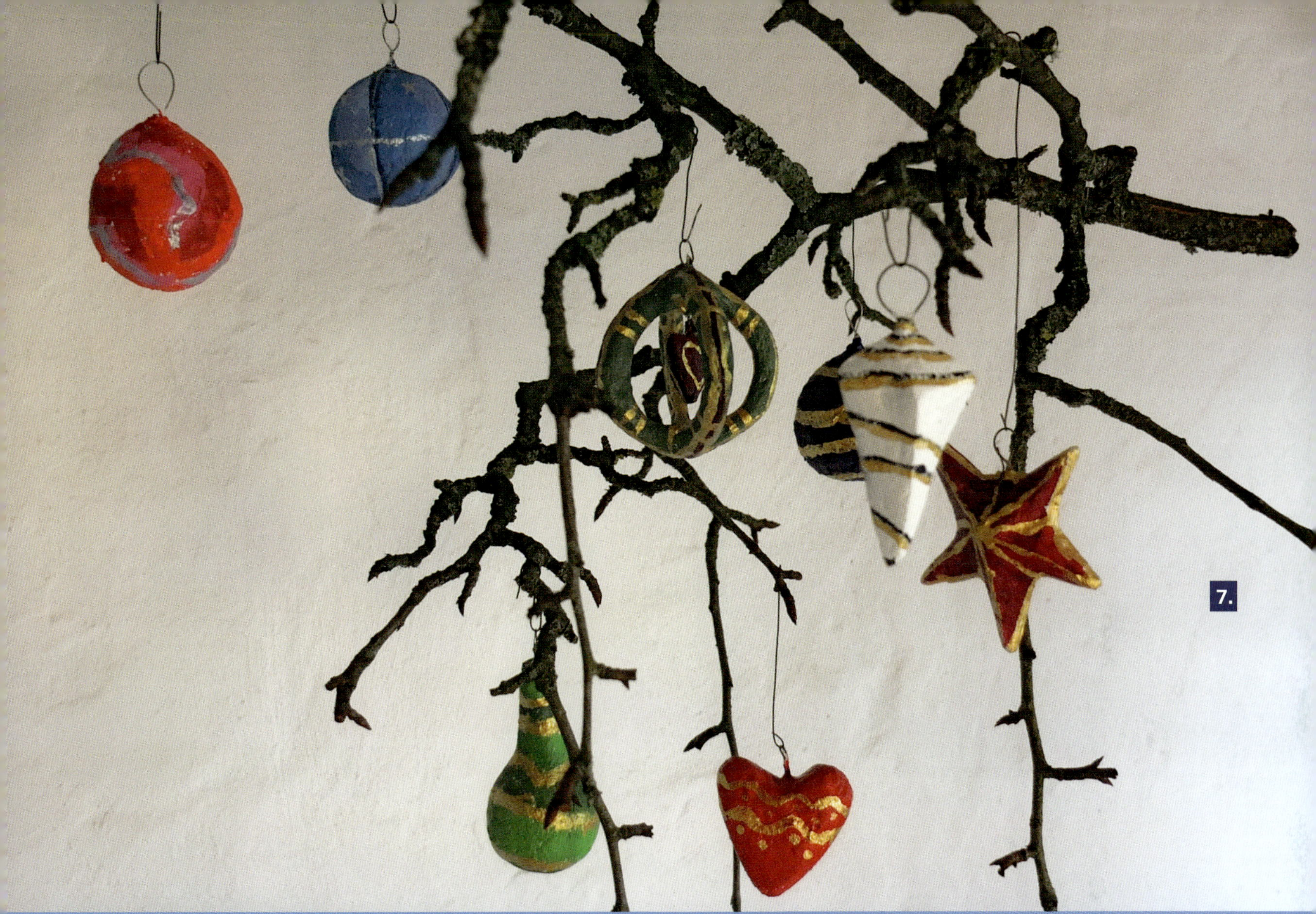

7.

1. Für unseren Weihnachtsschmuck wird das Papiermaschee über einen kleinen Draht geformt, der an der Oberseite zu einer Öse gebogen wurde. Den Draht mit Malerkreppband umwickeln, damit später keine Rostflecken entstehen können.

2. Der erste Arbeitsgang ist etwas mühsam – und die Ergebnisse sehen manchmal leicht kümmerlich aus ... Nicht verzweifeln: Wir haben eine Basis geformt, auf der wir später gut weiterarbeiten können. Trocknen lassen, am besten auf der Heizung oder in der Sonne. Bei einer Form dieser Größe dauert das ungefähr zwei Tage.

3. Nach dem Trocknen die Form mit Kleister einstreichen.

4. Erneut Papiermaschee anmodellieren. Das geht auf dem harten Kern nun viel besser. Anschließend wieder trocknen lassen.

5. So sieht es nach dem zweiten Arbeitsgang aus.

6. Den Körper kannst du nun mit Schleifpapier oder einer kleinen Raspel bearbeiten. Anschließend mit Tempera- oder Dispersionsfarbe grundieren. Auch ein Gesso eignet sich hier sehr gut.

7. Mit Flüssig- oder Acrylfarbe anmalen, eventuell mit Gold- oder Silberbronze verzieren – fertig ist der Anhänger!

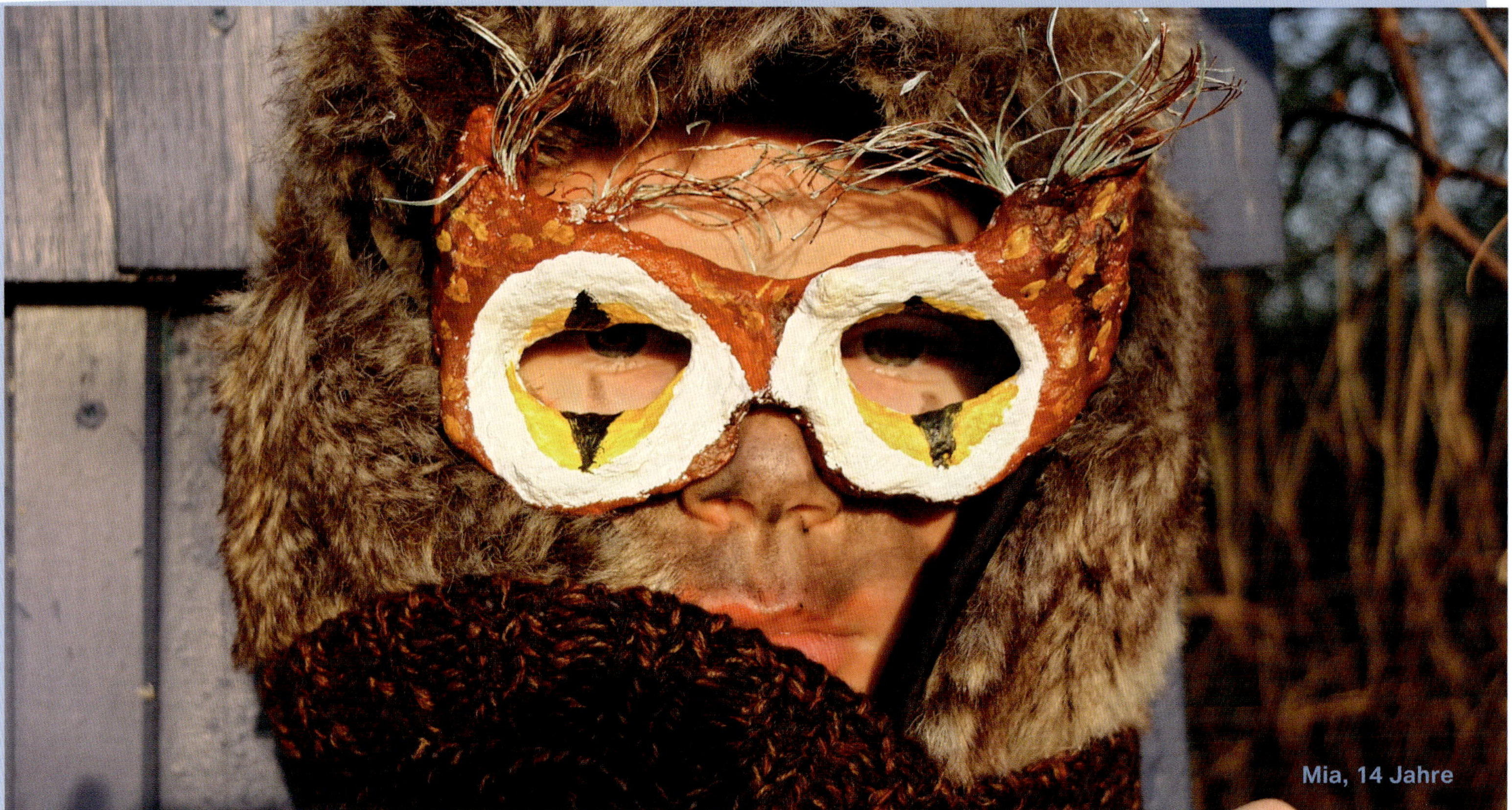

Mia, 14 Jahre

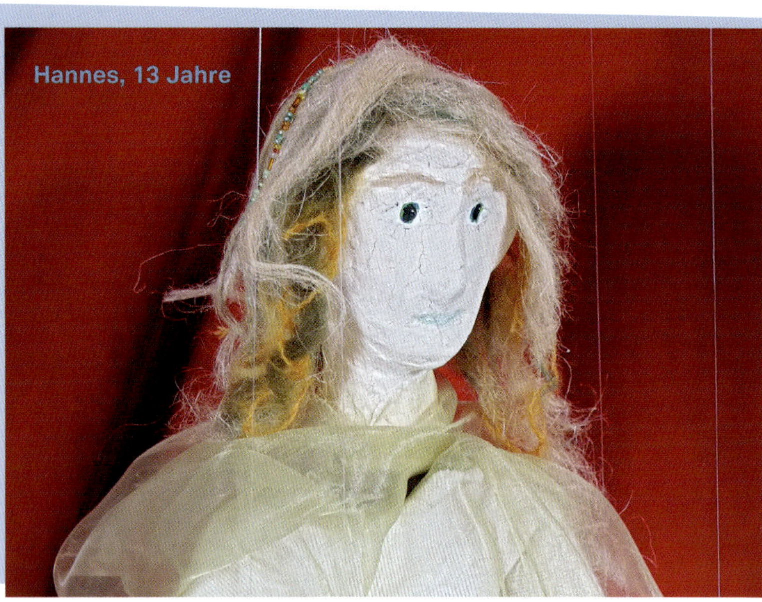

Hannes, 13 Jahre

Für die Eulenbrille wurde ein ausrangiertes Brillengestell ohne Gläser mit Papiermaschee überarbeitet. Dabei wurde der Kunststoff zuerst mit Malerkreppband umwickelt, damit das Papiermaschee besser hält. An den Eulenohren ist ein aufgeribbeltes Seil eingelegt worden.

Die Figuren wurden in einem Arbeitsgang geformt und anschließend bemalt. Der Stoff wird einfach eingeklebt.

SCHAURIG SCHÖN IST DER KOPF DER WASSERMANN-MARIONETTE

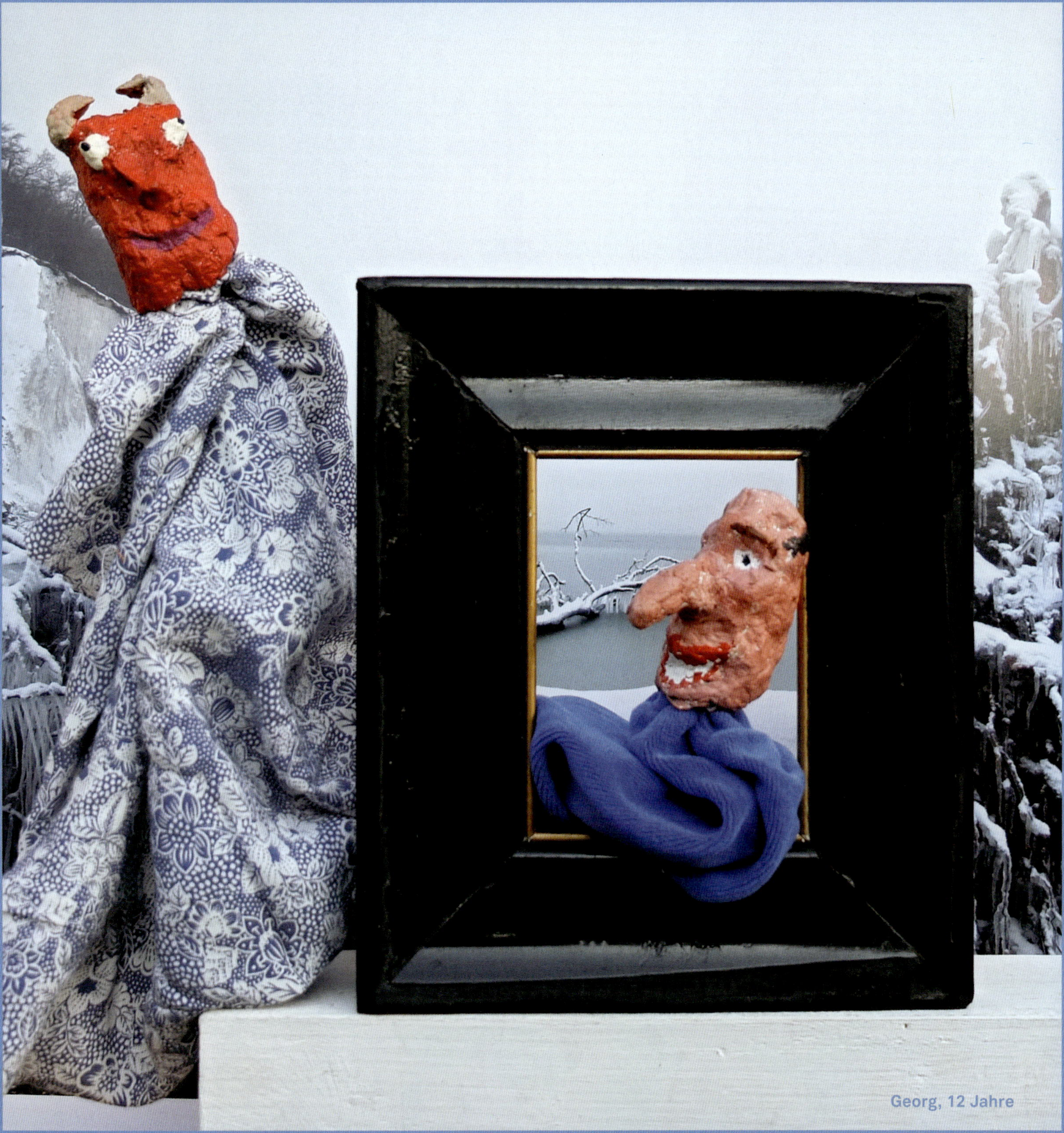

Georg, 12 Jahre

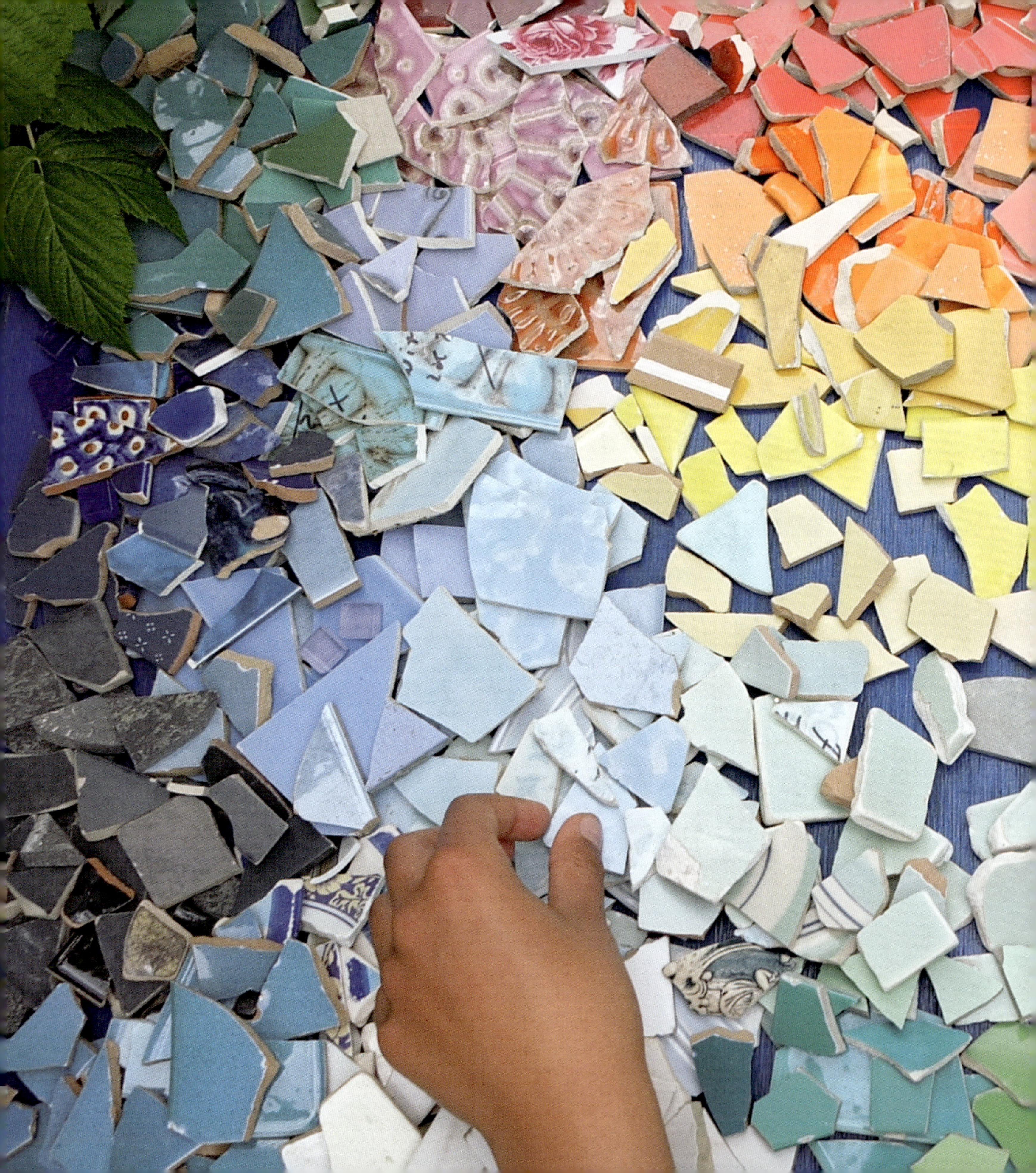

MOSAIK

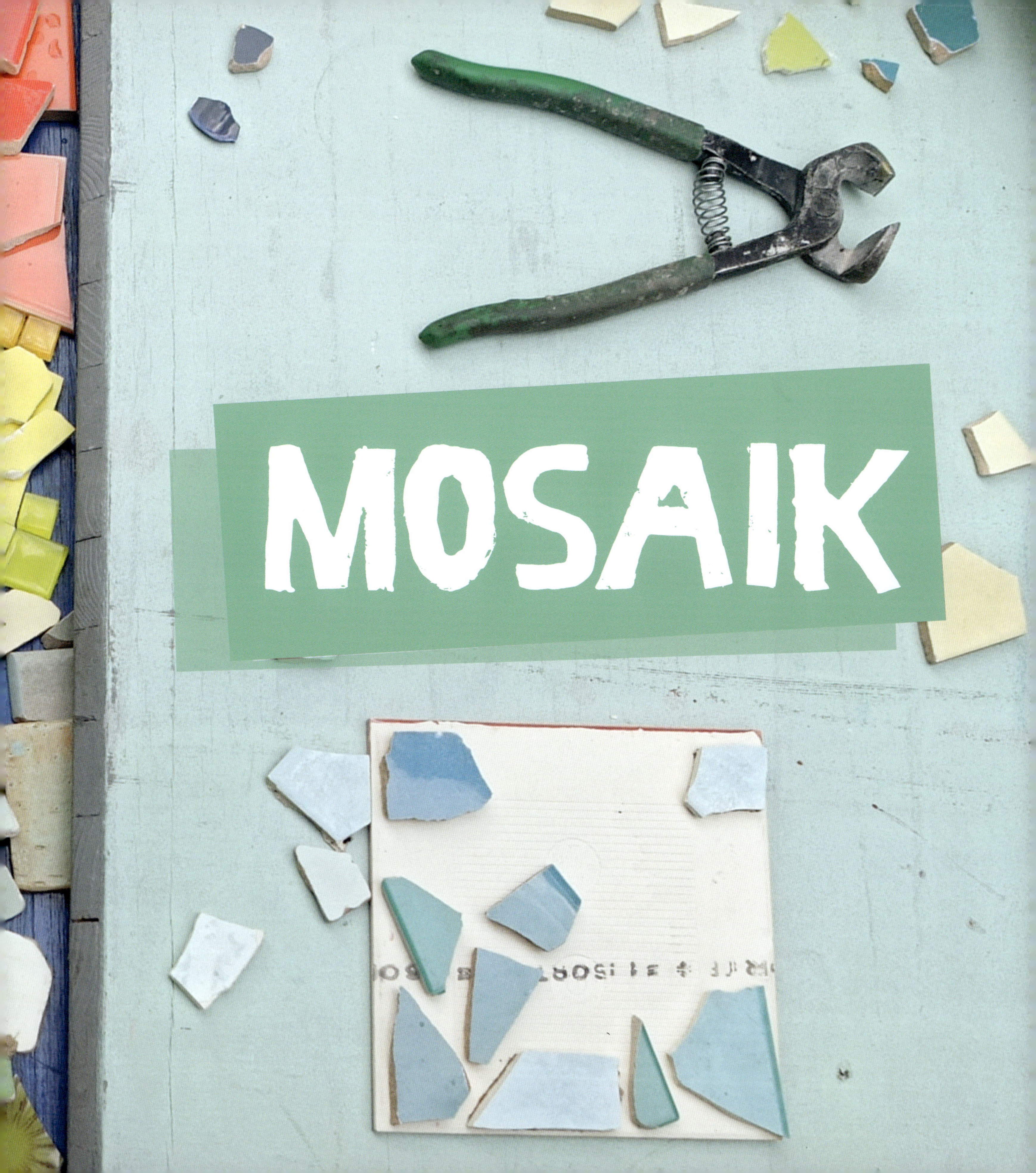

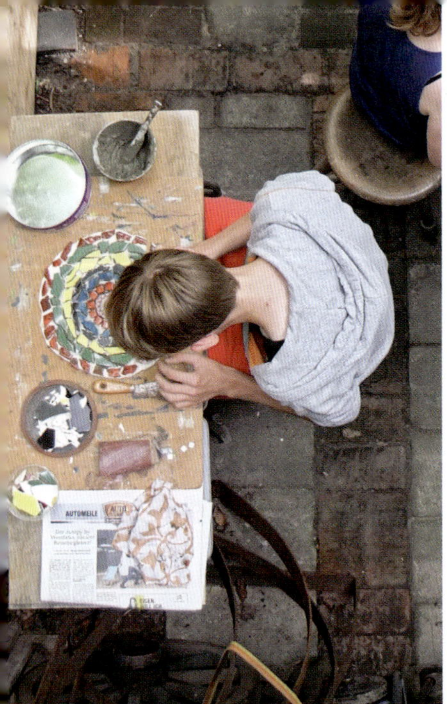

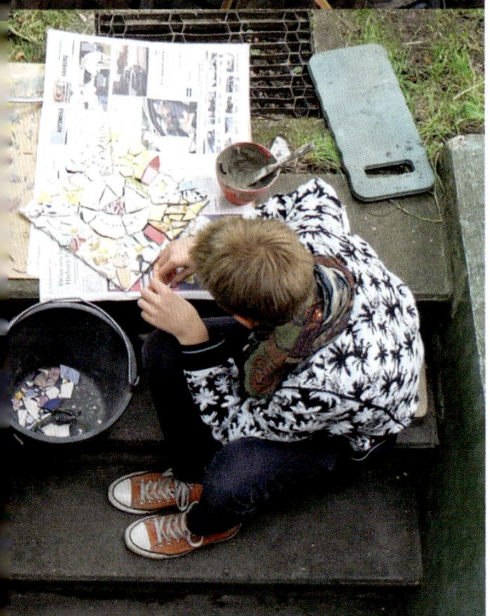

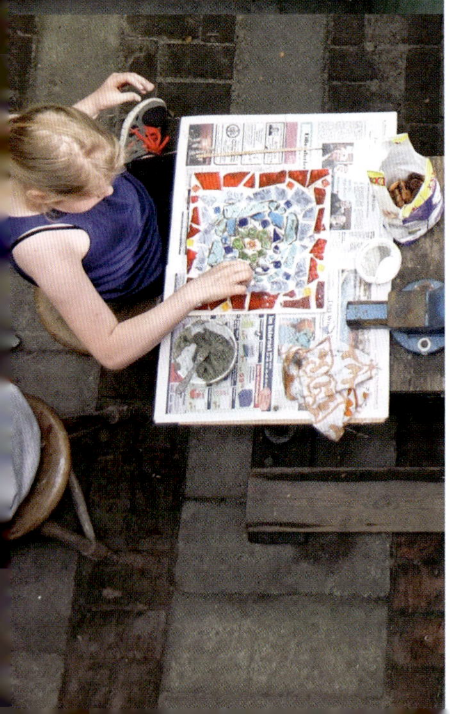

MOSAIK

Mosaike herzustellen macht großen und kleinen Leuten Spaß. Stein für Stein, Farbe für Farbe entsteht langsam unser Muster: eine sehr entspannende Beschäftigung ...

Ein Mosaik besteht aus vielen unterschiedlich gebrochenen Kleinteilen und Farbnuancen. Für die Gestaltung lassen wir uns am besten spielerisch von vorhandenenen Materialien anregen: Fliesenreste und zerbrochenes Geschirr, Kiesel, Glassteine und Muscheln, Münzen, Spiegelscherben – alles kann verwendet werden.

Sinnvoll ist es, klare Formen und Richtungen anzulegen. Farben sollten kontrastreich eingesetzt werden. Werden sie komplementär benutzt, bringen sie sich gegenseitig noch mehr zum Leuchten. Komplementärfarben stehen sich im Farbkreis gegenüber: Rot und Grün, Blau und Orange, Violett und Gelb. Auch Schwarz und Weiß können Ordnung in bunte Flächen bringen.

Fröhliche Farben dürfen gerne benutzt werden und liegen in der Natur der Sache. Auch ein kunterbuntes Mosaik wirkt nicht aufdringlich.

AUS FARBEN UND FORMEN ENTSTEHT DEIN MUSTER

Arbeitest du mit Scherben, solltest du auf die unterschiedliche Qualität der Keramik achten. Steinzeug beispielsweise ist hoch gebrannt und dichter. Mit einer Wasseraufnahme von weniger als 2 % ist es frostfest und für den Außenbereich geeignet, lässt sich aber schwer mit der Mosaikzange brechen. Niedrig gebrannte Scherben sind porös und saugen Wasser auf. Bei Frost kann dann die Glasur abplatzen.

Mit Porzellanscherben muss vorsichtig umgegangen werden, weil sie scharfkantig brechen und du dich leicht verletzen kannst. Im Fliesenhandel kann man häufig auch Einzelstücke kaufen und so fehlende Farben ergänzen. Als Trägermaterialien eignen sich besonders gut alle saugfähigen keramischen Untergründe wie die Rückseite von Fliesen, Ziegelsteine oder unglasierte Blumentöpfe. Auf Beton und Feldsteinen besteht ebenfalls eine gute Haftung für den Fliesenkleber.

Mosaike sind auf Fernwirkung angelegt und zeigen ihre ganze Schönheit erst zum Schluss, wenn die Fuge die Fläche optisch zum Ganzen verbindet.

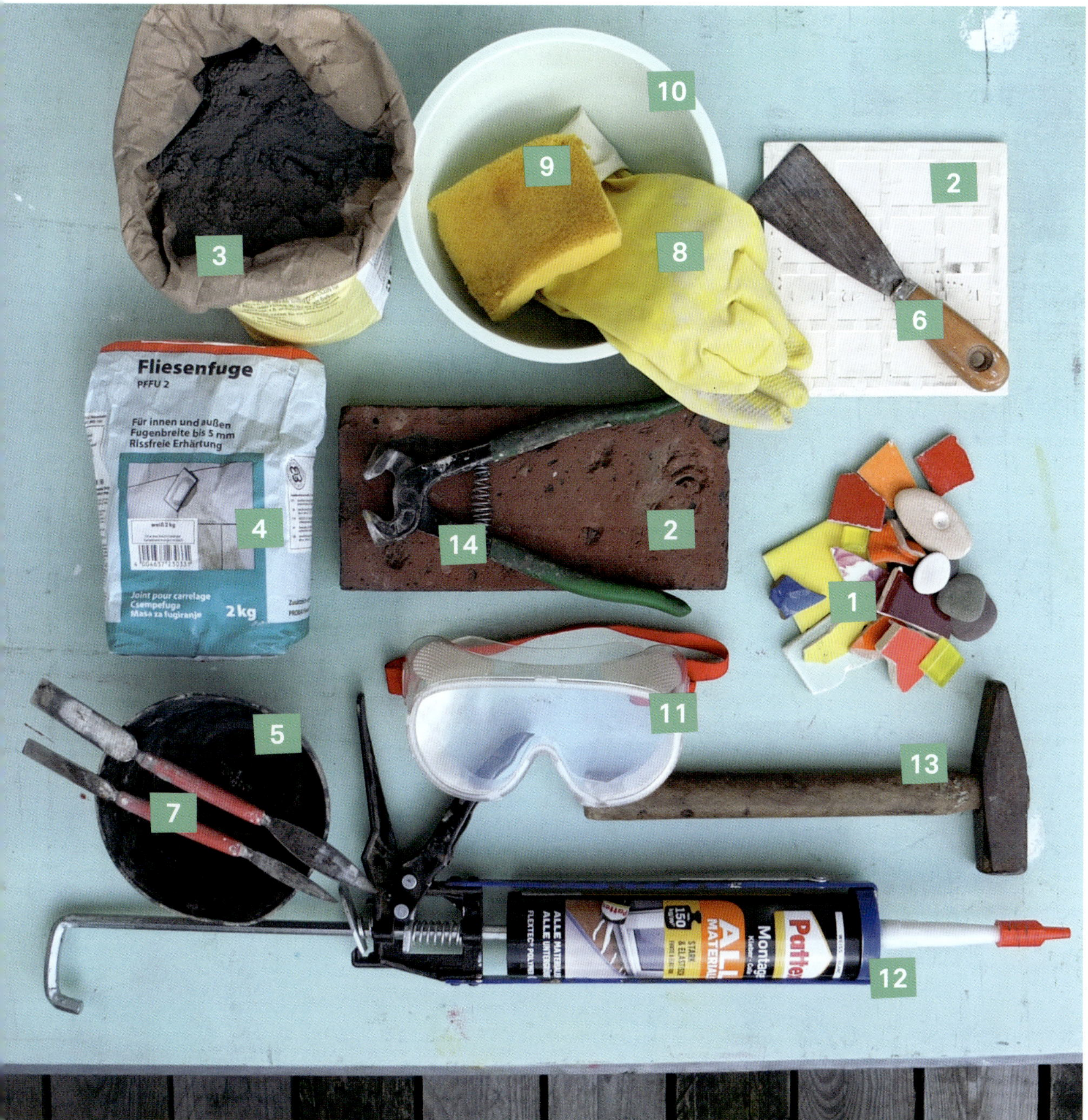

MATERIALIEN

1 MOSAIKSTEINE

2 TRÄGER-MATERIALIEN

3 FLIESENKLEBER

4 FUGE
mittel, 2 - 8 mm

5 GUMMIBECHER

6 SPACHTEL

7 STUCKATEUR-KELLEN

8 GUMMIHAND-SCHUHE

9 LAPPEN, WEICHER SCHWAMM

10 WASSERSCHALE

11 SCHUTZBRILLE

12 MONTAGEKLEBER

13 HAMMER

14 MOSAIKZANGE

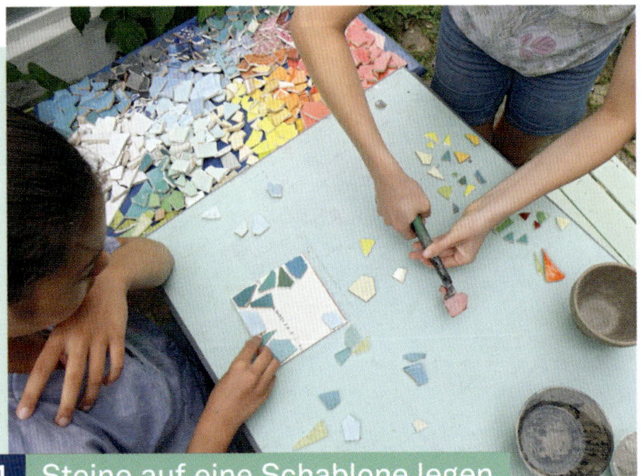

1. Steine auf eine Schablone legen

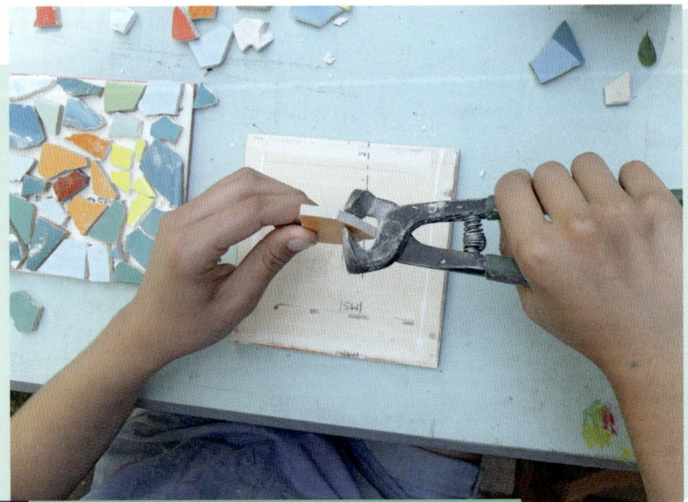

2. Mit der Mosaikzange in Form bringen

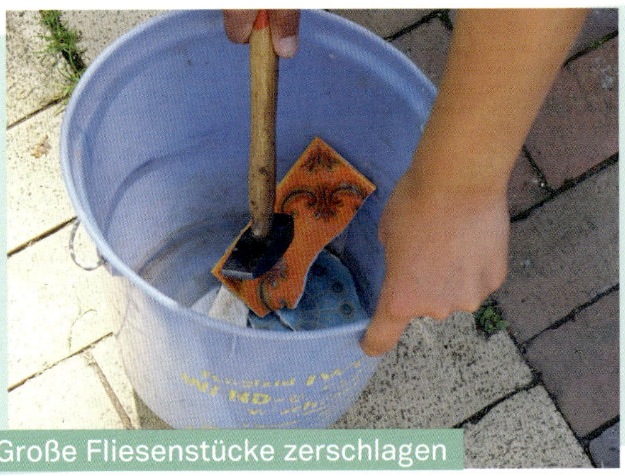

3. Große Fliesenstücke zerschlagen

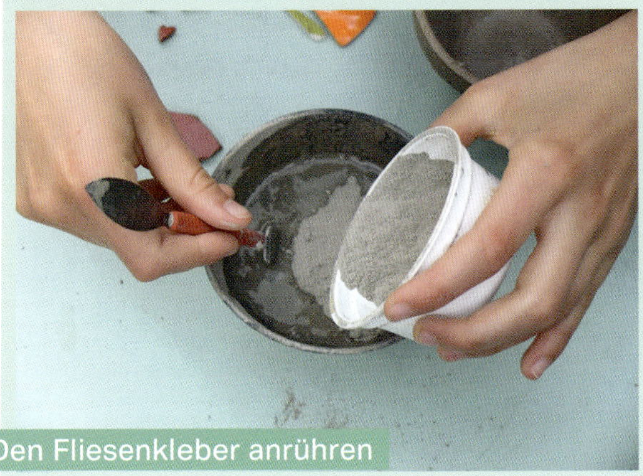

4. Den Fliesenkleber anrühren

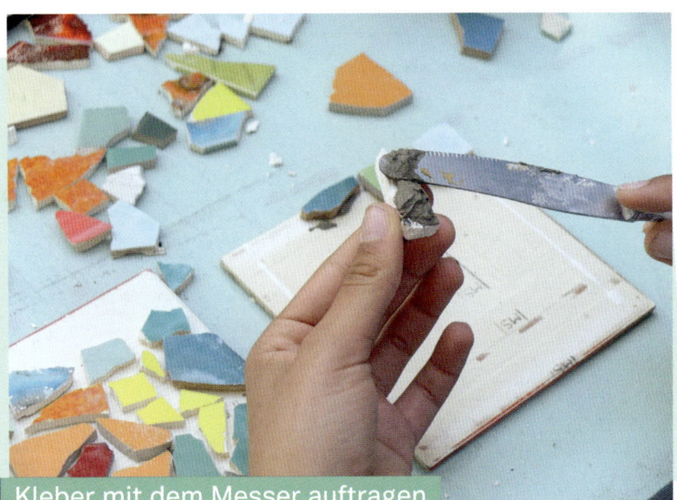

5. Kleber mit dem Messer auftragen

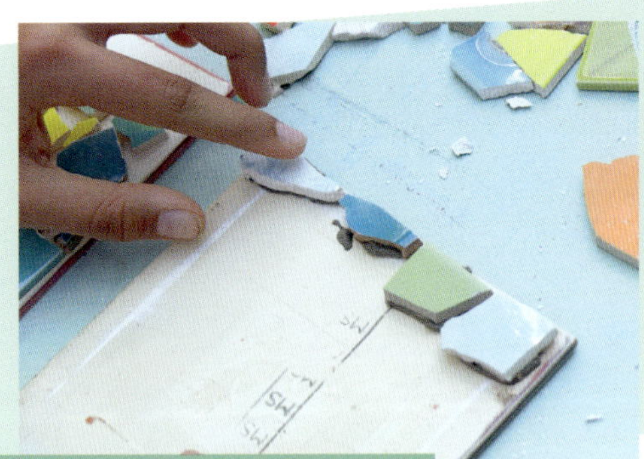

6. Stück für Stück festkleben

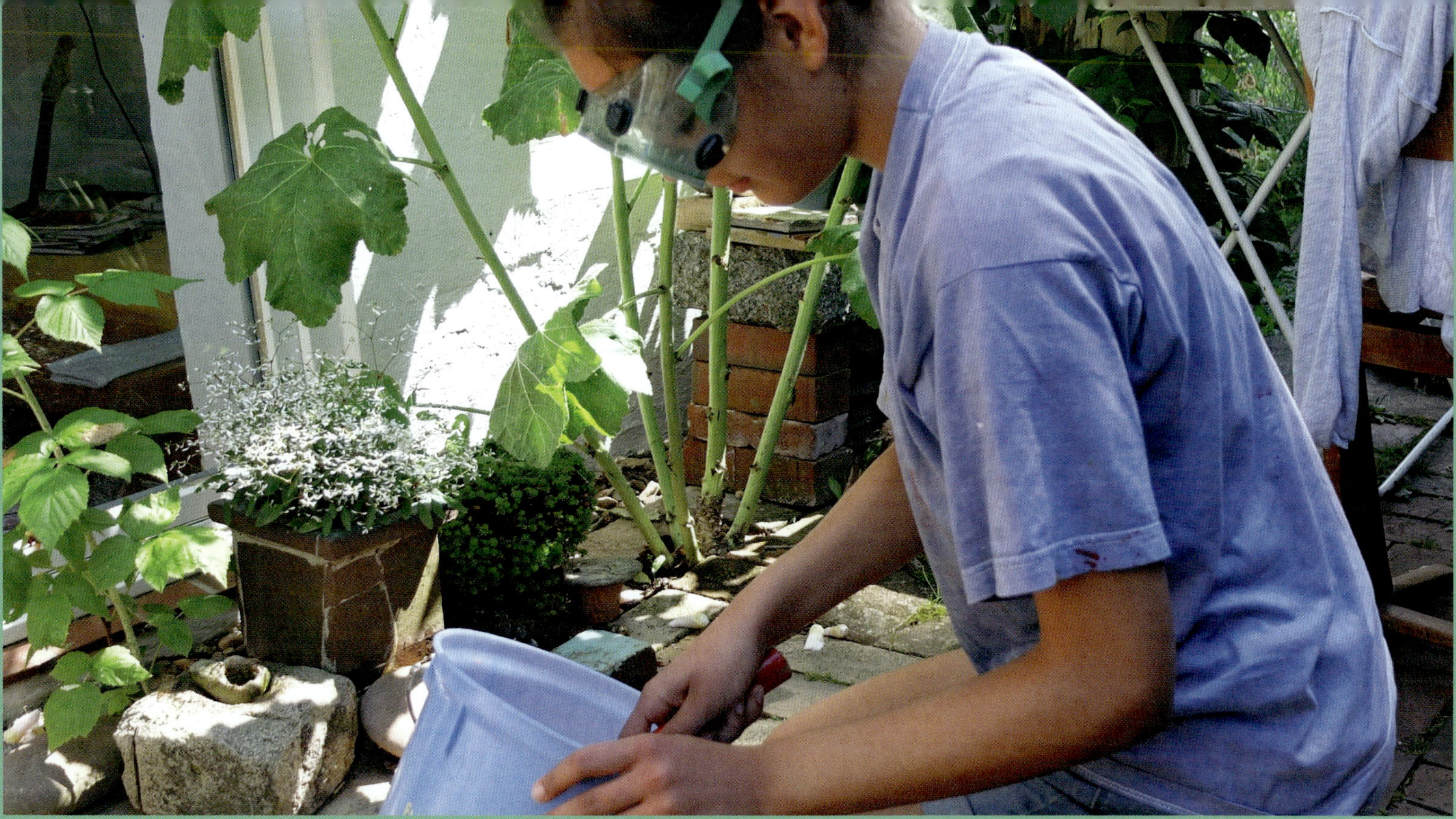

1. Hier soll aus einer alten Fliese ein schöner Untersetzer entstehen. Zunächst werden die Steine auf eine Pappschablone in Größe des Originals oder wie hier auf eine zweite Fliese im selben Format gelegt.
Zwischen den Steinen wird ein Abstand von 2 bis 4 mm für die Fuge freigelassen. Achtung! Wenn der Zwischenraum zu eng ist, kann die Fugenmasse später nicht gut eingearbeitet werden. Ist er zu breit, können nach dem Trocknen Risse in der Fuge entstehen.

2. Mit der unentbehrlichen Mosaikzange die Steine in die richtige Form knipsen.

3. Große Fliesenstücke mit einem Hammer in einem Eimer zerschlagen. So fliegen die Scherben nicht in alle Richtungen. Schutzbrille tragen und nicht auf die Glasurseite schlagen.

4. Zum Anrühren des Fliesenklebers in einen flexiblen Gummibecher ca. ein Drittel Wasser geben. Fliesenkleber vorsichtig einstreuen und mit dem Spachtel oder einem alten Küchenmesser umrühren, bis eine quarkähnliche Konsistenz erreicht ist. Die Masse muss so fest sein, dass man damit auch an einer senkrechten Fläche arbeiten könnte.

5. Mit dem Messer den Kleber großzügig auf die Unterseite der Scherbe streichen und die Scherbe auf den Untergrund setzen. Die Klebeschicht zwischen Scherbe und Träger sollte mindestens 3 mm stark sein. Achtung! Fliesenkleber ist kein Flüssigkleber – wenn zu wenig Masse aufgebracht wird, lockern sich die Steine bereits beim Verfugen und fallen dann ab.

6. Die Mosaiksteine nun Stück für Stück festkleben. Unterschiedlich starke Scherben durch die Stärke der Klebeschicht ausgleichen, damit die Fläche plan wird. Um zu prüfen, ob die Oberfläche eine Höhe hat, zwischendurch vorsichtig mit der flachen Hand über das Mosaik fühlen. Bei Bedarf können einzelne Steine höher gesetzt oder stärker angedrückt werden. Über Nacht trocknen lassen.

TIPP

Falls sich nach dem Trocknen Steine gelöst haben sollten, können sie nun mit Montagekleber erneut fixiert werden.

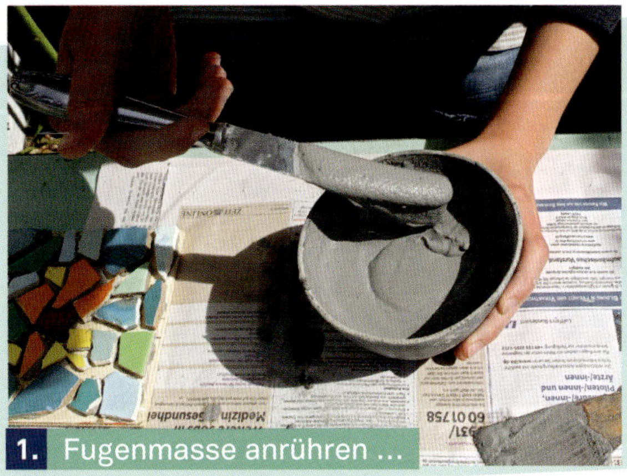

1. Fugenmasse anrühren …

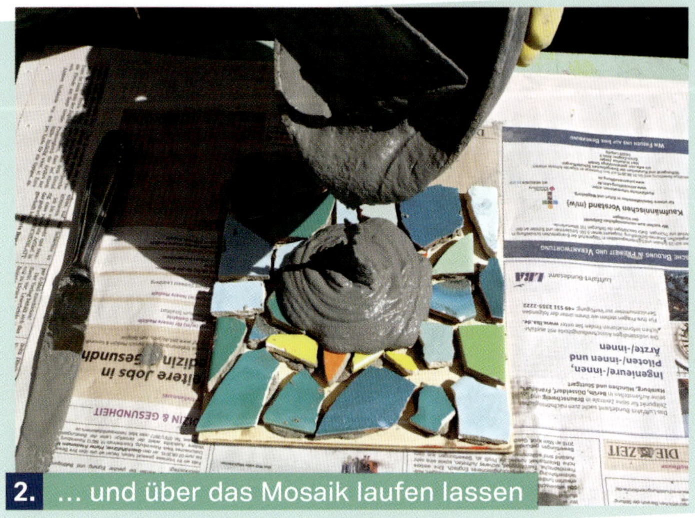

2. … und über das Mosaik laufen lassen

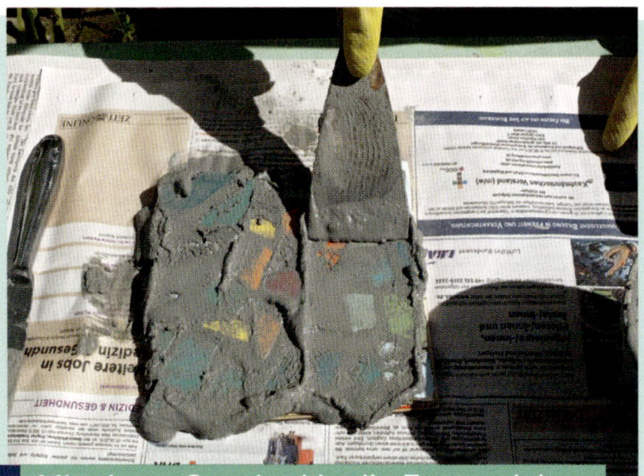

3. Mit einem Spachtel in die Fugen ziehen

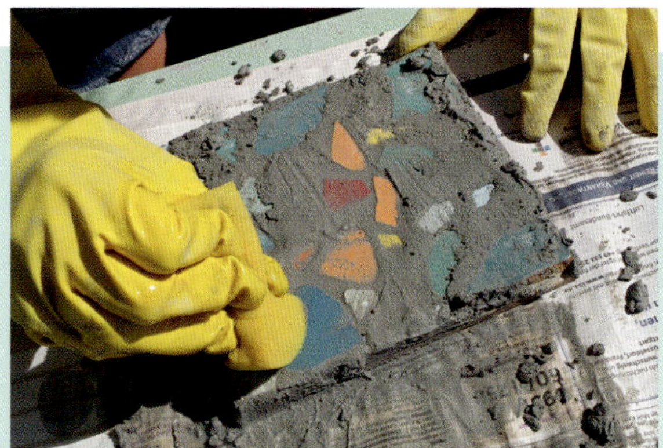

4. Mit dem Küchenschwamm einwischen …

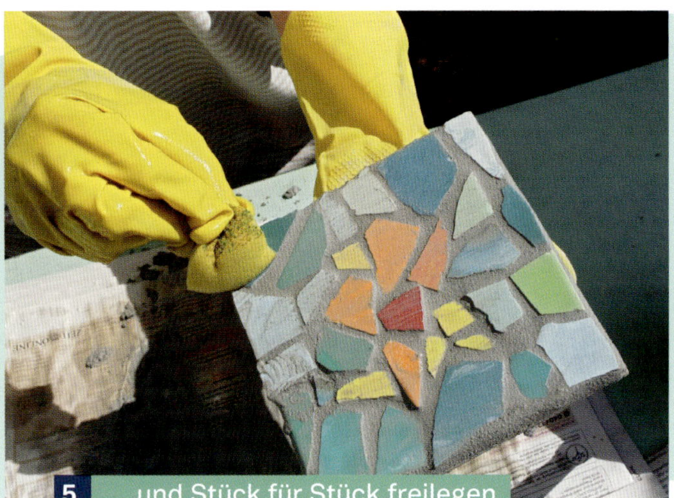

5. … und Stück für Stück freilegen

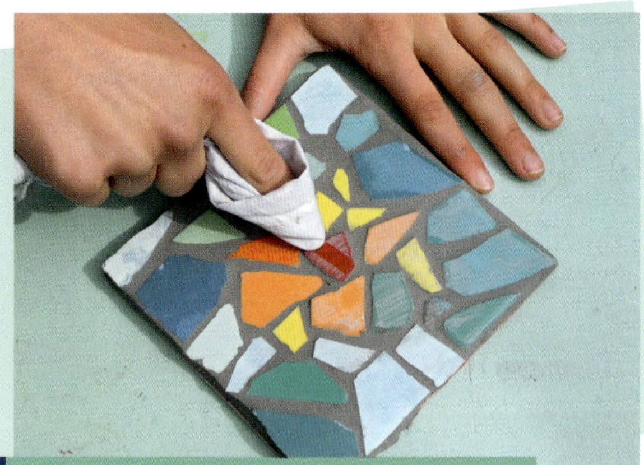

6. Mit einem weichen Lappen polieren

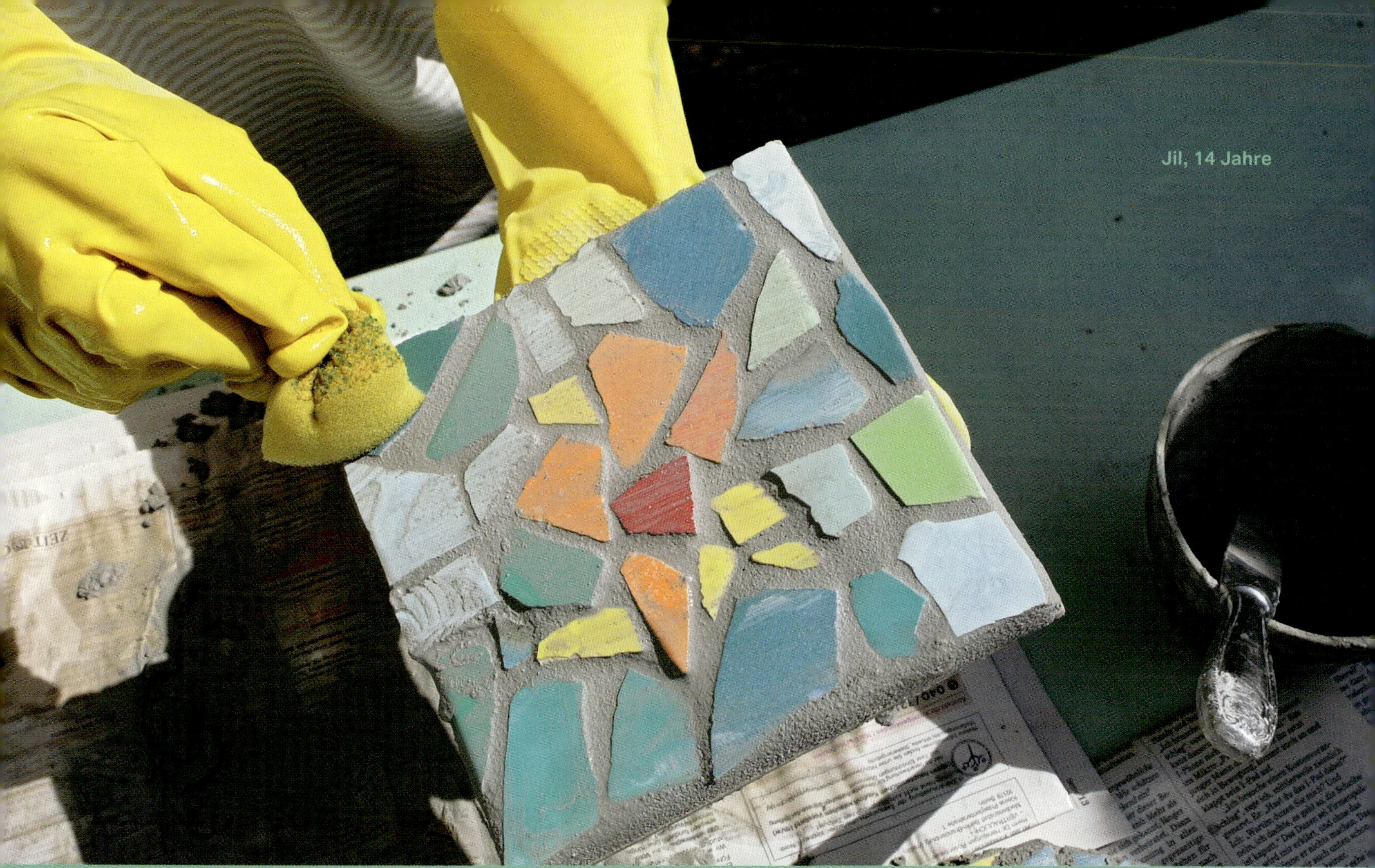

Jil, 14 Jahre

1. Die Fugenmasse anrühren. Gummibecher zu einem Drittel mit Wasser füllen, Pulver nach und nach zugeben und unterrühren, bis die Konsistenz dickflüssig ist. Wie bei einem Rührteig.

2. Die Fugenmasse über das Mosaik laufen lassen ...

3. ... und mit einem Spachtel oder einer Gummirakel in die Fugen ziehen. Bei größeren Flächen wird in mehreren Abschnitten gearbeitet. Beim Verfugen sollten Gummihandschule getragen werden.

4. Mit einem weichen Küchenschwamm gleichzeitig einwischen und dabei abnehmen (Tupf-Drehbewegung). Dabei den Schwamm immer wieder in einer Wasserschüssel ausspülen und anschließend gut ausdrücken.

5. Stück für Stück die Mosaiksteine freilegen. Die Fuge darf nicht zu tief ausgewischt werden, denn am Schluss soll eine ebene Fläche entstehen. Die Ecken der Mosaiksteine vorsichtig freilegen, am Rand wird die Fuge bis an die Kante des Trägers geputzt. Eventuell hier neue Fugenmasse anspachteln.

6. Im letzten Arbeitsschritt die Mosaiksteine mit einem weichen Lappen polieren und den Zementschleier entfernen. Die Fuge trocknen lassen.

ACHTUNG

Die Rückstände der Fugenmasse in der Wasserschüssel dürfen nicht über den Ausguss entsorgt werden: Nach einigen Stunden hat sich die restliche Fuge am Boden abgesetzt. Dann das Wasser vorsichtig abgießen und den Bodensatz mit Spachtel und Zeitung entfernen.

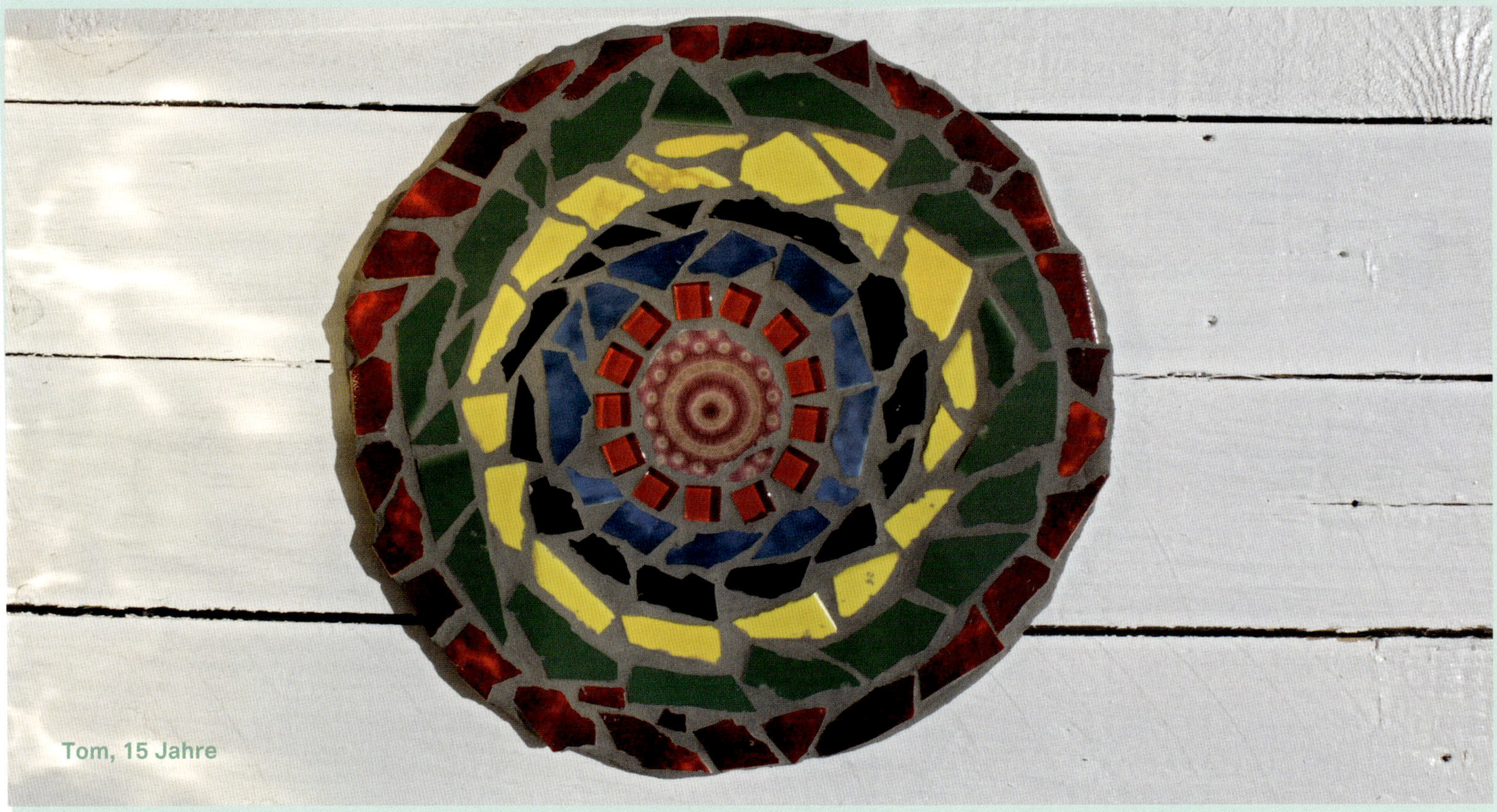
Tom, 15 Jahre

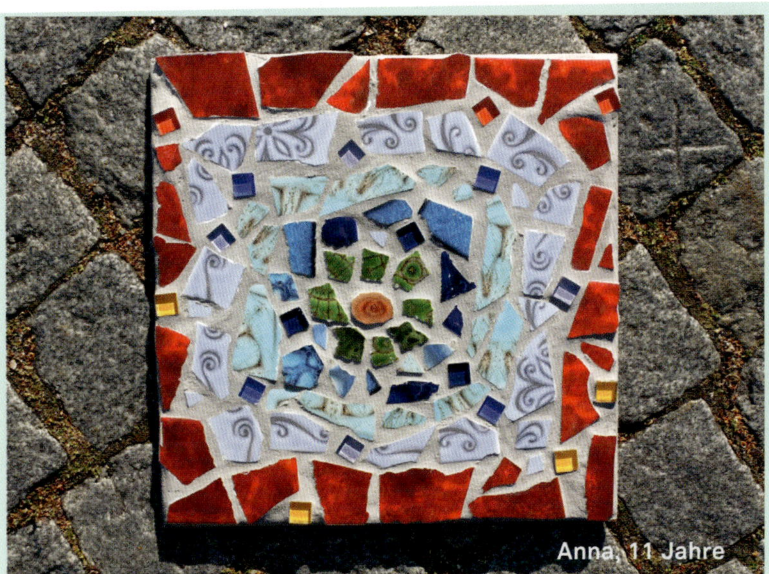
Anna, 11 Jahre

GROSSE UNTERSETZER KÖNNEN AUCH ALS TRITTSTEINE IM GARTEN EINGESETZT WERDEN

Für ein rundes Exemplar wird die Fliese vor dem Bearbeiten mit der Mosaikzange in Form geknipst.

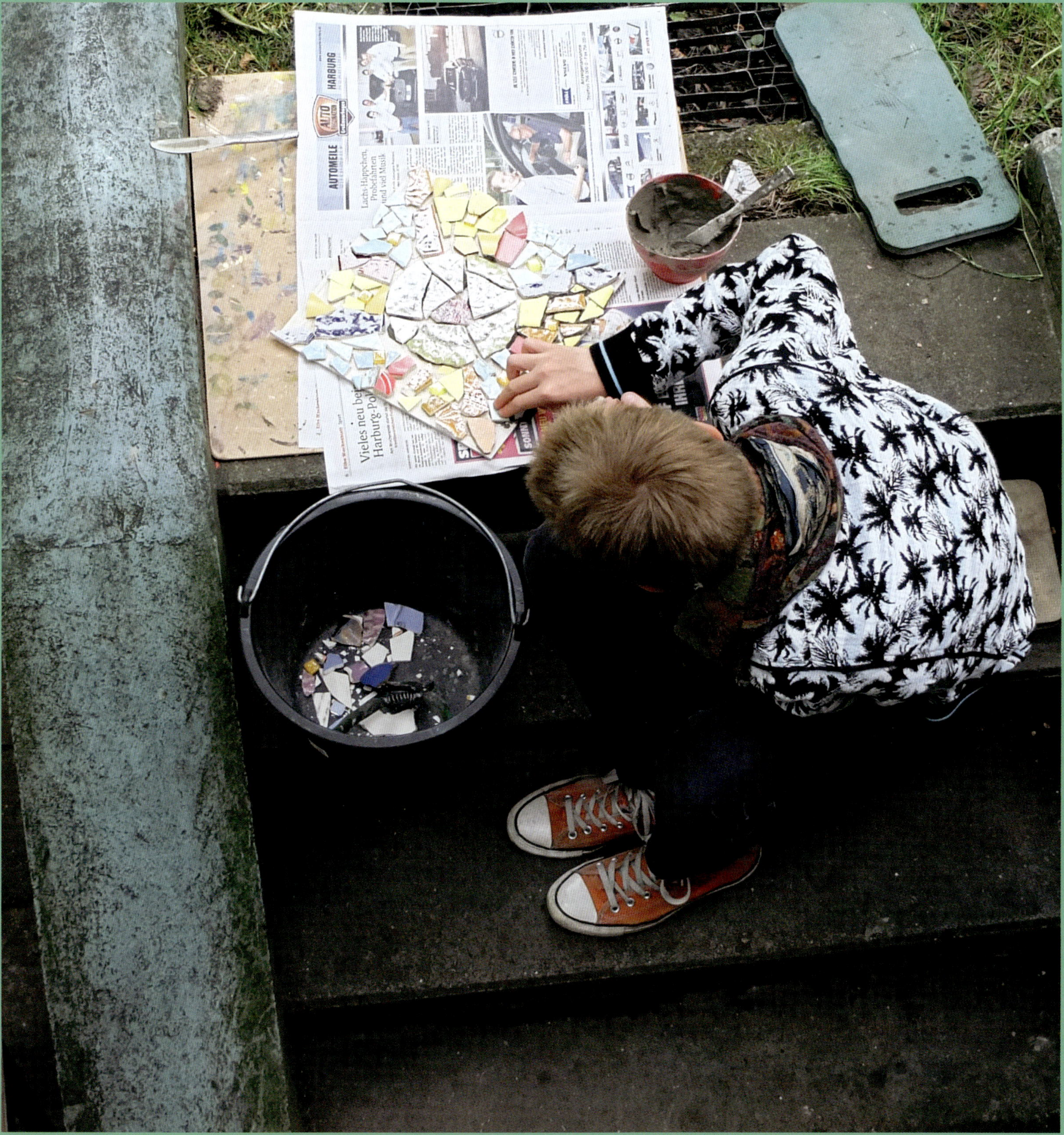
AUTOMEILE
HARBURG

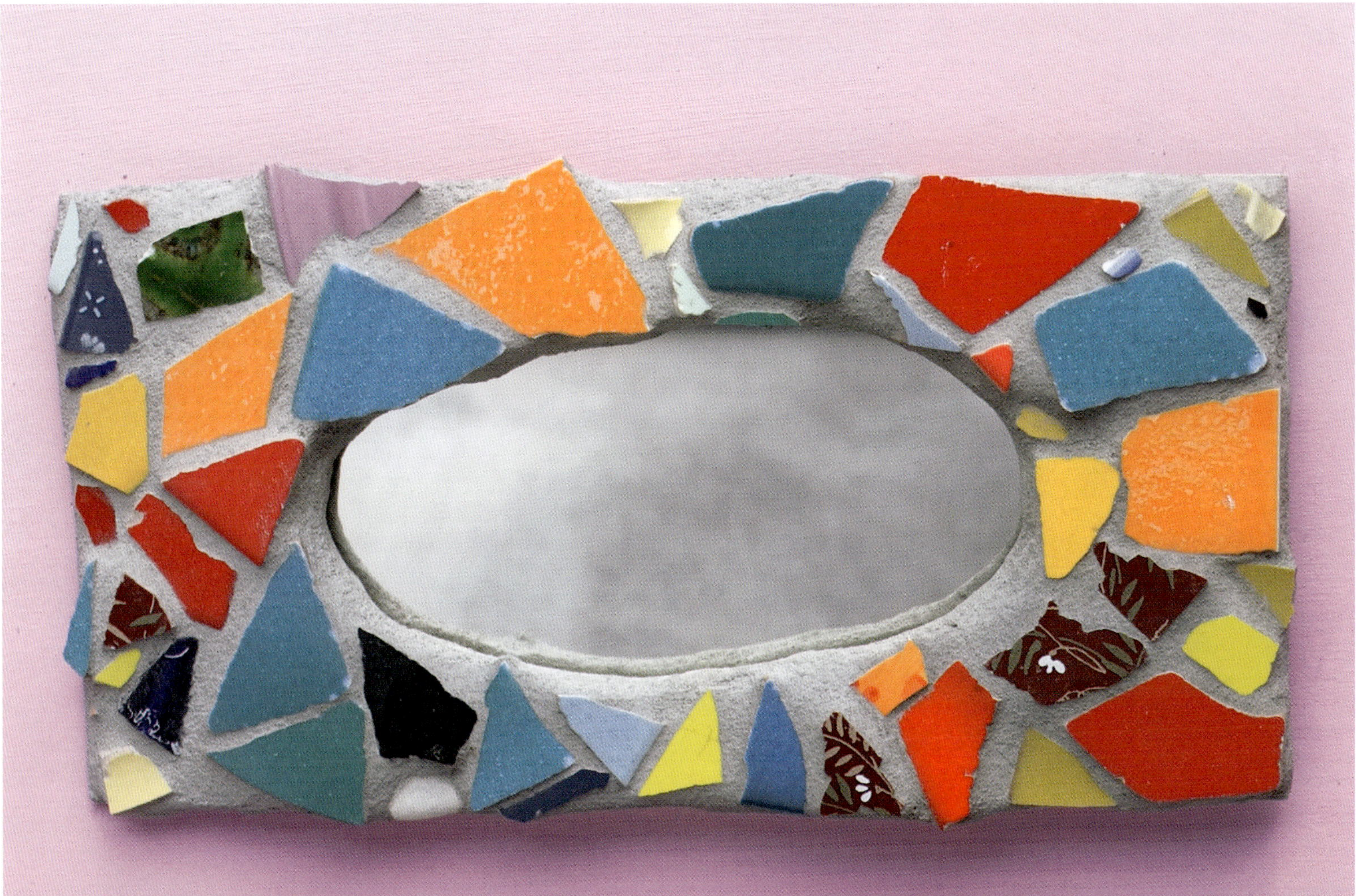

Mia, 12 Jahre

EIN ZWEITES LEBEN FÜR DIE LIEBLINGSTASSE

Der kleine Spiegel wurde nachträglich hinter den Rahmen gesetzt. Wenn Mosaik wie hier auf Holz gearbeitet wird, so muss zunächst eine sogenannte Haftbrücke wie zum Beispiel ein Kunststoffgitter aufgeklebt werden. Bei einem nicht saugenden Untergrund wie Glas oder Spiegel benutzt man einen polymeren Kleber (Montagekleber), um die Mosaiksteine zu befestigen.

Rechte Seite: Blumentöpfe aus unglasiertem Ton sind ein guter Träger für Moaiksteine – südliche Stimmung auf dem sonnigen Balkon inbegriffen!

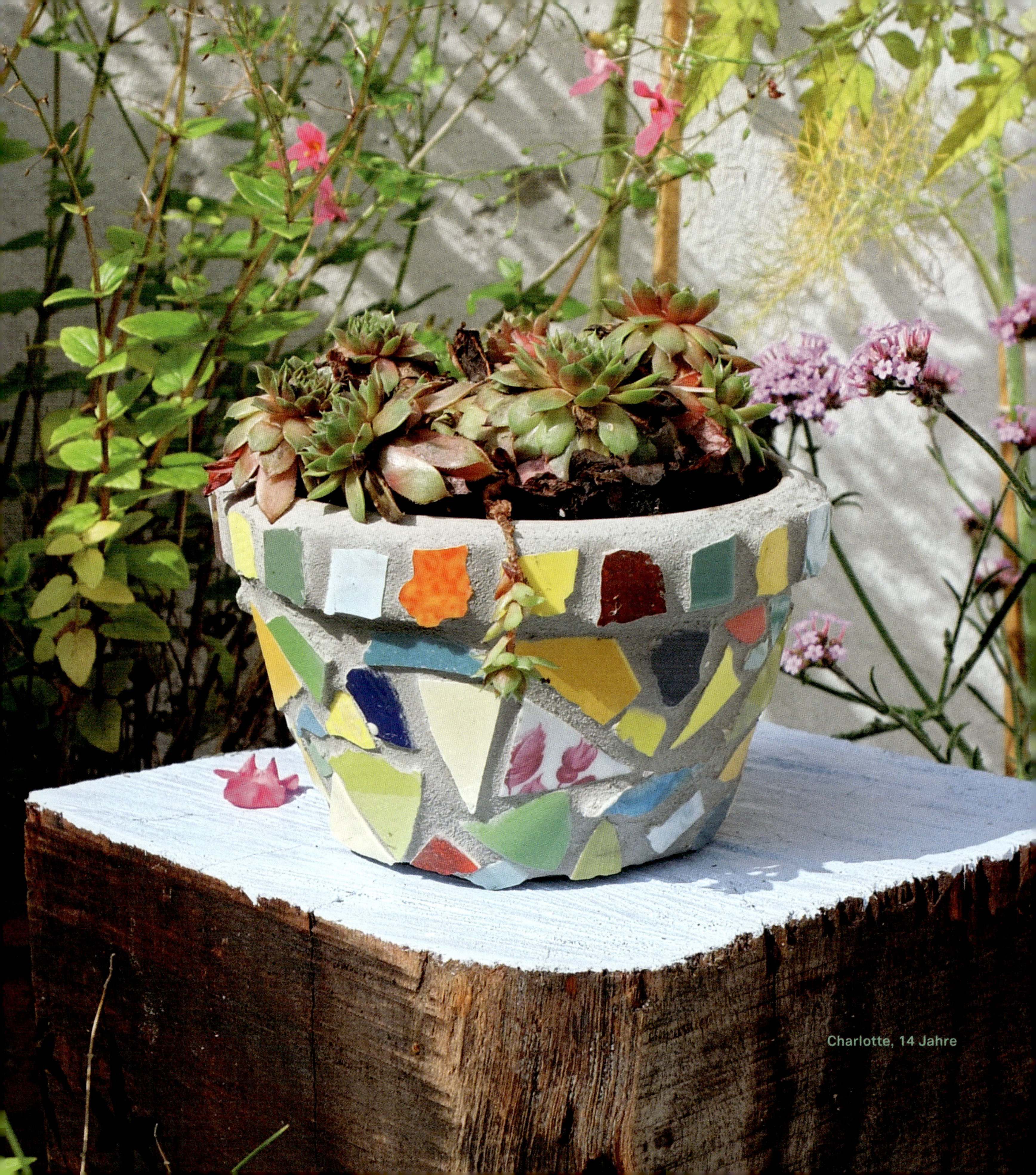

Charlotte, 14 Jahre

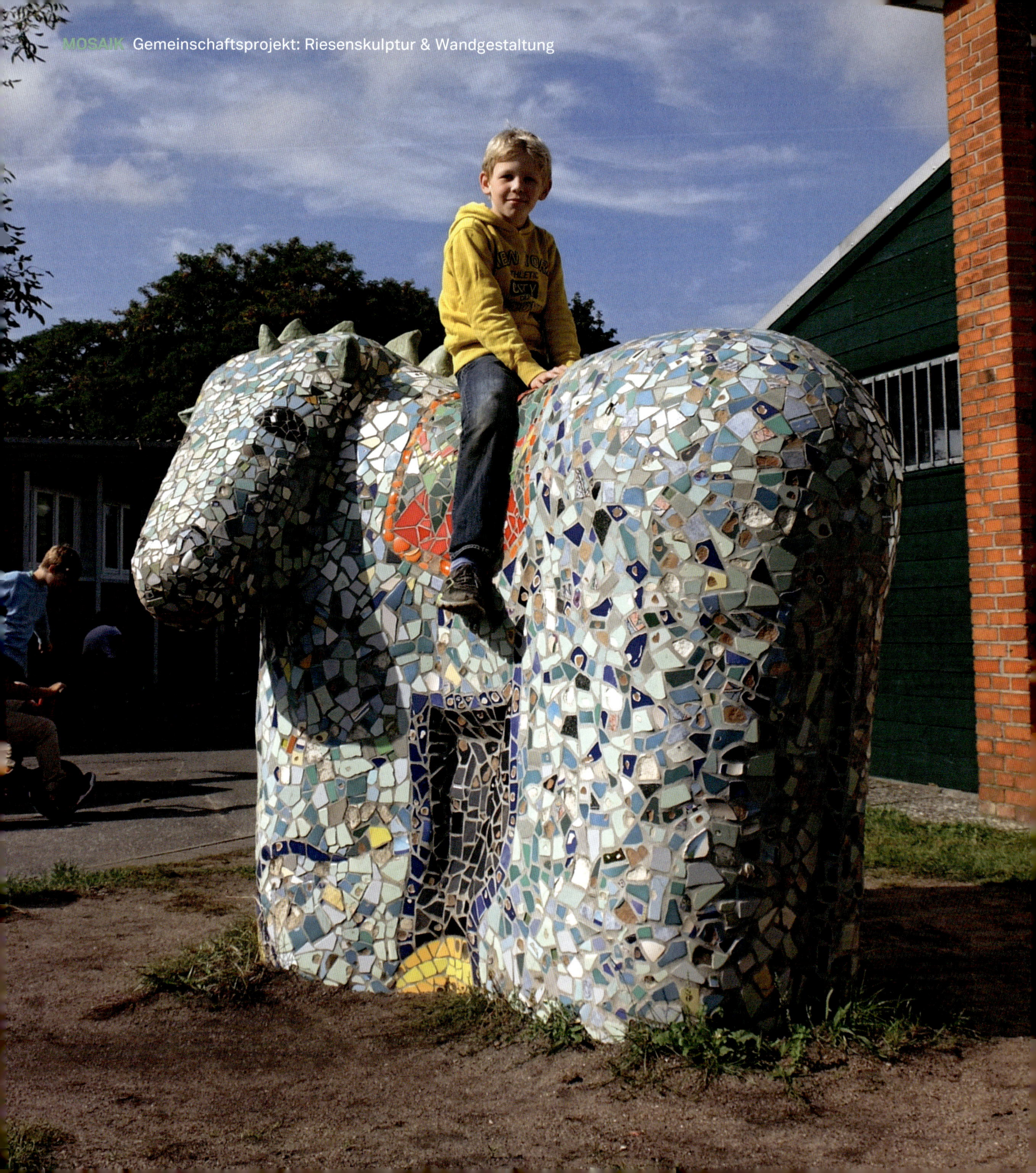

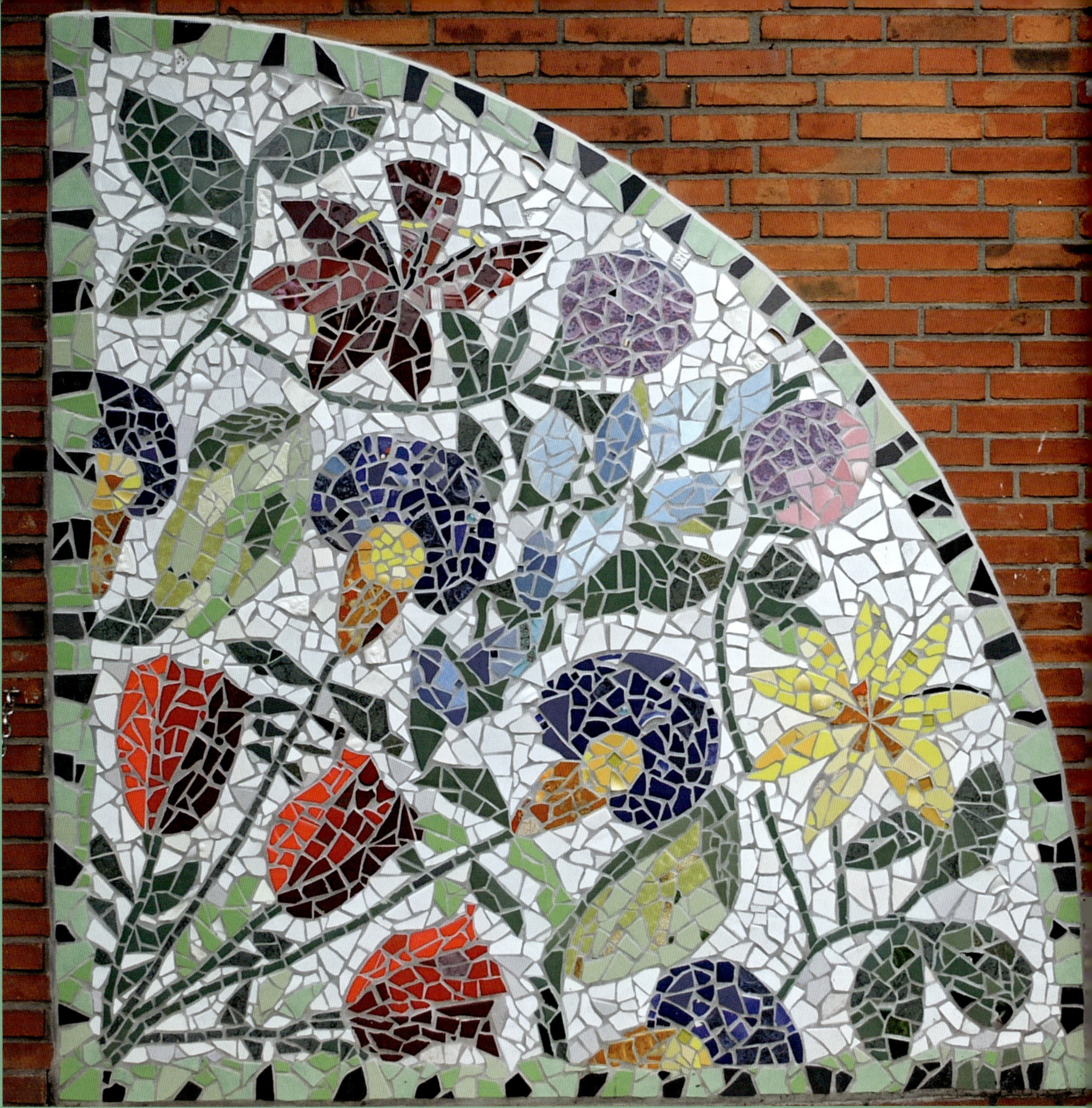

MIT GEDULD SIND AUCH GROSSE PROJEKTE MÖGLICH

Hier hatten die Kinder unendlich viel davon – und waren sehr stolz auf die Ergebnisse nach ihren eigenen Entwürfen. Die Mosaike entstanden in Zusammenarbeit mit Gunnar Schröder an einer Hamburger Schule.

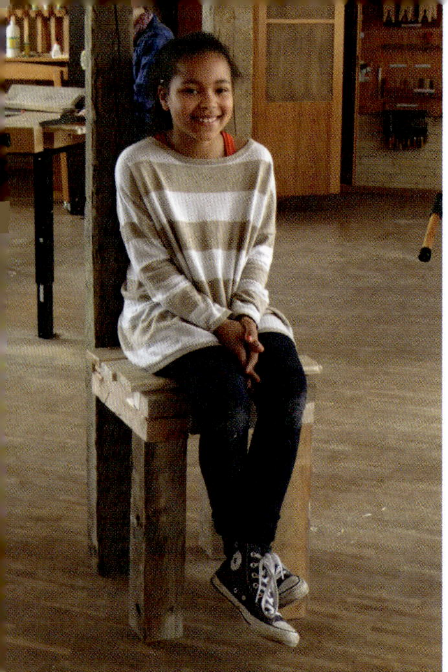

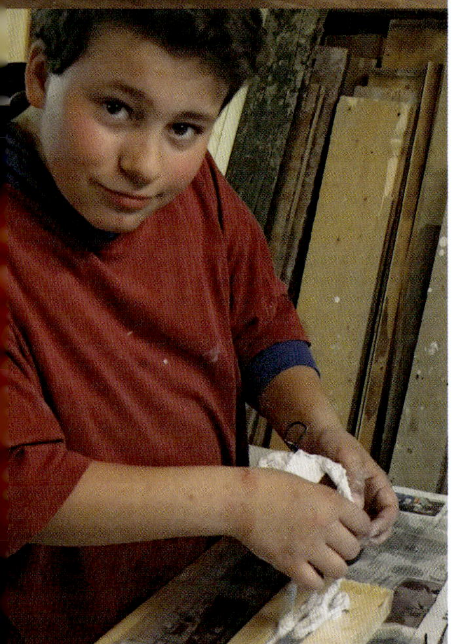

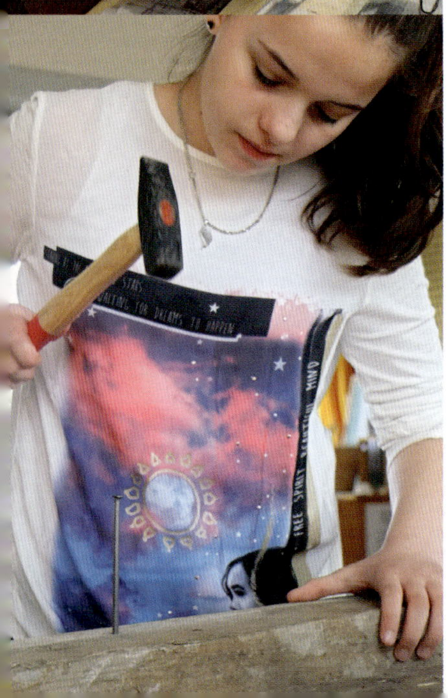

MACHT MIT MATERIAL!

Grundschulen ersetzen ihre Werkbänke durch Computerarbeitsplätze, Kunst findet unter erschwerten Bedingungen im Klassenraum statt. Und dabei ist nichts anregender, als mit den Händen zu arbeiten.

Kindern und Jugendlichen fällt das plastische Gestalten oft leichter als der bildnerische Ausdruck auf der Fläche. Gibt man in einer Gruppe jedem Kind ein Stück Ton und beginnt, die Aufgabenstellung zu erklären, so gibt es sofort Kinder, die fragen, „Ob sie auch was anderes machen können, nämlich ...".

DER FORM-SINN ERWACHT

Etwas Ton in den Händen zu kneten, regt direkt die Fantasie an: Der Form-Sinn, der unmittelbar mit einer Idee gekoppelt zu sein scheint, erwacht.

Vor einem weißen Blatt Papier gestaltet sich der kreative Prozess anders. Der Anfang ist hier oft zögerlich und von Selbstkritik geprägt („Ich kann das nicht malen!"). Beim freien Zeichnen tauchen häufig bekannte Bildmuster wie Sonnenuntergang, Pferde und Figuren aus der digitalen Welt auf.

Die Ideen zu dem, was jetzt sofort aus Ton geformt werden will, sind hingegen meistens höchst originell. Dieser Form-Wille von Heranwachsenden muss durch entsprechende Angebote bedient und gefördert werden. Im Buch wird gezeigt, wie fantasievoll und genial Kinder und Jugendliche mit den hier vorgestellten Projekten umgehen.

Angebote zum plastischen Gestalten scheinen aufwendiger und werden darum oft vernachlässigt. Was sich nach viel Arbeit anhört, ist im Grunde aber eine Vereinfachung. Die Schülerinnen und Schüler sind mit einer dreidimensionalen Aufgabe über mehrere Stunden beschäftigt. Wirtschaftlich gesehen sind solche Projekte häufig preisgünstiger als der Verbrauch von Papier und Farben. Ganz nebenbei machen wir uns mit dem Recycling-Begriff vertraut und hauchen ausgedienten Dingen neues Leben ein – ein zukunftsweisender Aspekt.

Das beste Arbeiten mit Spaß, Eintauchen und Erfüllung, auch mit sogenannten „schwierigen Schülerinnen und Schülern“ stellt sich ein, wenn alle interessiert bei der Sache sind. Und eben das erreicht man – wie ich vielfach feststellen konnte – ganz einfach mit Kneten, Formen und Konstruieren.

Für einen Kurs sollte immer nur ein grobes Konzept im Vorfeld geplant werden, das im Laufe der einzelnen Unterrichtsstunden an die Arbeitsweise und „Mäander“ der Gruppe angepasst wird. Genaue Vorplanung und Taktung haben sich nicht bewährt. Wenn eine Gruppe viel Freude und Ideenreichtum zeigt, heißt das noch lange nicht, dass eine andere Gruppe sich ebenfalls so verhält.

SPIELRAUM LASSEN

Die Aufgabe und das Material sind der Impuls. Zurück klingt die Interpretation und Arbeitsweise der Schülerinnen und Schüler. Das ist ein Zwiegespräch. Die Ergebnisse sind im besten Fall anders, als wir es erwartet oder vorher geplant hatten. Das muss so sein, weil die Kinder ja kreativ und individuell mit der Vorgabe umgegangen sind. Andernfalls hat der künstlerische Prozess nur eingeschränkt stattgefunden – Spielraum lassen!

In einer guten Kunststunde gehen die Schülerinnen und Schüler offen und voller Ideen an ihre Kunstwerke heran – die Aufgabe der Lehrkraft ist es, die Form und Atmosphäre des Unterrichts zu gestalten. Dann ist der Rest des Tages fast immer gerettet.

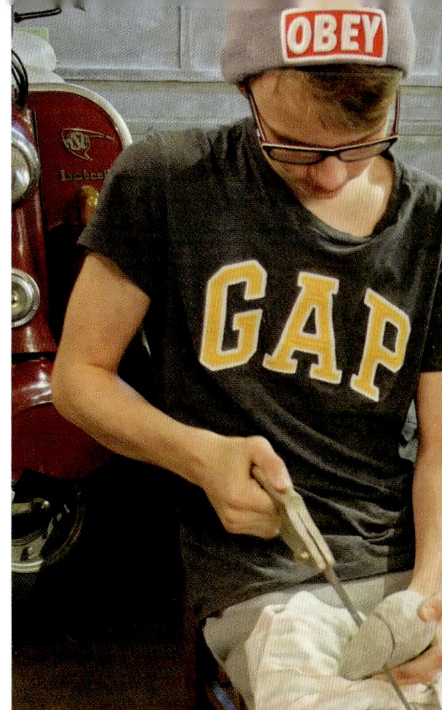

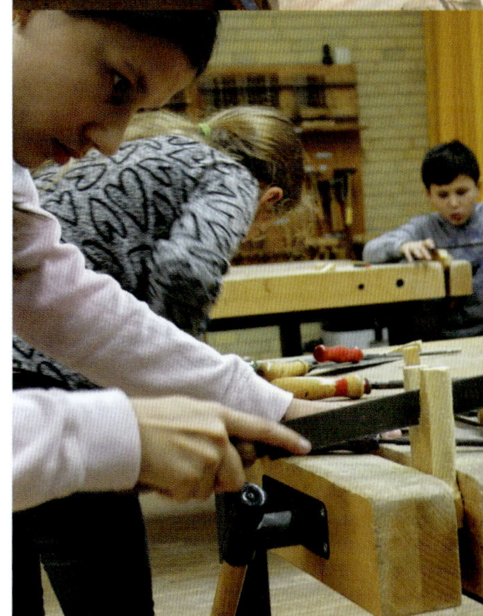

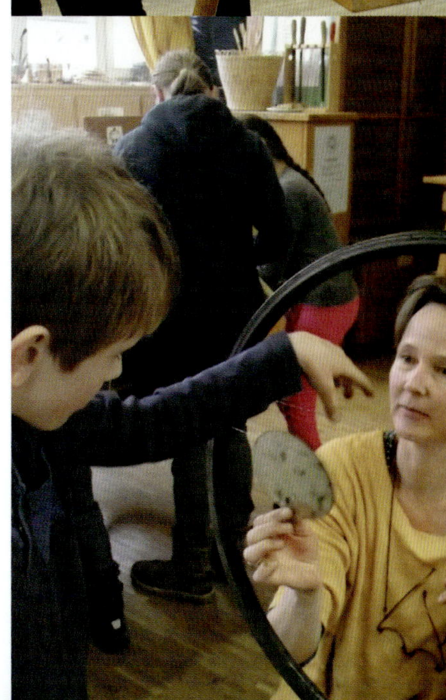

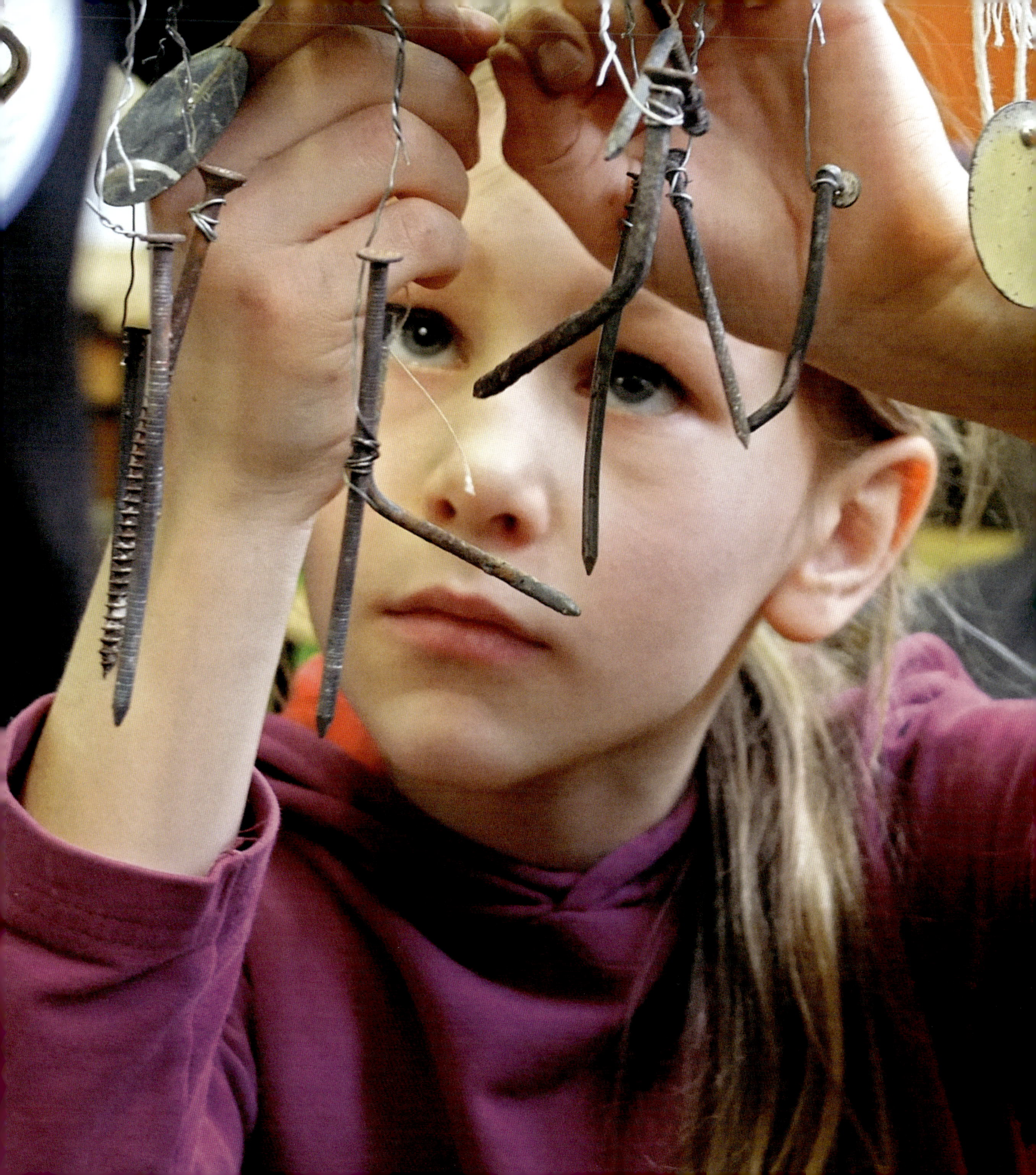

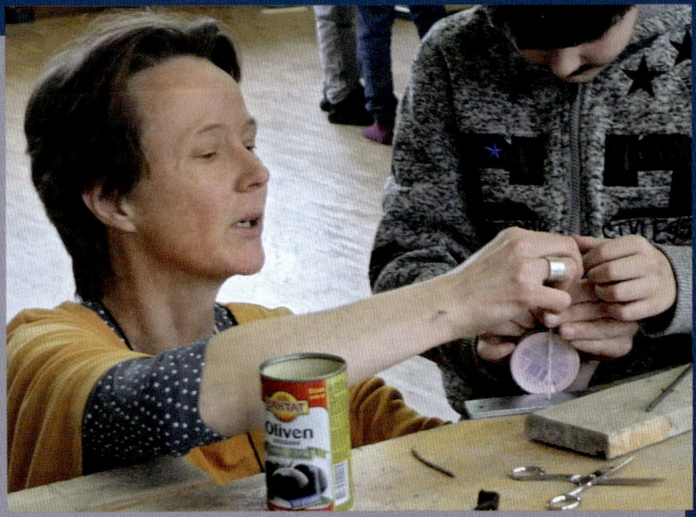

KATRIN REGELSKI

lebt und arbeitet als freischaffende Künstlerin in Hamburg. Ihre Kindermalschule besteht seit 2002, Lehraufträge und Schülerprojekte, oft in Zusammenarbeit mit Gunnar Schröder, an verschiedenen Hamburger Schulen seit 2008. Referentin am Institut für Lehrerfortbildung und Schulentwicklung, Hamburg.
Ihr mit Susanne Schwarz herausgegebenes Buch „Feder, Draht und Pinsel“ ist 2014 ebenfalls im Haupt Verlag erschienen.
„Formen, kneten und konstruieren gehören zu den wenigen Dingen, die besonders viel Spaß machen, aber erstaunlicherweise nur selten getan werden.“

DIESES BUCH IST ENTSTANDEN MIT

Jonas, Anselm, Lars, Louise, Tom, Bent, Lewin, Magnus, Mila, Charlotte, Georg, Mia, Isa-Maurice, Adrian, Anna, Nele, Piet, Sofya, Nadża, Griet, Miriam, Mieke, Bilal-Can, Jantje, Christoph, Tim, Jola, Paula, Franka, Emil, Asude, Melanie, Annelie, Ahmed, Seyyidhan, Emma, Clara, Alem, Jil, Lotta, Hannah, Hannes, Jan, Jaqueline, Canberk, Kezia, Paulina, Marie, Mirjana, Remzije, Eda, Mathilda, Raphael, Cefajet und Anne

... und vielen anderen, die mitgewirkt haben, aber deren Arbeiten leider nicht abgebildet werden konnten.

EINEN SEHR HERZLICHEN DANK AN

die Schule Grumbrechtstraße, Heidi Müller, Natascha Hess, Jörn Götzke, Claudia Huboi, Gunnar und Henning Schröder, Valérie Damm und Janna Krebsfänger.

Wir bedanken uns sehr herzlich für die großzügige Materialspende der Firma Johannes Gerstaecker Verlag GmbH, Versandhandel für Künstlerbedarf.

IMPRESSUM

Projekte und Text: Katrin Regelski
Fotografie: Katrin Regelski, Janna Krebsfänger (S. 156), Valérie Damm (S. 182)
Gestaltung: Natascha Hess und Jörn Götzke
Lektorat: Claudia Huboi/kreisrund, Berlin
Gedruckt in Kroatien

FSC MIX Papier aus verantwortungsvollen Quellen FSC® C105545

Bibliografische Information der Deutschen Nationalbibliothek: Die Deutsche Nationalbibliothek verzeichnet diese Publikation in der Deutschen Nationalbibliografie; detaillierte bibliografische Daten sind im Internet über http://dnb.dnb.de abrufbar.
ISBN: 978-3-258-60156-4

Der Haupt Verlag wird vom Bundesamt für Kultur mit einem Strukturbeitrag für die Jahre 2016–2020 unterstützt.

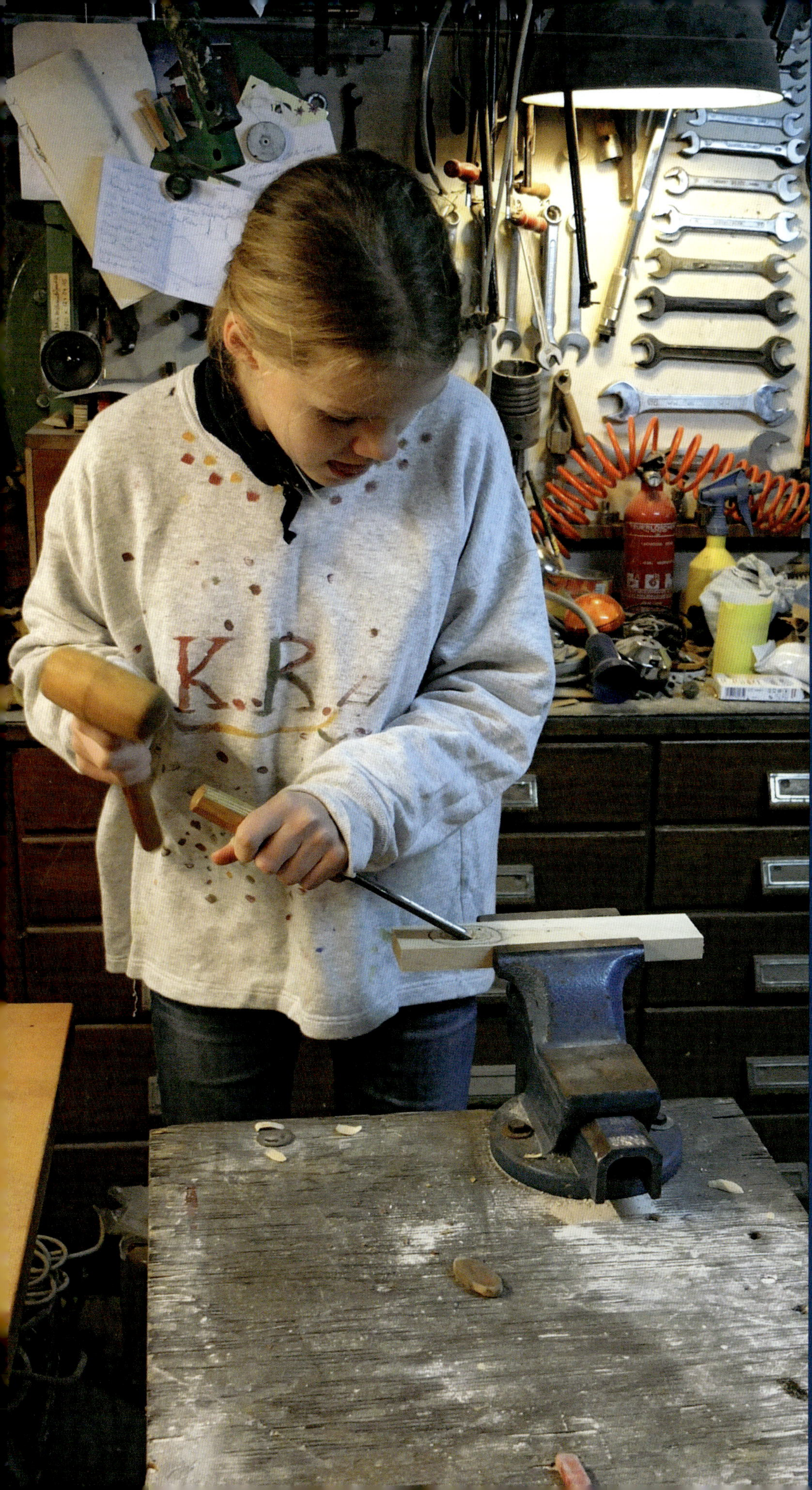

Bezugsquellen:

Gerstaecker – Künstlerbedarf
www.gerstaecker.de/at/ch

boesner – Künstlermaterialien
www.boesner.com

Winkler Schulbedarf
www.winklerschulbedarf.com

DICTUM GmbH
Donaustraße 51
D-94526 Metten
www.mehr-als-werkzeug.de

Arcobaleno
(DICTUM-Vertretung Schweiz)
Via Canton Uri 39
CH-6760 Faido
www.arco-baleno.ch

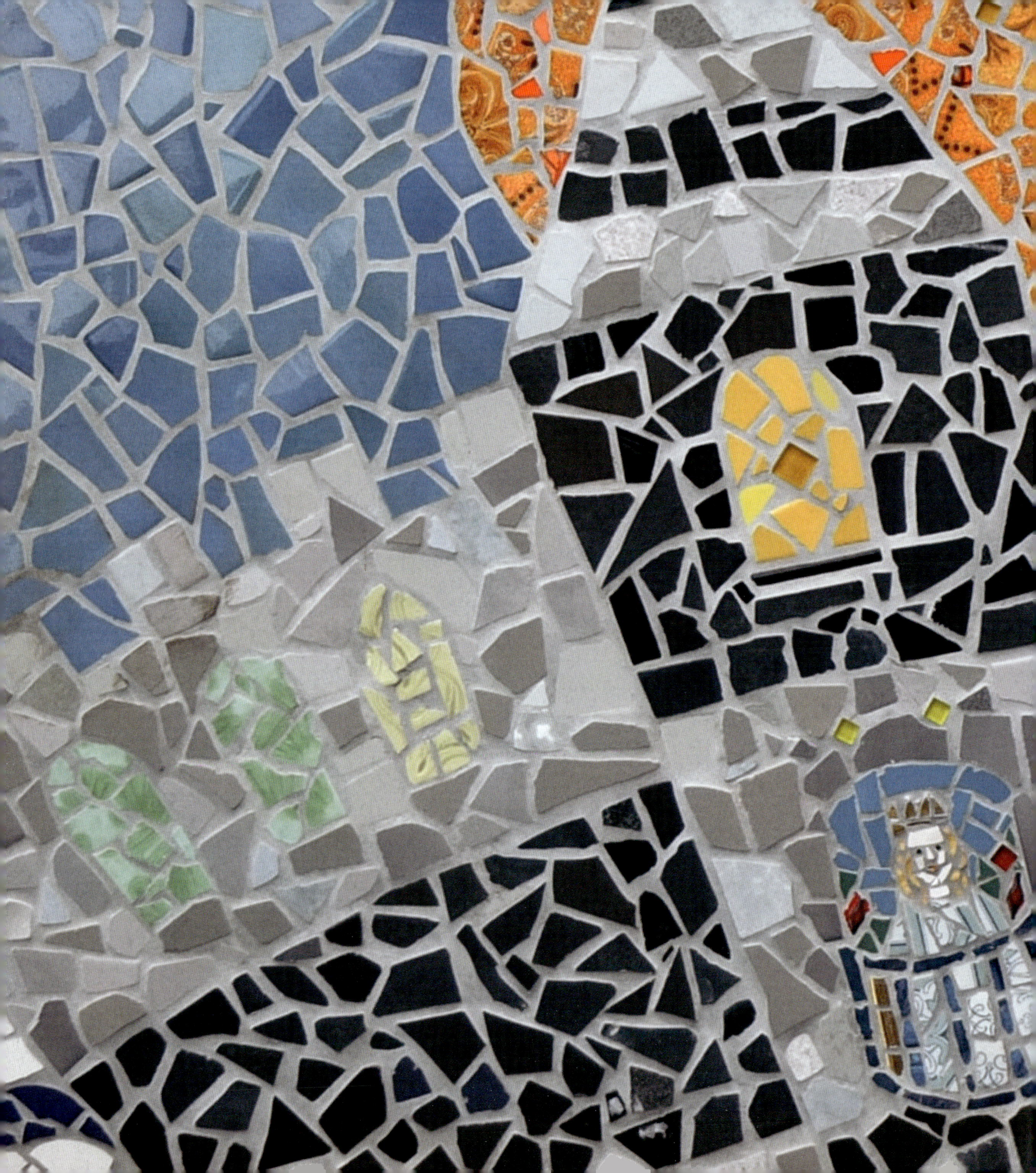